齊
沂
沭
水
郯
魯
泗
水
鍾吾
睢
水
泗
水
成子湖
徐
邗
高郵湖
鍾離
淮
卑梁
棠
朱方
巢(居巢)
延陵
吳
昭關
(關)
衡山
溧陽
舒蓼
五湖
吳
鳩茲
舒
夫椒山
笠澤
桐
鵲
桐
水
巢
岸
武原
陘
檇李
御儿
江
越
會稽
會稽山
甬東
鄞
浙
水
苧蘿山
句嵊山
句無
越
姑蔑
番

오월춘추

역주와 함께 읽는 오월상쟁의 역사

오월춘추

吳越春秋

역주와 함께 읽는 오월상쟁의 역사

조엽 지음 이명화 역주

일조각

들어가며_ 조엽이 그린 『오월춘추』의 세계

오늘날 전해지는 『오월춘추』는 조엽의 저작인가

오늘날 춘추시대 오월에 관한 역사서는 『오월춘추吳越春秋』와 『월절서越絶書』만이 전해지나 당대唐代까지만 해도 8, 9종의 『오월춘추』* 가 남아 있었으며, 오늘날 전해지는 『오월춘추』가 조엽趙曄이 저술한 『오월춘추』인지는 확실하지 않다. 후한後漢의 조엽은 애초에 『오월춘추』 12권을 저술하였으나 오늘날 전해지는 『오월춘추』는 10권으로 분권分卷이 달라 후한의 조엽이 저술한 본래의 모습이 아님은 분명하다. 그러나 진대晉代 양방楊方은 조엽의 『오월춘추』가 번잡하다고 이를 줄여 5권으로 만들었으며, 당대 황보준皇甫遵은 조엽과 양방의 『오월춘추』를 합하여 『오월춘추전』 10권을 지었다.

따라서 오늘날 전해지는 『오월춘추』는 황보준의 『오월춘추』 10권일 가능성이 크며, 이는 결국 조엽의 『오월춘추』를 저본으로 편집한 것임을 알 수 있다. 따라서 금본 『오월춘추』가 조엽이 저술한 본래의 모습이 아니라 하더라도 조엽이 『오월춘추』의 체제를 구축하였으며 기술의 주요 내용을 완성하였음은 분명하다. 조엽의 『오월춘추』가 여러 사람의 개작과 주석을 거치면서 여러 사람에게 널리 읽히며 오늘날까지 전해졌다는 사실은

---

* 장하張遐의 『오월춘추외기吳越春秋外紀』, 작자미상의 『오월춘추吳越春秋』, 『오월춘추차록吳越春秋次錄』, 곽반郭頒의 『오월춘추기吳越春秋記』, 양방楊方의 『오월춘추삭번吳越春秋削繁』, 황보준皇甫遵의 『오월춘추전吳越春秋傳』 등 8, 9종.

『오월춘추』의 고전으로서의 가치와 생명력을 말한다.

조엽은 어떤 인물인가

『후한서後漢書』 권79「유림열전儒林列傳」하下에는 조엽에 관한 짧은 기록이 남아 있다.

> 조엽의 자字는 장군長君이며 회계會稽 산음山陰 사람이다. 젊어서 현리縣吏가 되어 격문檄文을 받들고 독우督郵를 영접하였는데 조엽은 이런 시종의 일을 부끄럽게 여겨 거마車馬를 버리고 떠났다. 건위군犍爲郡 자중현資中縣에 이르러 두무杜撫를 찾아가 『한시韓詩』를 배워 그 술術이 극진한 경지에 이르렀다. 20년이 되도록 소식을 끊고 돌아오지 않자 집안에서는 장사를 지내고 상복을 입었다. 조엽이 학업을 마치고 (고향으로) 돌아오자 주州에서 불러 종사從事에 임명하였으나 나가지 않았다. 유도有道로 천거되었으나 집에서 생을 마쳤다.
>
> 조엽은 『오월춘추』와 『시세역신연詩細歷神淵』을 지었다. 채옹蔡邕이 회계에 이르러 『시세詩細』를 읽고 탄식하여 『논형論衡』보다 낫다고 여겼다. 채옹이 경사로 돌아와 이를 전하니 학자들이 모두 외우고 익혔다.

조엽의 생몰 연대는 확실하지 않지만 기록에 의하면, 후한 광무제光武帝(25~57년) 때 태어나서 명제明帝(58~75년), 장제章帝(76~89년) 때 활동했다고 추정할 수 있다. 조엽이 임명된, 거마를 몰고 시중을 드는 현縣의 말단 속리직屬吏職은 출세하거나 권한이 있는 직과는 거리가 멀었다. 입신할 수 없는 현실적인 한계가 조엽으로 하여금 관직을 향한 속유俗儒에서 벗어나 학문에 몰두하게 하였던 듯하다. 조엽은 건위로 가 『한시』를 배우며 20여 년간 학문에 몰두한 끝에, 말년에 고향으로 돌아와 '유도' 에 천거되었으나 벼슬에 나아가지 않았다고 한다. 이러한 일민逸民적 태도는 비단 조엽만의 독특한 행적이 아니었으며, 당시 '유도'에 천거된 사람들 가운데 대부분이 관직을 거절하고 임관하지 않았다.

조엽이 천거된 '유도'는 '유도술지사有道術之士'라고도 하는데, '정술政術에 밝고 고금에 통달한 사인士人', 더 구체적으로는 '재이災異와 음양陰陽의 도道, 천문天文의 수數를 환히 습득한 자'에 해당하며, 참위讖緯의 술은 후한대後漢代 유학자들이 보편적으로 갖춘 학문적 경향이었다. 조엽은 『오월춘추』에서 수술數術에 관한 지식을 발휘하여 오왕의 노복이 된 구천의 석방을 점친다든지, 오왕의 병이 회복되는 날을 예언하는 등 시일금기와 관련한 예언을 풀어내고 있을 뿐 아니라 부차가 고소대姑蘇臺에서 꾼 꿈을 해석하는 몽점夢占도 구사하고 있다. 그런데 흥미로운 것은 『운몽수호지진간雲夢睡虎地秦簡』「일서日書」에서는 기일忌日에 있어서 날짜만을 문제 삼으나 『오월춘추』에서 적용하는 시일금기는 시각까지 고려하고 있어 진秦에 비해 조엽이 활동한 후한대의 시일금기는 더욱 정밀하게 운용되었음을 알 수 있다.

『오월춘추』는 역사서인가

『오월춘추』에 대한 평가는 『수서隋書』「경적지經籍志」에서 잡사류雜史類로 분류된 이래 『신당서新唐書』「예문지藝文志」에는 소설가류小說家類에 포함하였으며, 사류史類로 분류한 『사고전서四庫全書』도 "그 서술은 삼대三代의 복서卜筮가 아닌 점술占術 등으로 만연曼衍하다"고 하여 이체잡기異體雜記적인 아류의 역사서로 평가하였다.

『오월춘추』는 편년체 역사서의 형식을 갖추고 있기는 하나, 점술뿐 아니라 두 아들을 죽여 허리띠 고리를 만든 전설, 합려를 떠나 물길을 따라 초소왕에게로 간 잠로검의 일화, 수신水神과 싸워 이긴 초구흔의 설화, 월녀와 검술을 겨룬 원공이 원숭이로 변한 이야기 등의 황당한 설화를 주저 없이 서술하며 과장된 묘사를 풀어내고 있다. 이러한 점은 역사서로서 『오월춘추』의 사실성과 객관성에 대한 평가를 크게 떨어뜨린 반면, 오월 양국의 쟁패를 극적으로 엮은 역사소설로서 문학적인 면이 높이 평가되었다.

그러나 『오월춘추』에 적용된 시일금기나 점술은 비단 조엽의 개인적이고 학문적인 성향과 연관 지어 이해할 수만은 없다. 천天·신神과 분리된 인간 중심의 역사를 확립하였다는 평가를 받는 『사기史記』에서도 사마천司馬遷은 「천관서天官書」를 설정하여 천문점天文占의 원리를 소개하였으며, 『한서漢書』 「오행지五行志」는 비정상적인 현상을 재이·천견天譴이라고 하여 인사人事와 결부시켜 해석하였다. 또한 사마천은 '아순雅馴' 하지 않은 신화를 일체 수록하지 않았으며 미신과 황당한 이야기들을 배격하였지만, 오히려 「구책열전龜策列傳」과 「일자열전日者列傳」을 설정하여 천·신·귀鬼의 의지를 탐색하는 점복가들의 전기를 기록하였다. 이는 천체 운행에 대응한 인간의 질서를 구현하기 위해 천문·음양·오행을 다루는 성인의 존재를 긍정한 것이다. 이러한 사마천의 태도는 태사령太史令으로서 천시天時·성력星曆을 관장하는 그의 직분과 결코 무관하지 않다. 제사와 점복을 관장하는 고대 사관史官들은 천체 운행이 개인과 국가의 흥망을 예고한다고 믿었던 만큼 천체 운행의 일정한 규칙, 즉 천도를 발견하는 데 관심이 있었을 뿐 아니라 축적된 선례와 고사古事는 실제 점복에 유용한 자료가 되었다.

수술과 역사와의 관계는 『한시외전韓詩外傳』에서 좀더 분명하게 구현된다. 『한시』의 저자 한영韓嬰은 『역易』에 정통하여 역전易傳을 내었으며, 『시경詩經』의 뜻을 부연하여 수만 자에 달하는 『내외전內外傳』을 만들었다고 한다. 한영은 과거의 역사 속에서 치술治術의 도, 정치 규범을 찾고자 하였다. 즉,

> 무릇 맑은 거울이란 형체를 비추어주는 것이요, 지난 옛일이란 오늘을 있게 해주는 것이다. … "앞의 수레가 엎어졌는데 뒤따르는 수레가 경계하지 않으니, 뒤따르는 수레도 엎어지고 말지니"라고 하였다. 그러니 하夏나라가 망한 이유를 은殷나라가 따라하였고, 은나라가 망한 이유를 주周나라가 따라한 것이다. 그래서 은나라는 하나라를 거울로 삼아야 했고, 주나라는 은나라를 거울로 삼아야 했던 것이다.(『한시외전』 권5장)

라고 하는데, 여기서 과거의 역사는 옛 성왕聖王의 제도를 준수하는 의미에서의 과거가 아니라 흥망성쇠와 인간의 길흉이 담긴 인류 경험치의 축적으로, 현재의 합리성을 판단하는 기준이 된다. 즉 한대인에게 있어 과거의 역사란 현재를 이해하고 미래를 예언하는 근거라는 역사의식을 엿볼 수 있다.

『한시』를 공부한 조엽이 『오월춘추』를 저술하면서 한영의 『역』에 바탕을 둔 역사의식을 계승하였으리라 짐작하는 것은 어렵지 않다. 따라서 『오월춘추』의 역사서로서의 가치를 절하시켰던 갖가지 점술과 관련한 서술은 당시 한대를 지배하였던 미신의 풍조 때문만이 아니었으며, 천체 운행의 이치에 상응하는 인간 사회의 법칙을 밝히고자 하는 『역』에 근거한 역사의식의 산물이라고도 할 수 있다. "천과 인간과의 관계를 구명하고 고금의 변화를 관통하는 (원리를 밝혀) 일가一家의 언言을 이루고자" 했던 사마천의 『사기』 저술의 목적은 그대로 조엽의 『오월춘추』 저술의 목적과도 이어질 수 있을 것이다.

『오월춘추』, 흥망의 역사

『오월춘추』는 1~5권이 오국사, 6~10권이 월국사이다. 『사기』, 『좌전左傳』, 『월절서』, 『국어國語』의 오월 관련 서술을 바탕으로 편년체로 쓰였으며, 오나라의 합려와 부차 시기, 월나라의 구천 시기 약 50년간의 오월사에 집중하여 서술하였다. 그런데 「부차내전夫差內傳」에는 부차 원년부터 10년 사이의 서술이 없으며 부차 11년부터 시작하여 부차의 패자霸者로서의 활약과 관계된 역사적 사실들이 빠져 양방의 축약과 황보준의 증보를 거치면서 삭제되었을 가능성이 있다. 부차 11년부터 시작하는 「부차내전」은 북쪽으로 제齊나라를 토벌하는 사건에서 시작하여 충신 오자서를 죽이고 부차 자신이 도망 끝에, 죽음에 이르는 패망敗亡의 역사이다.

그런데 조엽은 「부차전夫差傳」에서 과연 부차의 패망에만 집중하였을까? 오나라 패망의 원인에 관해 『한시외전』은 위문후魏文侯와 이극里克의 대화를 통해,

> "오나라가 망한 까닭은 무엇입니까? 이극은 '자주 싸워 승리한 데 있지요' 라고 대답하였다. … 자주 싸우면 백성은 피로해지고 자주 이기면 임금은 교만해지게 마련입니다. 교만해지면 방자해지고 방자해지면 극단까지 가지요. 상하가 모두 극단으로 치달았으니 오나라가 망한 것은 오히려 늦은 셈이지요. 이것이 바로 부차가 간수에서 자결한 이유입니다."

라고 하여 오나라 패망의 역사는 바로 합려와 부차 연간의 오나라의 잇단 승리에 그 연원이 있다고 이해하였다. 조엽은 부차 11년 이전에 부차가 중원 제국에 위세를 떨치는 부차의 패권霸權에 관해 응당 서술함으로써 부차의 잦은 승리가 가져올 오나라 패망의 전주곡을 설정하였을 뿐 아니라 부차 연간에 교차되는 흥패興敗의 역사를 그렸음이 틀림없다.

『오월춘추』는 오나라 패망의 역사서술에 이어서 월나라 흥성興盛의 역사를 서술하였다. 「구천전勾踐傳」의 시작을 구천이 노복으로 들어가는 장면에서 시작한 것은 구천이 와신상담臥薪嘗膽 끝에 오나라를 멸망시키고

승자가 되는 흥망의 역사를 극적으로 표현하는 흥미롭고 효과적인 구성임이 틀림없다. 부차는 황지黃池의 회맹會盟을 주관하여 패권을 확인하는 것을 정점으로 멸망의 길로 접어들었으며, 구천이 오나라에 노복으로 가는 처지에서 운명은 돌아 끝내 오나라를 멸망시키고 승자가 되었다. 이는 마치 한영이 『한시외전』에서 말하는 바와 같다. 즉,

> 무릇 천도天道는 (가득) 찬 것을 이지러뜨려 겸손한 것을 더해주고, 지도地道는 찬 것을 변화시켜 겸손한 데로 흐르게 하며, 귀신은 찬 것을 해치고 겸손한 것에 복을 내리며, 인도人道는 가득 찬 것을 싫어하고 겸손을 좋아한다.

라고 하여 천도, 지도, 인도는 동일한 질서에 의하며 그 변화 원리는 곧 '일음일양壹陰壹陽'이라는 것이다. 『한시외전』에는 음양이 교차하는 변화 발전의 역사관, 즉 『역』에 근원을 둔 역사관이 자리 잡고 있음을 이해할 수 있다. 구천이 오나라에 의해 고난을 겪고 다시 오나라를 전복시키는 오, 월나라 흥망성쇠의 과정은 '일음일양'의 천도 원리의 표본이었다. 조엽이 춘추 말 짧은 기간에 이루어진 오, 월나라의 흥망성쇠에 초점을 맞춰 『오월춘추』를 서술한 것은 단지 극적인 흥미로움 때문만이 아니라 일음일양하는 성쇠盛衰, 변화 발전의 역사관을 구현하려 했음을 이해할 수 있다.

오월사의 중국사 편입

조엽이 활동한 후한대에 유행한 금문학 『공양전公羊傳』의 세계에는 화하華夏 세계에 대립한 이적夷狄 세계가 설정되어 있었으며, 치열한 양이관攘夷觀이 관철되어 있다. 당시 한대인의 역사의식의 근간을 형성하였던 『공양전』 가운데는 조엽이 살아온 회계會稽 지역, 오, 월나라 역사는 끊임

없이 이적의 테두리를 벗어나지 못하고 있었다.

『오월춘추』는 오, 월나라 역사의 시작을 『사기』「주본기周本紀」, 「하본기夏本紀」에서 각각 그대로 옮겨 적음으로써 시조 태백과 무여를 매개로 오, 월나라를 주, 하 왕조와 결부시키고 있다. 사마천이 애초에 한왕조사漢王朝史를 서술하려 하였으나, 한 왕조의 시조를 황제黃帝에서 찾고 또 한 왕조의 정통성을 하, 은, 주 왕조의 계승에서 찾았던 것과 마찬가지로 「오태백전吳太伯傳」, 「월왕무여전越王無餘傳」의 주, 하왕조사는 오, 월의 정통성을 확보하기 위한 장치로 기능한다.

『오월춘추』는 형식상으로는 편년체 역사서의 형식을 갖췄으나 합려, 부차, 구천 연간의 역사서술에 집중되어 있을 뿐 아니라 「왕료사공자광전王僚使公子光傳」은 오자서전伍子胥傳이라고 하는 편이 오히려 적당한 것처럼 한 인물이나 사건의 전말을 집중적으로 서술하고 있어 내용상으로는 기전체紀傳體나 다름없다. 따라서 『오월춘추』의 역사서술은 인물 묘사가 매우 생동적이며 이 가운데 요리와 전제에 관한 자객刺客 묘사는 매우 극적이며, 전제에 관한 묘사는 『사기』「자객열전刺客列傳」의 장면 묘사를 훨씬 능가한다.

> 왕료 앞에 이르자 전제는 절인 생선을 갈라 비수를 던졌다. (시위하는 병사들이) 창을 세워 가지를 교차하다가 전제의 가슴에 기울이니 가슴이 잘려 흉부가 드러났는데도 비수는 여전히 왕료를 찔러 갑옷을 뚫고 등에 미쳤다.

이외에 『오월춘추』는 오월상쟁吳越相爭 가운데 오자서, 백비, 범려, 요리 등 인물의 성격을 분명하게 드러내고 극적으로 묘사함으로써 이 인물들에 관한 설화가 후세인들에 의해 재탄생하는 원천이 되었다. 이는 조엽이 국가의 흥망은 천도의 순환에 의해 변화하는 것이라고 인식하면서도 국가 흥망에 대한 변화 발전의 역사에 관여하는 인간의 역할을 크게 의식하였기 때문이며, 이는 마치 사마천이 세계를 움직이는 정치를 창조하고 실행하는 주체는 개개의 인간이라고 여겨 열전列傳을 통해 인간의 역사를 서술한 것과도 상통한다.

오월의 쟁패 과정을 통해 조엽은 합려, 부차, 구천의 패업에는 오자서, 범려, 문종과 같은 현신賢臣들이 있었으며, 동시에 초나라와 오나라가 곤궁한 처지에 빠지는 과정에는 비무기, 백비 같은 간신이 있었음을 극명하게 대비시키고 있다. 그러나 조엽이 궁극적으로 드러내고자 한 것은 오자서, 범려, 문종과 같은 현명한 신하의 단순한 예증이 아니었다. 즉,

> 옛날에 걸이 관용봉을 죽이고 주가 왕자 비간을 죽였는데 오늘날 대왕께서는 신을 죽여 걸, 주의 무리에 참여하십니다. … 내가 죽은 다음부터 후세는 반드시 나를 충성스럽다고 여길 것이다. 위로는 하, 은의 세에 짝하여 관용봉, 비간과 더불어 벗을 할 수 있게 되었다.

라고 하여 오나라에 신하로 들어간 월왕 구천은 하대에 구금된 탕이나 은나라 석실에 갇힌 문왕과 같은 범주에 속하며, 구천이 오나라에 구금되었을 때 옆에서 모신 범려나 나라를 지킨 문종은 이윤, 태공의 범주에 속한다. 반면 부차는 걸, 주의 범주에 속하며, 부차에게 죽음을 당한 충신 오자서는 관용봉, 비간과 같다. 오가 망한 것은 하, 은이 망한 것과 같은 범주에 속한다는 역사인식을 통해 이적의 땅 오, 월의 역사를 하, 은, 주의 역사 전승 규율과 동일한 카테고리 가운데 올려놓았다. 즉 조엽은 『오월춘추』를 통해 정치적으로는 한 왕조로 통일되었으나 이념의 세계에서는 역사적으로 여전히 이적으로 남아 있던 변방 오월의 역사를 한漢 세계에 편입시키고자 하였다.

차례

일러두기

1. 본 역서는 元 大德本을 저본으로 간행된 苗麓校點本을 교정한 江蘇古籍出版社 간행 『吳越春秋』(1999년)를 저본으로 하였다.
2. 元 大德本에는 徐天祜의 音注가 있으나, 본 역서는 이를 각주에 반영하였다.
3. 『太平御覽』, 『藝文類聚』, 『北堂書鈔』, 『初學記』, 『文選』, 『水經注』, 『吳地記』, 『吳郡志』 등에 인용된 『吳越春秋』의 문장과 『國語』, 『左傳』, 『史記』의 관련 문장, 『四庫全書』 本에 근거해 苗麓校點本 『吳越春秋』의 문장을 교열, 수정하였다.

吳太伯傳[1] 태백과 중옹이 형만으로 도망하다

「오태백전吳太伯傳」은 오나라의 시조 태백太伯의 전기이며, 태백의 조상에 관해서는 『사기史記』「하본기夏本紀」, 「주본기周本紀」의 역사서술에 근거한다. 주周 고공단보古公亶甫의 아들 태백과 중옹仲雍이 형만荊蠻으로 달아나 오나라를 세웠다는 전승은, 주변 민족들이 흔히 자신들의 정치적 위상을 높이기 위해 자칭 중원 민족의 후예라고 꾸민 전설로 그 역사적 사실성이 의심되어 왔다. 『좌전左傳』이나 『국어國語』 등에 의하면, 오나라가 희성姬姓이란 사실은 전국시대戰國時代에 확고하게 인식되었으며 이러한 전설은 오나라가 중원에 위세를 떨쳤던 부차夫差 시절에 퍼진 것으로 추정한다. 그런데 강소江蘇 단도丹徒에서 발견된 의후측궤宜候夨簋에 의하면, 서주西周 초 주족이 양자강 하류 지역에 세력을 미쳤을 가능성이 있다.

오나라 역사는 태백과 중옹의 건국설화 이후 춘추 말 수몽壽夢이 중원 무대에 등장하기까지 전혀 알려지지 않는다. 단지 고고발굴 유물에 따르면, 서주 초 태호太湖 지역의 문화는 남방 월족문화越族文化의 영향을 강하게 받아 전당강錢塘江 이남 영소평원寧紹平原과 일치하나 중원 청동기문화가 유입되면서 청동기문화가 비약적으로 발전하여 중원 모방 청동기가 유행하였다. 하지만 서주 예기禮器의 엄격한 규율 대신 장식적 효과를 극대화한 독창적인 청동기 문화를 발전시켰으며 토기의 토착적 문양을 청동기에 응용하여 문양의 다양한 변화를 추구하였다. 이로 볼 때, 서주 초 일단의 주족집단이 오 지역에 이주했더라도 이들은 서주의 예제禮制사회를 존속시키지 못하고 곧 토착집단과 융합하였거나 매몰되었음을 짐작할 수 있다.

1-1

오吳나라의 선조 태백太伯[2]은 후직后稷[3]의 자손이다. 후직의 어머니는 태씨台氏 부락의 딸 강원姜嫄[4]인데 제곡帝嚳[5]의 원비元妃가 되었다.

강원은 처녀 시절에 들로 놀러 나갔다가 거인의 발자국을 발견하여 자세히 보았는데 마음에서 환희가 일어나고 그 형상이 좋아 발을 대고 밟으니 몸이 움직이면서 마치 사람과 교접한 듯하였다. 그런 일이 있은 뒤에 임신하였는데 방탕하다는 화禍를 입을까 두려워 제사지내며 아기를 갖지 않게 해달라고 빌었다. 그러나 강원이 상제上帝[6]의 발자국을 밟았으므로 하늘은 자식을 낳게 하였다.[7] 강원이 아이를 괴이하게 여겨 좁은 골목에 버리니 지나가는 소와 말이 피해 갔다. 다시 숲 속에 버렸더니 그때 마침 벌목하는 사람들이 많았다. 다시 연못 얼음 위에 버리자 새들이 몰려와 날개로 아기를 감쌌다.[8] 후직은 이렇게 하여 끝내 죽지 않았다. 강원은 신이神異하게 여겨 거두어 기르면서 당초 버렸던 일을 생각해 아이의 이름을 기棄라고 지었다.

기는 어려서부터 벼, 기장, 뽕나무, 마, 각종 곡식(五穀)[9] 심기를 좋아하였다. 그는 각가지 토지(五土)[10]의 적당함과 청·적·황·흑의 토지 색깔, 육지와 물의 높낮이 등을 자세히 살폈다. 그래서 조(粢稷)[11]·기장(黍)[12]·벼(禾)[13]·토란(蕖)[14]·보리(麥)[15]·콩(豆)[16]·찰벼(稻)[17] 등을 각각 적당한 환경에서 길렀다.

요堯[18]시대에 홍수가 나니 백성이 물에 떠내려가다 높은 곳을 찾아 거주하였다.[19] 요는 기를 초빙하여 백성에게 산에서 거주하는 법을 가르치고 지형에 따라 주거지를 만들고[20] 종자 심는 기술을 연구하게 하였다. 삼 년 남짓이 지나자 길에는 주린 기색 있는 사람이 없었다. 그러자 요는 기를 농사農師로 임명하여 태台에 봉하였다.[21] 호號를 후직이라

하고 성姓을 희씨姬氏라 하였다. 후직은 봉국封國으로 가서 제후諸侯가 되었다. 후직이 죽자 아들 부줄不窋[22]이 즉위하였다. 하왕조가 쇠퇴할 때 관직을 잃고 융적戎狄[23] 사이로 도망하였다. 손자는 공유公劉[24]이다.

공유는 인자하여 길을 걸을 때는 살아 있는 풀을 밟지 않았으며 수레를 몰 때는 갈대를 피하였다. 공유는 하걸夏桀[25]을 피해 융적으로 가서 그들의 풍속을 변화시키니 백성이 그의 정치에 감화하였다. 공유가 죽자 아들 경절慶節이 즉위하였다.

경절 이후 8대 뒤에 고공단보古公亶甫[26]가 나와서는 공유, 후직의 공업功業을 이어 수행하고 덕德을 쌓고 의義를 행하니 적인狄人들이 흠모하였다. 훈육薰鬻[27], 융족戎族이 시기하여 침벌하니 고공단보가 개, 말, 소, 양을 주며 섬겼으나 침벌을 그치지 않았다. 가죽과 비단, 금과 옥, 귀중한 보물을 주며 섬겼으나 역시 침벌을 그치지 않았다. 그러자 고공단보가 물었다.

"원하는 바가 무엇인가."

"네 땅을 원한다."

"군자는 기르는 땅 때문에 사람을 해치지 않는다. 길러야 할 백성을 해치는 것은 나라가 망하는 근원이다. 나를 위하느라 백성에게 해를 끼친다면, 이는 내가 편안히 거할 수 있는 곳이 못 된다."[28]

그러고는 말을 채찍질하여 빈邠[29]을 떠나 양산梁山[30]을 넘어 기주岐周[31]에 거처를 정하고는 말하였다.

"저들의 군주가 나와 무엇이 다르겠는가."

그러나 빈의 사람들은 오히려 부자형제가 서로 이끌고, 늙은이는 업고 어린아이는 끌고, 솥과 시루를 짊어지고 고공단보에게 귀부하였다. 고공단보가 주원에 정착한 지 석 달 만에 성곽城郭을 완성하였으며[32]

일 년 만에 읍邑[33]이 되고 이 년 만에 도성都城을 이루어 백성은 처음보다 다섯 배나 되었다.[34]

1-2

고공단보는 세 아들을 두었다. 맏아들은 태백太伯이고 둘째아들은 중옹仲雍인데 일명 오중吳仲[35]이라고도 하며, 막내아들은 계력季歷[36]이다. 계력은 태임씨太任氏[37]를 아내로 맞아 아들 창昌[38]을 낳았는데 창은 성자聖者의 상서로운 기운이 있었다.[39] 고공단보는 창이 성자임을 알고 훗날 그에게 나라를 전할 생각으로 계력에게 말하였다.

"왕업王業을 일으킬 사람은 아마도 창이 아니겠는가."

그러고는 창의 아버지 이름을 계력으로 고쳤다. 태백과 중옹은 이러한 형세를 보고 뜻을 눈치 채 말하였다.

"역歷은 바로 적자嫡子이다."[40]

고공단보가 나라를 창에게 전하려 함을 알았다. 고공단보가 병나자 태백과 중옹 두 사람은 형산衡山[41]에 약을 캐러 간다는 구실로 형만荊蠻[42]으로 가서 머리를 자르고 문신을 하고[43] 이적夷狄[44]의 옷을 입었다. 이로써 두 사람은 자신들이 결코 왕위를 계승할 수 없음을 드러냈다.[45]

마침내 고공단보가 죽자 태백과 중옹이 돌아왔다. 상喪을 마치고는 형만으로 돌아가니 형만의 사람들이 군주로 받들어 섬기자 자신의 국호를 구오勾吳[46]라고 하였다. 그러자 구오의 어떤 사람이 물었다.

"무엇 때문에 구오라 하는가."

이에 태백이 말하였다.

"나는 맏이기 때문에 국내에 머물러야 할 뿐 아니라 후사 또한 없으니 오중吳仲[47]을 봉하는 것이 마땅하다. 그래서 내가 나라를 구오라고

그림 1 의후측궤宜侯夨簋와 명문銘文 일부
(서주西周 기원전 11세기, 강소江蘇 단도丹徒 연돈산烟墩山 출토)
단도 연돈산에서 발견된 의후측궤의 명문은 서주 초에 측夨을 의宜에 봉封하는 내용이다.

하였으니 도의道義에 맞는 일이 아닌가."[48]

형만의 사람들은 그를 의롭다고 여기고 따라 귀부한 자가 천여 가家에 달하였다. 이들은 태백을 추대하여 오나라(勾吳)를 세우게 하였다. 수년 만에 사람들이 부유해졌다. 은殷 말에 세상의 도가 쇠락하자 중국中國[49]의 왕후王侯들이 자주 전쟁을 일으켰다. 전쟁의 화가 형만까지 미칠까 두려워 태백은 둘레가 3리 200보인 내성과 둘레가 300여 리인 외성을 쌓았는데,[50] 이 성은 서북쪽에 있으며 고오故吳[51]라고 한다. 백성은 모두 그 안에서 농사를 지었다.

고공단보가 병들어 죽으려 할 때 계력을 시켜 태백에게 나라를 양위하려 하였으나 태백은 세 번 사양하고 받지 않았다. 그러자 사람들이 이를 두고 말하였다.

"태백은 세 번 천하를 사양하였다."

계력이 정치를 하는데 선왕의 공업을 수행하고 인의仁義의 도를 지켰

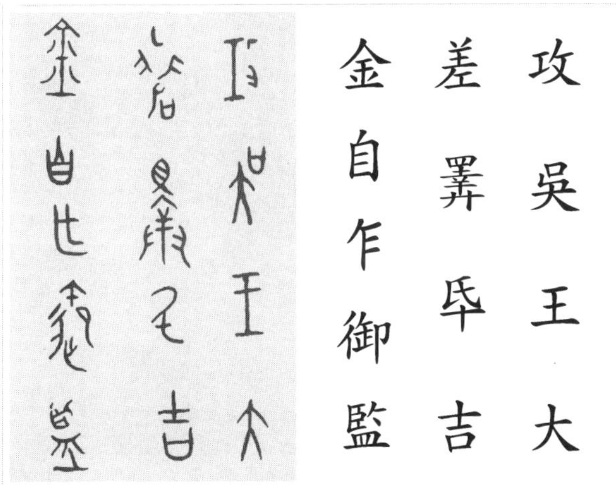

그림 2 오왕부차감吳王夫差鑒의 명문銘文(춘추春秋 기원전 5세기 초경, 산서山西 출토)
춘추시대 오나라 청동기 명문에 의하면, 자신들을 '오吳, 공오攻吳, 공어攻敔, 공어攻敔라고 칭했음을 알 수 있다.

다. 계력이 죽자 아들 창이 즉위하였는데 호를 서백西伯이라 하였다. 공유와 고공단보의 통치술을 본받아 노인들을 공양하는 데 힘썼더니 천하 사람들이 그에게 귀부하였다. 서백이 태평太平을 이루니 백이伯夷[52]가 바닷가에서 찾아왔다. 서백이 죽자 태자 발發[53]이 즉위하여 주공단周公旦과 소공석召公奭[54]을 임명하여 은을 토벌하였다. 천하가 평정되자 왕을 칭하고 고공단보를 추시追謚하여 태왕太王[55]이라 하고 태백을 오나라에 추봉推封하였다.[56]

태백이 죽자 매리梅里 평허平墟에 장사지냈다.[57] 중옹이 즉위하였으니 이가 바로 오나라의 중옹이다. 중옹이 죽으니[58] 아들 계간季簡, 간의 아들 숙달叔達, 달의 아들 주장周章, 장의 아들 웅熊, 웅의 아들 수遂, 수의 아들 가상柯相, 상의 아들 강구이彊鳩夷, 이의 아들 여교의오餘喬疑吾,

그림 3 태백고택정太伯古宅井

오늘날 무석시無錫市 동쪽 13킬로미터 매촌진梅村鎭에 태백묘泰伯廟가 있는데 한대漢代에 건축된 이후 명청明淸시대에 개수되었다. 태백의 고택古宅이라고 전해지며 여기에는 태백정이라는 작은 우물이 있는데 아직도 맑은 물이 고여 길어 올릴 수 있다.

오의 아들 가려柯盧, 여의 아들 주요周繇, 요의 아들 굴우屈羽, 우의 아들 이오夷吾, 오의 아들 금처禽處, 처의 아들 전專, 전의 아들 파고頗高, 고의 아들 구필句畢이 대를 이어 즉위하였다. 이때 진헌공晉獻公이 주周 북쪽의 우虞를 멸망시켰다. 이는 우공虞公이 진나라 군사로 하여금 자국 땅을 지나 괵虢을 정벌하는 데 길을 열어주었기 때문이다.[59] 필의 아들은 거제去齊이며, 제의 아들 수몽壽夢이 즉위하면서 오나라는 더욱 강성해져서 (스스로) 왕을 칭하였다. 태백에서 수몽까지 19대인데, 수몽대에 이르러 비로소 중원 여러 나라(中國)[60]와 때때로 왕래하였으며 오나라는 곧 패자霸者가 되었다.[61]

原文

1-1

吳之前君太伯者, 后稷之苗裔也. 后稷其母台氏之女姜嫄, 爲帝嚳元妃. 年少未孕, 出游於野, 見大人跡而觀之, 中心歡然, 喜其形像, 因履而踐之. 身動, 意若爲人所感. 後妊娠, 恐被淫泆之禍, 遂祭祀以求, 謂無子履上帝之跡, 天猶令有之. 姜嫄怪而棄于阨狹之巷, 牛馬過者折易而避之. 復棄于林中, 適會伐木之人多. 復置于澤中冰上, 衆鳥以羽覆之. 后稷遂得不死. 姜嫄以爲神, 收而養之, 長因名棄. 爲兒時,好種樹禾, 黍, 桑, 麻, 五穀, 相五土之宜, 青赤黃黑, 陵[1]水高下, 粢, 稷, 黍, 禾, 蕖, 麥, 豆, 稻, 各得其理.

堯遭洪水, 人民泛濫, 遂高而居. 堯聘棄, 使敎民山居, 隨地造區, 研營種之術. 三年餘, 行人無飢乏之色. 乃拜棄爲農師, 封之台, 號爲后稷, 姓姬氏. 后稷就國爲諸侯. 卒, 子不窋立. 遭夏氏世衰, 失官奔戎狄之間. 其孫公劉.

公劉慈仁, 行不履生草, 運車以避葭葦. 公劉避夏桀於戎狄, 變易風俗, 民化其政. 公劉卒, 子慶節立.

其後八世而得古公亶甫. 脩公劉后稷之業, 積德行義, 爲狄人所慕. 薰鬻戎姤[2]而伐之, 古公事 之以犬馬牛羊, 其伐不止. 事以皮幣, 金玉重寶, 而亦伐之不止. 古公問 "何所欲." 曰 "欲其土地." 古公曰 "君子不以養害. 害所養[3]. 國所以亡也. 而爲身害, 吾所不居也." 古公乃杖策去邠, 踰梁山而處岐周. 曰 "彼君與我何異." 邠人父子兄弟相帥, 負老攜幼, 揭釜甑而歸古公. 居三月成城郭, 一年成邑, 二年成都, 而民五倍其初.

1-2

古公三子, 長曰太伯, 次曰仲雍, 雍一名吳仲, 少曰季歷. 季歷娶妻太任氏, 生子昌. 昌有聖瑞. 古公知昌聖, 欲傳國以及昌. 曰 "興王業者, 其在昌乎." 因更名曰季歷. 太伯, 仲雍望風知指, 曰 "歷者, 適也." 知古公欲以國及昌. 古公病, 二人託名採藥於衡山, 遂之荊蠻. 斷髮文身, 爲夷狄之服, 示不可用.

古公卒, 太伯, 仲雍歸. 赴喪畢, 還荊蠻. 國民君而事之, 自號爲勾吳. 吳人或問 "何像而爲勾吳." 太伯曰 "吾以伯長居國, 絕嗣者也. 其當有封者, 吳仲也. 故自號勾吳, 非其方乎." 荊蠻義之, 從而歸之者千有餘家, 共立以爲勾吳. 數年之間, 民人殷富. 遭殷之末世衰, 中國侯王數用兵, 恐及於荊蠻, 故太伯起城, 周三里二百步, 外郭三百餘里, 在西北隅, 名曰故吳. 人民皆耕田其中.

古公病將卒, 令季歷讓國於太伯, 而三讓不受. 故云 "太伯三以天下讓." 於是季歷蒞政, 脩先王之業, 守仁義之道. 季歷卒, 子昌立, 號曰西伯. 遵公劉, 古公之術, 業於養老, 天下歸之. 西伯致太平, 伯夷自海濱而往. 西伯卒, 太子發立, 任周, 召而伐殷. 天下已安, 乃稱王, 追謚古公爲大王[4], 追封太伯於吳.

太伯殂[5]卒, 葬於梅里平墟. 仲雍立, 是爲吳仲雍. 仲雍卒, 子季簡, 簡子叔達, 達子周章, 章子熊, 熊子遂, 遂子柯相, 相子彊鳩夷, 夷子餘喬疑吾, 吾子柯盧, 盧子周繇, 繇子屈羽, 羽子夷吾, 吾子禽處, 處子專, 專子頗高, 高子句畢立[6]. 是時, 晉獻公滅周北虞, 虞公以開晉之伐虢氏. 畢子去齊, 齊子壽夢立, 而吳益彊, 稱王. 凡從太伯至壽夢之世[7], 與中國時通朝會, 而國斯霸焉.

1 『四部叢刊』 本에는 篇名 위에 모두 '吳越春秋' 라는 書名을 붙여 "吳越春秋吳太伯傳第一" 이라고 한다. 徐天祜에 의하면, 宋本에는 "吳王太伯傳" 이라고 하였으나 太伯은 세 번 천하를 양보하여 왕이 될 만하였지만 실제 왕이 되지는 않았으므로 '王' 자를 뺐다고 한다.

2 太伯 : 徐天祜에 의하면, 『論語』 권8 「泰伯」에 "泰伯"이라고 한다. "子曰 泰伯其可謂至德也已矣 三以天下讓 民無得而稱焉."

3 后稷 : 이름은 棄이다. 后는 고대사회에서 군장의 의미며, 큰 공이 있는 사람에게 붙여주었다(后羿, 后益, 后啓 등). 稷은 곡식을 이르지만, 고대에는 농사를 관장하는 벼슬을 칭하기도 하였다. 『左傳』 昭公 29년 "稷, 田正也." 注 "掌播殖." 주 왕조에서는 后稷을 農神으로 제사하였다.

4 姜嫄 : 『史記』 권4 「周本紀」(이하 「周本紀」)에 '嫄' 은 "原", '台' 는 "邰" 라고 한다. "周后稷 名棄 其母有邰氏女 曰姜原."

徐天祜에 의하면, 『說文解字』 (권6)에 "邰는 炎帝의 후손 姜姓이 봉해졌다" 라고 한다. (『國語』 권10) 「晉語」에 "黃帝는 姬水에서 일어났고, 炎帝는 姜水에서 일어났으므로 黃帝는 姬姓이 되고, 炎帝는 姜姓이 되었다" 라고 한다. 즉 姜은 炎帝의 姓이다. 邰國의 위치에 관해 陝西省 武功縣 부근이라고도 하지만 何光岳에 의하면, 邰는 駘라고도 하는데 오늘날 汾水와 涑水 사이에 侯馬市 汾水 남쪽 東臺神, 西臺神 일대에 거주했던 姜姓國이라고 추정한다. 이 지역을 姜嫄이라고 했으며 后稷의 母는 여기에서 이름을 얻었다(『周源流史』, 江西教育出版社, 1997, 11～13쪽). 고대 周族은 姬, 姜 양 씨족이 서로 혼배하였다. 后稷의 母 姜嫄 외에도 古公의 처 姜女, 武王의 后 邑姜을 비롯해 춘추시대 魯나라 妃의 대부분이 姜氏였다(楊向奎, 『宗周社會與禮樂文明』, 人民出版社, 1997, 3쪽).

5 帝嚳 : 『史記』 권1 「五帝本紀」에 의하면, 高辛이며 黃帝의 증손이다.

6 上帝 : 殷代 최고의 神으로 인간의 제사를 받지 않으며 先王, 先祖와도 혈연관계가 없는 인간사회를 초월한 自然神이다. 上帝의 권위는 善意와 惡意가 있으며 풍년, 전쟁, 읍을 세우는 일, 왕의 행동 등을 포함한 인간의 일을 관리한다(陳夢家, 『殷墟卜辭綜述』, 科學出版社, 1956, 中華書局重印本, 1981, 580쪽).

7 『詩經』의 后稷 탄생 설화는 '知其母, 不知其父' 의 母系氏族 사회를 반영하는 것이다. 『詩經』 「大雅」 「生民」에는 姜嫄이 자식이 없는 厄을 제사한 것을, 『吳越春秋』에는 임신이 두려워 자식이 없게 해달라고 제사를 지낸 것으로 바뀌었다.

처음 주나라 사람을 낳은 것은	厥初生民
이 강원이시니	時維姜嫄
어떻게 사람을 낳았는가	生民如何
정성 들여 제사하고 郊禖에 제사하사	克禋克祀

자식이 없는 액을 제불하시고 以弗無子
上帝의 발자국에 엄지발가락을 밟으사 履帝武敏
크게 여기고 멈추니 歆動하여 歆攸介攸止
임신하고 조심하시어 載震(娠)載夙(肅)
낳고 키우신 載生載育
이가 后稷이시라. 時維后稷(『詩經』「大雅」「生民」)

8 后稷의 탄생에 대해 『詩經』「大雅」「生民」에서는 다음과 같이 노래한다.
좁은 골목에 버려두자 誕寘之隘巷
소와 양이 보호하고 사랑해주었다네. 牛羊腓字之
숲 속에 버려두자 誕寘之平林
마침 나무를 베러온 자가 거두어주네. 會伐平林
찬 얼음 위에 버려두자 誕寘之寒冰
새가 날개로 덮어주고 깔아주었네. 鳥覆翼之
이러한 표현은 시조설화에서 시조의 新異함을 나타내기 위해 상투적 사용되는 표현으로 고구려 시조 朱蒙설화에서도 동일한 화법을 사용한다. "태기가 있어 알 한 개를 낳으니 크기가 다섯 되들이는 되었다. 왕이 이것을 버려 개와 돼지에게 주니 모두 먹지 않았다. 다시 이것을 길바닥에 버렸더니 소와 말이 피해갔다. 이것을 들에 버렸더니 새와 짐승이 덮어주었다. 왕이 이것을 쪼개려 하여도 깨뜨릴 수가 없어 그만 그 어미에게 돌려주었다(『三國遺事』 권제1, 「紀異」 제2)."

9 五穀 : 오곡에 관해 일정한 설은 없으나 『周禮』에 의하면, 黍 · 稷 · 菽 · 麥 · 稻라고 한다(「夏官」 권33 「職方氏」 其穀宜五種). 「周本紀」에 "麻, 菽 심기를 좋아했다"라고 하여 식량과 의복을 위한 화북의 밭작물인 마와 콩 만을 서술하고 있지만 양자강 하류 지역 사람인 조엽은 남방에서 재배하는 벼, 기장, 뽕나무와 오곡 등을 덧붙였다. 여기에서는 모든 곡식을 의미한다.

10 五土 : 山林, 川澤, 丘陵, 墳衍(물가와 평지), 原隰(높고 건조한 땅과 낮고 습한 땅).

11 粢稷 : 粢는 稷의 별명, 즉 조다. 周人은 稷을 始祖로 하고 百谷의 長으로 여겼으며 社稷을 국가의 상징으로 삼았다. 周族의 선조가 활동한 서북 황하 유역 신석기시대 곡물 유존 가운데 조(粟)가 가장 많이 출토된다(游修齡, 「論黍和稷」, 『農業考古』, 1984-2, 277~285쪽).

12 黍 : 唐 이후 稷을 黍라고도 하였으며, 黍와 稷은 메기장과 차기장으로 모두 기장에 속한다고도 하나(李時珍, 『本初綱目』) 黍와 稷은 다른 곡물이다(游修齡, 위의 책 287쪽).

13 禾 : 탈곡하지 않은 곡물을 지칭하기도 하지만 화북 지역에서는 粟을 지칭하며 남방 지역에서는 稻를 지칭한다. 趙曄은 會稽 사람이므로 稻의 의미로 사용했을 것이다(游修齡, 「禾, 穀, 稻, 粟 探源」, 『稻作史論集』, 中國農業科技出版社, 1993, 232~238쪽).

14 蕖(거) : 孫詒讓에 의하면, 蕖는 곡식 이름이 아니므로 粱(량)이라고 하는 것이 맞을 듯하며 글자 형태가 비슷해서 틀린 것이라고 한다(『札迻』 권3).

15 麥 : 보리는 서남아시아에서 겨울에도 비가 내리는 지역이 원산지며 기원전 2000년 전경 중국에 전파되어 1세기경 북방에서 밭작물로 재배되었다(『中華文明史』 권1, 河北教

育出版社, 1992, 100쪽).

16 豆 : 콩은 화북동부평원, 동북지구에서 山戎族에 의해 재배되어 점차 황토고원지대로 전파되었다. 『詩經』에 콩을 "荏菽"이라고 하는데 이는 '戎菽'의 변음이라고 한다(何炳棣, 「中國農業的本土起源」, 『農業考古』 1985-2, 73쪽).

17 稻 : 고대 황하 유역에서는 찰벼를 稻라고 칭하였다.

8월에는 대추를 털고	八月剝棗
10월에는 벼를 수확하여	十月獲稻
봄 술을 만들어서	爲此春酒
미수를 돕네.	以介眉壽(『詩經』「豳」「七月」)

술을 만들 수 있는 것은 찰벼라고 한다(游修齡, 『稻作史論集』, 69쪽).

18 堯 : 五帝(黃帝, 顓頊, 帝嚳, 堯, 舜) 가운데 하나며 帝位를 舜에게 양위하였다고 한다.

19 關中의 渭河 유역 신석기시대 주거지는 대부분 강가 구릉 위에 있으며, 특히 하천이 합류하는 곳에서 잘 발견된다(『新中國的考古發現和硏究』 2-1, 黃河流域新石器時代文化, 文物出版社, 1984).

20 원문에 '區'라고 하는데 산의 동굴과 같은 주거지를 가리킨다. 張覺에 의하면, 區의 글자 모양은 마치 한 구역 내에 많은 洞穴이 있는 것과 비슷하다. 『漢書』 권76 「張敞傳」 師古注 "區謂居止之所也."

21 后稷이 외가인 邰에 봉해졌음은 당시 母系 사회의 습속을 반영한다.

22 不窋 : 徐天祜에 의하면, 『帝王世紀』에 "后稷은 姞氏를 맞아들여 不窋을 낳았다"라고 한다(「周本紀」 索隱引). 張覺에 의하면, 堯에 의해 農師에 임명된 棄가 하왕조 말 不窋의 아버지가 되기에는 시대 차가 크다. 不窋을 낳은 后稷은 대대로 農師를 지낸 棄의 후손일 것이다. 『國語』「周語」(이하 「周語」) 上 "昔我先王世后稷, 以服事虞夏."

23 戎狄 : 춘추시대 북방민족에 대해 戎, 狄이라고 불렀다. 不窋이 도망한 '戎狄之間'은 오늘날 甘肅省 慶陽 일대로 추정한다. 殷代 북방과 서북방의 민족들은 甲骨文상에 土方, 鬼方, 邛方, 御方, 狄 등으로 나타난다. 문헌 기록에서는 薰育, 嚴允, 鬼方, 犬戎, 畎夷, 狄(翟) 등이라 칭한다(翁獨健 主編, 『中國民族關係史綱要』, 中國社會科學出版社, 2001, 41~44, 50, 67쪽).

24 徐天祜에 의하면, 「周本紀」에 "不苗이 죽은 후 아들 鞠이 즉위하였고, 鞠이 죽은 후 아들 公劉가 즉위하였다"라고 한다.

25 夏桀 : 전설상의 폭군으로 夏王朝의 마지막 군주다. 殷에 패배한 후 남방으로 쫓겨가 巢(오늘날 安徽, 巢縣)에서 죽었다고 전한다.

26 徐天祜에 의하면, 慶節 이후 8대는 皇僕, 差弗, 毀隃, 公非, 高圉, 亞圉, 公叔祖類, 古公亶甫이다. 『毛詩』와 『史記』에 '甫'를 모두 "父"라고 하는데, '甫'와 '父'는 통한다.

27 薰鬻 : 徐天祜에 의하면, 『孟子』에 "獯鬻", 『史記』에 "薰育", 『漢』「匈奴傳」에 "薰粥"이라고 하는데 음은 같다고 한다. 훈육은 갑골문에서는 鬼方이라고 불리며 太行山脈 서쪽 황토고원에 살고 있었다. 춘추시대에는 戎狄으로 불렸으며, 戰國 후기 북방민족의 융합

에 의해 匈奴 계통으로 통합되었다(江應梁, 『中國民族史』, 民族出版社, 1990, 110쪽). 북방민족들이 殷周시대에 남하하면서 周代에는 山西南部, 陝西 涇水, 渭水 상류 지역까지 이르러 중원 국가와 빈번하게 전쟁을 일으켰다(翁獨健, 앞의 책, 44쪽).

28 「周本紀」의 문장은 뜻이 더 분명하다. "백성들이 나 때문에 전쟁하여 백성들의 아비나 자식을 죽이면서까지 그들의 군주가 되는 것을 나는 차마 못하겠다民欲以我故戰 殺人父子而君之 予不忍爲."

29 邠 : 徐天祜에 의하면, 『索隱』에 "豳은 곧 邠이다"라고 한다. 오늘날 陝西 旬邑縣 서쪽 30里 邠原이다.

30 梁山 : 고대에 梁山이란 지명은 많지만 邠과 岐山 사이에 있는 梁山은 오늘날 陝西 岐山縣 동쪽, 乾縣 서북에 위치한 梁山이다.

31 岐周 : 周初에 岐山에 나라를 세웠으므로 岐周라고 한다. 岐山은 오늘날 陝西 岐山縣 동쪽에 있다. 1976년에 古公亶甫가 처음 성곽을 건축한 周原으로 추정되는 陝西 岐山 鳳雛村에서 서주시대 대형 건축 유지가 발굴되었다. 대형 건축물은 남북이 45.2미터, 동서가 32.5미터, 면적이 약 1,500제곱미터의 판축 기단 위에 건축되었으며 宗廟로 추정한다(「陝西岐山鳳雛西周建築基址發掘刊報」, 『文物』 1979-10).

32 『詩經』「大雅」「綿」에는 고공단보가 岐山 아래 터를 잡고 성곽을 쌓는 모습이 묘사되어 있다.

33 邑 : 성곽으로 둘러싸인 거주지다. 혈연집단인 읍의 주민은 읍 주변의 田을 경작하며 전쟁 때에는 군대를 편성한다. 治所가 있는 大邑은 점차로 都市로 발전하였다. 殷周시대를 邑制國家라고도 한다(江村治樹, 「古代都市社會」, 『殷周秦漢時代史の基本問題』, 汲古書院, 2001, 28~30쪽).

34 이러한 문구는 상투적인 표현으로 『史記』 권1 「五帝本紀」에 의하면, 舜은 1년 만에 聚落을 이루었으며, 2년 만에 邑을 이루었으며, 3년 만에 都를 이루었다고 한다.

35 吳仲 : 徐天祜에 의하면, 『史記』에 "虞仲"이라고 한다. 張覺에 의하면, 옛날에는 '虞'와 '吳'의 발음이 같았다. 『史記』 권31 「吳太伯世家」(이하 「吳太伯世家」) 索隱에 의하면, 伯, 仲, 季는 兄弟 次第를 의미하는 字이다.

36 季歷 : 徐天祜에 의하면, 太姜이 少子季歷을 낳았으니 곧 王季이다.

37 大任氏 : 徐天祜에 의하면, 음은 泰任이다. 「周本紀」에 "太任"이라고 한다. 『列女傳』에 "太任은 摯任氏의 둘째 딸이다(「母儀傳」「周室三母」)"라고 한다.

38 昌 : 周文王이며 殷나라 紂代에 서방 부락의 수장을 의미하는 西伯이 되었다.

39 徐天祜에 의하면, 『尙書緯』「帝命驗」에 "季秋之月 甲子에 赤爵(雀)이 丹書를 물고 酆에 날아와 昌의 집 문에 멈추었다. 그 書에 云"이라고 하는데, 昌에 관한 성스러운 조짐이 후세에 조장되어 전한다.

40 원문에 '歷者, 適也'라고 하는데 張覺에 의하면, '適'은 '嫡'과 통하며 嫡長子를 말한다.

41 衡山 : 衡山이란 지명은 매우 많으나 양자강 유역 남방에는 湖南의 衡山, 安徽의 霍山, 丹陽의 橫山 등이 있다.

42 荊蠻 : 고대에 양자강 중하류의 지리 개념으로 사용되었다. 楚가 越을 멸망시킨 후 吳越 지역은 楚에 속하였으며 秦이 이 지역을 복속한 이후, 秦은 楚를 避諱하여(秦始皇의 父, 莊王의 名이 子楚) 荊이라고 하였다. 蠻은 고대 남부 지역을 멸시하는 호칭이다(「周本紀」 正義).

43 張覺에 의하면, '斷髮文身'은 중원 지역에서 남녀를 불문하고 머리를 기른데 비해 남방의 풍습을 대표하는 말이다. 『史記』「吳太伯世家」 集解에 인용한 應召說에 의하면, 남방인들은 항상 물속에서 생활하기 때문에 머리를 자르고 몸에 문신하여 龍의 모습 같이 하여 상해를 당하지 않는다. 문헌상에 전해지던 강남 지역의 문신 습속은 이 지역에서 발굴된 춘추전국시대 청동기 상의 인물 묘사에서도 확인할 수 있다.

44 夷狄 : 夷는 동부 이민족에 대한 호칭이며 狄은 북부 이민족에 대한 호칭으로 쓰이기도 하나 여기에서는 이민족의 통칭으로 쓰였다.

45 吳가 姬姓諸侯란 사실은 『左傳』을 비롯해 『國語』 등에 수차례 언급되어 戰國시대에는 이미 확고한 사실로서 인식되었지만 '太伯, 仲雍이 荊蠻으로 달아나서 吳를 세웠다'는 전승은 소수민족들이 흔히 자신들의 정치적 위상을 높이기 위해 자칭 漢族이나 한족의 후예라고 꾸민 일종의 전설로 그 역사적 사실 여부는 의심되어 왔다(衛聚賢, 「太白之封在西吳」, 『浙江學刊』 1985-3, 99쪽). 그러나 최근의 고고 발굴 자료는 이에 관해 새로운 증거를 제공하고 있다. 江蘇 丹徒縣 烟墩山에서 발견된 宜侯夨簋 銘文을 근거로, 西周 초 양자강 하류 지역에 周 封國 宜가 세워졌을 가능성을 논하기도 한다. "… 王省武王成王伐商圖 祉省東或圖 … 王令虞侯夨曰□侯于宜(왕께서는 武王, 成王께서 개척하신 商의 圖(비읍)를 돌아보시고, 東國의 圖에까지 이르시어 돌아보시다. … 왕께서는 虞侯夨에게 명하여 이르셨다. □, 宜의 侯를 맡도록 하라)(唐蘭, 「宜侯夨簋考釋」, 『考古學報』 1956-2)."

46 勾吳 : 吳이다. 徐天祜에 의하면, 『漢書』「地理志」에 "太伯이 荊蠻으로 달아나서 국호를 勾吳라고 했다"라고 한다. 顔師古注에 "(勾는) 夷俗語의 발성어이며 越을 于越이라고 하는 것과 같다"라고 한다.

47 吳仲 : 兪樾에 의하면, 仲雍을 吳仲이라고 칭한 것은 그가 후에 吳의 군주가 되었기 때문에 칭한 것이다. 그런데 여기에서 태백은 仲雍의 이름이 吳仲이므로 그 나라를 吳라고 했다고 하는데 漢代人의 異說이다(『諸子平議補錄吳越春秋』).

48 원문에 '非其方乎'라고 하는데 張覺에 의하면, 여기에서 '方'은 道義의 뜻으로 쓰였다. 「周語」 "上得民心以殖義方." 注 "方, 道也."; 『廣雅』「釋詁」 "方, 義也."

49 中國 : 중국의 영역은 역사적으로 그 범위가 유동적이었으며 점차 확대되었다. 여기에서는 황하 유역 일대를 중심으로 하는 殷왕조의 통치구역을 이른다.

50 秦漢시대에는 6尺이 1步, 300步가 1里며, 1尺은 23.1센티미터다. 따라서 문헌대로라면 故吳城의 둘레는 약 1524.6미터, 외곽의 둘레는 약 20.79킬로미터다.

51 故吳 : 오나라 도성(오늘날 蘇州)의 서북을 의미한다. 太伯 고성의 위치에 관해 徐天祜는 梅里 平墟, 오늘날 無錫縣 경계라고 한다. 그러나 태백 고성은 태백을 장례지낸 '梅里' 외에도 태백과 중옹이 처음 도착한 '衡山'이 거론되기도 한다. 오늘날 丹徒, 無錫, 蘇

州에 모두 梅里, 衡山이라는 지명이 있는데 이는 吳人들이 여러 차례 도읍을 옮겨 다닌 사실을 추정할 수 있다(商志䃅, 「吳國都城的變遷及闔閭建都蘇州的硏究」, 『吳文化硏究論文輯』, 中山大學出版社, 1988, 8쪽).

52 伯夷 : 『史記』 권61 「伯夷列傳」에 "伯夷, 叔齊는 孤竹君의 두 아들이다. … 伯夷, 叔齊는 西伯昌이 노인을 잘 봉양한다는 소문을 듣고 귀의하려고 함께 갔다. 이르렀을 때 西伯은 이미 죽고, 武王이 木主를 매어놓고 文王이라 칭하고는 동쪽으로 紂를 정벌하였다"라고 한다.

53 發 : 徐天祜에 의하면, 武王의 이름.

54 「周本紀」, 권33 「魯周公世家」, 권34 「燕召公世家」에 의하면, 周公旦과 召公奭은 武王이 殷을 멸하는데 공을 세워 각각 魯와 燕에 봉해졌지만 무왕의 아우인 周公旦은 封地에 가지 않고 무왕을 보좌했으며, 무왕의 사후 成王을 대신해 攝政했다.

55 太王 : 원문에 '大王'이라고 하나 萬曆本에 "太王"이라고 한다.

56 「吳太伯世家」에 의하면, 武王 때 태백과 중옹의 후예를 찾아 오나라 군주인 周章을 封하였다.

57 梅里 平墟의 위치에 관해 徐天祜에 의하면, 太伯의 古城이 있는 지역이라고 한다. 劉昭가 "無錫縣 동쪽 皇山에 太伯冢 있으며, 묘에서 10리 떨어진 곳에 舊宅이 있는데 우물이 아직도 있다"라고 말하였다. 『皇覽』에 "太伯墓는 吳縣 북쪽 梅里聚에 있다"라고 하여, 두 설이 같지 않다. 張覺에 의하면, 오늘날 梅里는 오늘날 無錫市 동쪽 13킬로미터에 있는 梅村鎭이며, 鎭에는 太伯廟가 있으며, 太伯古宅이라고 전해지는 곳이 있다. 太伯墓는 오늘날 無錫市 동쪽 18킬로미터, 鴻山西南坡, 梅村鄕 境內에 있다. 漢 桓帝(154년)의 命에 의해 조성된 이후 淸 嘉慶 20년(1815년)에 重修되었으며, 정면에 명대에 세워진 '泰伯墓' 비석이 있으며, 淸 嘉慶 23년(1818년) 享堂이 세워졌다.

58 張覺에 의하면, 仲雍墓는 오늘날 常熟市 虞山鎭 虞山 동쪽 기슭에 있다. 仲雍이 죽은 후 海隅山(즉 烏目山)에 장사지냈으며 吳人이 仲雍을 기념하여 海虞山으로 바꾸었으며 후에 또 虞山이라고 불렀다. 묘 앞에는 淸代에 세워진 石牌坊과 明代에 세워진 '商逸民虞仲周公墓'라는 비석이 있다.

59 「吳太伯世家」에 의하면, 虞는 남방 吳에서 분봉되었다고 한다. 武王이 殷을 이긴 후 太伯 · 仲雍의 후손을 찾아 吳의 군장인 周章의 아우 虞仲을 북쪽 殷墟에 봉하였다. 山西長治市 分水嶺 14호 묘에서 발굴된 銅戈 6건의 銘文에 "吳□", "虞之戟", "宜□之剌戟"이라고 하여 '虞'는 '吳', '宜'라고 겸칭함이 밝혀졌다(「山西長治分水嶺古墓的淸理」, 『考古學報』, 1957-1). 서주시대 세력 확장을 따라 봉지를 이동하거나 새로이 봉해질 경우 옛 국호를 사용하였음을 고려할 때 吳와 虞의 分封 관계를 확인해주는 것 같다. 그러나 封國의 이주와 분봉은 中原에서 점차 외곽으로 확대되었으며, 『詩經』 「大雅」 「綿」에 文王 시기 虞와 芮가 서로 爭訟을 그만두었다는 기록이 있어 중원의 虞는 文王 시기에 이미 존재하였음을 알 수 있다. 따라서 「吳太伯世家」의 기술과 달리 '吳'는 '虞'에서 분봉되어 나왔다고 추론할 수 있다(李明和, 『春秋時代 吳文化의 起源과 形成』, 이화여자대학교 대학원 1996학년도 박사학위 청구논문, 20~21쪽).

60 中國 : 周王朝를 정점으로 하는 종법제 질서에 편입된 中原 國家, 즉 華夏文化圈을 이르며 춘추시대 남방의 楚, 吳, 越은 蠻夷로서 中國에 포함되지 않았다(金翰奎, 「中國概念을 통해 본 古代中國人의 世界觀」, 『全海宗博士華甲論叢』, 一潮閣, 1979 참고).

61 吳國王 系譜 : 太伯 - 仲雍 - 季簡 - 叔達 - 周章 - 熊 - 遂(熊遂) - 柯相 - 彊鳩夷 - 餘喬(橋)疑吾 - 柯廬(盧) - 周繇 - 屈羽 - 夷吾 - 禽處 - 專(轉) - 頗高 - 句畢(卑) - 去齊 - 壽夢 - 諸樊 - 餘祭 - 餘昧 - 王僚 - 闔閭 - 夫差.

원문 주

1 陵 : 徐天祜에 의하면, '陸地' 이다.

2 姤 : 盧文弨에 의하면, '姤'는 '妬'라고 해야 한다.

3 君子不以養害 害所養 : 徐天祜에 의하면, 『孟子』에 "君子不以其所以養人者害人"이라고 한다. 필자 생각에 이 문장은 '君子不以養害所養. 害所養'이라고 해야 하며 '所養' 두 글자가 빠진 것이다.

4 大王 : 張覺에 의하면, 萬曆本과 馮念祖本에 "太王"이라고 한다.

5 殂 : 苗麓校點本, 『四部叢刊』本에 "祖"라고 하나 『四庫全書』本에 의해 고쳤다. "太白殂卒葬於梅里平墟."

6 徐天祜에 의하면, 「史記世家」에 熊子遂는 "熊遂", 喬는 "橋", 廬는 "盧", 專은 "轉"이라고 한다. 즉 周章의 子는 熊이 아닌 '熊遂'이다.

7 『史記』「吳太伯世家」에 "太凡從太伯至壽夢十九世"라고 한다.

권2

吳王壽夢傳 오가 처음으로 중원과 교류하다

「수몽전壽夢傳」은 수몽의 아들 저번諸樊, 여채餘祭, 여말餘昧의 사적까지 서술하였으며, 이는 『사기史記』 열전列傳이 한 열전에서 후손後孫의 열전을 묶어 함께 서술한 것과 같은 형식이다. 『좌전左傳』 성공成公 7년(기원전 584년)에 오나라는 수몽 2년에 비로소 중원 열국들과 교류하기 시작했다는 기록이 처음 등장한다. 당시 진晉을 중심으로 하는 중원 국가들은 남방에서 새로이 부상하는 초楚의 위협을 견제하기 위해 오나라를 중원의 회맹會盟에 불러들여 지원하였다. 중원의 전술戰術을 전수받은 오나라는 초에 속하였던 소巢, 서徐, 군서群舒 등 강회江淮 지역 소국들을 복속시키며 강성해지기 시작하였다. 수몽을 이은 저번은 즉위 원년(기원전 560년)에 초를 침략하여 비록 패배하였으나 기원전 548년에 초를 토벌하기 위해 소를 공격하다 화살에 맞아 죽기까지 서구舒鳩의 반란을 돕는 등 초에 대해 위협적 존재로 성장하였다. 그러나 「수몽전」에는 이러한 저번 시기의 대외적 성취에 관한 서술이 생략되었다.

『오월춘추吳越春秋』는 저번을 이은 여채의 재위를 17년(기원전 547~531

년), 여말의 재위를 4년(기원전 530~527년)이라고 하나 이는 『사기』「오태백세가吳太伯世家」의 서술을 따른 것이다. 『좌전』에 따르면, 여채의 재위기간은 4년(기원전 547~544년)이며 여말의 재위기간은 17년(기원전 543~527년)이다. 이들의 치세 동안에도 오나라는 초나라에 대해 적극적으로 공세하여 서徐를 자신의 편으로 끌어들였을 뿐 아니라 전략적 요충지인 회수 지역의 주래州來를 점령하였다. 또 중국에서도 이름난 현자賢者였던 수몽의 넷째아들 계찰季札이 노魯, 제齊, 정鄭, 위衛, 진晉 등 중원 국가들을 방문하여 각국의 정세를 논하는 사정이 『사기』와 『좌전』에 다분히 중원문화中原文化의 색채를 띠고 자세히 서술되어 있으나 『오월춘추』는 이를 생략한 대신 계찰의 양위를 극찬하였다. 이와 같이 많은 역사적인 사실이 생략된 『오월춘추』의 역사 서술은 실록實錄을 추구하지 않았음을 의미한다. 본격적인 오월사 서술의 시작에 해당하는 「수몽전」은 오나라의 문화가 중원과는 달랐다는 일성一聲으로 시작한다.

2-1

수몽壽夢[1] 원년元年(기원전 585년), 주천자周天子[2]를 조현朝見하고 초楚[3]에 가서 제후의 예제禮制와 음악音樂을 참관하였다.[4] 노성공魯成公(기원전 590~573년)과 종리鍾離에서 회합하여[5] 주공周公의 예악을 자세히 물으니[6] 성공이 선왕의 예악을 자세히 일러주고 이어서 하夏, 은殷, 주周 삼대三代의 가요[7]를 읊었다. 그러자 수몽이 말하였다.

"나는 만이蠻夷에 살고 있어서 상투[8] 트는 풍속이 있을 뿐이니 어찌 이런 복장이 있겠습니까."

그러고는 떠나며 탄식하였다.

"아아, 이런 것이 예로구나!"

2년(기원전 584년), 초나라에서 망명한 대부大夫 신공무신申公巫臣[9]이 오나라로 오자 무신의 아들을 행인行人[10]으로 삼으니, 오나라에 전거戰車를 몰며 활 쏘는 법을 가르치고는[11] 초나라를 치도록 인도하였다.[12] 그러자 초장왕楚莊王(기원전 613~591년)[13]이 노하여 자반子反[14]을 시켜 군대를 지휘하게 하여 오군을 패배시키니 두 나라는 이때부터 원수가 되었다. 오나라는 비로소 중국中國과 교통하기 시작하면서 제후와 맞서게 되었다.[15]

5년(기원전 581년), 초나라를 쳐서 자반을 패배시켰다.

16년(기원전 570년), 초공왕楚恭王(기원전 590~560년)[16]은 오나라가 무신을 위해서 초나라를 공격한 것을 원망하여 군대를 일으켜 오나라를 쳐서 형산衡山까지 쳐들어갔다 돌아왔다.[17]

17년(기원전 569년), 수몽은 무신의 아들 호용狐庸을 재상으로 삼아 국정을 위임하였다.[18]

25년(기원전 561년), 수몽이 병들어 죽었다. 네 아들이 있었는데 장자

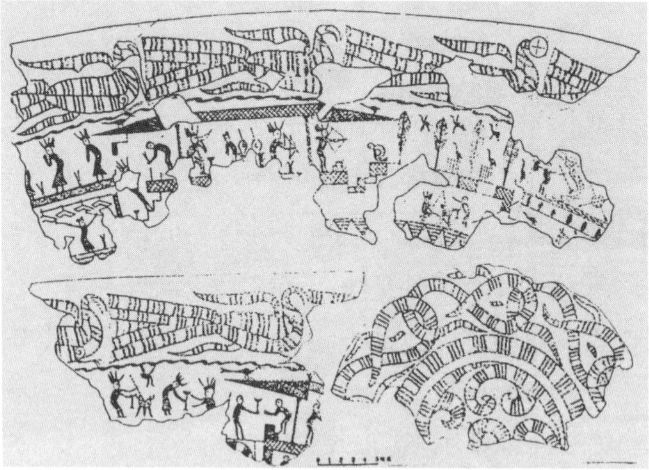

그림 4 동이銅匜 각문刻紋(춘추 기원전 5~6세기, 강소江蘇 진강鎭江)

춘추시대 오나라는 머리를 자르는 단발 습속이 있었다고 전해지며 만이蠻夷의 상징으로 여겨졌다. 진강 왕가산王家山에서 발굴된 동이에 새겨진 당시 오나라 상층 귀족들의 연회 장면에는 중원 귀족과 같은 심의深衣를 입은 사람이 있는가 하면 짧은 저고리, 바지 차림에 관을 쓰거나 단발 혹은 상투를 튼 사람의 모습이 보인다. 이들은 함께 동등하게 연회에 참가하는 것으로 보이며 신분상의 차이는 나타나지 않는다.

가 저번諸樊[19], 둘째가 여채餘祭[20], 셋째가 여말餘昧[21], 막내가 계찰季札이었다. 수몽은 현명한 계찰이 왕위를 잇게 하였으나 계찰이 사양하였다.

"예에는 기존의 제도가 있는데 어찌 선왕의 예제를 폐하고 부자의 사사로운 정에 따라 행하겠습니까."

수몽이 저번에게 명하였다.

"내가 나라를 계찰에게 전하고자 하니[22] 너는 과인의 말을 잊지 말라."

"주의 태왕太王께서는 서백西伯이 성자임을 알고 장자를 폐하고 작은 아들을 세워 왕도가 흥하였습니다. 지금 계찰에게 나라를 주고자 하시니 신臣은 들에서 농사를 짓겠습니다."

"옛날에 주왕이 행한 은덕은 온 세상에 미쳤다. 오늘 너는 형만荊蠻 지방의 작은 나라에 살고 있으니 어찌 천자의 대업大業을 이룰 수 있단 말인가? 이제 너는 아버지의 말을 잊지 말고 반드시 나라를 동생에게 차례로 물려주어 계찰까지 이르도록 하라."

"감히 명을 어기겠습니까."

수몽이 죽자 저번이 적장자로서 국사를 대행하여 국정을 맡았다.[23]

2-2

오왕 저번 원년(기원전 560~548년)[24], 상喪을 끝내고 계찰에게 양위하였다.

"예전에 선왕께서 돌아가시기 전에 온종일 불안해 하시기에 내가 그의 기색을 살폈더니 계찰에게 왕위를 전하려는 뜻이 계셨다. 그리고 다시 내조內朝[25]에서 비통한 목소리로 내게 공자公子 찰札이 현명하다는 것을 안다고 말씀하셨다. 장자를 폐하고 작은아들을 세우려 하셨으나 말을 꺼내기가 어려우셨던 것이다. 내 마음도 이미 그대에게 주기로 허락하였지만 그런데도 선왕께서는 차마 자신의 계획을 실행하지 못하시고 나라를 내게 맡기셨다. 내가 감히 명령을 따르지 않을 수 있겠는가. 지금 이 나라는 그대의 나라다. 나는 선왕의 뜻을 이루어드리려고 한다."

계찰이 사양하였다.

"적장자가 나라를 맡는 것은 선왕의 사사로운 정이 아니며 종묘宗廟, 사직社稷[26]의 제도니 어찌 바꿀 수 있겠습니까."

저번이 말하였다.

"만약 특별한 조치가 없어도 나라에 시행할 수 있는 일이라면 어찌 선왕의 조치가 있었겠는가. 태왕께서 계승자를 계력으로 바꾸자, 두 분 형[27]이 형만으로 들어와 성을 쌓고 나라를 세우니 주周의 도가 이루어졌다. 선인들께서 칭송이 입에 끊이지 않은 것은 그대도 익히 아는 바이다."

계찰이 다시 사양하였다.

"과거에 조공曹公[28]이 죽은 후 서자庶者가 군주가 되고 적자適者는 죽자, 제후와 조나라 사람들 모두 서자가 군주가 된 것을 불의不義하다고 여겼습니다.[29] 자장子臧[30]이 이런 소문을 듣고는 탄식하며 귀국하니 조나라 군주가 두려워하였습니다. 제후들이 자장을 군주로 세우려 하였으나 자장은 조나라를 떠나 조나라 정치의 도를 이루었습니다. 계찰이 비록 재주는 없으나 자장의 의로움을 따르고자 합니다. 저는 참으로 군주 자리를 피하려 합니다."

오나라 사람들이 굳이 계찰을 왕으로 세우려 하였으나 계찰은 이를 받아들이지 않고 야외로 나가 농사를 지었다. 그래서 오나라 사람들도 그만두었다. 이에 저번은 교만하고 방자한 모습으로 신령을 섬기는 것을 태만히 하며 하늘을 우러러 죽기를 기원하였다.[31] 저번은 임종할 때 동생 여채에게 명하였다.

"반드시 나라를 계찰에게 전하라."

그러고는 계찰을 연릉延陵[32]에 봉하여 연릉계자延陵季子라고 호칭하였다.

여채[33] 12년(기원전 536년)[34], 초영왕楚靈王[35]은 제후와 회합하여 오나라를 쳐서 주방朱方[36]을 포위하고 경봉慶封[37]을 죽였다. 경봉이 자주 오나라를 위해 정탐했기 때문에 진晉나라와 초나라가 그를 토벌한 것이

그림 5 엄성淹城 조감도鳥瞰圖(강소 상주常州)

상주 무진현武進縣에서 발굴된 엄성 유지는 계찰의 성지城址라고 추측하기도 한다. 엄성은 삼중三重 성장城墻과 이를 둘러싼 호성하護城河의 왕도王都의 건축 구조를 갖추었으며, 각 성城에는 출입문이 하나만 있어 특별한 군사적 방위기능을 갖추고 있다. 직경은 750~850미터의 타원형으로 둘레는 약 2.5킬로미터이며, 성의 총 면적은 785,000제곱미터다. 이 규모는 춘추 강국 가운데 하나인 진晉의 도성 산서山西 후마우촌고성侯馬牛村古城(약1.4×1.2킬로미터)보다 약간 작다.

다.[38] 오왕 여채가 노하였다.

"경봉이 궁지에 빠져 오나라에 망명해오니 오나라가 그를 주방에 봉한 것은 재주 있는 선비를 원수로 삼지 않는다는 뜻을 드러낸 것일 뿐이다."

그러고는 군대를 일으켜 초나라를 쳐 두 읍을 탈취하고 돌아왔다.[39]

13년(기원전 535년)[40], 초나라는 오나라가 경봉을 위해 한 일을 원망하여 토벌하였는데 마음의 원한이 풀리지 않아 오나라를 쳐 건계乾溪[41]에까지 이르렀다. 오군이 이들을 공격하니 초군은 패배해 도망갔다.

17년(기원전 531년), 여채가 죽고[42] 여말이 즉위하였다.[43]

여말 4년(기원전 527년), 여말이 죽으면서[44] 계찰에게 왕위를 주려고 하였으나 계찰[45]은 사양하고 도망가며 말하였다.

"내가 왕위를 받지 않겠다는 뜻은 분명하다. 과거에 선군이 명하실 때 이미 자장의 의리를 따랐다. 몸을 깨끗이 하고 행동을 맑게 하며 높은 뜻을 우러르고 숭고한 일을 행하여 오직 인의를 따르려 할 뿐이니 부귀영화는 나에게는 귓가에 지나는 추풍秋風과 같다."

그러고는 연릉으로 피해 돌아갔다. 오나라 사람들은 여말의 아들 주우州于를 세워 오왕료吳王僚라 하였다.

原文

2-1

壽夢元年, 朝周, 適楚, 觀諸侯禮樂. 魯成公會於鍾離, 深問周公禮樂, 成公悉爲陳前王之禮 樂, 因爲詠歌三代之風.

壽夢曰 "孤在夷蠻, 徒以椎爲俗, 豈有斯之服哉!" 因歎而去, 曰 "於乎哉, 禮也!"

二年, 楚之亡大夫申公巫臣適吳, 以爲行人. 教吳射御, 導之伐楚. 楚莊王怒, 使子反將, 敗吳師, 二國從斯結讎. 於是吳始通中國而與諸侯爲敵.

五年, 伐楚, 敗子反.

十六年, 楚恭王怨吳爲巫臣伐之也, 乃擧兵伐吳, 至衡山而還.

十七年, 壽夢以巫臣子狐庸爲相, 任以國政.

二十五年, 壽夢病, 將卒. 有子四人, 長曰諸樊, 次曰餘祭, 次曰餘昧, 次曰季札. 季札 賢, 壽夢欲立之. 季札讓曰 "禮有舊制, 奈何廢前王之禮, 而行父子之私乎."

壽夢乃命諸樊曰 "我欲傳國及札, 爾無忘寡人之言."

諸樊曰 "周之太王知西伯之聖, 廢長立少, 王之道興. 今欲授國於札, 臣誠耕於野."

王曰 "昔周行之德加於四海, 今汝於區區之國, 荊蠻之鄉, 奚能成天子之業乎. 且今子不忘前人之言, 必授國以次及於季札."

諸樊曰 "敢不如命."

壽夢卒, 諸樊以適[1]長攝行事, 當國政.

2-2

吳王諸樊元年, 已除喪, 讓季札, 曰"昔前王未薨之時, 嘗晨昧不安, 吾望其色也, 意在於季札. 又復三朝悲吟而命我曰'吾知公子札之賢.' 欲廢長立少, 重發言於口. 雖然我心已許之. 然前王不忍行其私計, 以國付我. 我敢不從命乎. 今國者, 子之國也. 吾願達前王之義."

季札謝曰"夫適長當國, 非前王之私, 乃宗廟社稷之制, 豈可變乎."

諸樊曰"苟可施於國, 何先王之命有. 太王改爲季歷, 二伯來入荊蠻, 遂城爲國, 周道就成. 前人誦之不絶於口, 而子之所習也."

札復謝曰"昔曹公卒, 庶存適亡, 諸侯與曹人不義而立於國. 子臧聞之, 行吟而歸. 曹君懼. 將立子臧, 子臧去之, 以成曹之道. 札雖不才, 願附子臧之義. 吾誠避之."

吳人固立季札, 季札不受而耕於野, 吳人舍之. 諸樊驕恣, 輕慢鬼神, 仰天求死. 將死, 命弟餘祭曰"必以國及季札." 乃封季札於延陵, 號曰延陵季子.

餘祭十二年, 楚靈王會諸侯伐吳, 圍朱方, 誅慶封. 慶封數爲吳伺祭[2], 故晉楚伐之也. 吳王餘祭怒曰"慶封窮來奔吳, 封之朱方, 以效不恨士也." 即擧兵伐楚, 取二邑而去.

十三年, 楚怨吳爲慶封故伐之, 心恨不解, 伐吳, 至乾溪, 吳擊之, 楚師敗走.

十七年, 餘祭卒. 餘昧立.

四年, 卒, 欲授位季札. 季札讓, 逃去, 曰"吾不受位明矣. 昔前君有命, 已附子臧之義. 潔身淸行, 仰高履尙, 惟仁是處, 富貴之於我, 如秋風之過耳." 遂逃歸延陵. 吳人立餘昧子州 于, 號爲吳王僚也.

1 壽夢 : 기원전 585~561년 在位. 壽夢은 號이며, 名은 乘이다. 오나라 역사의 연대는 壽夢부터 확인할 수 있다.

2 周天子 : 周簡王 元年.

3 楚 : 楚共王 6年.

4 『史記』 권31 「吳太伯世家」(이하 「吳太伯世家」)와 『左傳』에는 이에 관한 기록이 없다. 壽夢이 즉위한 후 周天子를 朝見했다고 서술한 것은 오나라 역사를 중원 역사와 연결시키려는 작자의 의도인 듯하다.

5 『左傳』 成公 15년에 의하면, 鍾離의 회합은 壽夢 元年이 아니라 魯成公 15년(기원전 576년), 壽夢 10년에 있었다. 『左傳』 成公 9년에 晉이 浦의 會盟에 壽夢을 오게 하려 했지만 오지 않았다. 이로 볼 때 오나라는 晉의 적극적인 유인으로 中原 諸侯의 會盟에 참가하기 시작했음을 알 수 있다. 회합에 참가한 것은 魯成公이 아니라 叔孫校如가 晉士燮, 齊高無咎, 宋華元, 衛孫林父, 鄭公子鰌, 邾人과 회합하여 吳王을 鍾離에서 만났다고 한다. 군주가 주관하던 회맹에 이때부터 대부가 참가하기 시작하였다.

鍾離 : 춘추시대에 鍾離子國이었으며 이때에는 楚에 멸망하여 楚에 속하였으며, 오늘날 安徽 鳳陽縣 동북에 위치한다(高士奇, 『春秋地名考略』 권9).

6 魯는 周 왕실의 公子 伯禽이 봉해져 周의 禮樂이 계승되었으며 주 왕실이 쇠퇴한 춘추시대에는 魯가 周文化의 정통으로 여겨졌다. 周의 禮樂은 周公이 만들었다고 하나 『儀禮』, 『周禮』, 『禮記』의 예악이 한 聖人에 의해 만들어질 수 없음은 물론이다.

7 가요 : 風. 조정에서 습속을 살피고, 정치의 선악을 보기 위해 각지의 노래를 수집한 것을 '國風'이라고 하였다. 지금까지 傳하는 각지의 가요는 『詩經』에 수록된 周代 15國風이다.

8 상투 : 추계椎髻. 고대 중국에는 긴 머리를 묶는 머리 모양과 의복이 문명인과 그 주변의 야만인을 구별한다는 강한 자각이 있었다. 중원 사람들은 남녀 모두 긴 머리를 묶었으며, 머리를 묶는 데 사용된 骨制 장식은 일찍부터 신석기시대 유적지에서 출토되었다(林巳奈夫, 『中國古代の生活史』, 吉川弘文館, 1992, 1~13쪽).

9 申公巫臣 : 徐天祜에 의하면, 子靈이다. 원래 楚 申縣의 縣尹이었으며, 楚는 군주가 王을 칭했기 때문에 大夫를 公이라고 칭하였다. 『左傳』 成公 2년에 그의 망명에 관해 자세히 서술되어 있다.

楚나라가 陳나라의 夏氏를 토벌할 때, 楚莊王이 夏姬를 아내로 맞아들이려 하자, 申公 巫臣이 이는 女色을 탐하는 것이라고 반대하니, 초왕은 즉시 그만두었다. 子反이 夏姬를 취하려 하자 巫臣이 말하기를, 이 여자는 不吉한 사람이다. 이 여자는 子蠻을 夭死케하고 御叔을 죽게 하고, 靈侯가 시해되게 하고, 夏南을 죽게 하고 孔寧과 儀行父를 도망가게 하고 陳나라를 망하게 하였으니, 이런 불길함이 어디 있겠는가. 이 사람을 취하면 아마 제명에 죽지 못할 것이라고 하니, 자반도 즉시 그만두었다. 초왕은 이 여자를 連尹 襄老에게 주었다. 襄老가 必의 전쟁에서 죽었는데, 그 시신을 찾아오지 못하였다. 襄老의 아들 黑要가 夏姬와 간통하였다. 巫臣이 夏姬에게 사람을 보내 "친정에 돌아가 있으면 내가 禮를 갖추어 그대를 아내로 맞이하겠다"라고 말하고, 鄭나라에 사람을 보내어 "襄老의 시신을 찾을 수 있으니, 반드시 와서 그 시신을 맞이하라"는 말로 夏姬를 소환하게 하였다. 따라서 하희가 이 일을 초왕에게 고하자 초왕은 屈巫(巫臣)에게 물으니, 屈巫가 이 말은 믿어도 좋다고 하였다. 초왕이 하희를 鄭나라로 보내니, 얼마 뒤에 巫臣이 夏姬를 아내로 맞이하겠다고 鄭나라에 청하니 鄭伯이 허락하였다.

楚共王이 즉위하자 陽橋에서 전쟁을 일으키려고 屈巫를 齊나라에 사자로 보내 출병할 시기를 齊나라에 알리게 하였는데, 巫臣은 온 가족과 재산을 다 가지고 떠났다. 申叔跪가 그 아버지를 따라 郢으로 가다 巫臣을 만나보고 "괴이하다 저 사람은 三軍의 일로 사명을 받고 가니 誠懼하는 마음을 가져야 하는데, 뽕나무 밑에서 밀회하는 즐거움을 생각하니, 아마도 장차 아내를 데리고 도망갈 듯하다"라고 말하였다. 무신은 鄭나라에 도착하자 副使에게 齊나라가 보낸 禮幣를 가지고 돌아가 復命하게 하고, 자기는 夏姬를 데리고 도망갔다. 齊나라로 가려다 齊軍이 패전한 것을 알고는 마침내 晉나라로 도망가서 郤至를 통해 晉나라 신하가 되니, 晉은 그를 邢의 大夫로 삼았다(鄭太鉉 譯註, 『譯註春秋左氏傳』 3, 傳統文化硏究會, 2005, 205～206쪽).

10 行人 : 사신으로서 외국에 가거나 국가의 賓客을 접대하는 禮를 맡은 직책. 『左傳』 成公 7년에 의하면, 巫臣의 아들 狐庸이 吳 行人이 되었으며 무신이 행인이 된 것이 아니다.

11 춘추시대 전쟁의 주역이었던 貴族들이 戰車를 몰고 활을 쏘는 전술, 즉 射御는 당시 중원의 대표적인 戰法이다. 『左傳』 成公 7년에 의하면, 巫臣이 吳나라로 갈 때, 2兩의 1卒(兵車 30乘)을 거느리고 갔는데, 반(兵車 15乘)을 오나라에 남기고 射手와 御者를 주어, 오나라 사람들에게 兵車를 모는 기술과 陣을 치고 작전하는 법을 가르치고 楚나라를 배반하도록 가르쳤다.

12 『左傳』 成公 7년에 申公巫臣이 초나라를 치도록 하는 배경에 관해 자세히 서술되어 있다.

(예전에) 초군이 송나라를 포위한 전쟁에서 돌아와서 子重이 申과 呂의 토지를 賞田으로 주기를 청하자, 楚王이 허락하였다. 그러자 申公巫臣이 申과 呂는 兵賦를 징수하여 북방의 晉, 鄭을 방어하는 國家의 邑이기 때문에 불가하다고 하여 楚王이 허락은 취소하였다. 子重은 이 때문에 무신에게 원한을 품었고, 子反이 夏姬를 취하려 할 때, 巫臣이 저지하고는 마침내 자신이 夏姬를 取해 도망갔으므로 子反도 巫臣에게 원한을 품었다. 楚共王이 즉위하자 子重과 子反이 巫臣의 族人 子閻과 子蕩 및 淸尹 弗忌와 襄老의 아들 黑要를 죽이고서 그들의 가산을 나누었다. 巫臣은 이 소식을 듣고 晉나라에서 子重과 子反 두 사람에게 편지를 보내 "그대들이 중상과 간사함, 탐욕으로 임금을 섬겨 무고한 사람을 많이 죽였으니, 나는 반드시 그대들을 奔命에 지쳐 죽게 하겠다"고 하였다(鄭太鉉 譯註, 257쪽).

13 楚莊王은 壽夢 때에는 이미 죽었으므로 여기서는 楚共王이어야 한다.

14 子反 : 楚 公子側의 字. 共王 때 司馬가 되었다. 『左傳』 成公 16년에 의하면, 기원전 575년

晉과의 鄢陵之戰에서 패배하여 자살하였다.

15 徐天祜에 의하면, 楚나라에 속했던 蠻夷를 吳나라가 모두 취하니, 吳나라가 비로소 강대해져서 중원 국가와 교통하였다. 『左傳』 成公 7년에 의하면, 吳나라가 비로소 楚나라를 치고 巢國을 치고 徐國을 치니 子重이 奔命하고, 馬陵에서 회맹할 때, 吳軍이 州來로 쳐들어가니 子重은 鄭나라에서 奔命하였다. 子重과 子反이 이때 1년에 일곱 차례 奔命하였다.

16 徐天祜에 의하면, 『左傳』에 "楚共王"이라고 한다.

17 『左傳』 襄公 3년에 의하면, 楚 子重이 吳를 공격하는 데 鳩玆를 이기고 衡山에까지 이르렀으나 초군이 돌아갈 때 오군이 습격하여 鄧廖를 붙잡고 초를 공격하여 駕를 취하였으므로 이 전쟁에서 초나라는 얻은 것보다 잃은 것이 많다고 하였다. 따라서 초나라 사람들이 이를 두고 비난하자 子重이 병나 죽었다. 이해 鷄澤의 會盟에 晉侯가 荀會를 보내 壽夢을 淮水가에 마중 나가게 하였는데, 壽夢이 오지 않았다.

衡山 : 杜注에 "衡山은 吳興 烏程縣 南이다"라고 한다. 張覺에 의하면, 烏程縣은 오늘날 浙江 吳興縣 남쪽. 高士奇의 『春秋地名考略』 권11에 의하면, 고대에 '橫'은 '衡'으로도 쓰므로 衡山은 곧 橫山이며, 當涂縣 동북 60리의 橫山을 이르며, 이는 安徽 馬鞍山市 동남 石臼湖北이다.

18 『左傳』 襄公 5년에 의하면, 壽夢 18년(기원전 568년)에 吳는 대부 壽越을 晉에 보내 鷄澤의 회맹에 가지 않은 이유를 해명하고 제후와의 회합을 청하였다. 晉은 宋·魯·陳·衛·鄭·曹·莒·邾·滕·薛의 군주와 齊 世子 光을 이끌고 戚에서 수몽壽夢과 회합하였다. 『左傳』 襄公 10년에 의하면, 壽夢 23년(기원전 563년)에 晉悼公은 魯·宋·衛·曹·莒·邾·滕·薛·杞·郳의 군주와 齊 世子 光과 함께 壽夢을 柤에서 회합하였다.

19 諸樊 : 「吳太伯世家」 索隱에 의하면, 이름은 遏이다.

20 餘祭 : 徐天祜에 의하면, 여채라고 발음한다. 張覺에 의하면, 馬王堆 출토 帛書 『春秋事語』에 "餘蔡"라고 한다.

21 餘昧 : 徐天祜에 의하면, 여말이라고 발음한다. 張覺에 의하면, '昧'는 '眛'로 써야 한다. 『春秋』 昭公 15년에 "夷末"이라고 한다.

22 원문에 '及於季札'이라고 하는데 張覺에 의하면, 世襲制에서 부자지간에 전하는 것을 傳이라고 하며, 형제지간에 전하는 것을 及이라고 한다. 『公羊傳』 莊公 32년 "一生一及." 注 "兄死弟繼曰及."

23 원문에 '攝'이라고 하는데 張覺에 의하면, 諸樊은 부친의 명을 받들어 季札에게 왕위를 전하려고 즉위식을 치르지 않고 국정에 관한 군주의 임무를 대행한 듯하다.

24 여기에서 諸樊 연간의 기사는 元年 讓位와 관련해서만 기술하고 있다. 그러나 『史記』 권14 「十二諸侯年表」에 의하면, 諸樊은 기원전 560~548년까지 13년간 재위하였으며 季札이 양위한 것은 諸樊 2년이다. 여기에는 생략되어 있으나 諸樊 시기는 元年부터 적극적으로 초 침략에 나섰다. 『左傳』에 서술된 諸樊 시기 楚나라와의 사건은 다음과 같다.

諸樊 元年(기원전 560년)에 楚共王의 喪을 틈타 楚를 공격하였으나 庸浦에서 크게 패하고 公子 黨이 붙잡혔다(襄公 13년).

諸樊 2년(기원전 559년)에 吳는 晉에게 패배를 보고하며 제후의 군대로 초를 토벌할 것을 청하였으나 齊, 宋, 衛 등의 大夫가 向에서 회합하여 吳가 不德하다고 여겼기 때문에 吳의 楚 토벌 요청을 거절하였다. 이해 가을 초는 庸浦의 役을 보복하기 위해 令尹 子囊을 시켜 오나라를 공격하였으나 오군이 나오지 않자 경계하지 않고 돌아가다 皐舟의 좁고 험한 길에서 습격을 받아 패하고 楚 公子 宜穀이 포로로 잡혔다. 子囊은 죽으려 할 때 郢에 城을 쌓으라고 유언하였다(襄公 14년).

諸樊 11년(기원전 550년)에 晉이 오나라에 딸을 시집보내려 했다(襄公 23년).

諸樊 12년(기원전 549년)에 楚康王이 水軍을 이끌고 吳를 공격하였으나 賞罰을 제대로 행하지 않아 功을 세우지 못하고 돌아갔다(襄公 24년).

諸樊 13년(기원전 548년)에 舒鳩가 楚에 반란을 일으켜 楚 令尹 子木이 토벌하니 吳가 구하려다 크게 패하여 舒鳩는 楚에 의해 멸망하였다(襄公 25년).

이처럼 諸樊 시기 吳는 楚에 관해 적극적으로 공략하여 위협적 존재로 성장한 시대였는데도 「吳王壽夢傳」에는 諸樊 시기의 대외적 성취가 생략되었다.

25 內朝 : 원문에 '三朝'라고 하는데 張覺에 의하면, 이는 군왕이 정사를 처리하는 장소로 外朝, 內朝, 燕朝가 있으며 여기에서는 內朝를 일컫는다고 한다.

26 宗廟는 王, 諸侯, 大夫가 조상에게 제사지내는 곳을 말하며, 社稷은 군주가 土神과 穀神에게 제사지내는 곳을 말한다. 종묘와 사직은 곧 국가를 의미한다.

27 二伯 : 太伯, 仲雍

28 曹公 : 曹宣公. 기원전 594~578년 재위.

29 『左傳』 成公 13년에 의하면, 기원전 578년 晉과 齊, 魯, 宋, 衛, 鄭, 曹 등이 연합하여 秦을 공격하던 중 曹宣公이 전쟁 중에 죽었다. 曹人이 公子 負芻에게 나라를 지키게 하고, 公子 欣時를 파견하여 宣公의 喪을 맞아오게 했다. 이해 가을 부추가 태자를 죽이고 자립하였으니 곧 曹成公이다.

30 子臧 : 公子 欣時이며 負芻와 더불어 宣公의 庶子다. 『左傳』 成公 15년, 16년에 의하면, 제후들은 子臧을 군주로 세우고자 하였으나 끝내 宋으로 도망갔다. 다음 해 宋에서 돌아와 그의 邑과 鄕을 모두 내주고는 나오지 않았다.

31 『左傳』 襄公 25년에 의하면, 吳子 諸樊이 楚나라를 토벌하여 水軍의 전쟁을 보복하려 할 때 巢에서 문을 공격하니 巢牛臣이 "오왕은 용감하고 경박하니 만약 문을 열어주면, 친히 문을 공격할 것이니 내가 붙잡아 쏘면 반드시 쓰러뜨릴 수 있다. 이 군주가 죽으면 변경이 조금 편안해질 것이다"라고 말하였다. 오왕이 문을 공격할 때, 牛臣이 몰래 낮은 담장에 숨어 있다가 활을 쏘니 죽었다.

따라서 『오월춘추』의 글은 사실과 다른 듯하나 張覺에 의하면, 『公羊傳』 襄公 29년에 季子가 몸은 약하였으나 재주가 있어 형제들이 모두 그를 사랑하여 그를 군왕으로 세우고자 하였다. 자식에게 (왕위를) 물려주지 말고 형제에게 주어 형제가 차례로 군주가 되어 나라를 季子에게 주기로 했다. 그리하여 군왕이 된 자들은 모두 죽음을 가볍게 여기는 것을 용기로 삼았다는 부연이 있다.

32 延陵: 오늘날 武進縣이다. 『越絶書』 「吳地傳」에 "毗陵은 원래 延陵인데 吳季子가 거하던 곳이다. 毗陵縣의 南城은 이전에 古奄國이었다"라고 한다.

33 餘祭(기원전 547~531년), 餘昧(夷昧 기원전 530~527년). 두 왕의 통치기간에 관한 『史記』와 『春秋』의 기록이 다르며, 『吳越春秋』는 『史記』를 따랐다. 『春秋』에 의하면, 餘祭의 재위는 4년이며, 餘昧의 재위는 17년이다.

34 여기에서 十二年이라고 한 것은 '二' 자가 衍字이다(俞樾, 『諸子平議補錄吳越春秋』). 楚가 慶封을 誅伐한 사건은 『史記』에 의하면, 餘祭 10년이다. 楚가 慶封을 誅伐한 사건은 「吳太伯世家」에 의하면, 餘祭 10년이다. 餘祭 10년 전후 오나라 역사가 생략되었으며, 『左傳』과 「吳太伯世家」의 서술에 의하면 다음과 같다.

餘祭 元年(기원전 547년), 楚子 秦人이 吳를 침략하여 雩婁에 이르렀다가 오나라가 방비하고 있다는 소문을 듣고 돌아갔다(『左傳』 襄公 26년).

餘祭 3년(기원전 545년), 齊 慶封이 죄를 짓고 吳로 도망오니 오왕은 경봉에게 朱方을 封邑으로 주고 딸로 처를 삼아주었다(襄公 28년).

餘祭 4년(기원전 544년), 吳子 餘祭가 배를 살피자 문지기가 칼로 죽였다.(襄公 29년, 『左傳』에 의하면, 餘祭의 재위 기간은 4년이다.) 이해에 季札이 魯를 방문하여 중원의 禮樂을 참관하고, 齊, 鄭, 衛, 晉 등을 차례로 방문하여 각국의 政勢를 관찰하였다.

餘祭 6년(기원전 542년), 吳는 屈狐庸을 晉에 사신으로 보냈다(襄公 31년).

餘祭 10년(기원전 538년), 楚는 제후의 군대로 吳를 토벌하고 朱方을 포위하여 慶封을 살해하고 그 일족을 誅滅했다. 吳는 朱方의 일을 보복하기 위해 군대를 일으켜 楚를 토벌하여 棘, 櫟, 麻에 쳐들어갔다. 楚는 鍾離, 巢, 州來에 성을 쌓아 吳에 대비했다(「吳太伯世家」 昭公 4년).

餘祭 11년(기원전 537년), 楚靈王은 蔡, 陳, 許, 頓, 沈, 徐 등 諸侯, 越과 吳를 토벌하여 棘, 櫟 ,麻의 役을 보복했으나 吳人이 鵲岸에서 패배시켰다(昭公 5년).

餘祭 12년(기원전 536년), 徐君이 楚에 聘問 갔는데 초는 그가 吳에 친하다고 붙잡았다. 도망하여 귀국하였다. 楚는 大夫 薳洩을 시켜 徐를 토벌했는데 吳가 徐를 구원하였다. 楚 令尹 子蕩이 군대를 이끌고 吳를 토벌하여 豫章에 주둔하여 乾谿에까지 이르렀는데, 吳가 房鍾에서 초군을 패배시켰다(昭公 6년).

35 楚靈王 : 기원전 540~529년 재위. 『春秋』 昭公 4년(기원전 538년)에 "楚子가 蔡侯, 陳侯, 許男, 頓子, 胡子, 沈子, 淮夷와 동맹을 맺어 吳를 토벌하여 慶封을 잡아 죽이고 멸족하였다"라고 한다.

36 朱方 : 『吳地記佚文』에 의하면, 秦代에 丹徒라고 고쳤다고 하며, 오늘날 江蘇 鎭江市 丹徒鎭 동남에 위치한다.

37 慶封 : 『史記』 권32 「齊太公世家」에 의하면, 齊 大夫인데 崔杼가 莊公을 죽이고 景公을 세운 후 그와 함께 左右相이 되었다. 齊景公 2년(기원전 546년)에 그는 崔氏를 무너뜨리고 執政하였는데 다음 해 鮑, 高, 欒氏의 모의에 의해 공격받아 먼저 노나라로 도망갔다가 오나라로 도망하였다.

38 『春秋』 昭公 4년에 의하면, 朱方之役에 晉은 참가하지 않았다.

39 『左傳』 昭公 4년에 의하면, 楚를 공격하여 세 읍을 취하였다. 吳가 楚를 공격하여 棘, 櫟, 麻에 침입하여 朱方의 役을 보복하였다. 「吳太伯世家」 역시 "取三邑而去"라고 한다.

40 『史記』 「十二諸侯年表」와 「吳太伯世家」에는 12年으로 기록되어 있다.

41 乾溪 : 杜預에 의하면, 譙國 城父縣 남쪽이며 楚의 東境이라고 한다. 오늘날 安徽 亳縣 동남에 위치한다.

42 餘祭의 죽음에 관해 『左傳』 襄公 29년(기원전 544년)에 "吳人이 越을 토벌하여 포로를 잡아 문지기로 삼아 배를 지키게 했는데, 吳子 餘祭가 배를 살피자 문지기가 칼로 죽였다"라고 한다.

43 餘昧 시기 楚와의 관계가 생략되었으나 『左傳』 昭公 12년, 13년에 의하면 다음과 같다.

餘昧 元年(기원전 530년), 楚靈王이 州來에 수렵을 가 蕩侯, 潘子, 司馬督, 囂尹午, 陵尹喜를 시켜 군대를 이끌고 徐를 포위하여 吳를 위협하게 하였다. 靈王은 乾谿에 주둔하여 이를 지원하였다.

餘昧 2년(기원전 529년), 吳는 (靈王의 喪과 平王이 처음 즉위하는 틈을 타 군대를 일으켜) 州來를 멸망시켰다. 令尹子旗가 오나라를 토벌하기를 청한 데 楚王이 허락하지 않고 "나는 아직 백성들을 위무하지 않았으며 아직 귀신을 섬기지도 않았고 아직 수비를 정비하지도 않았으며 아직 국가를 굳건히 세우지도 않았다. 그런데 백성의 힘을 사용하여 패배한다면 후회해도 소용없다. 州來가 吳에 복속하였으나 아직 楚의 영향력 안에 있기도 하다. 그대는 잠시 기다리라"고 말하였다(州來는 淮水 가에 위치하여 吳가 楚에 대해 우세한 지위를 갖게 되는 데 결정적인 역할을 하는 전략적 요지다).

44 『左傳』 襄公 29년에 "오가 월을 토벌할 때 포로로 잡은 문지기로 하여금 배를 지키게 하였는데, 吳王 餘祭가 배를 살필 때 문지기가 칼로 그를 죽였다"라고 한다.

45 「吳太伯世家」와 『左傳』에 의하면, 季札은 餘祭 4년(기원전 544년)에 당시 중원의 정세를 살피기 위해 중원 각국을 방문하였다. 『左傳』 襄公 29년에는 중원 각국의 정치가들과 교류한 내용이 자세히 서술되어 있다.

吳 公子 季札이 魯나라를 방문하여 叔孫穆子를 만나 穆子에게 "당신은 아마 제대로 죽지 못할 것 같다. 착한 것을 좋아하나 사람을 잘 가리지 못한다. 내가 듣기에, 군자는 사람을 고르는 데 힘써야 한다고 하니, 그대가 魯나라 宗氏의 卿이 되어 大政을 맡았는데 사람을 고르는 데 신중하지 않으니 어찌 감당하겠는가. 禍가 반드시 그대에게 미칠 것이다"라고 말하였다. 그리고 樂工에게 周樂을 비롯한 중원 나라의 樂을 청하여서 듣고는 각 나라의 풍속을 논평하였다. (생략)

그가 빙문하러 출국하고 나서야 (餘祭가 죽어) 군주의 자리를 이었다고 각 나라에 통고하였기 때문에 (그는 喪 소식을 듣지 못해) 이어서 齊나라를 방문하였다. 晏平仲과 이야기하며 "당신은 속히 邑과 政權를 바치시오. 邑이 없고 政權이 없어야 難에서 면할 수 있을 것이다"라고 말하니 晏子는 陳桓子를 통해 政權과 邑을 바치니 이 때문에 欒高의 難에서 면할 수 있었다.

鄭나라를 방문하여 子山을 만났는데 마치 오래 알고 지낸 것 같아 명주 허리띠를 선물하였더니 자산은 모시옷을 선물하였다. 자산에게 "鄭나라가 정치를 하는 것이 난잡하니 難이 장차 닥칠 것이다. 政權이 분명 그대에게 올 것이니 그대가 정치를 하면 禮로써 신중히 하라. 그렇지 않으면 鄭나라는 패배할 것이다"라고 말하였다.

衛로 가서 蘧瑗, 史狗, 史鰌, 公子荊, 公叔發, 公子朝에게 "衛나라에는 군자가 많으니 환란은 아직 없겠다"라고 말하였다.

그리고 衛나라에서 晉나라로 갈 때 戚에 묵으려는데 종소리를 듣고는 "이상하구나.

내가 듣기에, 말다툼 잘하고 德이 없으면 殺戮이 가해진다 하는데, 당신(孫文子)은 군주에게 죄를 입었음에도 이러하니, 두려워해도 부족한데 무슨 음악인가. 당신의 지금 형편은 제비가 장막 위에 보금자리를 트는 거나 마찬가지인 데다 또 군주가 殯所에 있는데 음악이 가하겠는가"라고 말하고는 떠났다. 문자가 이 말을 듣고는 죽을 때까지 거문고 소리를 듣지 않았다.

晉나라로 가서 趙文子, 韓宣子, 魏獻子를 보고 "晉나라가 三族에게 모였구나"라고 하고는 가려 하면서 叔向에게 "그대는 힘쓰시오. 군주가 교만하고 軍功이 있으며 좋은 대부들이 모두 부유하여 정치가 장차 三家에게 맡겨질 것이다. 그대는 곧은 것을 좋아하니 반드시 유의하여 스스로 難에서 면하도록 하시오"라고 말하였다.

원문 주

1 徐天祜에 의하면, '適'은 '嫡'과 通하며, 본처 소생이다.

2 徐天祜에 의하면, '祭'는 '察'이라고 해야 한다.

王僚使公子光傳 왕료가 공자 광에게 초를 치게 하다

「왕료사공자광전王僚使公子光傳」은 내용상 오자서伍子胥의 행적을 중심으로 구성하여 왕료전王僚傳이라기보다 오자서전伍子胥傳에 더 가깝다. 「왕료사공자광전」에서는 오와 초 사이의 분쟁이 오자서의 개인적인 복수나 변읍邊邑 처녀의 뽕잎 다툼에서 시작되었다고 한다. 그러나 역사적으로 왕료 시기 오와 초는 회수淮水 유역 교통의 요충지 쟁탈을 두고 다투었다. 이때 오나라는 주래州來, 계부鷄父, 종리鍾離를 멸망시켜 회수 유역을 장악함으로써 비로소 초에 대해 유리한 위치를 점할 수 있었으나 이러한 왕료 시기의 사적이 생략되었다.

반면 오자서의 행적에 관해서는 『사기史記』「오자서열전伍子胥列傳」과 「초세가楚世家」뿐 아니라 『월절서越絶書』「형평왕내전荊平王內傳」의 오자서에 관한 일화를 채록하여 풍부하게 서술하고 있다. 『오월춘추』에서 그려낸 충신忠臣으로서의 오자서의 인물은 이후 역사극歷史劇 〈오자서〉나 오자서와 관련된 민간설화가 이어지는 계기를 마련하였다. 이외에도 자객刺客 전제專諸, 의로운 어부, 예교禮教에 목숨을 바친 빨래하는 여인 등 의로운 인물에 관해 마치 눈앞에 펼쳐진듯 생동감 있게 극적으로 묘사하였다. 이는 사마천이 『사기』 열전에서 일화를 통해 인물의 성격을 생생히 드러냈으며, 특히 때로는 실패하기도 하였으나 자신이 세운 뜻에 충실했던 자객과 같은 이들을 높이 샀던 것과도 일맥상통한다.

조엽은 인물 묘사에서 허구적인 표현을 덧붙여 문학적으로 풍부하게 그려내는데, 이는 『오월춘추』가 여러 번의 개작을 거치며 전해내려온 생명력이기도 하다.

3-1

2년(기원전 525년), 왕료王僚[1]는 공자公子 광光[2]을 보내 초를 쳐서 예전에 초가 와서 경봉을 죽인 일을 보복하였다.[3] 오군이 패배하여 배를 잃자[4] 광은 두려워서 병사를 매복시켰다가 탈취하여 왕의 배를 되찾은 후에야 돌아왔다.[5] 광이 왕료를 살해하고자 모의하려 했으나 함께 의논할 사람을 얻지 못하자 은밀히 현자賢者를 구하기 위해 관상 잘 보는 사람을 시市[6]의 관리로 임명하였다.

5년(기원전 522년), 초에서 망명한 신하 오자서伍子胥가 오나라로 도망하였다.[7] 오자서는 초나라 사람인데 이름은 원員이다. 원의 아버지는 사奢이고 형은 상尙이다. 할아버지는 오거伍擧인데 직간直諫하여 초장왕楚莊王을 섬겼다.[8]

초장왕은 즉위하고 삼 년 동안 국정을 돌보지 않고 술에 절고 음악과 여자에 빠져 살았다. 왼손으로는 진희秦姬를 안고 오른손으로는 월녀越女를 품은 채 종고鐘鼓 사이에 앉아 명하였다.

"감히 간諫하는 자는 사형에 처한다!"

이때 오거가 나아가 간하였다.

"한 마리 큰 새가 초나라 조정에 앉았는데 삼 년 동안 날지도 않고 울지도 않으니 이는 무슨 새입니까."

"이 새가 날지 않지만 날면 하늘을 찌를 것이고, 울지 않지만 울면 사람을 놀라게 할 것이다."

오거가 반박하였다.

"날지 않고 울지 않고 있다가 활 쏘는 사람에게 겨냥되어 시위에서 화살이 갑자기 발사된다면 어찌 하늘 높이 날고 사람을 놀라게 할 수 있겠습니까."

그림 6 삼륜동반三輪銅盤(춘추 기원전 5~6세기, 강소江蘇 무진武進)
오나라는 중원 지역의 엄격한 형식의 청동예기에서는 볼 수 없는 독창성이 뛰어난 아름다운 청동기를 만들어냈다.

이에 초장왕은 진희와 월녀를 버리고 종고의 음악을 파하고는 손숙오孫叔敖를 임용하여 국정을 맡겨[9] 천하의 패자霸者가 되어 위세를 떨쳐 제후들을 복종시켰다.

초장왕이 죽은 후 초영왕楚靈王이 즉위하여[10] 장화대章華臺[11]를 건축하여 신하들과 함께 올랐다가 왕이 말하였다.

"대臺가 아름답도다!"

오거가 간하였다.

"신이 듣기에, 나라의 군주는 총신寵臣을 복종시키는 것을 아름다운 일로 삼으며, 백성을 편안하게 하는 것으로 즐거운 일로 삼으며, 간언을 들을 수 있는 것으로 귀가 밝음을 삼으며, 먼 곳의 정세를 파악하는 것으로 시력이 좋음을 삼는다는 말은 들었지만, 높은 건축물이나 대들보에 새긴 화려한 그림, 맑은 경종 소리, 관현의 처절한 소리로 아름다움을 삼는다는 말을 듣지 못했습니다. 전에 초장왕이 포거대匏居臺를 세웠으나 높이는 나라의 재앙을 관찰할 수 있는 데 지나지 않았으며,

크기는 연회 때 그릇을 차려놓을 수 있는 정도에 지나지 않았으며, 목재는 수비하는 성곽을 쌓는 데 방해되지 않았으며, 비용은 관의 창고를 어지럽히지 않았으며, 백성은 이 때문에 농사를 폐하지 않았으며, 관리는 조정의 일상 업무를 바꾸지 않았습니다. 그런데 이제 군왕께서 이 대를 지으신 칠 년[12] 동안 국인들은 원망하고 재화는 다 소비되었으며, 농사는 망치고 백관[13]들은 번거로우며, 제후들은 원망하고[14] 경사卿士들은 비방하니 어찌 선왕의 성대함이며 군주의 아름다움이 되겠습니까. 신은 참으로 우매하여 이르신 말씀의 뜻을 모르겠습니다."

그러자 초영왕은 곧 공장工匠들을 그만두게 하고 장식을 없애고는 대에서 노닐지 않았다. 이로부터 오씨伍氏 가문은 3대를 이어 초나라의 충신이 되었다.

3-2

초평왕楚平王(기원전 528~516년)[15]에게는 태자 건建[16]이 있었는데, 초평왕은 오사伍奢를 태자태부太子太傅[17]로 삼고 비무기費無忌[18]를 소부小傅로 삼았다. 초평왕은 비무기를 시켜 태자 건을 위해 진秦에서 부인을 맞아 오게 하였다. 진녀의 용모가 뛰어나자 비무기는 초평왕에게 보고하였다.

"진녀는 천하에 둘도 없는 미인이니 왕께서 스스로 부인으로 맞아들이시는 것이 좋겠습니다."

그러자 초평왕은 진녀를 부인으로 맞아들여 매우 총애하였으며 아들 진珍을 낳았다. 그리고 다시 태자 건을 위해서 제녀를 맞아들였다. 비무기는 이런 일 때문에 태자 건의 곁을 떠나 초평왕을 섬겼다. 곰곰이 생각해보니 초평왕이 하루아침에 죽고 태자 건이 즉위하면 자기를 해칠 것이라는 생각이 들어 다시 태자 건을 참소하였다. 태자 건의 어머니 채씨蔡氏는 총애를 받지 못했으므로 초평왕은 태자 건을 성보城父[19]로 보내 수비시키고 변경의 외침을 방비하게 하였다.

얼마 후 비무기는 또 밤낮으로 태자 건에 대해 험담하였다.

"태자는 진녀의 일로 원망하는 마음이 없을 수 없으니 왕께서는 스스로 대비하십시오. 태자가 성보에 있으면서 군대를 통솔하고 제후와 외교하니 장차 쳐들어와 난을 일으킬 것입니다."

초평왕은 곧 오사를 불러 심문하였다. 오사는 비무기의 참소라는 것을 알고는 간하였다.

"왕께서는 어찌 참소하여 해치려는 소인배 신하 때문에 아들을 멀리 하십니까."

비무기는 왕이 쉬는 틈을 타 다시 말하였다.

"왕께서 지금 제재하지 않으시면 태자의 모반이 이루어지고 왕께서도 포로가 되실 것입니다."

초평왕은 크게 노하여 곧바로 오사를 가두고 성보 사마司馬[20] 분양奮揚을 보내 태자 건을 죽이도록 하였다. 분양은 사람을 보내 태자 건에게 먼저 알렸다.

"빨리 떠나십시오! 그렇지 않으면 죽임을 당할 것입니다."

3월[21]에 태자 건이 송宋나라로 달아났다.

3-3

비무기가 다시 초평왕에게 말하였다.

"오사에게는 두 아들이 있는데 모두 현명하니 죽이지 않으면 장차 초나라의 근심거리가 될 것입니다. 아버지를 볼모로 삼아 그들을 불러

들일 수 있습니다."

초평왕은 사신을 보내 오사에게 말하였다.

"두 아들을 불러올 수 있으면 살고 그렇지 못하면 죽는다."

오사는 회답하였다.

"신에게는 두 아들이 있는데 큰아들은 상尙이라 하고 작은아들은 서胥라고 합니다. 상은 인품이 자비로우며 온화하고 어질며 신의가 있으니 만약 신이 부른다는 말을 들으면 곧바로 올 것입니다. 서는 어려서는 학문을 좋아하고 자라서는 무예를 익혔으니 학문으로는 나라를 다스릴 수 있고 무예로는 천하를 평정할 수 있습니다. 또 법도를 지켜 분노를 억제할 수 있으며 치욕을 감수할 수 있으니 비록 억울한 일이 있다 해도 다투지 않아 능히 큰일을 해낼 수 있습니다. 이는 앞을 내다보는 인물이니 어찌 오게 할 수 있겠습니까."

초평왕은 오사에게 결국 이렇게 두 아들 자랑이나 늘어놓았다고 하고는 사자使者를 보내 네 마리 말이 끄는 수레에다 관인과 인수印綬[22]를 넣고 봉한 함을 싣고 가서 오상과 오자서를 속여 부르게 하였다. 사자는 초평왕의 명령을 전달하였다.

"두 아들을 축하한다. 부친 오사가 충성스럽고 신의가 있으며 자애롭고 어질어서 재난에서 면하게 되었다. 초평왕께서는 국내에서는 충신을 죄인으로 가두어둔 것을 수치스럽게 여기고 대외적으로는 제후들에게 창피당함을 부끄럽게 여겨 이제 오사를 나라의 재상으로 삼고 두 아들을 후侯로 봉하셨다. 상을 홍도후鴻都侯로 봉하고 서를 개후蓋侯로 봉하니 서로 멀지 않아 삼백여 리밖에 떨어져 있지 않다. 오사가 오래 옥에 갇혀 있었으며 두 아들을 걱정하기 때문에 신을 보내 인수를 받들어 올리게 하셨다."

오상이 말하였다.

"아버님께서 갇혀 있던 삼 년 동안 마음이 근심스럽고 슬퍼 먹어도 달지 않았으며 굶주리고 목마른 고통을 겪으며 밤낮으로 그리워하였으며 아버님이 살지 못할까 근심하였습니다. 아버님이 풀려나시기만 하면 그만인데 어찌 관리가 되는 것까지 탐내겠습니까."

사자가 말하였다.

"오사가 삼 년 동안 갇혔다가 왕께서 이제 다행히 풀어주셨으나 무엇으로 상을 내릴 수 없어 그대들을 후로 봉하셨다. 말 한마디면 마땅히 따라와야 하거늘 어찌 말을 늘어놓는가."

오상이 오자서에게 들어와 알렸다.

"아버님께서 다행히 죽음을 면하시고 우리는 후가 되었다. 사자가 문 앞에 봉함된 인수를 가져왔으니 너는 사자를 만나보는 것이 좋겠다."

그러자 오자서가 말하였다.

"형님은 편히 앉아 보십시오. 형님을 위해 괘를 뽑아보겠습니다. 오늘은 갑자일甲子日이고 시진時辰은 사시巳時이니, 시진의 지지地支가 일기日期의 간지干支 밑에서 손상을 받아 기氣를 서로 받지 못합니다.[23] 이는 군주가 신하를 속이고 아비가 자식을 속이는 것을 상징합니다. 지금 가면 나란히 죽을 것이니 무슨 봉후封侯가 있겠습니까."

다시 오상은 말하였다.

"내가 어찌 봉후를 탐하겠는가. 아버님을 한 번 뵈올까 생각할 뿐이다. 한 번 뵙고 헤어지면 비록 죽더라도 산 것이나 마찬가지다."

"형님은 가시면 안 됩니다. 아버지는 저 때문에 사시게 될 것입니다. 초는 우리의 용맹을 두려워하여 아버님을 감히 죽이지 못할 형편이지만 형께서 만약 잘못 가시면 죽음을 면치 못할 것이 분명합니다."

"부자간의 사랑도 이같이 서로 친애하는 가운데서 나오는 것이니 요행히 서로 만나게 되면 아버님에 대한 내 정이나 내보이련다."

이에 오자서는 탄식하였다.

"아버님과 함께 죽으면 이 사실을 어떻게 세상에 밝히겠습니까. 억울함을 풀지 못하면 치욕이 날로 커집니다. 형님께서 이제 떠나신다면 저는 여기서 헤어집니다."

오상이 눈물을 흘리며 말하였다.

"내가 살아서는 세상에 웃음거리가 될 것이니 세상에서 늙어 생을 마친다 한들 뭐하겠는가. 원수를 갚지 못한다면 끝내 폐물이 되고 말 것이다. 너는 문무文武를 갖추었고 책모策謀를 내는 데 용기가 있으니 아버지와 내 원수를 갚을 수 있을 것이다. 내가 만약 돌아올 수 있다면 이는 하늘이 도운 것이요, 끝내 죽는다 하더라도 이 역시 내가 기뻐하는 바다."

"형님께서 가시겠다면 저 역시 여길 떠나 더는 형님을 돌볼 수 없습니다. 조심해서 어려운 일에 닥치지 마셔야 하며 화가 닥치면 후회한들 무슨 소용이 있겠습니까!"

오상은 이내 눈물을 흘리며 이별하고 사자와 함께 떠나갔다. 초평왕은 오상이 도착하자 곧바로 그를 잡아 가두고는 다시 사자를 보내 오자서를 추적하여 잡아오게 했다. 오자서는 한밤중에 누워 자다 깨어 일어나 홀연히 하늘을 보고 비탄하였다.

"아버지와 형이 모두 죽었으니 누구에게 돌아가야 하는가."

눈물을 흘리고는 초나라에 잡힐까 두려워 곧 활을 당겨 화살을 잡아 보고는 성곽 동문을 나섰다. 초군이 오자서를 뒤쫓아가 그의 처를 만났는데 처가 말하였다.

"오자서는 도망했는데 삼백 리는 갔을 것입니다."

사자가 곧바로 사람이 없는 들판까지 추격해가자 오자서가 활을 당겨 화살을 쏘아 사자를 해치려 하자 사자는 기어 달아났다. 오자서가 말하였다.

"너희 왕에게 보고하라. 나라가 멸망하지 않으려면 내 아버지와 형을 석방하라고. 만약 그렇게 하지 않으면 초나라는 폐허가 되리라!"

사자가 돌아와 초평왕에게 보고하니, 곧바로 대군을 출동시켜 오자서를 추격하게 했는데, 강에 이르자 그의 소재를 놓쳐 잡지 못하고 돌아왔다.

오자서는 길을 가다 큰 강에 이르러 숲 속 소택沼澤에서 하늘을 우러르며 곡하였다.

"초왕이 무도하여 내 아버지와 형을 죽였으니, 내가 제후의 힘을 빌려 원수를 갚을 수 있기를 바랄 뿐입니다."

태자 건이 송宋나라에 있다는 소문을 듣고 오자서는 송나라로 가려 하였다.

오사는 오자서가 도망했다는 소식을 듣고는 말하였다.

"초나라 군신들이 앞으로 전쟁으로 고생하겠구나!"

오상은 초 도성에 도착하자마자 아버지 오사를 만나고는 함께 시市[24]에서 육시戮屍당하였다.

3-4

오자서는 송나라로 달아나다 길에서 신포서申包胥[25]를 만났다.

"초왕이 내 아버지와 형을 죽였으니 어찌하면 좋겠는가."

“아아! 내가 자네에게 초나라에 복수하라 가르치면 불충不忠이 되며, 자네에게 복수하지 말라 가르치면 친한 벗을 저버리는 것이다. 자네는 떠나라. 나로서는 말 못하겠다.”

“내가 들으니, 부모의 원수와는 같은 하늘 밑에 살지 않으며, 형제의 원수와는 같은 지방이나 인근에서 살지 않으며, 친구의 원수와는 같은 향리鄕里나 인근에 거주하지 않는다고 하였다. 이제 나는 장차 초나라의 죄를 복수하여 아버지와 형이 받은 치욕을 씻고야 말겠다.”

“자네가 초나라를 망하게 할 수 있으면 나는 보존시킬 수 있으며, 자네가 위태롭게 할 수 있으면 나는 안정시킬 수 있다.”

오자서는 마침내 송나라로 달아났다.

송원공宋元公(기원전 531~517년)은 나라 안에서 신의가 없어 국인國人[26]들에게 미움을 받았다. 대부大夫 화씨華氏[27]가 송원공을 살해하려 모의하니 국인들이 화씨를 지지하여 대란을 일으켰다. 오자서는 태자 건과 함께 정鄭나라로 달아났는데[28] 정나라 사람이 그들을 매우 예우하였다. 태자 건이 다시 진晉나라로 가서 진경공晉頃公(기원전 525~512년)을 만났다.

“태자가 과거 정나라에 있을 때 정나라 역시 태자를 신임하였다. 태자가 내응하여 (우리가) 정나라를 멸망시키는 것을 도울 수 있다면 곧 정나라를 태자에게 봉하겠소.”[29]

태자 건이 정나라로 돌아가 일이 아직 이루어지지 않았을 때 그때 마침 자신의 시종을 은밀히 죽이려 하였다. 시종이 그의 모의를 알고는 정나라에 고하니 정정공鄭定公(기원전 529~514년)과 자산子産[30]이 태자 건을 죽였다.

태자 건에게는 아들 승勝이 있었는데, 오자서는 승과 함께 오吳나라로 달아났다. 밤에는 길을 가고 낮에는 엎드려 있다가 소관昭關[31]에 도착하였다. 관문의 관리가 그들을 잡으려 하자 오자서가 거짓말하였다.

"왕께서 우리를 찾으려는 이유는 내가 아름다운 구슬을 가졌기 때문이다. 나는 당신이 구슬을 가지려 했다고 고발하겠다."

그러자 관문의 관리가 놓아주었다. 오자서는 승과 함께 길을 가는데 추격군이 뒤에 있어 빠져나오지 못할 뻔하였다. 강[32]에 이르니 강 가운데 고기잡이 노인이 배를 타고 아래에서 마침 거슬러 올라오고 있었다. 오자서가 그를 불렀다.

"어부여, 우리를 건네주시오!"

이렇게 두 번 불렀다. 어부가 배를 태워주려는데 때마침 옆에서 어떤 사람이 엿보자 노래하였다.

> 맑은 해와 달이 점점 기우니
> 당신과 갈대 물가에서 약속하노라.

오자서는 곧 갈대가 있는 물가에 멈추었다. 어부가 또 노래하였다.

> 해가 이미 석양에 기우니 내 마음은 슬프구나.
> 달도 이미 달려가는데 건너지 않고 무얼 하는가.
> 일이 점점 급해지니 어찌할까.

오자서가 배에 오르니 어부는 그의 속뜻을 알아차리고는 아주 멀리[33] 떨어진 나루에 내려주었다. 오자서가 이미 건넌 뒤 어부가 그를 보니 배고픈 기색이 있어서 말하였다.

"그대가 이 나무 아래서 기다리면, 그대를 위해 먹을 것을 좀 가져오리다."

어부가 가고 난 후 오자서는 그를 의심하는 생각이 들어 갈대숲 속에 몸을 숨겼다. 조금 있다 어부가 보리밥, 전복국, 병에 든 물을 가지고 와 나무 아래서 오자서를 찾는데 보이지 않자 노래하였다.

갈대숲 가운데 있는 사람이여,
갈대숲 가운데 있는 사람이여,
어찌 궁지에 빠진 현사가 아니겠는가.

이렇게 두 번 부르자 오자서가 비로소 갈대숲에서 나와 대답하니 어부가 말하였다.

"내 보기에 그대가 배고픈 기색이 있기에 당신을 위해 먹을 것을 가져왔는데 그대는 어찌 의심하시오."

"성명性命은 하늘에 달려 있지만 오늘은 어르신께 달려 있으니 어찌 감히 의심하겠습니까."

두 사람이 음식을 다 먹고 헤어져 떠나려 할 때 오자서는 백금百金[34] 값어치가 나가는 검을 풀어 어부에게 주며 말하였다.

"이것은 내 선군先君의 검인데 가운데 북두칠성이 박혀 있습니다. 값어치가 백금이니 이것으로 보답하고자 합니다."

어부는 사양하였다.

"내가 듣기에 초왕이 명령하기를, 오자서를 잡는 자는 곡식 오만 석을 상으로 내리고 집규執圭[35] 벼슬을 내린다고 하는데 내 어찌 백금짜리 검을 갖고자 하겠소."

그리고 어부는 끝내 사양하여 받지 않고 오자서에게 당부하였다.

"그대는 머물지 말고 급히 떠나시오. 그러지 않으면 초나라에 잡히게 됩니다."

"노인장의 존함을 알고 싶습니다."

"흉흉한 오늘날 두 도적이 만났으니, 나는 소위 초나라 도적을 건네준 사람이라. 두 도적이 서로 투합하여 아무 말 없는 가운데 행하였으니 성명이 무슨 소용이 있겠소. 그대는 갈대숲 가운데 사람이요, 나는 늙은 어부라. 부귀하게 되면 날 잊지나 마오."

"그러겠습니다."

오자서는 곧바로 떠나며 어부에게 당부하였다.

"노인장의 병에 든 물을 숨겨 종적을 드러내지 마십시오."

어부는 그러겠다고 하였다. 오자서가 몇 발자국 가다 어부를 돌아보니 이미 배를 엎어 강물 한가운데에 스스로 빠졌다. 오자서는 아무 말 없이 묵묵히 떠났다.

오나라에 이르는 도중에 병이 나 율양溧陽[36]에서 걸식하였다. 마침 뇌수瀨水[37]가에서 빨래하는 여자를 만났는데 광주리에 음식이 있었다. 오자서가 여자에게 말하였다.

"부인, 밥 한술 얻을 수 있겠소."

"저는 독신으로 어머니와 함께 사는데, 서른이 되도록 아직 시집을 안 갔으니 낯선 남자에게 밥을 줄 수 없습니다."

"부인이 곤궁한 자에게 베푸는 것이 적은 밥이라 한들 저 또한 무엇을 꺼리겠습니까."

여자는 범상한 사람이 아님을 알아차리고는 말하였다.

"제가 어찌 인정을 거스를 수 있겠습니까."

여자는 광주리를 열고 무릎을 꿇고 병에 담긴 물을 주었다. 오자서가 두 번 마시고는 그만두니 여자가 말하였다.

"그대는 먼 길을 가는데 어찌 배불리 먹지 않습니까."

오자서는 먹고 떠나면서 여자에게 말하였다.

"부인의 물병을 숨겨 종적이 드러나지 않게 하십시오."

그러자 여자가 탄식하였다.

"아아! 나는 독신으로 어머니와 삼십 년을 함께 살며 스스로 정절을 지켜 남에게 시집가려 하지 않았는데 어찌 장부에게 음식을 대접하는 것이 마땅한 일이겠습니까. 예의를 넘었으니 나는 용인할 수 없습니다. 그대는 떠나십시오."

오자서가 다섯 발쯤 가다 여자를 돌아보니 이미 뇌수에 몸을 던졌다.

'아아! 정조 있고 현명하며 지조를 잃지 않았으니 과연 여장부로다!'

3-5

오자서는 오나라로 가서 머리를 풀고 미친 체하며 맨발로 얼굴에 흙칠을 하고 시에 돌아다니며 구걸하였다. 사람들이 모두 쳐다보았으나 알아보는 사람이 없었다. 다음 날 관상을 잘 보는 오나라 시 관리가 오자서를 보고는 말하였다.

"내가 사람의 관상을 많이 보았으나 이 같은 사람을 본 적이 없으니 다른 나라에서 망명한 신하가 아닌가."

왕료에게 아뢰어 오자서의 형상을 자세히 말하였다.

"왕께서는 그를 부르셔야 합니다."

"그와 함께 들어오라."

공자 광은 소문을 듣고 혼자 마음속으로 기뻐하였다.

'내가 듣기에, 초가 충신 오사를 살해하였는데 그의 아들 오자서는 용감하고 또 지혜가 있다고 한다. 반드시 그가 아버지의 원수를 복수하러 오나라로 도망왔을 것이다.'

그러고는 은밀히 오자서를 기르고자 하였다.

시 관리가 오자서와 함께 들어와 왕료를 만났다. 왕료는 오자서의 모습이 장대한 것을 괴이하게 여겼는데, 신장이 일 장丈[38], 허리가 십 위圍[39], 미간이 일 척尺이었다. 왕료가 그와 더불어 삼 일 동안 말하였는데 말이 반복되는 것이 없었다. 왕료가 말하였다.

"현명한 사람이다."

오자서는 왕료가 자기를 좋아하는 것을 알고 들어가서 말할 때마다 용감하고 씩씩한 기백이 있었으며 조금씩 그의 원수를 말하였는데 절절한 기색이 있었다. 이 때문에 왕료는 그가 자신을 위해 군대를 일으켜 복수하려 함을 알았다.

공자 광은 왕료를 죽이려 모의하고 있었는데 오자서가 왕료와 먼저 친하여 그의 모의를 해칠까 두려워 참소하였다.

"오자서가 초나라 토벌을 모의하는 것은 오나라를 위해서가 아니라 스스로 사사로운 원수를 갚고자 하는 것일 뿐이니 왕께서는 그의 계책을 채용하지 마십시오."

오자서는 공자 광이 왕료를 해치고자 하는 것을 알고는, '저 광은 마음속으로 일을 꾸미고 있으니 아직 외국을 치는 일로 설득할 수 없다'고 생각하여 왕료를 만났다.

"신이 들으니, 제후는 필부를 위해 군대를 일으켜 이웃 나라와 전쟁하지 않는다고 합니다."

"무슨 말인가."

"제후는 독자적으로 정사를 처리하지만 결코 마음대로 하지 않으며 위급한 일을 구원하기 위해서만 군대를 일으킵니다. 지금 대왕께서는 군주 자리에 올라 위엄을 세우셨는데 필부를 위해 군대를 일으키는 것은 도리에 맞지 않습니다. 신은 진실로 감히 왕의 명령을 따를 수 없습니다."

그러자 왕료는 그만두었다.

오자서는 (조정에서) 물러나 야野[40]에서 농사를 지으며 용사勇士를 구해서 공자 광에게 천거하여 잘 보이려고 하였는데 용사 전제專諸[41]를 찾아냈다. 전제는 당읍堂邑[42] 사람이다. 오자서가 초나라에서 도망하여 오나라로 올 때 길에서 그를 만났다. 전제가 마침 어떤 사람과 싸우려고 적에게 다가가려는데 그 노여움에 만인萬人을 압도하는 기세가 있어 감히 당할 수 없었다. 그런데 그의 부인이 한 번 부르자 곧 돌아갔다. 오자서는 괴이하게 여겨 그 정황을 물었다.

"그대는 그렇게 화를 내다가 한 여자가 부르는 소리를 듣고는 도중에 그만둔 주제에 무슨 할 말이 있단 말인가."

전제가 대답하였다.

"당신은 내 거동을 우매한 사람 따위로 본단 말인가. 어찌 소견이 그리도 비굴한가. 한 사람 아래 굽히는 사람은 반드시 만인 위에 뜻을 펼칠 수 있다네."

오자서가 전제의 관상을 보니, 불쑥 솟은 이마에 깊은 눈에 호랑이 가슴에 곰 같은 등이 용감하여 모험을 감당할 만한 상이라, 그가 용사임을 알고 은밀히 결탁하여 그를 쓰고자 하였다. 공자 광이 왕료의 암살을 모의하는 것을 알고는 그를 공자 광에게 추천하였다.

3-6

공자 광은 전제를 불러 예로 대우하며 말하였다.

"하늘이 그대를 보내 적장자인데도 왕위를 계승하지 못한 나를 돕게 하였다."

"선왕 여말이 죽고 왕료가 즉위한 것은 본래 그의 직분이 그러한 것인데 공자께서는 무엇 때문에 그를 해치려 하십니까."

"선군 수몽에게는 네 아들이 있었다. 장자가 저번諸樊이니 바로 내 아버지이고, 다음은 여채餘祭이고, 다음은 여말이고, 다음은 계찰季札이다. 계찰이 현명하였다. 수몽은 돌아가시려 할 때 왕위를 장자에게 전해 차례로 계찰에게 미치게 하려 하였다. 그런데 계찰이 사신으로 가서 제후에게 망명해서는 돌아오지 않았는데 여말이 죽자 군주 자리가 비었다. 즉위해야 할 사람은 적장자이다. 적장자의 후손은 곧 광 이 사람이니,[43] 지금 왕료는 무슨 이유로 내 대신 군주가 되었는가. 나는 세력이 약하여 대신들 사이에 도와줄 자가 없으니 힘 있는 무리를 쓰지 않고서 어찌 내 뜻을 이룰 수 있겠는가. 내가 왕료를 대신해 군주가 된다 해도 계자季子가 동으로 돌아와 나를 폐하지는 않을 것이다."

"어찌 가까운 신하를 시켜 조용히 왕 측에 선왕의 명을 말하게 하여 그 뜻을 넌지시 전해서 왕으로 하여금 나라가 누구에게 돌아가야 하는지 알게 하지 않으십니까. 어찌 사사로이 자객을 준비하여 선왕의 덕을 손상하십니까."

"왕료는 탐욕스럽기만 하고 힘을 믿으며, 나아가는 것의 이로움은 알지만 물러나 양보하는 것은 알지 못한다. 그렇기 때문에 나는 걱정을 함께할 수 있는 용사를 찾아 그와 함께 힘을 합치고자 한다. 그대가 이런 뜻을 헤아려주기 바란다."

"군의 말씀이 너무 노골적이십니다. 공자께서는 어찌하려 하십니까."

"그렇지 않다. 이는 사직에 관한 모의이나 나는 받들어 행할 수 없으니, 내 생명을 그대에게 맡길 따름이다."

"공자께서 명령하십시오."

"아직 때가 아니다."

"군주를 죽이려면 먼저 그가 좋아하는 것을 구해야 합니다. 왕료가 무엇을 좋아합니까."

"맛있는 음식을 좋아한다."

"무슨 음식을 좋아합니까."

"생선 구이를 좋아한다."

그러자 전제는 곧 떠나 태호太湖로 가서 생선 굽는 법을 배웠는데[44] 석 달 만에 왕료가 좋아하는 맛을 낼 수 있게 되자 안심하고 공자 광의 명령을 기다렸다.

8년(기원전 519년), 왕료는 공자 광[45]을 파견하여 초나라를 쳐 초군을 대패시키고는[46] 태자 건의 어머니를 정나라에서 맞아들였다.[47] 정정공鄭定公은 건의 어머니에게 구슬, 옥, 머리 장식과 귀걸이를 선물하여 태자 건을 죽인 잘못을 풀고자 하였다.[48]

9년(기원전 518년), 왕료는 공자 광을 시켜 초나라를 치게 하여 거소居巢, 종리鍾離를 함락하였다.[49] 오나라가 초나라와 서로 공략하게 된 이유는 처음에 초나라 변방 읍 비량脾梁[50]의 여자와 오나라 변방 읍의 여자가 누에를 치다 경계에 있는 뽕잎 때문에 다투었다. 두 집안이 서로 공격하였는데 오나라 집안이 이기지 못하자 서로 번갈아 공격하다 (초나라가) 오의 변읍을 멸망시켰다. 왕료가 노하여 초나라를 쳐서 두 읍을

탈취하고는 돌아왔다.[51]

3-7

12년 겨울[52](기원전 516년), 초평왕이 죽었다. 오자서가 승勝[53]에게 말하였다.

"초평왕이 죽었으니 우리의 원수를 갚으려는 뜻을 다 이루지는 못하게 되었습니다. 하지만 아직 초나라가 존속하니 우리가 무얼 근심하겠습니까."

승은 묵묵히 대답이 없었으며, 오자서는 방에 앉아 눈물을 흘렸다.

13년(기원전 515년) 봄[54], 왕료는 초나라 국상을 틈타 초나라를 치려고 공자 개여蓋餘와 촉용燭傭[55]을 파견하여 군대를 거느리고 가서 초나라를 포위하게 했다.[56] 한편으로는 계찰을 진晉에 사신으로 보내서 제후의 동정을 살피게 했다. 초군이 출병하여 오군의 배후를 끊으니 오군이 돌아올 수 없게 되자[57] 공자 광의 마음이 움직였다. 오자서는 공자 광이 기회를 노리고 있음을 알고 공자 광을 설득하였다.

"지금 왕료가 초나라를 공격하여 두 형제가 군대를 거느리고 나갔는데 전쟁의 승패를 알 수 없습니다. 전제를 쓰는 일이 급합니다. 기회는 다시 오지 않으니 놓쳐서는 안 됩니다."

그러자 공자 광이 전제를 보고 말하였다.

"지금 두 동생은 초나라를 치러 갔고 계자季子는 아직 돌아오지 않았다. 이때에 구하지 않는다면 언제 왕위를 얻을 수 있겠는가. 이때를 놓칠 수 없다. 게다가 나는 진정한 왕의 후사이다."

"왕료를 죽일 수 있습니다. 그의 어머니는 늙고 자식은 어리며 두 동생들은 초나라를 치러 갔는데 초군이 그들의 퇴로를 끊었습니다. 지금

그림 7 계찰이 검을 걸어놓다季札挂劍
(후한後漢 209년, 사천四川 아안雅安 요교향姚橋鄉 아안고이궐雅安高頤闕)

계찰이 처음 사신으로 가면서 북으로 지나는 길에 서徐나라에 들렀을 때 서군徐君이 계찰의 검을 좋아하였으나 감히 말하지 못하였다. 계찰은 이를 알아차렸으나 중원 제국에 사신으로 가는 길이라 바치지 못하였다. 돌아오면서 서에 들렀을 때는 서군이 이미 죽어 그 보검을 풀어 서군 무덤 나무에 걸어두고 떠났다(『史記』 권31 「吳太伯世家」).

왕료는 밖으로는 초나라에 곤욕을 당하고 안으로는 충성스런 신하가 없으니 우리를 어찌할 수 없습니다."

4월에 공자 광은 갑옷을 입은 무사를 지하실에 매복시키고 주연을 준비해 왕료를 청하였다. 왕료는 그의 어머니께 고하였다.

"공자 광이 나를 위해 술자리를 마련하여 와서 모이자고 청하는데 변란이 없겠습니까."

"광은 마음속에 불만을 품어 항상 부끄러워하며 원한을 품은 기색이 있으니 조심하지 않으면 안 되오."

그러자 왕료는 당철棠鐵[58] 갑옷을 세 겹 껴입고 무기를 가진 호위병을 궁문에서 공자 광의 집 문까지 길에 배열시키고, 계단과 좌석의 좌우에는 모두 왕료의 친척을 세워 양편에 서서 긴 창(戟)을 갖고 가지를

그림 8 전제가 구운 생선에 숨긴 칼을 꺼내 왕료를 찔러 죽이다專諸炙魚, 刺殺吳王
(후한 151년, 산동山東 가상현嘉祥縣 무씨사武氏祠)

교차시켜 시위侍衛하게 했다.[59] 술이 거나해지자 공자 광은 거짓으로 발이 아프다는 핑계로 지하에 들어가 발을 싸매면서 전제를 시켜 구운 생선 속에 어장검魚腸劍을 넣어 올리게 했다. 왕료 앞에 이르자 전제는 구운 생선을 갈라 비수를 찔렀다. 그러자 호위하던 병사들의 날카로운 창날이 전제의 가슴으로 기울어 흉골이 잘려 흉부가 드러났으나 비수는 여전히 왕료를 찔러 갑옷을 뚫고 등까지 나왔다. 왕료가 선 채로 죽자, 좌우의 시위가 함께 전제를 죽였다. 왕료의 무리들 가운데 소동이 나자 공자 광은 매복시킨 갑사들을 시켜 왕료의 무리를 공격하여[60] 모두 죽였다. 그리고 스스로 즉위한 공자 광이 오왕 합려闔閭이다. 전제의 아들에게 봉지封地를 내리고 객경客卿[61]에 임명하였다.

계찰이 사신으로 갔다가 오나라로 돌아오자, 합려가 왕위를 양보하니 계찰이 말하였다.

"선군의 제사를 폐하지 않고[62] 사직을 받드는 이가 바로 내 군주이다. 내가 누구를 원망하겠는가. 죽은 이를 애도하고 산 이를 섬겨 천명을 기다릴 뿐이다. 내가 어지럽힌 바가 아니니 즉위한 자에게 복종하는 것이 선인의 도다."

이에 왕료의 묘 앞에 가서 사명을 집행한 것을 보고하고 곡을 하고는 본래의 지위로 돌아와 왕명을 기다렸다.

공자 개여와 촉용 두 사람은 군대를 거느리고 나갔다가 초나라에서 포위당하였을 때 공자 광이 왕료를 살해하고 스스로 즉위하였다는 말을 듣고는 군대를 이끌고 초나라에 항복하자 초나라는 그들을 서舒에 봉하였다.[63]

原文

3-1

二年, 王僚使公子光伐楚[1], 以報前來誅慶封也. 吳師敗而亡舟, 光懼, 因捨, 復得王舟而還. 光欲謀殺王僚, 未有所與合議, 陰求賢, 乃命善相者爲吳市吏.

五年, 楚之亡臣伍子胥來奔吳. 伍子胥者, 楚人也, 名員. 員父奢, 兄尙. 其前名曰伍擧. 以直諫事楚莊王.

王即位三年, 不聽國政, 沉湎於酒, 淫於聲色. 左手擁秦姬, 右手抱越女, 身坐鐘鼓之間而令 曰"有敢諫者, 死!" 於是伍擧進諫曰"有一大鳥, 集楚國之庭, 三年不飛亦不鳴. 此何鳥也." 於是莊王曰"此鳥不飛, 飛則沖天. 不鳴, 鳴則驚人." 伍擧曰"不飛不鳴, 將爲射者所圖. 絃矢卒發, 豈得沖天而驚人乎." 於是莊王棄其秦姬越女, 罷鐘鼓之樂, 用孫叔敖, 任以國政, 遂霸天下, 威伏諸侯.

莊王卒, 靈王立. 建章華之臺, 與群臣登焉[2]. 王曰"臺美!" 伍擧曰"臣聞國君服寵以爲美, 安民以爲樂, 克聽以爲聰, 致遠以爲明. 不聞以土木之崇高, 蟲鏤之刻畫, 金石之淸音, 絲竹之凄唳以之爲美. 前莊王爲抱居之臺, 高不過望國氛, 大不過容宴豆, 木不妨守備, 用不煩官府, 民不敗時務, 官不易朝常. 今君爲此臺七年, 國人怨焉, 財用盡焉, 年穀敗焉, 百姓煩焉, 諸侯忿怨, 卿士訕謗, 豈前王之所盛, 人君之所美者耶[3]. 臣誠愚, 不知所謂也." 靈王即除工去飾, 不遊於臺. 由是伍氏三世爲楚忠臣.

3-2

楚平王有太子名建, 平王以伍奢爲太子太傅, 費無忌爲少傅. 平王使無忌爲太子娶於秦. 秦女美容, 無忌報平王曰 “秦女天下無雙, 王可自取.” 王遂納秦女爲夫人. 而幸愛之, 生子珍. 而更爲太子娶齊女. 無忌因去太子而事平王. 深念平王一旦卒而太子立, 當害己也, 乃復讒太子建. 建母蔡氏無寵, 乃使太子守城父, 備邊兵. 頃之, 無忌日夜言太子之短, 曰 “太子以秦女之故, 不能無怨望之心, 願王自備. 太子居城父, 將兵, 外交諸侯, 將入爲亂.” 平王乃召伍奢而按問之. 奢知無忌之讒, 因諫之曰 “王獨奈何以讒賊小臣而疏骨肉乎.” 無忌承宴, 復言曰 “王今不制, 其事成矣, 王且見擒.” 平王大怒, 因囚伍奢, 而使城父司馬奮揚往殺太子. 奮揚使人前告太子, “急去! 不然, 將誅.” 三月, 太子奔宋.

3-3

無忌復言平王曰 “伍奢有二子, 皆賢, 不誅且爲楚憂. 可以其父爲質而召之.” 王使使謂奢曰 “能致二子則生, 不然則死.” 伍奢曰 “臣有二子, 長曰尙, 少曰胥. 尙爲人慈溫仁信, 若聞臣召, 輒 來. 胥爲人少好於文, 長習於武, 文治邦國, 武定天下, 執綱守戾, 蒙垢受恥, 雖冤不爭, 能成大事. 此前知之士, 安可致耶.”

平王謂伍奢之譽二子, 即遣使者駕駟馬, 封函印綬往, 詐召子尙, 子胥. 令曰 “賀二子, 父奢以忠信慈仁, 去難就免. 平王內慚囚繫忠臣, 外愧諸侯之恥, 反遇奢爲國相, 封二子爲侯. 尙賜鴻都侯, 胥賜蓋侯, 相去不遠三百餘里. 奢久囚繫, 憂思二子, 故遣臣來奉進印綬.” 尙曰 “父繫三年, 中心忉怛[4], 食不甘味, 嘗苦飢渴, 晝夜感思, 憂父不活, 惟父獲免, 何敢貪印綬哉.” 使者曰 “父囚三年, 王今幸赦, 無以賞賜, 封二子爲侯. 一言當至, 何所陳哉.” 尙乃入報子胥曰 “父幸免死, 二子爲侯, 使者在門, 兼封印綬, 汝可見使.” 子胥曰 “尙且安坐, 爲兄卦之. 今日甲子, 時加於巳, 支傷日下, 氣不相受. 君欺其臣, 父欺其子. 今往方死, 何侯之有." 尙曰"豈貪於侯. 思見父耳. 一面而別, 雖死而生." 子胥曰"尙且無往, 父當我活. 楚畏我勇, 勢不敢殺. 兄若誤往, 必死不脫." 尙曰"父子之愛, 恩從中出, 徼倖相見, 以自濟達." 於是子胥歎曰"與父俱誅, 何明於世, 冤讎不除, 恥辱日大. 尙從是往, 我從是決." 尙泣曰"吾之生也, 爲世所笑, 終老地上, 而亦何之. 不能報讎[5], 畢爲廢物. 汝懷文武, 勇於策謀, 父兄之讎, 汝可復也. 吾如得返, 是天祐之. 其遂沉埋, 亦吾所喜." 胥曰"尙且行矣, 吾去不顧. 勿使臨難, 雖悔何追!" 旋泣辭行, 與使俱往. 楚得子尙, 執而囚之. 復遣追捕子胥. 子胥以夜半時臥覺, 忽而仰天悲嘆 言曰"父兄俱死, 當誰歸乎." 泣下交流, 恐爲楚所得, 乃貫弓執矢, 步出東郭[6]. 楚追之, 見其妻, 曰"胥亡矣, 去三百里." 使者追及無人之野, 胥乃張弓布矢, 欲害使者, 使者俯伏而走. 胥曰"報汝平王, 欲國不滅, 釋吾父兄. 若不爾者, 楚爲墟矣." 使返報平王, 王聞之, 即發大軍追子胥至江, 失其所在, 不獲而返.

子胥行至大江, 仰天行哭林澤之中, 言"楚王無道, 殺吾父兄, 願吾因於諸侯以報讎矣." 聞太子建在宋, 胥欲往之.

伍奢初聞子胥之亡, 曰"楚之君臣, 且苦兵矣."

尙至楚就父, 俱戮於市.

3-4

伍員奔宋, 道遇申包胥, 謂曰"楚王殺吾兄父, 爲之奈何." 申包胥曰"於乎! 吾欲教子報楚, 則爲不忠, 教子不報, 則爲無親友也. 子其行矣, 吾不容言." 子胥曰"吾聞父母之讎, 不與戴天履地, 兄弟之讎, 不與同域接壤, 朋友之讎, 不與鄰鄉共里. 今吾將復楚 辜, 以雪父兄之恥." 申包胥曰"子能亡之, 吾能存之, 子能危之, 吾能安之." 胥遂奔宋.

宋元公無信於國, 國人惡之. 大夫華氏謀殺元公, 國人與華氏因作大亂. 子胥乃與太子建俱奔鄭, 鄭人甚禮之. 太子建又適晉, 晉頃公曰 "太子即在鄭, 鄭信太子矣. 太子能爲內應而滅鄭, 即以鄭封太子." 太子還鄭, 事未成, 會欲私其從者, 從者知其謀, 乃告之於鄭. 鄭定公與子産誅殺太子建.

建有子名勝, 伍員與勝奔吳. 夜行晝伏, 出到昭關[7], 關吏欲執之. 伍員因詐曰 "上所以索我者, 以我有美珠也[8]. 我將告子欲取之[9]." 關吏因舍之. 與勝行去, 追者在後, 幾不得脫. 至江, 江中有漁父乘船從下方泝水而上. 子胥呼之, 謂曰 "漁父渡我!" 如是者再. 漁父欲渡之, 適會旁有人窺之, 因而歌曰 "日月昭昭乎侵[10]已馳, 與子期乎蘆之漪." 子胥即止蘆之漪. 漁父又歌曰 "日已夕兮, 予心憂悲. 月已馳兮, 何不渡爲. 事寖急兮, 當奈何." 子胥入船. 漁父知其意也, 乃渡之千潯之津. 子胥既渡, 漁父乃視之有其飢色. 乃謂曰 "子俟我此樹下, 爲子取餉." 漁父去後, 子胥疑之, 乃潛身於深葦之中. 有頃, 父來, 持麥飯, 鮑魚羹, 盎漿, 求之樹下, 不見, 因歌而呼之曰 "蘆中人, 蘆中人, 豈非窮士乎." 如是至再, 子胥乃出蘆中而應. 漁父曰 "吾見子有飢色, 爲子取餉, 子何嫌哉." 子胥曰 "性命屬天, 今屬丈人, 豈敢有嫌哉." 二人飲食畢, 欲去, 胥乃解百金之劍以與漁者 : 「此吾前君之劍, 中有七星北斗[11], 價直百金, 以此相答.」 漁父曰 "吾聞楚王之命[12], 得伍胥者, 賜粟五萬石, 爵執圭. 豈圖取百金之劍乎." 遂辭不受, 謂子胥曰 "子急去, 勿留. 且爲楚所得." 子胥曰 "請丈人姓字." 漁父曰 "今日凶凶, 兩賊相逢, 吾所謂渡楚賊也. 兩賊相得, 得形於默, 何用姓字爲. 子爲蘆中人, 吾爲漁 丈人, 富貴莫相忘也." 子胥曰 "諾." 既去, 誡漁父曰 "掩子之盎漿, 無令其露." 漁父諾. 子胥行數步, 顧視漁者, 已覆船自沉於江水之中矣. 子胥默然, 遂行.

至吳, 疾於中道, 乞食溧陽. 適會女子擊綿於瀨水之上, 筥中有飯. 子胥遇之, 謂曰 "夫人可得一餐乎." 女子曰 "妾獨與母居, 三十未嫁, 飯不可得." 子胥曰 "夫人賑窮者[13]少飯, 亦何嫌哉." 女子知非恒人, 妾豈可逆人情乎[14]. 發其簞筥, 飯其盎漿, 長跪而與之. 子胥再餐而止. 女子曰 "君有遠逝之行, 何不飽而餐之." 子胥已餐而去, 又謂女子曰 "掩夫人之壺漿, 無令其露." 女子歎曰 "嗟乎! 妾獨與母居三十年, 自守貞明, 不願從適, 何宜饋飯而與丈夫. 越虧禮儀, 妾不忍也. 子行矣." 子胥行五步[15], 反顧女子, 已自投於瀨水矣. 於乎! 貞明執操, 其丈夫女哉!

3-5

子胥之吳, 乃被髮佯狂, 跣足塗面, 行乞於市. 市人觀, 罔有識者. 翌日, 吳市吏善相者見之, 曰 "吾之相人多矣, 未嘗見斯人也. 非異國之亡臣乎." 乃白吳王僚, 具陳其狀. 王宜召之. 王僚曰 "與之俱入."

公子光聞之, 私喜曰 "吾聞楚殺忠臣伍奢, 其子子胥勇而且智, 彼必復父之讎來入於吳." 陰欲養之.

市吏於是與子胥俱入見王, 王僚怪其狀偉[16]. 身長一丈, 腰十圍, 眉間一尺. 王僚與語三日, 辭無復者. 王曰 "賢人也." 子胥知王好之, 每入語, 語遂有勇壯之氣, 稍道其讎, 而有切切之 色. 王僚知之欲爲興師復讎.

公子謀殺王僚, 恐子胥前親於王而害其謀, 因讒, 伍胥之諫[17]伐楚者, 非爲吳也, 但欲自復私讎耳. 王無用之.

子胥知公子光欲害王僚, 乃曰 "彼光有內志, 未可說以外事." 入見王僚, 曰 "臣聞諸侯不爲匹夫興師用兵於比國." 王僚曰 "何以言之." 子胥曰 "諸侯專爲政, 非以意, 救急後興師. 今大王踐國制威, 爲匹夫興兵, 其義非也. 臣固不敢如王之命." 吳王乃止.

子胥退耕於野, 求勇士薦之公子光, 欲以自媚, 乃得勇士專諸. 專諸者, 堂邑[18]人也. 伍胥之亡楚如吳時, 遇之於途. 專諸方與人鬥, 將就敵, 其怒有萬人之氣, 甚不可當, 其妻一呼卽還. 子胥怪而問其狀, 何夫子之怒盛也, 聞一女子之聲而折道, 寧有說乎. 專諸曰"子視吾之儀, 寧類愚者也. 何言之鄙也. 夫屈一人之下, 必伸萬人之上." 子胥因相其貌[19], 碓顙而深目, 虎膺而熊背, 戾於從難, 知其勇士, 陰而結之, 欲以爲用. 遭公子光之有謀也, 而進之公子光.

3-6

光既得專諸而禮待之. 公子光曰"天以夫子輔孤之失根也." 專諸曰"前王餘昧卒, 僚立, 自其分也. 公子何因而欲害之乎." 光曰"前君壽夢有子四人, 長曰諸樊, 則光之父也. 次曰餘祭. 次曰餘昧, 次曰季札. 札之賢也. 將卒, 傳付適長, 以及季札. 念季札爲使亡在諸侯未還, 餘昧卒, 國空, 有立者, 適長也. 適長之後, 即光之身也. 今僚何以當代立乎. 吾力弱, 無助於掌事之間, 非用有力徒, 能安吾志. 吾雖代立, 季子東還, 不吾廢也." 專諸曰"何不使近臣從容言於王側, 陳前王之命, 以諷其意, 令知國之所歸. 何須私備劍士, 以捐先王之德." 光曰"僚素貪而恃力, 知進之利, 不睹退讓. 吾故求同憂之士, 欲與之并力. 惟夫子詮斯義也." 專諸曰"君言甚露乎, 於公子何意也." 光曰"不也, 此社稷之言也, 小人不能奉行, 惟委命矣." 專諸曰"願公子命之." 公子光曰"時未可也." 專諸曰"凡欲殺人君, 必前求其所好. 吳王何好." 光曰"好味." 專諸曰"何味所甘." 光曰"好嗜魚之炙也." 專諸乃去, 從太湖學炙魚, 三月得其味, 安坐待公子命之.

八年, 僚遣公子伐楚, 大敗楚師, 因迎故太子建母於鄭. 鄭君送建母珠玉簪珥, 欲以解殺建之過.

九年, 吳使光伐楚, 拔居巢, 鍾離. 吳所以相攻者, 初, 楚之邊邑胛梁[20]之女與吳邊邑處女蠶, 爭界上之桑. 二家相攻, 吳國不勝, 遂更相伐, 滅吳之邊邑. 吳怒, 故伐楚, 取二邑而去.

3-7

十二年, 冬, 楚平王卒. 伍子胥謂白公勝曰"平王卒, 吾志不悉矣! 然楚國存[21], 吾何憂矣." 白公默然不對, 伍子胥坐泣於室.

十三年, 春, 吳欲因楚葬而伐之, 使公子蓋餘, 燭傭以兵圍楚, 使季札於晉以觀諸侯之變. 楚發兵絕吳後, 吳兵不得還. 於是公子光心動. 伍胥知光之見機也, 乃說光曰"今吳王伐楚, 二弟將兵, 未知吉凶. 專諸之事於斯急矣. 時不再來, 不可失也." 於是公子見專諸曰"今二弟伐楚, 季子未還. 當此之時, 不求何獲. 時不可失. 且光真王嗣也." 專諸曰"僚可殺也. 母老子弱, 弟伐楚, 楚絕其後. 方今吳外困於楚, 內無骨鯁之臣, 是無如我何也."

四月, 公子光伏甲士於窋室[22]中, 具酒而請王僚. 僚白其母曰"公子光爲我具酒, 來請期, 無變悉[23]乎." 母曰"光心氣怏怏, 常有愧恨之色, 不可不慎." 王僚乃被棠銕之甲三重, 使兵衛陳於道, 自宮門至於光家之門. 階席左右皆王僚之親戚, 使坐[24]立侍, 皆操長戟交軹. 酒酣, 公子光佯爲足疾, 入窋室裹足, 使專諸置魚腸劍炙魚中進之. 既至王僚前, 專諸乃擘炙魚, 因推匕首, 立戟交軹倚專諸胸, 胸斷臆開, 匕首如故, 以刺王僚, 貫甲達背. 王僚立[25]死, 左右共殺專諸. 眾士擾動. 公子光伏其甲士, 以攻僚眾, 盡滅之. 遂自立, 是爲吳王闔閭也. 乃封專諸之子, 拜爲客 卿.

季札使還至吳, 闔閭以位讓, 季札曰"苟前君無廢, 社稷以[26]奉, 君也. 吾誰怨乎. 哀死待[27]生, 以俟天命. 非我所亂, 立者從之, 是前人之道." 命[28]哭僚墓, 復位而待.

公子蓋餘, 燭傭二人, 將兵遇圍於楚者, 聞公子光殺王僚自立, 乃以兵降楚, 楚封之於舒.

1 王僚 : 기원전 526~515년 재위.

2 公子 光 : 徐天祜에 의하면, 『左傳』 昭公 17년에 公子 光은 "諸樊의 子, 闔廬"라고 하지만 張覺에 의하면, 『世本』 권5 「王侯大夫譜」에 "夷昧의 子"라고 한다.

3 『春秋』 昭公 17년에 "楚人이 吳와 長岸에서 전쟁하였다"라고 한다.

4 徐天祜에 의하면, 배 이름은 餘皇이며 楚에 빼앗겼으며, '舟余舟皇'이라고도 한다.

5 원문에 '光懼因捨'라고 하는데 徐天祜에 의하면, '捨'는 '揜(엄)'이라고 해야 한다. 그들이 방비하지 않은 틈에 덮쳐 빼앗아 돌아왔다는 뜻이다. 兪樾에 의하면, "捨는 舍의 假借이며, 行軍에 하루를 묵는 것을 舍라고 하는데, 당시 오군은 이미 북쪽으로 달아나고 있었는데, 공자 광이 다시 왕의 배를 되찾으려고 하루를 묵으며 계략으로 배를 얻었다"고 한다.

『左傳』 昭公 17년에 의하면, 오나라가 초를 정벌할 때 陽匄가 令尹이 되어 전쟁을 점쳤더니 불길하였다. 司馬 子魚가 "우리가 상류를 점하였는데 어째서 불길한가"라고 말하였다. 楚의 관습에는 司馬가 거북점을 명하는 것이니, 내가 다시 점치기를 청한다고 하고는, "魴이 사병을 데리고 죽으며, 楚軍이 이를 뒤따라 크게 이기리라!"라고 명하니, 吉하였다. 長岸에서 전쟁하는데 子魚가 먼저 죽고 楚軍이 이를 뒤따라 吳軍을 대패시켜 이들이 탄 배 餘皇을 탈취하였다. 隨人과 뒤에 온 자들을 시켜 이를 지키게 하는데, 빙 둘러 구덩이를 파서 물이 솟는 깊이까지 이르러서는 통로를 재로 메워 陣을 치고 명령을 기다리게 하였다. 공자 광이 대중에게 청하기를, 선왕이 타던 배를 잃었으니 어찌 光만의 죄란 말인가 대중 역시 죄가 있다. 청컨대 그대들의 힘을 빌려 죽음을 구하고자 한다고 하고는, 수염이 긴 세 사람을 배 옆에 잠복시키고 "내가 餘皇이라고 부르면 대답하라. 군사들이 밤에 따라갈 것이다"라고 말하고, 세 번 부르니 모두 번갈아 대답하였다. 楚人이 따라가니 이들을 죽였다. 楚軍이 어지럽자 吳人이 크게 패배시키고 餘皇을 빼앗아 돌아갔다.

6 市 : 賢者를 市에서 구하려는 공자 광의 의도는 賢者의 피난처로서의 고대 市의 기능 가운데 이해할 수 있다. 고대 중국의 市는 도시의 특정 지역에 설정된 상업, 수공업지구로서 工·巫·醫·卜·祝·方技 등이 市籍에 등록되었으며 이외에도 遊俠·亡命·流民·刑人들이 市에서 활동하였다. 이뿐 아니라 고대 市는 범법자의 피난 聖所로서 기능하였던 만큼 隱者나 범법 망명자들이 市에 은닉했으리라 짐작할 수 있다(李成九, 「中國古代의 市의 概念과 機能」, 『東洋史學硏究』 36, 1991, 33쪽).

7 伍子胥에 관해서는 『史記』 권66 「伍子胥列傳」(이하 「伍子胥列傳」)과 『左傳』 昭公 20년에 서술되어 있다.

8 이하 간언의 내용은 『史記』 권40 「楚世家」(이하 「楚世家」)의 서술과 같다. 張覺에 의하면, 『韓非子』 「喩老」 諫言에 伍擧를 "右司馬"라고 하며, 초나라의 軍政을 주관하는 관

이다.

9 徐天祜에 의하면, 「楚世家」에 孫叔敖가 아니라 伍擧와 蘇從을 임용해 정치했다고 한다.

10 「楚世家」에 의하면, 莊王이 죽은 후 共王(기원전 590～560년), 康王(기원전 559～545년), 郟敖(기원전 544～541년)에 이어 靈王이 즉위하였다.

11 章華臺 : 張覺에 의하면, 오늘날 湖北 監利縣 서북에 있다.

12 7년 : 張覺에 의하면, 『國語』에 "數年"이라고 하며 『左傳』에는 昭公 元年 겨울에 楚靈王이 즉위해 昭公 7년 봄에 章華臺가 완성되어 모두 7년이 걸렸지만 실은 5년여가 걸렸다.

13 원문에 '百姓'이라고 하는데 張覺에 의하면, 『國語』「楚語」(이하 「楚語」) 上에 "百官"이라고 한다. 『詩』「小雅」天保 "群黎百姓." 傳 "百姓, 百官族姓也."

14 「楚語」 上에는 제후들이 원망하는 모습이 그려져 있다. "군왕은 제후들이 모두 와서 낙성식에 참가하기를 희망하였는데 제후들이 모두 거절하고 오지 않았다. 이러한 후 太宰薳啓를 사신 보내 魯侯를 강제로 청하였더니 楚의 전쟁을 두려워하여 魯侯만 가까스로 오게 하였다."

15 楚平王 : 「楚世家」에 의하면, 靈王을 속여 죽이고 즉위하였으며, 이름은 棄疾인데 즉위한 후 熊居로 바꿨다.

16 建 : 「楚世家」와 『左傳』 昭公 19년에 의하면, 棄疾이 楚大夫일 때 蔡나라를 방문하였다가 蔡나라 郹陽 封人(변경지역의 장관)의 딸과 야합하여 太子 建을 낳았다.

17 太子太傅 : 太子의 교육과 고문, 충간을 담당하였다. 「楚世家」에도 "伍奢爲太子太傅, 無忌爲小傅"라고 하였으나 『左傳』 昭公 19년에는 "伍奢爲之師, 費無忌爲小師"라고만 한다. 太傅, 小傅는 漢代 관직명이다.

18 費無忌 : 徐天祜에 의하면, 『左傳』에 "無極"이라고 하나 『史記』 역시 "無忌"라고 한다.

19 城父 : 徐天祜에 의하면, 초나라 북부 국경지대의 읍이며, 오늘날 河南 寶豊縣 동쪽에 있다.

20 司馬 : 軍師官의 長. 令尹과 함께 楚의 국정을 주도하였으며, 令尹과 마찬가지로 文武 모두 관장했던 것으로 보인다(朴俸住, 『戰國時代 楚國 統治體制 硏究－'縣邑'支配體制의 展開와 楚文化』, 서울대학교 대학원 동양사학과 박사학위 논문, 2000, 104쪽).

21 張覺에 의하면, 楚平王 7년(기원전 522년) 3월이다.

22 印綬 : 관작과 함께 군주가 내리는 도장과 도장끈. 도장에 매는 끈의 색은 관리의 신분과 등급을 나타낸다.

23 張覺에 의하면, '巳'는 五行에서 '火'에 해당하며 日期 '甲子'의 地支인 '子'는 오행에서 '水'에 해당한다. 五行相勝에 의하면, 水勝火이므로 地支인 '巳'가 甲子日 밑에서 傷한다고 해석하였다. 여기에서 時辰이 신하를 상징하고 '日'이 王을 상징한다.

24 市 : 춘추전국시대 이래 문헌에 의하면, 市는 사형집행 장소였다. 원초적 市는 태양신의 강림 장소였으며, 이곳의 처형은 본래 태양신에 대한 祓除라는 원초적 관행을 반영한다(李成九, 57～77쪽).

25 申包胥 : 楚大夫, 姓은 公孫. 申에 봉해졌으므로 申包胥라고 한다. 『左傳』 定公 4년에 의

하면, 吳가 楚를 침략했을 때 秦에 달려가 구원을 요청하는데 秦의 궁정에서 7일간 밤낮으로 곡을 하여 끝내 秦軍을 출병시켜 吳軍을 물리쳤다. 張覺에 의하면, 『戰國策』 楚策 1, 「楚世家」, 「伍子胥列傳」 등에 그에 관한 기록이 있다.

26 國人 : 國(중앙에 제후의 궁전과 종묘 등이 있는 나라의 중추가 되는 지역)의 外城, 즉 鄕에 거주하면서 평시에는 鄕에 부속하는 田을 나누어 경작하면서 戰時에는 戰士가 되는 '士'를 말한다. 일반적으로 大夫의 下層과 士를 지칭하며 당시 世族으로서는 이들이 가진 잠재적 군사력을 무시할 수 없었으며 정책 결정이나 세족 간의 항쟁 때 國人의 영향력을 무시할 수 없었다(增淵龍夫, 「春秋戰國時代の社會と國家」, 『岩波講座 世界歷史』 4, 岩波書店, 1970, 150~151쪽; 吉本道雅, 「春秋國人考」, 『史林』 69-5, 1986, 634~644쪽).

27 華氏 : 華亥, 華定. 華氏의 난에 관해서는 『左傳』 昭公 20년, 21년에 서술되어 있다.

宋元公이 신뢰가 없고 마음대로 하는 일이 많고 華氏, 向氏를 미워하였으므로 華定, 華亥와 向寧이 선수를 쳐 華亥가 병이 났다고 거짓말하여 公子들을 유인해서는 公子들이 문병을 오자 잡아들여 곳간에 가두었다. 元公이 華氏에게 가서 (화해를) 청하는데도 허락하지 않자 元公 역시 華亥와 華定의 아들을 잡아들여 인질로 삼았다. … 겨울 10월에 元公이 華氏, 向氏의 인질을 죽이고 공격하니 戊辰에 華氏, 向氏가 陳으로 달아나고 華登은 吳나라로 달아났다.… (昭公 21년) 겨울 10월에 화등이 오군을 이끌고 화씨를 구하였다. … 丙寅에 제군과 송군이 오군을 鴻口에게 패배시켰다.

28 『左傳』 昭公 20년에 의하면, 太子 建은 宋나라의 華氏, 向氏의 亂 때에 公子 城, 公孫 忌, 樂舍, 司馬 彊, 向宜, 向鄭, 郳申의 무리와 함께 鄭나라로 달아났는데, 이들이 華氏와 鬼閻에서 전쟁을 하였다가 子城이 패배하자 子城과 함께 晉나라로 간 듯하다.

29 『左傳』 襄公 8년에 의하면, 宋, 鄭, 陳 소국들은 淮水에서 중원에 이르는 길목에 위치하여 晉과 楚 사이에서 晉이 강력하면 진에 붙고, 楚가 점령하면 초에 복속하며 양국을 오가며 존속하였다. 기원전 565년 楚의 공격 소식에 鄭은 楚를 따라야 할지 晉에 구원을 요청하여야 할지 결정하지 못한 채 楚와 晉에 가까운 양 국경에서 폐백을 가지고 기다리다 먼저 당도하는 나라를 따르자는 의논을 벌이기도 했다.

30 子産 : 公孫僑. 鄭 大夫로 40여 년간 국정을 맡으면서 法治를 추진하였다. 기원전 538년 농민에 대해 군사비를 부담시키고 기원전 536년 靑銅鼎에 새긴 成文法을 처음으로 발포하였다. 吳 公子 季札이 중원 각국을 차례로 방문할 때 정나라에 들려 子産과 정치를 논하였다.

31 昭關 : 춘추시대 楚地. 오늘날 安徽 含山縣北 15里 小峴山上.

32 江 : 張覺에 의하면, 양자강이라고 하며 혹은 溧水라고도 한다.

33 본문에 '千潯'이라고 하나 徐天祜에 의하면, '尋'이라고 해야 한다.

尋 : 척도의 단위, 1尋은 8尺.

34 百金 : 金은 화폐의 단위. 전국과 진대에 一鎰을 一金이라고 하였으며 20兩(약 312g) 혹은 24兩이다. 漢代에는 1斤을 1金(약 250g)으로 하였다.

35 執圭 : 楚나라 작위며 특별한 공훈이 있는 사람에게 주로 내려지는데, 지위가 附庸國의

군주와 비등하게 높다(石泉 主編, 『楚國歷史文化辭典』, 武漢大學出版社, 1996).

36 溧陽 : 오늘날 江蘇 溧陽 서북 50里. 溧水의 陽(북쪽)이라서 이름이 붙여졌다.

37 瀨水 : 溧水다. 오늘날 江蘇 溧陽縣의 남쪽 강.

38 丈 :10尺, 2.31미터. 고대에 1尺은 약 23.1센티미터며, 오늘날의 약 33센티미터의 길이로 된 것은 宋대 이후다.

39 圍 : 다섯 치(寸)의 둘레. 11.5센티미터. 일설에는 양팔을 벌려 낀 둘레.

40 野 : 앞서도 계찰이 野에서 농사지었다고 하였다. 고대에 野는 씨족공동체인 邑 밖에 씨족공동체에 속하지 않은 夷蠻戎狄 사람들이 거주하는 지역을 말한다.

41 專諸 : 徐天祜에 의하면, 『左傳』에 "鱄設諸"라고 하며 왕료를 죽인 기사가 昭公 27년에 기록되어 있는데, 왕료 12년의 일이다. 『史記』 권26 「刺客列傳」(이하 「刺客列傳」) 專諸에 관한 기록과 내용이 대강 같으나 『吳越春秋』는 좀더 허구적인 표현을 덧붙여 문학적으로 풍부하게 그려냈다.

42 堂邑 : 『左傳』 襄公 14년에 의하면, 春秋時代 楚地이며 "棠"이라고 한다. 기원전 599년 子囊이 吳를 토벌할 때 이곳에 군사를 주둔시켰다. 『漢書』 「地理志」에 "臨淮郡 堂邑縣"이라고 하며 오늘날 江蘇 六合縣 북쪽이다. 六合은 江北淮南에 위치하여 吳와 楚 양국이 쟁취하려 했던 요지였다.

43 壽夢 이후 諸樊, 餘祭, 餘昧로 이어지는 형제 상속으로 볼 때 이때까지 오나라는 적장자 상속의 원칙은 확립되지 않았던 듯하다.

44 張覺에 의하면, 오늘날 江蘇 吳縣 胥口鄕에 炙魚橋가 있는데 專諸가 생선 굽는 법을 배운 곳이라고 전해진다.

45 『史記』 권 31 「吳太伯世家」(이하 「吳太伯世家」)에 의하면, 公子 光을 보내 楚를 공격하였다고 하였으므로 公子는 光이다.

46 회수 유역의 州來는 吳와 楚 양국이 상대를 위협 혹은 방어하기 위한 거점이었다. 公子光은 楚가 이끄는 頓, 胡, 沈, 蔡, 陳, 許의 淮水 유역 소국의 연합군을 상대하여 胡, 沈, 陳을 패배시켜 이 전쟁을 승리로 이끌었다. 이러한 公子 光의 계책과 혁혁한 전승에 관해 『左傳』 昭公 23년에 자세히 서술되어 있다.

吳人이 州來를 토벌하자 楚 薳越이 楚軍과 제후의 군대를 이끌고 州來를 구하니 吳人이 鍾離에서 이를 방어하였는데 子瑕가 죽자 楚軍의 세력이 잦아들었다. 公子 光은 제후가 초나라를 따르는 자가 많기는 하나 모두 작은 나라일 뿐 아니라 (제후들이) 초나라를 두려워하여 할 수 없이 왔으므로 7국이 같은 전쟁을 하는데 마음이 같지 않으며, 장수가 천박하여 일정하지 못하여 큰 위엄 있는 명령을 내리지 못해 초나라는 패배시킬 수 있다고 여겨 계책을 세워 오왕이 죄인 3천 명을 데리고 먼저 胡, 沈, 陳을 침범하여 3국을 패배시켰다. 3국이 달아나니 楚軍이 크게 달아났다.

47 『左傳』 昭公 23년에 의하면, 楚 太子 建의 어머니는 친정인 蔡나라 鄍에 돌아가 있었다. "楚 太子 建의 어머니가 鄍에 있으면서 吳人을 불러들여 문을 열어주어 겨울 10월 甲申에 吳 太子 諸樊(諸樊이 아니라 光이다)이 鄍에 들어와 楚 부인과 寶器를 가지고 돌아가

니 楚 司馬 薳越이 좇아갔으나 미치지 못하여 薳澨에서 목을 매었다."

48 徐天祜에 의하면, 『左傳』 昭公 23년에 "楚 太子 建의 어머니가 鄍에 있다. 吳 太子 諸樊이 鄍에 들어가 楚夫人을 데리고 寶器를 가지고 돌아왔다"라고 한다. 杜預解에 "諸樊은 吳王 僚의 太子이다"라고 한다. 생각하기에 『春秋』 襄公 25년에 "吳子 遏이 초나라를 토벌하다 巢의 문에서 죽다"라고 하며 杜預解에 "遏은 諸樊이다"라고 한다. 『傳』에 또 쓰기를 "吳子 諸樊이 죽다"라고 한다. 諸樊이 죽은 지 30년이 되었으니 여기에서 僚가 公子를 보냈다고 하는 것은 公子 光이어야 마땅하며 光의 아버지 諸樊이 아니다. 諸樊은 僚의 世父이니 또한 王僚의 太子라고 할 수 없다. 어찌해서 『傳』과 杜解가 모두 틀렸는가.

49 『左傳』 昭公 23년에 吳가 巢를 멸망시킨 전쟁에 관해 자세히 서술되어 있다.

楚王이 水軍을 이끌고 오나라 강역을 침략할 때 越 公子 倉이 왕이 탈 배를 보냈다. 倉 및 壽夢(越 大夫)이 군대를 이끌고 王을 따르니 王이 圉陽까지 갔다가 돌아왔다. 吳人이 楚를 뒤쫓으니 변방 사람들이 방비하지 않아 결국 巢와 鍾離를 멸망시키고 돌아왔다. 沈尹 戌이 "郢을 잃는 시초가 여기에 있다. 왕이 한 번 움직여 두 姓의 장수를 잃었으니 몇 차례 이처럼 하면 郢까지 이르지 않겠는가"라고 말하였다.

壽夢 시기 이후 이어진 吳와 楚의 전쟁은 주로 淮水와 江淮 지역의 州來, 巢, 鍾離 등의 점령을 두고 벌어졌다. 王僚 시기 吳는 州來, 鷄父, 鍾離를 멸망시켜 淮水 유역을 장악함으로써 비로소 楚에 대해 유리한 위치를 점할 수 있었다(拙稿, 「春秋時代 吳國의 覇權에 관한 分析」, 『東洋史學硏究』 73, 2001, 66쪽).

鍾離 : 옛 鍾離子의 國으로 嬴姓의 나라다. 오늘날 安徽 鳳陽縣 동북.

居巢 : 桀이 南巢로 도망갔다고 전해지며, 周代에 巢伯國이 있었다. 楚에 복속하여 居巢邑이 되었다가 秦代 居巢縣을 설치하였다. 오늘날 安徽 巢湖市 동북.

50 脾梁 : 徐天祜에 의하면, 『史記』에 "卑梁"이라고 한다. 「楚世家」에 "오나라 변읍 卑梁과 초나라 변읍 鍾離의 어린아이들이 뽕나무 때문에 다투었다"라고 한다. 오늘날 安徽 天長市 서북.

51 「楚世家」에 卑梁, 鍾離의 爭桑에 관해 좀더 상세히 서술되어 있다.

兩家가 분노하여 서로 공격하였는데 卑梁人을 멸망시켰다. 이에 卑梁大夫가 분노하여 邑의 군대를 출병시켜 鍾離를 공격하였다. 楚王이 이를 듣고는 화를 내 군대를 출병시켜 卑梁을 멸망시켰다. 吳王이 듣고는 크게 노하여 역시 군대를 일으켜 공자 광을 시켜 太子 建의 어머니 일을 핑계로 초나라를 공격하여 鍾離와 居巢를 멸망시켰다.

52 11년 가을이다. 徐天祜에 의하면, 『左傳』 昭公 26년 9월에 "楚平王卒"이라고 하며, 『史記』 索隱에 "「十二諸侯年表」와 『左傳』에는 모두 王僚十一年이다"라고 한다.

53 勝 : 太子 建의 아들이다. 『左傳』 哀公 16년에 의하면, 楚惠王 3년(기원전 479년) 楚 令尹 子西가 勝을 불러들여 白邑에 거주하게 하였으므로 白公이라고 한다. 이해에 난을 일으켜 令尹 子西와 司馬 子期를 죽이고 楚惠王을 위협하였다. 후에 葉公 子高가 군대를 이끌고 勝을 공격하니 勝이 패하여 목매 죽었다. 여기서는 아직 白公에 봉해지기 전이므로 勝이라고 하는 것이 옳다.

54 徐天祜에 의하면, 「吳太伯世家」에도 13년이라고 하는데 이는 잘못된 것이다. 『吳越春

秋』는 「吳太伯世家」의 잘못을 그대로 따른 것이다. 索隱曰 表와 『左傳』에 의하면, (王僚의 재위는) 모두 합하여 12년이다.

55 蓋餘, 燭傭 : 徐天祜에 의하면, 『左傳』 昭公 27년에 "掩餘", "燭庸"이라고 하며 『史記』 索隱에 의하면, 이들은 모두 王僚의 동생들이다.

56 『左傳』 昭公 27년에 의하면, 公子 掩餘와 公子 燭庸을 시켜 군대를 이끌고 潛을 포위하게 하였다.

潛 : 오늘날 安徽 霍山縣 동북.

57 『左傳』 昭公 27년에 의하면, 楚 莠尹 然과 工尹 麇(균)이 군대를 이끌고 潛(잠)을 구할 때 左司馬 沈尹 戌은 都邑의 君子와 나라의 말을 돌보는 관리들을 이끌고 군사를 지원하여 吳君과 窮에서 만나고, 令尹 子常은 水軍으로 沙汭까지 갔다 돌아오고, 左尹 郤宛과 工尹 戌은 군대를 이끌고 潛까지 이르니 오군이 퇴각할 수 없었다.

58 棠鐵 : 張覺에 의하면, '棠'은 '棠谿'이며 춘추시대 楚의 지명으로 오늘날 河南 遂平縣 서북에 있으며 劍, 戟 주조로 유명하였다. 『戰國策』 「韓策1」 "韓卒之劍戟 皆出于冥山, 棠谿, 墨陽…" 棠鐵은 『太平御覽』 권302, 권356 인용문에 "棠夷"라고 하며 棠谿에서 나는 좋은 철이다.

59 徐天祜에 의하면, 戟은 끝이 좌우로 가닥진 창이다. 『周禮』에 "戟의 길이는 丈六尺"이라고 하며, 『增韻』에 "雙枝는 戟이고, 單枝는 戈이다"라고 한다. 俞樾에 의하면, '軹'는 '枝'로 읽어야 하며 古字는 통용하였으며, 이 두 소리가 비슷하다. 交軹는 交枝이며, 戟의 가지가 서로 교차하는 것을 말한다.

60 張覺에 의하면, 이 구절은 원문에 '공자 광이 병사를 매복시켰다가 왕료의 무리를 공격했다公子光伏其甲士以攻僚衆'이라고 하는데, 「刺客列傳」에 "공자 광이 매복시킨 병사를 불러내 왕료의 무리를 공격했다公子光出其伏甲, 以攻王僚之徒"라고 하여 뜻이 좀더 분명하다.

61 客卿 : 외국 출신의 卿을 客卿이라고 했으며, 외국의 인재를 많이 받아들였던 秦나라는 變法을 주도한 商鞅, 연횡책을 이루어낸 張儀 외에 范雎, 蔡澤 등 客卿의 활약에 의해 戰國統一을 이루어냈다.

62 季札의 말은 「吳太伯世家」와 『左傳』 昭公 27년에도 기록되어 있는데 "苟先君無廢祀, 民人無廢主"라고 하여 의미가 좀더 분명하다.

63 蓋餘와 燭庸에 관한 서술은 『左傳』과 다르다. 徐天祜에 의하면, 『左傳』 昭公 27년, 30년에 "吳 公子 掩餘는 徐로 달아나고 公子 燭庸은 鍾吾로 달아났다. 吳王이 徐人에게 掩餘를 잡아들이게 하고 鍾吾人에게 燭庸을 잡아들이게 하자 두 공자는 楚로 달아나니 초왕이 이들을 크게 봉하였다"라고 한다. 「吳太伯世家」 索隱에 "(『左傳』에는) 舒에 봉하였다는 기록이 없으니 '舒', '徐'자가 뒤섞인 것이다"라고 한다.

舒 : 江淮 지역의 偃姓 국가로 楚穆王 11년(기원전 615년) 楚에 의해 멸망되었다(何浩, 『楚滅國硏究』, 武漢出版社, 1989, 11쪽).

원문 주

1 『太平御覽』 권769 인용문에 "吳王僚二年, 使公子光伐楚"라고 한다.

2 與群臣登焉 : 苗麓校點本, 『四部叢刊』 本에 "與登焉"이라고 하나 『太平御覽』 권177 인용문에 의해 '群臣'을 보충하였다. "楚靈王立建章華之臺, 與群臣登焉." 『國語』 「楚語」 上 "與伍擧升焉."

3 人君之所美者耶 : 苗麓校點本, 『四部叢刊』 本에 "人君之美者耶"라고 하는데 『太平御覽』 권177 인용문에 의해 '所'를 보충하였으며 앞글과의 對句가 더 적절하다. "豈前王之所盛, 人君之所美者乎."

4 怭怛 : 苗麓校點本, 『四部叢刊』 本에 "切"이라고 하나 苗麓에 의하면, 『萬曆』 本에 "怭"이라고 한 것이 맞다. 『四庫全書』 本에 의해 고쳤다. "尙曰父繫三年中心怭怛."

5 讎 : 『史部叢刊』 本과 『四庫全書』 本 모두 "仇"라고 한다. "不能報仇畢爲廢物."

6 子胥以夜半時臥覺 … 步出東郭 : 苗麓校點本, 『四部叢刊』 本에 "胥乃貫弓執矢去楚" 라고 하나 『太平御覽』 권393 인용문에 의해 고쳤으며 묘사가 더 자세하다.

7 夜行晝伏, 出到昭關 : 苗麓校點本, 『四部叢刊』 本에 "到昭關"이라고만 하나 『藝文類聚』 권6 인용문에 의해 고쳤으며 내용이 더 풍부하다.

8 以我有美珠也 : 苗麓校點本, 『四部叢刊』 本에 "美珠也"라고 하나 『藝文類聚』 권6, 『初學記』 권7, 『太平御覽』 권803에 의해 보충하였으며 뜻이 더 명확하다. "上之所以索我者, 以我有美珠也."

9 我將告子欲取之 : 苗麓校點本, 『四部叢刊』 本에 "今我已亡矣, 將去取之"라고 하는데 『藝文類聚』 권6 인용문에 의해 고쳤으며 의미가 더 합당하다. "今我已亡之矣. 我將告子欲取之." 『初學記』 권7, 『太平御覽』 권803에도 같은 내용이다.

10 侵 : 苗麓校點本, 『四部叢刊』 本에 "侵"이라고 하나 『四庫全書』 本에 "寖"이라고 하며, 苗麓에 의하면, 뜻은 모두 통한다.

11 中有七星北斗 : 苗麓校點本, 『四部叢刊』 本에 "中有七星"이라고 하나 『藝文類聚』 권60 인용문에는 의해 고쳤다. "此劍中有七星北斗, 其直百金." 『太平御覽』 권343에 "中有七星北斗文"이라고 하여 뜻이 더 명확하다.

12 楚王之命 : 苗麓校點本, 『四部叢刊』 本에 "楚之法令"이라고 하나 『北堂書鈔』 권122 인용문에 의해 고쳤다. "吾聞楚王之法令, 得伍胥者, 賜粟五萬石, 爵執圭."

13 者 : 苗麓校點本, 『四部叢刊』 本에 "途"라고 하나 『太平御覽』 권440 인용문에 의해 고쳤다. "夫人賑窮者少飯, 有何嫌乎."

14 妾豈可逆人情乎 : 苗麓校點本, 『四部叢刊』 本에 "遂許之"라고 하나 『太平御覽』 권440 인용문에 의해 고쳤으며 표현이 더 생동적이다.

15 子胥行五步 : 苗麓校點本, 『四部叢刊』 本에 "子胥行"이라고만 하나 『太平御覽』 권59 인용문, 『太平寰宇記』 권90에 의해 '五步'를 보충하였다. "子胥行五步還顧, 女子已自投瀨中."

16 王僚怪其狀偉 : 『太平御覽』 권377, 권436 인용문에 "王僚望其顔色甚可畏"라고 한다.

17 諫 : 徐天祜에 의하면, '謀'라고 해야 한다.

18 堂邑 : 『太平御覽』 권436 인용문과 「吳太伯世家」 張守節 正義에 "豊邑"이라고 한다.

19 因相其貌 : 『太平御覽』 권436 인용문에 "因相決之"라고 한다.

20 脾梁 : 苗麓校點本, 『四部叢刊』 本에 "胛"이라고 되어 있지만 『吳郡志』 권50, 『四庫全書』 本에 의해 고쳤다. 『四庫全書』 本 "楚之邊邑月卑梁之女與吳邊邑處女蠶爭界上之桑."

21 存 : 苗麓校點本에 "在"라고 하며 『四部叢刊』 本에 "有"라고 하나 『四庫全書』 本에 의해 고쳤다. "然楚國存, 吾何憂矣."

22 窋室 : 徐天祜에 의하면, 『左傳』에 "堀室"이라고 하며, 『史記』에 "窟室"이라고 한다. 『太平御覽』 권302와 권356에 "私室"이라고 한다.

23 變悉 : 苗麓에 의하면, 萬曆本에 '悉'은 "意"라고 하나 張覺에 의하면, '悉'은 '患'이라고 해야 하며 형태가 비슷해서 잘못된 것이다.

24 坐 : 張覺에 의하면, '坐'는 '夾'이라고 해야 한다. 『史記』 「刺客列傳」에 "夾立侍"라고 하는데, 글자가 비슷해서 틀린 것이라고 한다. 夾은 양편의 뜻이다.

25 立 : 苗麓校點本, 『四部叢刊』 本에 "旣"라고 하나 『太平御覽』 권356 인용문에 의해 고쳤다. "專諸置魚腸劍炙魚腹中而進之, 刺王僚, 貫達背, 王僚立死."

26 以 : 張覺에 의하면, 『左傳』과 『史記』에 모두 "有"라고 한다. 「吳太伯世家」 "句先君無廢祀, 民人無廢主, 社稷有奉, 乃吳君也."

27 待 : 張覺에 의하면, 『左傳』과 『史記』에 "哀死事生"이라고 하는 것이 미루어 볼 때 '待'는 원래 '侍'이다.

28 命 : 張覺에 의하면, 『左傳』과 『史記』에 "復命"이라고 한다. 「吳太伯世家」 "復命, 哭僚墓, 復位而待."

권4

闔閭內傳[1] 합려가 초의 수도 영을 함락하다

합려闔閭 시기 오吳나라는 강회江淮의 강국 서徐를 멸망시킴으로써(기원전 513년) 서舒, 육六, 잠潛, 동桐, 소巢 등 강회 지역 회이淮夷 국가들을 장악할 수 있었다. 춘추시대 오나라의 패권은 이러한 회수淮水 동銅 교역로를 장악하면서 시작되었다. 채후묘蔡侯墓에서 발견된 오왕광감吳王光鑒과 채후반蔡侯盤의 명문에 의하면, 오나라는 채蔡나라와 긴밀한 통혼관계에 있었는데 합려 시기 오나라가 초楚나라의 수도 영郢을 함락시킬 때(기원전 506년) 채나라는 오나라가 수로水路를 버리고 육지를 통해 한수漢水 상류에서 초나라를 공격하도록 이끌었다.

「합려내전闔閭內傳」은 다채로운 일화로 가득하다. 간장干將과 막야莫耶의 주검鑄劍, 자신의 아이들을 죽여 만든 허리띠 고리, 수신水神과 싸운 초구흔椒丘訢을 제압하고 천하장사 경기慶忌를 죽인 요리要離, 합려의 무도함이 싫어 스스로 물길을 타고 초나라로 간 잠로검湛盧劍, 정鄭나라를 구한 어부의 아들 이야기 등 다른 사서에서는 볼 수 없는 황당하지만 흥미로운 이야기가 있다. 이뿐 아니라 합려의 후궁들을 상대로 병법을 시험한 손자孫子를 비롯해 가죽옷과 말 때문에 초나라에 의해 억류된 채후蔡侯, 당후唐侯의 일화, 진秦나라 궁전에서 칠일 밤낮을 먹지도 않고 서서 곡을 한 신포서申包胥의 일화와 같이 역사적 사실에 속하는 일화들 역시 『사기史記』나 『좌전左傳』 등의 서술에 비해 문학적으로 생동감 있게 묘사되었다. 이러한 『오월춘추吳越春秋』의 허구적인 묘사와 문학적 색채는 『오월춘추』가 갖는 역사서로서의 면모를 가려왔던 것도 사실이다. 그러나 비현실적이고 설화적인 일화로 가득 찬 것으로 보이는 「합려내전」에는 원년부터 합려가 부상을 당해 죽음에 이르는 시기까지의 오나라 역사가 상세히 서술되어 있다. 「합려내전」은 마지막 해인 19년에 있었던 월나라와의 전쟁에 관한 기록만이 빠졌을 뿐 『사기』 「오태백세가吳太伯世家」의 합려 시기 서술을 차례대로 충실히 따랐다.

4 - 1

합려闔閭[2] 원년元年(기원전 514년), 오왕은 현명하고 능력 있는 사람을 임용하여 은혜를 베풀기 시작하였으며, 제후들에게는 인자하고 의롭다는 소문이 났다. 아직 인자한 정치가 시행되지 못하고 은혜가 널리 베풀어지지 못했을 때, 국인國人들이 따르지 않고 제후들이 불신할까 두려워 오자서伍子胥를 등용하여 행인行人으로 삼고, 빈객을 맞는 예절로 접대하여 그와 더불어 국정을 의논하였다.[3] 합려가 오자서에게 말하였다.

"과인은 오나라를 강성하게 만들어 패왕霸王이 되고자 하는데 어떻게 하면 이룰 수 있는가."

오자서는 무릎으로 다가가 눈물을 떨구며 머리를 조아려 말하였다.

"신은 초나라에서 도망온 죄인입니다. 제 아버지와 형은 시市에 버려져 시체를 장사지내지도 못했으며 혼령은 제사를 받지도 못하고 있습니다. 저 또한 죄를 뒤집어쓰고 치욕을 받은 몸으로 대왕께 와서 생명을 맡겼습니다. 대왕께서 죽이지 않기만 바랄 뿐 어찌 감히 정사에 참여하겠습니까."

"그대가 아니었으면 과인은 전쟁에 나가 싸우는 집어縶禦[4]의 일을 면치 못했을 것이다.[5] 지금 한마디 가르침을 받으려는데 그대는 뜻밖에도 이런 말을 하니, 어째서 중도에 변하게 되었는가."

"신이 들으니, 모의하는 신하가 어찌 위험한 처지에 놓일 수 있겠는가(謀議之臣, 何足處於危亡之地)라고 했습니다. 그러하니 걱정거리가 그치고 일이 마무리되면 반드시 군주가 가까이하는 존재는 더는 되지 못합니다(憂除事定, 必不爲君主所親).

"그렇지 않다. 나는 그대가 아니면 모든 일을 의논할 상대가 없는데 어떻게 그대를 책망할 수 있겠는가. 우리 나라는 궁벽하여 멀리 동남 지역에 떨어져 있을 뿐이며 지세는 험하고 기후는 습하며 또한 강과 바다의 해害가 자주 있다. 게다가 군주는 방어할 수비 시설을 갖추지도 않았으며 백성은 의지할 데가 없다. 창고도 아직 세우지 않았으며 논밭도 개간하지 않았으니 어찌하면 좋겠는가."

오자서가 한참 있다가 대답하였다.

"신이 들으니, 나라를 다스리는 원칙은 군주를 편안하게 하고 백성을 질서 있게 하는 것이 최상이라고 합니다."

"군주를 편안하게 하고 백성을 다스리려면 어떤 술책을 써야 하는가."

"군주를 편안하게 하고 백성을 다스리며, 패왕의 업을 일으켜서 가까운 나라는 따르게 하고 먼 나라는 제압하고자 하는 자는 반드시 먼저 성곽을 세우고 수비 시설을 갖추어야 하며, 곡식 창고를 채우고 무기고를 잘 관리해야 합니다. 이것이 그 술책입니다."

"좋도다! 성곽을 쌓고 창고를 세우는 것은 지형에 따라 적당하게 해야 하는 법이다. 그런데 여기에 더해 천기天氣의 수數를 이용해 인근 나라를 위협하는 방법이 또 있겠는가."

"있습니다."

"과인은 성곽 설계를 그대에게 맡기겠다."

오자서가 사람을 시켜 흙을 살피고 물의 흐름을 관측하여 하늘을 본뜨고 땅을 본받아 대성大城[6]을 축조하니 둘레가 47리다. 육문陸門 여덟 개[7]를 만들어 하늘의 팔풍八風[8]을 상징하였으며, 수문水門 여덟 개를 만들어 땅의 팔문八門[9]을 모방하였다. 소성小城[10]을 건축하였는데 둘레가 십 리다. 육문이 세 개뿐인데, 동쪽에 성문을 내지 않은 이유는 월나라

그림 9 소주성蘇州城 반문盤門

합려의 소주성은 토성土城이었으나 922년 벽돌을 쌓은 전성磚城으로 개수改修되었으며 명청시대에 여러 차례 중수重修를 거쳤으며 1927년 소주시는 원활한 교통을 위해 반문만 보존하고 남아 있는 옹성을 철거하였다.

의 지혜를 막기 위해서였다. 창문閶門[11]을 설치한 이유는 천문天門을 상징하여 창합풍閶闔風[12]이 통과하게 한 것이다. 사문蛇門을 설치한 이유는 대지의 문을 상징한 것이다.[13] 합려는 서쪽으로 초나라를 격파하려고 했는데, 초는 서북쪽에 있었으므로 창문을 세워 천기가 소통하게 하였으며 후에 다시 파초문破楚門이라고 이름을 바꾸었다. 동쪽으로 대월大越을 겸병하려 했는데, 월나라는 동남에 있었으므로 사문을 세워 적국을 제압하려 했다. 오나라는 진辰방에 있어 용龍의 위치이므로 소성 남문 성루城樓 위 용마루에 두 마리 새끼 용이 휘감는 형상을 만들어 용의 뿔을 상징하였다. 월은 사巳방에 있어 뱀의 위치이므로 남대문 위에 나무로 뱀을 만들어 몸은 북쪽을 향하고 머리는 성안으로 향하게 하여

월이 오에 복속하였음을 나타냈다.[14]

성곽을 쌓고 창고를 갖추자 합려는 다시 오자서를 시켜 공자 개여와 촉용을 굴복시키려고 전투, 기마騎馬, 궁술, 수레 모는 무예를 익히게 하였으나 쓸 만한 무기가 없자 간장干將에게 명검名劍 두 자루를 만들게 했다. 간장은 오나라 사람으로 구야자歐冶子와 같은 스승에게 배워 검을 잘 만들었다. 전에 월왕이 와서 칼 세 자루를 바쳤는데 합려는 이 칼들을 보물로 여겼다. 이러한 연유로 검장劍匠 간장을 시켜 검 두 자루를 만들게 하여 하나는 간장이라 하고 또 하나는 막야莫耶라고 불렀다. 막야는 간장의 처다.

간장이 검을 만드는데[15] 오산五山에서 가장 순수한 철과 천하[16]에 가장 뛰어난 쇠를 모아[17] 천시天時를 기다리고 지리地理를 헤아렸으며, 해와 달이 함께 빛나고 여러 신이 굽어보고 천기天氣가 내려 왔는데도 쇠가 녹아 흐르지 않으니 간장은 그 이유를 알지 못하였다. 막야가 말하였다.

"당신이 검을 잘 만든다는 명성이 왕에게까지 전해져 왕께서 당신에게 검을 만들게 하였는데 석 달[18]이 되어도 완성하지 않으니 무슨 의도가 있습니까."

"나도 그 이유를 모르겠소."

"신기神奇한 기물이 변화하는 데는 사람의 작용이 있어야 이루어지는 것입니다. 지금 당신이 검을 만드는데도 그런 사람의 도움을 얻은 후에야 성공할 수 있지 않겠습니까."

"예전에 내 스승께서 쇠를 녹여 주조하는데 금철이 녹지 않자 부부가 모두 용광로로 뛰어든 연후에야 주물이 이루어졌소. 지금 후세에도 산에 들어가 쇠를 녹여 주조하려면 띠풀로 만든 옷에 마질麻絰[19]을 두

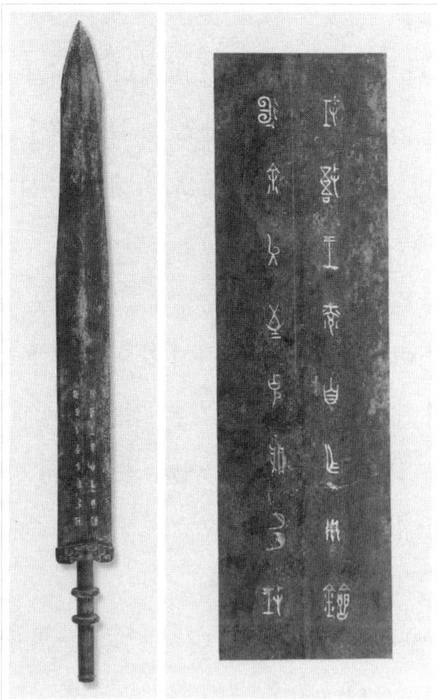

그림 10 공어왕검攻敔王劍과 명문銘文(춘추 기원전 6세기 말~5세기 초, 안휘安徽 여강廬江)
검劍의 막음새 위에 녹송석綠松石으로 무늬를 상감하였으며 대전大篆으로 열여섯 자 명문을 새겼다. "攻敔王光自作用劍, 趄余以至克肇多功."

른 후에야 감히 산에서 쇠를 녹일 수 있소. 지금 내가 검을 만드는데 금속이 변화하지 않는 것도 같은 이유 때문인가."

"스승께서도 친히 자신을 녹여 주물을 만드셨는데 우리라고 무엇을 어렵게 여기겠습니까."

이에 막야는 머리를 자르고 손가락[20]을 잘라 용광로에 던지고 어린 남녀 삼백 명을 시켜 풀무질하여 탄을 피우게 하니 그제야 금철金鐵이 녹아 마침내 검을 완성하였다. 양검陽劍을 간장이라 하고, 음검陰劍을 막야라 하였다. 양검에는 거북이의 등 무늬를 새겼고, 음검에는 불규

칙한 무늬를 새겼다.

간장이 양검은 감추고 음검만 내어 바치니 합려가 매우 소중히 여겼다. 합려가 보검을 얻은 뒤에 때마침 노魯나라 사신 계손季孫[21]이 오나라에 빙문聘問오자 합려는 검을 관장하는 대부를 시켜 계손에게 막야를 바치게 했다. 계손이 검을 뽑아보니 칼날에 기장(黍)만 한 크기의 날이 빠진 것을 보고 탄식하였다.

"아름답도다, 검이여! 비록 중원 나라의 장인에게 만들게 한들 어찌 이보다 더 훌륭할 수 있겠는가! 이 같은 검을 완성하였으니 오나라는 패자가 될 것이다. 하지만 칼날에 이가 빠졌으니 곧 망할 것이다. 내 비록 이를 좋아하나 어찌 받을 수 있겠는가."[22]

그러고는 보검을 받지 않고 떠났다.

합려는 막야를 보물로 삼은 다음 다시 나라 안에 금 허리띠 고리(金鉤)를 만들라고 명령하였다.

"허리띠 고리를 잘 만든 자에게는 백 금金의 상을 줄 것이다."

오나라에는 허리띠 고리를 만드는 자가 매우 많았다. 어떤 사람이 왕이 내리는 많은 상을 탐내 그의 두 아들을 죽여 그 피를 금에 발라 허리띠 고리 두 개를 만들어 합려에게 바치고는 궁문으로 가서 상을 요구하였다. 그러자 합려가 말하였다.

"허리띠 고리를 만든 자가 많은데 그대만이 상을 요구하니 다른 사람이 만든 허리띠 고리와 무엇이 다른가."

"왕의 상이 탐나 제가 허리띠 고리를 만들 때 두 아들을 죽여 피를 발라 허리띠 고리 두 개를 만들었습니다."

그러자 합려는 많은 허리띠 고리를 들어 보이며 말하였다.

"어느 것이 그대가 만든 것인가."

합려의 허리띠 고리는 매우 많았으며 형태도 서로 비슷하여 그가 만든 것이 어느 것인지 알 수 없었다. 허리띠 고리를 만든 장인이 허리띠 고리를 향해 두 아들의 이름을 불렀다.

"오홍吳鴻아! 호계扈稽야! 내가 여기 왔는데, 왕께서는 너희의 정령精靈을 알지 못하는구나."

소리가 입에서 떨어지기도 전에 두 허리띠 고리가 함께 날아 아버지의 가슴에 붙었다. 합려가 크게 놀랐다.

"아아! 과인이 진실로 그대에게 빚을 졌다."

합려는 그에게 백 금의 상을 주고, 두 허리띠 고리를 차고는 몸에서 떼지 않았다.

4 - 2

6월, 합려가 전쟁을 일으키려는데 그때 마침 초나라 백희白喜[23]가 도망왔다. 합려는 오자서에게 물었다.

"백희는 어떤 사람인가."

"백희는 초나라 백주려伯州犂[24]의 손자입니다. 초평왕이 백주려를 죽이자 백희는 망명하여 신이 오나라에 있다는 소문을 듣고 찾아온 것입니다."

"백주려는 무슨 죄를 지었는가."

"백주려는 초나라의 좌윤左尹으로 호는 극완郄宛[25]이라 하며 초평왕을 섬겼습니다.[26] 초평왕은 그를 총애하여 늘 그와 함께 온종일 말을 나눴으며, 몇 날 아침을 함께 먹기도 했습니다. 비무기費無忌가 이를 보고는 질투하여 초평왕에게 말했습니다.[27] '왕께서 극완을 총애하는 것은 온 백성이 다 압니다. 어째서 극완의 집에 한 번 가셔서 주연을 열어 극완을 중히 여기심을 군신들에게 보이지 않으십니까.' 왕이 '좋다.' 고 하고는 극완의 집에 주연을 준비하도록 하였습니다. 비무기가 극완에게 '초왕은 매우 굳세고 용맹하고 무기를 좋아하니 그대는 반드시 무기를 미리 당堂 아래와 문 앞 빈터에 진열하도록 하라.'고 하니 극완은 그 말을 믿고 그대로 하였습니다. 초평왕이 가서 보고는 크게 놀라 말했습니다. '극완이 어떻게 된 건가.' 비무기가 '아마도 왕위를 찬탈하기 위해 시해하려는 우려가 있는 듯하니 왕께서는 급히 떠나십시오. 사태의 추이를 알 수 없습니다.'라고 하니 초평왕이 크게 노하여 극완을 주살誅殺하였습니다. 이를 듣고 탄식하지 않는 제후가 없었습니다. 백희는 신이 오나라에 있다는 말을 듣고 와서 왕을 뵙게 해달라고 청했습니다."

합려는 백희를 만나 물었다.

"과인의 나라는 매우 가난하고 멀며 동쪽으로 바닷가에 면해 있다. 소문을 들으니, 그대의 선친은 초왕의 격노激怒와 비무기의 참소를 받았다고 하는데 우리 나라를 멀다 않고 여기까지 도망하였으니 장차 무엇으로 나를 가르치겠는가."

"저는 초나라의 죄인입니다. 제 조상은 죄가 없는데도 뜻밖에 난폭한 죽음을 당하였습니다. 신이 들으니, 대왕께서는 곤궁한 오자서를 거두어주셨다고 하기에 천 리를 멀다 않고 와서 목숨을 의탁하오니 대왕께서 죽음을 내려주시기 바랍니다."

합려는 불쌍히 여겨 그에게 대부大夫의 지위를 주고 함께 국사를 모의하였다.

오나라 대부 피리被離가 한가한 틈을 타 오자서에게 물었다.

"무얼 보고 백희를 믿는 것이오."

"내 원한이 백희의 원한과 같기 때문이오. 그대는 〈하상가河上歌〉를 들어보지 못했소. '같은 병을 앓는 사람은 서로 애처로워하며, 같은 근심을 하는 사람은 서로 돕는다同病相憐, 同憂相救. 놀라서 날아간 새는 서로 따라 모여 앉고, 돌 아래 여울물은 소용돌이 친 후 합쳐 흐른다.' 라고 했소. 북쪽 오랑캐의 말은 북쪽을 바라보고 서며, 남쪽 월나라의 제비는 해를 향해 보며 즐거워하니胡馬望北風而立, 越鷰向日而熙,[28] 어느 누가 친근한 이를 아끼지 않으며, 자신이 염려하는 이를 애처로워하지 않겠소."

"당신은 겉만 보고 말씀하시는데, 그의 속마음이 어떤지 의심스러운 점을 살펴보았는가."

"의심스러운 점을 나는 보지 못하였소."

"내가 보기에 백희의 사람됨이 매의 눈초리에 호랑이의 걸음이라 오로지 공功만을 추구하여 제 마음대로 살인할 성품이니 가까이해서는 안 되오."

오자서는 그의 말을 수긍하지 않고 백희와 함께 합려를 섬겼다.

4 - 3

2년(기원전 513년), 합려는 전에 왕료를 살해한 데다 아직 경기慶忌[29]가 이웃 나라에 있기 때문에 근심하였으며 그가 제후를 모아 공격해올까 두려워 오자서에게 물었다.

"예전 전제專諸의 일은 과인에 대한 성의가 매우 돈독하였다. 공자公子 경기가 제후들과 일을 꾸민다고 한다. 그래서 내가 먹어도 음식이 달지 않고 누워도 자리가 편안하지 않으니 이 일을 그대에게 부탁하려고 한다."

"불충하고 선행도 없는 신이 대왕과 사실私室에서 왕료를 도모하였는데 지금 또다시 그의 자식을 없애려 한다면 아마도 황천黃天의 뜻이 아닐 듯합니다."

"과거에 무왕武王이 주紂를 토벌하고 후에 무경武庚[30]을 죽였으나 주나라 사람들은 원망하는 기색이 없었다. 지금 이 같은 계획이 어찌 하늘을 배반하는 것이겠는가."

"신은 군왕을 섬겨 오나라 대통을 이루어야 하는데 무엇을 두려워하겠습니까. 신이 돈독히 여기는 사람이 있습니다. 신체가 왜소한 사람이긴 하지만 군왕께서는 그와 함께 모의하시기 바랍니다."

"내가 두려워하는 상대에게는 만인萬人을 당할 힘이 있는데 어찌 신체가 왜소한 사람이 일을 계획할 수 있겠는가."

"비록 체구는 왜소하지만 그가 계획한다면 만인을 상대할 역량을 낼 수 있습니다."

"그가 누구인가. 어서 말해보라."

"성은 요要고 이름은 리離입니다. 신은 과거에 요리가 장사 초구흔椒丘訢을 꺾어 욕보이는 것을 본 적이 있습니다."

"어떻게 욕보였는가."

"초구흔이란 자는 동해東海가에 사는 사람입니다. 제齊왕을 위해 오나라에 사신으로 가는데 회수淮水 나루를 건너면서 나루터에서 말에게 물을 먹이려 하자 나루터 관리가 '물속에는 신神이 있어 말을 보면 즉시 나와 그 말을 해치니 그대는 물을 먹이지 마십시오.'라고 말하였습니다. 이에 초구흔이 '장사壯士가 타는 말을 어떤 신이 감히 범하겠소.'라고 말하고는 종자從者를 시켜 나루터에서 말에게 물을 먹이니 수신水神이 과연 그 말을 뺏아갔습니다. 말이 물속으로 빠져들자 초구흔은 크게 화가 나 웃통을 벗고 검을 들고 물에 들어가 신을 찾아 싸워서 며칠 만에 나왔는데 한쪽 눈이 멀었습니다.

그 후 오나라에 도착하여 마침 친구의 상가에 모였습니다. 초구흔은 그가 수신과 싸운 용감함을 믿고 친구의 상가 자리에서 사인士人들을 업신여겨 언사가 공손하지 못하고 사람을 능멸하는 기색이 있었습니다. 요리가 그와 마주앉았는데, 온 좌중이 그가 힘을 과시하는 것을 차마 보지 못하였습니다. 이때 요리가 초구흔의 기세를 꺾으며 '내가 들으니, 용사勇士의 싸움은 시간과 경쟁할 때 규표圭表[31]를 옮겨 잔꾀를 부리지 않으며 귀신과 싸우는 자는 발을 돌려 물러나지 않으며 사람과 싸우는 자는 소리를 지르지 않는다. 그래야만 살아서 가 죽어 돌아오더라도 모욕을 받지 않는다고 한다. 지금 그대는 신과 물에서 싸워 말을 잃고 마부를 잃었으며 또 한쪽 눈을 잃었다. 몸은 온전하지 못하고 이름만 용감하니 이는 용사가 수치스럽게 여기는 바이다. 적과 함께 죽지 않고 살기에 연연했음에도 오히려 우리에게 건방을 떠는가!' 라고 말하였습니다. 초구흔은 갑자기 힐책을 받자 원한과 분노가 함께 폭발하여 어두워지면 요리를 치러 갈 작정을 했습니다. 이에 요리는 연회가 파하자 집에 당도하여 아내에게 '내가 대가大家의 상가에서 장사 초구흔을 모욕하였으니 남은 한이 풀리지 않아 어두워지면 반드시 찾아올 것이오. 부디 우리 집 문을 닫지 마시오' 라고 당부하였습니다. 밤이 되자 초구흔이 가서 보니 과연 문이 닫히지 않았고 당堂에 올라가니 (방문 또한) 잠기지 않았습니다. 방에 들어가 보니 방비도 하지 않고 머리를 풀고 누웠는데 조금도 두려워하는 기색이 없었습니다. 초구흔이 손에 칼을 들고 요리를 잡고 '네가 죽어야 할 잘못이 세 가지가 있는데 알기나 하는가.' 라고 말하였습니다. 요리가 '모른다.' 고 하자 초구흔이 '네가 대가의 많은 사람 앞에서 나를 욕보인 것이 첫 번째 죽어야 할 잘못이고, 돌아와 문을 닫고 잠그지 않은 것이 두 번째 죽어야 할 잘못이고, 누워 방어하지 않은 것이 세 번째 죽어야 할 잘못이다. 너는 세 번 죽어야 할 잘못이 있으니 무슨 원망이 있을 수 있겠는가.' 라고 말하였습니다. 이에 요리가 '나는 결코 세 번 죽어야 할 잘못이 없지만, 그대에게는 세 가지 불초한 잘못이 있는데 그대는 아는가.' 라고 말하였습니다. 초구흔이 '모른다.' 고 하자 요리가 '나는 천여 명이나 되는 사람들 앞에서 그대를 모욕했는데도 당신은 감히 즉시 갚지 못한 것이 첫 번째 불초함이요, 문을 들어오면서 감히 기침도 하지 않았으며 당에 올라오면서 아무런 소리를 내지 않은 것이 두 번째 불초함이요, 먼저 그대 칼을 뽑아들고 손으로 내 머리를 쥐고서야 감히 큰 소리 친 것이 세 번째 불초함이다. 그대는 세 가지 불초함이 있으면서도 내게 위엄을 부리니 어찌 비루하지 않은가.' 라고 말하였습니다. 이에 초구흔은 '내 용감함에 누구도 감히 곁눈질도 못하는데 요리는 내 머리 꼭대기에서 나를 능가하니 이는 천하의 장사다.' 라고 탄식하며 칼을 거두었습니다. 신이 듣기에, 요리가 이와 같다고 하니 진정으로 그에 관해 들은 바를 모두 보고드립니다."

그러자 합려가 말하였다.

"한가한 때를 틈타 그를 접대하고 싶다."

4 - 4

오자서가 요리를 보고 말하였다.

"오왕께서 그대가 고상하고 의롭다는 소문을 듣고 한 번 만나기를 원하신다."

요리가 오자서와 함께 찾아가니 합려가 말하였다.

"자네는 무엇을 하는 자인가."

"신은 도성에서 동쪽으로 천 리 밖에 사는 사람입니다. 신은 체구가 작고 힘이 없어 바람을 앞에서 맞으면 자빠지고 바람을 등지면 엎어지지만 대왕께서 명령하신다면 감히 신이 어찌 힘을 다하지 않겠습니까."

합려는 마음속으로 오자서가 요리를 천거한 것을 탐탁지 않게 여겨 한참 동안 묵묵히 말하지 않았다. 그러자 요리가 곧바로 나아가 말하였다.

"대왕께서는 경기를 걱정하십니까. 신이 그를 죽일 수 있습니다."

"경기의 용맹은 세상에 소문이 났다. 근골筋骨이 굳세어 어느 누구도 당해낼 수 없으며 달리는 짐승을 따라잡고 나는 새를 손으로 잡으며 몸은 뛰어올라 날 수 있어 허벅지를 한 번 치면 수백 리를 뛴다. 내가 강까지 그를 추격한 적이 있는데 말 네 마리가 끄는 수레로 달려도 따라잡지 못했으며 밤에 화살을 쏘았는데 그가 화살을 움켜잡아 맞힐 수 없었다. 지금 그대의 힘은 그만 못하다."

"대왕께서 저를 쓰실 생각이 있으시다면 신이 그를 죽일 수 있습니다."

"경기는 총명하고 지혜로운 사람이다. 처지가 곤궁하자 제후에게 자신을 맡겼으나 결코 제후에게 자신을 낮추지 않는 사람이다."

"신이 들으니, 처자와의 즐거움에 빠져 군주 섬기는 의리를 다하지 않는 것은 불충不忠이며 부부의 사랑만을 생각하여 군주의 걱정을 덜어드리지 않는 것은 불의不義라고 하였습니다. 신이 거짓으로 죄를 짓고 도망하겠으니 군왕께서는 신의 처자를 죽여 시市에서 불태워 그 재

그림 11 경기慶忌와 요리要離(후한 151년, 산둥山東 가상현嘉祥縣 무씨사武氏祠)

를 날려버리시고 신을 잡는 데 천 금金과 백 리의 읍을 상으로 내거십시오. 그러면 경기는 반드시 신을 믿을 것입니다."

"그렇게 하겠다."

요리가 거짓으로 죄를 짓고 도망하자 합려는 요리의 처자를 죽여 시에서 불태워 그 재를 날려버리고 요리를 잡는 데 천 금과 백 리의 읍을 상으로 내걸었다.

요리는 제후들에게 도망가 합려를 원망하는 말을 퍼뜨리고 다녔으므로 죄가 없는데 해를 입었다고 천하에 소문이 났다. 위衛로 가서는 경기를 뵙기 청하였다.[32] 경기를 보고 말하였다.

"합려가 무도한 것은 왕자께서도 아시는 바입니다. 지금 제 처자를 죽여 시에서 불태웠습니다. 죄가 없는데 죽음을 당한 것입니다. 오나라의 일은 제가 그 사정을 잘 알고 있으니 왕자의 용맹을 의지할 수만 있다면 합려를 잡을 수 있습니다. 어째서 저와 함께 오나라로 가지 않으십니까."

그러자 경기는 요리의 모의를 믿었다.

석 달 후에 사졸을 뽑아 훈련하여 오나라로 갔다. 양자강을 건널 때 강 가운데에 이르러 요리가 힘이 약해 경기보다 뒤에 앉았다가 바람의 힘을 이용해 창으로 경기의 모자를 걸어 떨어뜨리고는 바람결에 경기를 찔렀다. 경기는 돌아보며 창을 뿌리치고는 요리의 머리를 휘어잡아 세 번 물속에 쳐 넣었다가 꺼내어 무릎에 올려놓고는 말하였다.

"아! 천하의 용사다. 감히 나에게 창날을 대다니."

그러자 좌우의 시종들이 그를 죽이려고 하는데 경기가 말렸다.

"이 사람은 천하의 용사다. 어찌 하루에 천하의 용사 둘을 죽게 하겠는가!"

그리고 시종들에게 당부하였다.

"오나라로 돌아가게 하여 그의 충성을 밝히게 하는 것이 좋겠다."

그러고는 경기는 죽었다.

요리가 양자강을 건너 강가 언덕[33]에 이르러 근심스런 모습으로 더 가지 않자 요리의 종자가 물었다.

"주인께서는 어째서 가지 않으십니까."

"내 처자를 죽여 우리 군주를 섬겼으니 인仁이 아니다. 새 군주를 위해 옛 군주의 자식을 죽였으니 의義가 아니다. (사람은) 생을 버리고 죽음에 나아가는 것을 중하게 여기고 의리가 없는 것을 존중하지 않거늘, 지금 나는 생명을 탐하여 덕행을 버렸으니 도의에 맞지 않는다. 사람에게 (이와 같은) 세 가지 악행이 있는데도 세상에 입신한다면 내가 무슨 면목으로 천하의 현사賢士를 보겠는가."

말을 마치고는 강에 몸을 던졌다. 목숨이 끊어지기 전에 종자가 구출하려고 하자 요리가 말하였다.

"내가 어찌 죽지 않을 수 있겠는가."

"주인께서는 죽지 마시고 오왕께서 내리시는 작록爵祿을 기다리십시오."

요리는 스스로 손과 발을 자르고 검에 엎어져 죽었다.

4 - 5

3년(기원전 512년), 합려는 초나라를 토벌하려 한다면서도 아직 군대를 출병시키지 않았다.[34] 오자서와 백희가 서로 말하였다.

"우리가 오왕을 위해 인재들을 양성하고 책략을 세워 오나라를 도왔다. 그런데 왕께서는 지금 초를 공격한다는 명령을 내리기는 했지만 핑계를 대고 군대를 일으킬 뜻이 없으니 어찌하면 좋은가."

조금 있다 합려가 오자서와 백희에게 물었다.

"과인은 출병하려 하는데 두 사람의 뜻은 어떤가."

두 사람이 대답하였다.

"신들은 명령을 받들겠습니다."

합려는 내심으로 두 사람이 모두 초를 원망하니 군대를 이끌고 가서 초를 파멸시켜야 그칠 것이라고 심히 걱정하였다. 대臺에 올라 남풍을 향해 휘파람을 불더니 조금 지나 탄식하였다. 신하 중에 누구도 왕의 심중을 아는 자가 없었는데 오자서만이 합려가 결정하지 못하는 마음을 깊이 헤아려 손자孫子를 합려에게 추천하였다.

손자는 이름이 무武인데 오나라 사람이다.[35] 병법兵法을 잘 알았지만 궁벽한 곳에 깊숙이 숨어 살아서 세상 사람들은 손자의 능력을 몰랐다.

오자서는 원래 세상일에 밝으며 인재를 잘 감별하여, 손자가 적군을 꺾어 멸망시킬 수 있음을 알았다. 그래서 어느 날 아침 합려와 군대를 논하는 자리에서 일곱 차례나 손자를 추천하였다. 이에 합려는 오자서가 현사賢士 추천을 구실로 자신의 뜻을 받아들이게 하려는 것이라고 생각하였다.

그래서 손자를 불러 병법에 관해 물었다. (손자가) 한 편을 진술할 때마다 왕은 자신도 모르게 훌륭하다고 칭찬하였다. 마음속으로 크게 기뻐하며 물었다.

"병법을 조금 시험할 수 있겠는가."

"할 수 있습니다. 궁녀들에게 조금 시험할 수 있습니다."

"그렇게 하라."

"대왕의 총애를 받는 후궁 둘을 뽑아주십시오. 그 두 사람을 군대 대장으로 삼아 각각 1대隊씩 이끌게 하겠습니다."

궁녀 삼백 명[36]에게 모두 갑옷과 투구를 입히고 검과 방패를 들려 세워놓고 군법을 고하여서 북치는 데 따라 나아가고 물러나며 좌우로 돌고 금지하는 것을 알려주었다. 그러고는 명령하였다.

"처음 북을 치면 모두 떨치고 일어나며 두 차례 북을 치면 떠들썩하게 앞으로 나아가며 세 차례 북을 치면 전투 진열을 갖추어라."

이에 궁녀들은 모두 입을 가리고 웃었다. 손자가 친히 북채를 잡고 북을 쳐 세 차례 명령을 내리기를 다섯 번 반복하였는데도 궁녀들은 여전히 웃고 있었다. 손자가 뒤돌아보니 궁녀들이 잇달아 웃으며 그치지 않았다. 손자가 크게 노하여 두 눈은 돌연 부릅뜨고 소리는 놀란 호랑이 같았으며 머리카락은 위로 치솟아 관을 밀어 올리고 목덜미의 관끈이 끊어졌다. 고개를 돌려 집법관에게 말하였다.

"부질鈇鑕[37]을 가져오라."

이어 손자는 말하였다.

"금하는 약속이 분명치 않으며 명령을 내렸는데 믿지 않는 것은 대장의 죄이다. 규율에 따라 세 차례 명령을 내려 다섯 번이나 거듭하였는데도 군졸들이 (명령에 따라) 진퇴하지 않는 것은 대장의 잘못이다. 군법이 어떠한가."

집법관이 대답하였다.

"참수斬首입니다."

손무가 대장 두 사람을 참수하라고 명령하였는데, 바로 합려의 총희였다. 합려가 대에 올라가 관망하다 마침 두 애희를 참하려는 것을 목격하고는 급히 사자를 보내 명령을 내렸다.

"과인은 이미 장군이 군대를 다룰 수 있다는 것을 알았다. 과인은 두 여희가 없으면 음식을 먹어도 달지 않으니 참수하지 말라."

"신은 이미 명을 받아 장군이 되었습니다. 군대에서 법을 집행할 때는 비록 군주께서 명령하더라도 신은 이를 받아들일 수 없습니다."

손자가 다시 휘둘러 북을 치니 좌로 향하고 우로 향하며 나아가고 물러나며 돌고 원을 그리는데 법도에 맞았으며 감히 눈 하나 깜박이지 못하였다. 양 대隊는 숙연하여 감히 돌아보는 자가 없었다. 이에 합려에게 보고하였다.

"군대가 이미 정렬되었으니 왕께서 검열하시기 바랍니다. 이제 대왕 뜻대로 이들을 쓰셔도 됩니다. 물과 불에 달려들게 하는 것도 어려움이 없을 것이니 이들을 부려 천하를 평정하실 수도 있습니다."

합려는 낙담하며 기쁘지 않은 듯 말하였다.

"나는 그대가 군대를 잘 다스리는 것을 알지만, 비록 (저들 덕분에) 패자霸者가 된다 한들 (저들을) 쓸 곳이 없다. 장군은 병사를 파罷하고 숙소로 돌아가라. 과인은 더는 열병하고 싶지 않다."

손자가 푸념하였다.

"오왕은 내 말만 좋아할 뿐 내 능력을 실행하지는 않는다."

그러자 오자서가 합려에게 간하였다.

"신이 들으니, 전쟁은 흉사凶事이니 공연히 시험해서는 안 된다고 합니다.[38] 그러므로 군대를 일으켜 전쟁하는 자는 주벌誅伐을 시행할 준비가 안 됐으면 병법을 드러내서는 안 됩니다. 지금 대왕께서 정성스런 마음으로 사인士人들을 사모하는 것은 군대를 일으켜 포악한 초나라를 징벌하여 천하에 패업을 이루어 제후들을 위엄으로 복종시키기 위해서입니다. 손무 장군이 아니면 누가 회수淮水를 건너고 사수泗水를 건너 천 리를 달려가 전쟁할 수 있겠습니까."[39]

그러자 합려는 크게 기뻐하고 북을 울려 군대를 모아 초나라를 공격하였다. 손자가 장군이 되어 서舒를 공략하여 오나라에서 망명한 장군인 공자 개여와 촉용을 죽이고서는 영郢에 들어갈 것을 모의하였다. 손무가 말하였다.

"백성이 지쳤으니 아직 공격할 수 없습니다. 기다리십시오."

초나라는 오나라가 손자, 오자서, 백희를 장수로 삼았다는 소문을 듣고는 이를 근심하였다. 군신이 모두 원망하여 말하기를, 비무기가 오사伍奢, 백주려를 참소하여 죽였기 때문에 오나라가 국경을 침략하고 끊임없이 노략질하여 초나라의 신하들에게 하루아침에 근심이 생겼다고 하였다. 이에 사마司馬 술戌[40]이 자상子常[41]에게 말하였다.

"태부太傅 오사, 좌윤 백주려는 온 나라 사람들이 그들이 무슨 죄가 있다고 생각하지 않는데 그대가 왕과 모의하여 그를 죽이니 비방이 온

나라에 돌아서는, 지금까지 그 말이 끊이지 않으니 나 역시 정말 의심스럽다. 내가 듣기에, 어진 사람은 사람을 죽여서 비방을 숨길 수 있더라도 오히려 하지 않는다고 하는데 지금 그대는 사람을 죽여 오히려 나라에 비방을 일으켰으니 이상하지 않는가! 저 비무기란 자는 초나라의 참언讒言이나 하는 입인데 백성 또한 그들의 죄를 모르는 사람이 없다. 지금 현명한 사인 셋[42]을 죽여 오나라에 원수를 맺으니 안으로는 충신의 마음을 상하게 하고 밖으로는 이웃 나라의 웃음거리가 되었다. 또 극완과 오사의 가족이 오나라로 도망하니 오나라는 오자서와 백희를 새로 얻어서는 위엄을 지키고 뜻을 가다듬어 초나라와 원수를 맺으니 강한 적국 군대가 날마다 놀라게 한다. 초나라에 전쟁이 나면 당신이 곧 위태로워질 것이다. 지혜로운 자는 참소하는 말을 떨쳐내 스스로 편안히 하며 어리석은 자는 아첨을 받아들여 스스로 망치는 것이다. 지금 당신이 참소하는 말을 받아들여 나라가 위태로워졌다."

"이는 나 낭와囊瓦[43]의 죄로다. 어찌 감히 비무기의 죄를 다스리지 않겠는가."

9월, 자상이 소왕과 함께 비무기를 죽이고 그 종족을 주멸시키니 국인들은 비방을 그쳤다.

4 - 6

합려에게는 등옥滕玉이라는 딸이 있었는데 초나라 토벌을 모의하기 위해 부인과 딸과 함께 모여 찐 생선을 먹었다. 합려가 먼저 반을 맛보고 등옥에게 주었다. 그러자 등옥이 화를 냈다.

"부왕께서 저에게 먹다 남은 생선을 먹여 저를 욕보였으니 차마 더는 살지 못하겠습니다."

그러고는 자살하였다. 합려는 이를 매우 비통해 하며 도성의 서쪽 창문 밖에 장사지냈다.[44] 땅을 파 연못을 만들고 흙을 쌓아 산을 만들었으며 무늬가 있는 돌로 곽槨을 만들고 묘실은 나무를 가운데로 향하게 쌓는 제주題湊 형식[45]으로 만들어 금솥(鼎), 옥잔, 은술동이, 구슬옷 등 보화를 부장하여 딸을 장사지냈다. 그리고 시에서 백학白鶴이 춤을 추는데 만백성이 따라가게 하였다가 남녀가 학과 함께 묘문으로 들어가게 하고는 바로 기관을 발사해 엄습하였다. 산 자를 죽여 장사지내니[46] 국인들이 비난하였다.[47]

잠로검湛盧劍은 합려의 무도함을 싫어하여 (그에게서) 떠나 오나라를 나와 물길을 따라 초나라로 갔다.

초소왕楚昭王[48]이 잠들었다 깨어나 보니 침상에 합려의 잠로검이 있었다. 초소왕은 그 검의 연유를 알지 못해 풍호자風湖子[49]를 불러 물었다.

"과인이 잠들었다 깨어나 보검을 얻었는데 이것의 이름을 모르겠으니 이는 무슨 검인가."

"이는 잠로검이라고 합니다."

"무엇을 보고 그런 말을 하는가."

"신이 들으니, 오왕은 월나라가 바친 세 자루 보검을 얻었습니다. 첫 번째는 어장魚腸이고 두 번째는 반영磐郢이고 세 번째는 잠로湛盧라고 합니다. 어장검은 왕료를 죽이는 데 사용하였고, 반영검은 죽은 딸을 장사지내는 데 부장하였습니다. 그리고 지금 잠로검이 초에 들어온 것입니다."

"잠로검이 오나라를 떠난 이유가 무엇인가."

"신이 듣기에, 월왕 윤상允常[50]은 구야자를 시켜 검 다섯 자루를 만들게 하여 설촉薛燭에게 보여주었습니다. 설촉이 '어장검의 무늬는 거꾸

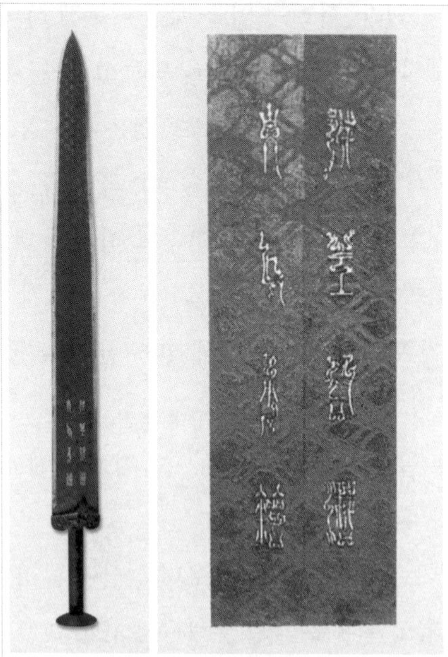

그림 12 월왕구천검越王勾踐劍과 명문銘文(춘추 기원전 5세기 初, 호북湖北 강릉江陵 망산望山)
월왕구천검은 지하에 매장되어 2천여 년이 지났지만 출토한 후에도 여전히 은광이 난다. 어떤 검은 부위에 따라 각기 다른 합금을 사용하는 복합주조방식으로 주조하였다. 표면의 능형암문菱形暗紋은 유황처리를 했을 가능성이 있으며, 여덟 자 명문을 새겼다. "越王勾踐自作用劍."

로 되어 순조롭지 못하니 몸에 차서는 안 됩니다. 신하가 이것을 가지고 군주를 죽이고, 자식이 이것을 가지고 아버지를 죽일 것입니다.'라고 대답하였습니다. 이 때문에 합려가 이 검을 사용하여 왕료를 죽였습니다. '또 반영검은 호조豪曹라고도 하는데 규범에 맞지 않는 물건이라 사람에게 이롭지 않습니다.'라고 했습니다. 그러므로 이 검을 부장하여 장사지냈습니다. '또 잠로검은 각종 금속[51] 가운데 뛰어난 것과 극성한 양의 정기를 함축하고 있으며 신령스런 기운을 의탁하여 만들었으니 칼을 뽑으면 신광神光이 번득이고 차면 위엄이 있어 적군을 격퇴시켜 막을 수 있습니다. 그러나 군주가 사리에 어긋나는 모의를 하면 이 검은 즉시 밖으로 떠나갑니다.'라고 했습니다.[52] 그렇기 때문에 이 검은 무도한 자를 떠나 도가 있는 군주에게로 갔습니다. 지금 오왕이 무도하여 군주를 죽이고 초나라를 도모하니 잠로검이 초나라로 들어온 것입니다."

"잠로검의 가치가 얼마나 되는가."

"신이 들으니, 이 검이 월나라에 있을 때 객상이 그 값을 매겼는데 시市가 있는 향리 서른 개, 준마 천 필, 만 호戶의 읍 둘, 이것이 한 자루의 값이었습니다. 설촉이[53] '적근산赤菫山은 이미 한데 합쳐져 운기가 없으며 약야若耶[54]의 계곡은 깊어져 헤아릴 수 없으며 신들은 하늘로 올라갔으며 구야는 죽었으니 비록 성城에 가득한 금과 강에 가득한 주옥이라 한들 이런 보물은 다시 얻을 수 없는데 하물며 시가 있는 향리, 준마 천 필, 만 호의 읍을 가지고 어찌 말할 수 있겠습니까!'라고 말하였습니다."

초소왕이 크게 기뻐하고 마침내 이것을 보물로 삼았다.

합려는 초소왕이 잠로검을 얻었다는 소문을 듣고는 화가 나서 손무, 오자서, 백희를 시켜 초나라를 치게 했다.[55] 오자서는 몰래 초에 사람을 보내 소문을 퍼뜨렸다.[56]

"초나라가 자기子期[57]를 등용하여 장군으로 삼으면 우리는 곧 그를 죽일 것이고, 자상이 군대를 지휘하면 우리는 즉시 초를 떠나겠다."

초소왕은 이 말을 듣고는 자상을 등용하고 자기를 물러나게 했다. 오나라는 육六과 잠潛 두 읍을 함락시켰다.[58]

4 - 7

5년(기원전 510년), 합려는 초나라를 토벌할 때 월나라가 따르지 않았기 때문에 남쪽으로 월을 토벌하였다. 그러자 월왕 윤상이 말하였다.

"오왕은 지난날의 맹약을 믿지 않고 공물 바치는 나라를 내쳐 친교를 하루아침에 무너뜨렸다."

합려는 그 말을 무시하고 공격하여 취리檇里를 격파하였다.[59]

6년(기원전 509년), 초소왕이 공자 낭와를 시켜 오나라를 쳐 잠과 육 전쟁의 원한을 보복하게 하니 오왕은 오자서와 손무를 시켜 공격하여 예장豫章[60]을 포위하였다. 오왕이 말하였다.

"나는 초나라의 위기를 틈타 초나라 수도에 입성하여 영을 격파하려고 한다. 영에 입성하지 못한다면 두 사람이 무슨 공을 세울 수 있단 말인가."

이에 초군을 예장에서 포위하여 크게 깨뜨렸다. 이어 소巢를 포위하여 이기고는 초나라 공자 번繁[61]을 사로잡아 데리고 돌아와 인질로 삼았다.[62]

9년(기원전 506년), 합려가 오자서와 손무에게 말하였다.

"처음에는 그대들이 영에 들어갈 수 없다고 말하였는데 지금은 과연 어떠한가."

"전쟁은 승리를 빌어 자신의 위세를 떨칠 수 있을 뿐이며, 항상 승리하는 길은 없습니다."

"무슨 말인가."

"초군은 천하의 강적입니다. 오늘 신이 그들과 전쟁하여 열 번 패망하면 한 번 살아남을 수 있을 뿐이니 왕께서 영에 입성하는 것은 하늘에 달렸습니다. 신은 감히 반드시 이룰 수 있다고 약속할 수 없습니다.”

“내가 초나라를 다시 공격하려는데 어떻게 해야 성공하겠는가.”

“낭와는 탐욕스러워 제후들에게 허물이 많아 당唐[63]과 채蔡[64]가 그를 원망합니다. 왕께서 반드시 초나라를 토벌하려면 당과 채의 도움을 얻어야 합니다.”

“무엇 때문에 원망하는가.”

“옛날에 채소후蔡昭侯(기원전 518~461년)[65]가 초나라에 입조할 때 아름다운 가죽옷과 좋은 패옥을 두 벌씩 가지고 가 각각 한 벌씩을 초소왕에게 바쳤습니다. 초소왕이 이를 입고 조회에 임하고 채소후가 한 벌을 입었습니다. 자상이 이를 갖고 싶어 했으나 채소후는 주지 않았습니다. 그러자 자상은 삼 년 동안 채소후를 억류한 채 귀국시키지 않았습니다. 또 당성공唐成公이 초소왕에게 조회할 때 문마文馬[66] 두 필을 가지고 있었는데, 자상이 이를 갖고 싶어 했으나 당성공이 주지 않자 자상은 당성공 역시 삼 년 동안 억류하였습니다. 당나라 사람들이 당성공의 종자에게서 말을 구하여 당성공을 속면하기로 함께 모의하여, 종자에게 술을 마시게 하여 그를 취하게 하고는 말을 훔쳐 자상에게 바쳤습니다. 자상은 그제야 당성공을 귀국시켰습니다. 군신들이 ‘군주께서는 한 마리 말 때문에 삼 년 동안 스스로 감금되었으니 말을 훔친 공로로 상을 주십시오.’라고 비방하였습니다. 이때부터 당성공은 항상 초나라에 복수할 것을 생각하였으며, 군신君臣 간에 복수하자는 말이 입에서 끊이지 않았습니다. 채나라 사람들도 이런 소문을 듣고 가죽옷과 패옥을 자상에게 바치라고 간곡히 청하였습니다.[67] 채소후는 돌아온 뒤에 진晉나라에 가서 호소하여 아들 원元과 대부大夫의 아들을 볼모로 삼고 초나라를 칠 것을 청하였습니다. 이런 이유 때문에 당과 채

그림 13 오왕광감吳王光鑒과 명문銘文(춘추 기원전 6세기, 안휘 수현壽縣)

채후묘에서 발견된 오왕광감 내벽의 명문에 의하면, 오왕광, 즉 합려가 딸을 채나라에 시집보내는 데 딸려 보낸 잉기媵器로 제작한 것이다. 합려 시기 오나라와 채나라는 혼인을 통해 긴밀한 관계를 유지하였음을 알 수 있다.

의 도움을 얻어야 초를 공격할 수 있다는 것입니다."[68]

그러자 합려는 사신을 보내 당나라와 채나라 군주에게 말하였다.

"초나라는 무도하여 충성스럽고 선량한 사람을 학살하였으며 제후를 침식하고 두 군주에게 모욕을 주었습니다. 과인은 군대를 일으켜 초를 치려 하는데 두 군주께서 함께 모의하기를 원합니다."

이에 채소후는 자신의 아들 건乾을 오나라에 인질로 보냈다. 오와 채 그리고 당 삼국이 함께 모의하여 초나라를 치는데 회수 북안에서 배에서 내려[69] 예장부터는 초와 한수漢水를 (사이에) 끼고 진陣을 쳤다. 자상이 한수를 건너 진을 치고는 소별산小別山에서 대별산大別山[70]에 이르기까지 세 번 전쟁하였으나 불리해서 더는 전진할 수 없음을 스스로 깨닫고 도망하려 했다. 그러자 사황史皇이 말하였다.

"당신이 아무 까닭 없이 왕과 함께 충신 세 사람을 죽였으니 지금 천화天禍가 내려온 것은 왕이 불러들인 것이다."[71]

자상이 아무 대답도 하지 않았다.

4 - 8

10월[72], 두 군대가 백거柏擧[73]에 진을 쳤는데 합려의 동생 부개夫槩가 새벽에 일어나 합려에게 청하였다.

"자상은 인자하지 못하며 탐욕스럽고 은혜를 베푸는 데 인색해서 그의 신하들이 그를 위해 죽을 뜻이 없으니 그를 추격하면 반드시 격파할 수 있을 것입니다."

합려는 허락하지 않았다. 그러자 부개가 말하였다.

"소위 신하가 자기 뜻대로 행하고 명령을 기다리지 않는다고 하는데 바로 이런 경우를 말한다."

그리고 부하 오천 명을 이끌고 자상을 공격하였다. 자상이 크게 패하여 정鄭나라로 도망하자 초군이 크게 혼란에 빠졌다. 오군은 이를 틈타 초군을 격파하였다. 초군이 한수를 건너기 전에 때마침 식사하고 있었는데 오군은 그들이 도망하는 틈을 타 옹서雍澨[74]에서 격파시키고 다섯 번 맞붙어 곧장 영郢[75]으로 쳐들어갔다.

초소왕이 오군에게 쫓겨 도성을 나와 도망하는데 누이 계미季芈[76]와 함께 황하와 수수濉水 사이로 나오니[77] 초나라 대부 윤고尹固[78]가 소왕과 함께 배를 타고 떠났다. 오군이 영에 들어가 초소왕을 찾았다. 소왕은 수수를 건너고 양자강을 건너 운중雲中[79]으로 들어갔다. 저녁에 잠을 자는데 도적 떼가 창으로 소왕의 머리를 내리치려는데 대부 윤고[80]가 왕을 엄호하려 자기 등으로 창을 받다가 어깨에 맞았다. 소왕이 두려워 운鄖[81]으로 도망하니 대부 종건鍾建이 계미를 업고 뒤따랐다. 운공鄖公 신辛[82]이 소왕을 맞으며 크게 기뻐하여, 그를 모시고 돌아가려

하니 그의 동생 회懷가 화를 냈다.

"소왕은 우리의 원수입니다."

그리고 형 신에게 말하였다.

"예전에 평왕이 우리 아버지를 죽였으니 우리가 그 자식을 죽이는 것 또한 마땅하지 않습니까!"

"군주가 그의 신하를 토벌한 것을 감히 원수로 여기겠는가. 다른 사람의 화를 틈타 그를 해치는 것은 인仁이 아니며, 자신의 종족을 멸망시켜 제사를 폐하는 것은 효가 아니며, 행동하여 아름다운 명예가 없는 것은 지혜가 아니다."

회의 화가 풀리지 않자 신은 몰래 막내 동생 소巢와 함께 소왕을 모시고 수隨[83]로 도망하였다.

오나라 군대가 그를 추격하여 수나라 군주에게 말하였다.

"한수漢水가에 봉해졌던 주周의 자손들을 초나라가 멸망시켰다.[84] 하늘이 그들의 화禍를 보복하여 초에 벌을 내린 것인데 군君은 무엇 때문에 소왕을 보물단지처럼 여기는가. 주周 왕실이 무슨 죄가 있겠는가. 군은 오히려 도적을 숨기고 있다. 소왕을 내보낼 수 있다면 이중의 은혜가 될 것이다."

수나라 군주가 소왕을 합려에게 내주는 것을 점쳤더니 점괘가 불길하게 나와 합려에게 말하였다.

"지금 수나라는 궁벽한 작은 나라로 초나라와 친밀하여 초가 우리를 보전시켜주었으며 맹약을 이제껏 바꾸지 않았습니다. 만약 지금 어렵다 하여 그를 버린다면 무엇으로 오나라를 섬길 수 있겠습니까. 지금 (오나라가) 초나라를 안정시켜준다면 초나라가 감히 오나라의 명을 듣지 않을 수 있겠습니까."

오군은 수나라 군주가 한 말이 훌륭하다고 여겨 곧 물러났다.

이때 대부 자기子期가 비록 소왕과 함께 도망하였으나 은밀히 오군과 홍정하여 소왕을 내어주려 하였다.[85] 소왕이 소문을 듣고는 벗어나게 되자 곧바로 자기의 심장을 갈라 그 피로 수나라 군주와 맹약을 맺고 돌아갔다.[86]

4 - 9

합려가 영郢에 들어가 머물렀다. 오자서는 소왕을 잡을 수 없자 평왕의 무덤을 파서 그 시체를 꺼내 삼백 대 채찍질하고 왼발로 그의 배를 밟고 오른손으로 그의 눈을 파내면서 꾸짖었다.

"누가 너에게 참소하고 아첨하는 말을 들어 내 아버지와 형을 죽이게 하였는가. 이 어찌 원통하지 않은가!"

곧 합려에게 소왕 부인을 간음하게 하고 오자서, 손무, 백희 역시 자상, 사마 성의 처를 간음하여 초나라 군신을 모욕하였다.

그러고는 군대를 이끌고 정鄭나라를 쳤다. 정정공鄭定公이 전에 태자 건을 죽이고 오자서를 핍박하였기 때문에 오자서는 정나라를 원망하였다. 오군이 국경을 넘어오려 하자 정정공[87]은 크게 두려워 나라 안에 명령하였다.

"오군을 되돌릴 수 있는 자가 있다면 과인은 그와 나라를 나누어 다스리겠다."

어부의 아들이 응모하며 말하였다.

"신이 돌려보낼 수 있습니다. 한 척尺의 무기나 한 말의 양식도 쓰지 않고, 신이 작은 노 하나만 가지고 길에서 노래를 부르며 걸으면 곧 돌아갈 것입니다."

정정공이 어부의 아들에게 노 하나를 주었다. 오자서의 군대가 이르려 하자 어부의 아들이 길을 막고 노를 두드리며 노래하였다.

"갈대숲 가운데 사람아!"

이렇게 두 번 부르자 오자서가 이를 듣고는 깜짝 놀라 말하였다.

"어떤 사람인가."

그리고 곧 그를 불러 얘기하며 물었다.

"그대는 누구인가."

"저는 어부의 아들입니다. 우리 나라 군주께서 두려워하여 나라에 명령 내리길 오나라 군대를 돌려보낼 수 있는 자는 그와 나라를 나누어 다스리겠다고 하셨습니다. 선친이 군과 길에서 서로 만났던 적을 생각해 지금 군께 정나라를 보전시켜주시길 구걸합니다."

오자서가 탄식하였다.

"슬프도다! 내가 당신 선인의 은혜를 입어 여기에 이르렀다. 하늘이 창창한데 어찌 감히 잊겠는가."

그러고는 정나라를 놓아두고 군대를 돌려 초나라를 지키며 날마다 소왕의 소재를 찾는 데 다급하였다.

신포서申包胥가 도망하여 산중에 있다가 그 소문을 듣고 사람을 시켜 오자서에게 말하였다.

"자네의 복수가 너무 심하지 않은가! 자네는 원래 평왕의 신하로 북면北面[88]하여 그를 섬겼는데 지금 시체를 채찍질하는 모욕을 주었으니 천도를 어김이 어찌 극에 달했다고 하지 않을 수 있겠는가."[89]

"나를 대신해 신포서에게 말하라. 해는 저물었는데 갈 길은 멀다. 그러니 나는 길을 바꿔가고 도리에 어긋나게 행할지라도 따질 겨를이 없다."

신포서는 오자서를 설득할 수 없음을 깨닫고는 진秦나라로 가 초나라를 구원해주기를 청하였다. 밤낮으로 달려 다리, 발꿈치와 발바닥이 찢어지니 치마를 찢어 무릎을 싸고는 진나라 궁정 담에 학처럼 기대서서 곡을 하는데 칠일 밤낮 입에서 곡소리가 끊이지 않았다. 진애공秦哀公[90]은 원래 술에 빠져 국사를 돌보지 않았다. 신포서는 곡을 하며 노래하였다.

"오나라가 포학무도하니 큰 돼지, 긴 뱀과 같구나. 중원 각 나라를 잠식하여 천하를 소유하려 하는구나. 초나라에서 토벌을 시작하니 우리 군주께서는 국외로 도망하여 황야를 떠도시며 나를 보내와 급함을 고하게 하시는구나."

이처럼 칠일 동안 곡을 하니 진애공이 크게 놀라며 말하였다.

"초나라에 이같이 현명한 신하가 있는데도 오나라는 멸망시키려 한다. 과인은 이 같은 신하조차 없으니 망할 날을 기약할 수 없다."

그리고 진애공은 신포서에게 〈무의無衣〉[91] 시詩 한 구절을 읊어주었다.

어찌 옷이 없다 하리오
그대와 솜옷을 함께 입으리라.
왕명으로 군대를 일으키거든
그대와 한 짝이 되리라.

그러자 신포서가 말하였다.

"포악한 덕[92]은 만족이 없다는데, 왕께서 이웃 나라[93]를 걱정하지 않으시면 국경의 환란이 될 것입니다. 오나라가 아직 완전히 초나라를 평정하지 않은 이때를 틈타 왕께서 한 부분을 취하십시오. 만약 초나라가 끝내 망하면 진나라에 무슨 이익이 있겠습니까. 그렇게 되면 군주의 땅을 잃을 수도 있습니다. 왕의 신령으로 초나라를 보전시켜 대대로 왕을 섬기게 하십시오."

진애공이 사람을 보내 말을 전하였다.

"과인은 그대의 말을 듣겠노라. 그대가 객관에 가 있으면 과인이 계획을 세워 통고하겠노라."

신포서가 말하였다.

"우리 군주께서는 지금 초야에서 엎드릴 곳도 구하지 못하신데 신이 어찌 감히 편안한 데에 가 있겠습니까."

다시 궁정 담장에 기대서서 곡을 하는데 밤낮으로 소리가 그치지 않았으며 물도 마시지 않았다. 진애공이 이에 감동하여 눈물을 흘리고 곧 군대를 파견하여 그를 돌려보냈다.

4 – 10

10년(기원전 505년), 진나라 군대가 아직 출병하지 않았을 때, 월왕 윤상은 합려가 취리를 격파한 것을 원한으로 여겨 군대를 일으켜 오나라를 쳤다. 합려가 초나라에 있을 때 월나라가 몰래 습격하였다.

6월, 신포서가 진나라 군대를 거느리고 왔다. 진은 공자 자포自蒲, 자호子虎를 시켜 수레 오백 승[94]을 이끌고 초나라를 구하고 오나라를 공격하게 했다. 두 공자가 말하였다.

"우리는 오나라의 전술[95]을 모른다."

초군이 앞서 가서 오와 전쟁하게 하고는 곧 초군과 연합하여 부개의 군대를 크게 패배시켰다.[96]

7월, 초 사마 자성과 진 공자 자포가 합려와 서로 대치하면서 몰래 비밀부대를 보내 당나라를 쳐 멸망시켰다.[97] 오자서는 소왕을 찾기 위해 오래 초나라에 머무르며 떠나지 않았다.

부개의 군대는 전쟁에서 패하자 곧 후퇴하였다.

9월, (부개는) 몰래 귀국하여 스스로 즉위하여 오왕이 되었다. 합려가 소문을 듣고는 초군을 버려두고 돌아와 부개를 죽이려 하였다. (부개가) 초나라로 달아나자 소왕이 부개를 당계棠溪[98]에 봉하였다. 합려가 마침내 돌아왔다.

오자서, 손무, 백희가 머무르며 옹서에서 초군을 패배시키자 진군이 다시 오군을 패배시켰다. 초나라 자기가 오 군영을 불태우려 하자 자서子西[99]가 말하였다.

"나라의 부형이 몸소 전쟁에 나갔다가 시체와 해골이 풀밭에 흩어져 있는데도 거두어들이지 못하였는데 또 (그들을) 불사르려 한다면 이 어찌 가하겠는가."[100]

자기가 반박하였다.

"나라를 잃고 백성을 잃는 것은 우리의 존망이 달려 있는 것이다. 이 뿐 아니라 또 어찌 산 사람을 죽여 죽은 사람을 위하겠는가. 죽은 자가 만약 지각이 있다면 반드시 연기를 타고 일어나 우리를 도울 것이며, 만약 지각이 없다면 풀 가운데 있는 해골을 불 질러 오나라를 망하게 할 수만 있다면 무엇이 아깝겠는가."

불 지르고 전쟁하니 오군이 대패하였다.

오자서 등이 모여 서로 말하였다.

"저 초나라가 비록 우리의 남은 병사를 패배시켰으나 우리에게 손실을 준 것은 없다."

손무가 말하였다.

"우리는 오나라 방패와 창을 가지고 서쪽으로 초나라를 격파시키고 소왕을 뒤쫓았으며 또 초(荊)[101]평왕의 묘를 파서 그 시체를 찢었으니 이미 만족하였다."

그러자 오자서가 동조하였다.

"패왕霸王이 있은 이래로 신하로서 이같이 복수한 자가 없었다. 이제 떠나도 되겠다."

4 - 11

오나라 군대가 떠난 후 소왕이 귀국하였다. 악사 호자扈子는 노래를 불러 초왕이 참소하고 아첨하는 말을 믿고 오사와 백주려를 죽여 외침이 국경에 끊이지 않았으며 심지어 평왕의 묘를 파 시체를 찢고 부인들을 간음하여 초나라 군신을 욕보이게 된 것을 비난하였다. 또 소왕이 곤궁하고 절박하게 되어 거의 천하의 가장 비천한 사람에 가깝게 된 것을 불쌍히 생각하였으나 너무나도 부끄럽게 여겼다. 초소왕을 위해 〈궁겁지곡窮劫之曲〉을 지어 거문고를 타며 군주의 궁박한 재액을 슬피 노래하여 이러한 기왕의 일들을 진술하였다. 그 가사는 이러하다.

왕이시여, 왕이시여, 어찌 도리를 어겨[102] 나라를 돌보지 않고 참소를 들으셨습니까.

비무기를 임용하여 죽인 상대가 많아 백씨족白氏族을 주멸하여 거의 멸족시키시니.

두 아들[103]이 동으로 달아나 오와 월로 가자 오왕이 애통히 여겨 그들의 슬픔을 도왔네.

눈물을 흘리며 병사를 일으켜 서쪽으로 토벌한 데에는 오자서, 백희, 손무가 모의하였네.

세 번 전쟁하여 영을 격파하자 왕이 달아나니 군대를 주둔시켜 횡행하며 초의 궁궐을 약탈하였네.

초왕의 해골이 파헤쳐져 드러나니 썩은 시체가 매질당한 치욕은 씻기 어려우네.

종묘, 사직 거의 망하게 되었으니 장왕[104]께서 무슨 죄가 있기에 나라가 거의 망하게 되었네.

경사卿士는 애통해하고 백성들은 슬퍼하여 오나라 군대 떠난 뒤에도 두려움 그치지 않네.

왕께서는 다시 충절 있는 신하 어루만지시고 참소하는 말에 놀아나지 마소서.[105]

소왕이 눈물을 흘리며 거문고 곡의 뜻을 깊이 깨닫자 호자는 거문고를 타지 않았다.

4 - 12

오자서 등이 율양 뇌수가를 지나면서 길게 한숨을 쉬며 말하였다.

"내가 일찍이 여기에서 배가 고팠을 때 한 여자에게 밥을 구걸하였는데 그 여자가 나에게 밥을 먹이고는 물에 빠져 죽었다."

(오자서는) 백 금으로 보답하려 하였으나 그 집을 알 수 없어 금을 물속에 던지고 떠났다.

조금 있다 한 노파가 곡을 하면서 오니 어떤 사람이 물었다.

"무엇 때문에 슬프게 곡을 하는 것이오."

"내게 딸이 있었는데 서른이 되도록 시집가지 않고 수절하였소. 지

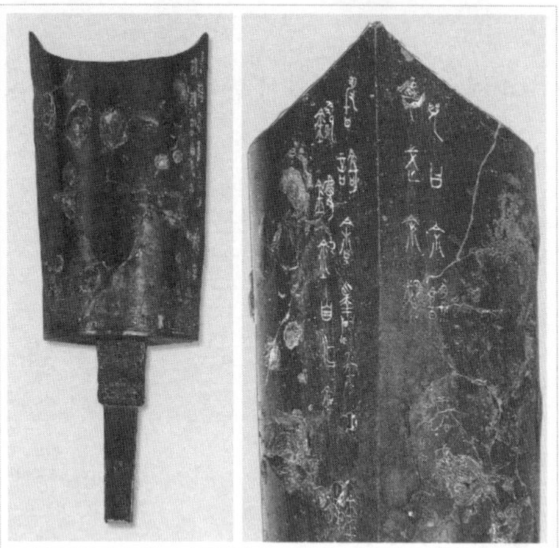

그림 14 배인구적配儿勾鑃과 명문銘文(춘추 기원전 5세기, 절강浙江 소흥紹興)

배인의 정공征功을 기념하였다. 배인은 합려의 태자 파波이며 오왕 부차夫差의 형이다. 구적은 일종의 타악기이며 춘추 말, 전국 초에 양자강 하류 오월 지역에서 성행하였다.

난해 여기에서 빨래하다 우연히 궁지에 처한 사내를 만나 그에게 밥을 먹이게 되었는데 그 일이 누설될까 두려워 스스로 뇌수에 몸을 던졌소. 오늘 오군伍君이 왔다는 소문을 들었는데 그 보상을 받지 못하였으니 헛된 죽음을 상심하여 슬퍼하는 것이오."

"오자서는 백 금으로 보답하려 하였으나 그 집이 어딘지 알지 못해 금을 물속에 던지고 떠났소."

그러자 노파는 금을 건져 가지고 돌아갔다.

오자서가 오나라로 돌아가는데 합려는 세 장수가 도착하려 한다는 소문을 듣고 생선을 요리하여 회를 만들었다. 도착할 것이라는 날에 때가 지났는데도 도착하지 않으니 생선에서 냄새가 났다. 조금 있다 오자서가 도착하니 합려가 회를 내와 먹는데 냄새가 나는지 몰랐다. 오왕이 다시 만드니 그 맛이 원래와 같았다. 오나라 사람이 회를 만드는 것은 합려부터 시작되었다. 여러 장수가 초나라에서 돌아온 뒤에 창문閶門의 이름을 파초문破楚門이라고 바꾸었다.

그러고는 다시 제齊나라 토벌을 모의하니 제경공齊景公[106]이 딸을 오나라에 볼모로 보냈다. 합려는 이 때문에 태자 파波를 제녀齊女에게 장가보냈다. 제녀는 아직 어려 제나라를 그리워하여 밤낮으로 통곡하며 울다 병이 났다. 합려는 북문을 세워 망제문望齊門이라고 이름짓고 제녀를 그 위에 올라가 놀게 하였으나 제녀는 여전히 그리워하다 병이 더욱 심해졌다. 제녀는 죽기 전에 말하였다.

"죽은 자가 지각知覺이 있다면 반드시 나를 우산虞山 꼭대기[107]에다 장례지내서 제나라를 바라보게 해주십시오."

합려가 (매우) 상심하여 제녀의 말대로 우산 꼭대기에 장사지냈다. 이때 태자도 병나 죽었다.

합려는 여러 공자 중에 태자를 택해 세우려고 논의하였으나 결정하지 못하였다. 둘째 아들 부차夫差[108]가 밤낮으로 오자서에게 고하였다.

"부왕이 태자를 세우려 하는데 내가 아니면 누가 마땅히 될 수 있겠는가. 이 일의 계획은 당신에게 달렸다."

"태자가 아직 정해지지 않았으니 내가 들어가 곧 결정짓겠습니다."

조금 있다 합려가 오자서를 불러 태자 세우는 것을 의논하니 오자서가 말하였다.

"신이 들으니, 제사는 자손이 끊어지는 데서 폐廢해지고 후사가 있는 데서 흥興한다고 하였습니다. 지금 태자가 죽어 일찍 왕을 모시는 시종을 잃었으니 오늘 왕께서 태자를 세우려 하신다면 둘째 아들 부차[109]보다 더 훌륭한 이가 없습니다."

합려가 말하였다.

그림 15 고소산姑蘇山

오늘날 소주蘇州 서남 14킬로미터 횡산橫山 서북에 있는 영암산靈巖山은 합려와 부차의 행궁이 있었던 고소산으로, 바위가 어울어진 야트막한 야산에는 새로 지어진 고소대姑蘇臺를 비롯해 오왕정吳王井, 부차가 구천勾踐과 범려范蠡를 가두었다는 석실石室 유지遺址 등이 남아 있다.

"부차는 어리석고 어질지 못하니 오나라의 대통大統을 이을 수 없을 듯하다."

"부차는 신의로서 백성을 사랑하며 절개를 지키는 데 단정하며 예의에 돈독합니다. 또한 아버지가 죽어 아들이 대를 잇는 것은 경전經典에 규정된 명문입니다."

"과인은 그대 말을 따르겠다."

부차를 태자로 세우고, 태자를 변경에 보내 군대를 주둔시켜 초를 대비하게 했다. 자신은 도성에 머무르며 궁실을 지어 안평리安平里[110]에 사대射臺[111]를 세우고 평창平昌에 화지華池[112]를 만들고 장락리長樂里[113]에 남성궁南城宮을 세웠다. 합려는 드나들며 놀고 기거하며 가을과 겨울에는 성 안에서 다스리고 봄과 여름은 성 밖 고소대姑蘇臺[114]에서 다스렸다. 아침에는 조산鉏山[115]에서 밥을 먹고 낮에는 고소대[116]에서 놀며 구

그림 16 고소대姑蘇臺

『오지기吳地記』에 의하면, 오왕 합려 11년에 고소산姑蘇山에 대臺를 세워 봄과 여름에 이곳에서 놀았다. 후에 부차가 다시 높여 치장했는데, 월나라가 오나라를 침략할 때 불탔다. 사마司馬 천遷이 고소姑蘇에 올라가 오호五湖를 바라보았다고 한다.

피鷗陂[117]에서 활을 쏘고 유대游臺에서 말을 타고 달리며 석성石城[118]에서 흥을 즐기고 장주長洲[119]에서 수렵하였다. 이는 합려가 패자가 되었을 때의 일이다.

이때[120] 태자가 정해지자 태자가 된 부차를 시켜 초나라를 토벌하였다. 태자[121]는 초군을 격파하고 파番[122]를 함락하였다.[123] 초왕은 오군이 다시 올까 두려워 영을 버리고 위약蔿若[124]으로 수도를 옮겼다. 이때 오나라는 오자서, 백희, 손무의 계책을 써서 서쪽으로 강국 초를 격파하고 북으로 제와 진晉을 위협하고 남으로 월[125]을 공격하였다.[126]

原文

4 - 1

闔閭元年, 始任賢使能, 施恩行惠, 以仁義聞於諸侯. 仁未施, 恩未行, 恐國人不就, 諸侯不信, 乃舉伍子胥爲行人, 以客禮事之, 而與謀國政. 闔閭謂子胥曰 "寡人欲彊國霸王, 何由而可." 伍子胥膝進, 垂淚頓首曰 "臣, 楚國之亡虜也. 父兄棄捐, 骸骨不葬, 魂不血食. 蒙罪受辱, 來歸命於大王, 幸不加戮, 何敢與政事焉." 闔閭曰 "非夫子, 寡人不免於縶禦之使. 今幸奉一言之教, 乃至於斯, 何為中道生進退耶." 子胥曰 "臣聞謀議之臣, 何足處於危亡之地. 然憂除事定, 必不爲君主所親." 闔閭曰 "不然. 寡人非子無所盡議, 何得讓乎. 吾國僻遠, 顧在東南之地, 險阻潤濕, 又有江海之害, 君無守禦, 民無所依, 倉庫不設, 田疇不墾, 爲之奈何." 子胥良久對曰 "臣聞治國之道, 安君理民是其上者." 闔閭曰 "安君治民, 其術奈何." 子胥曰 "凡欲安君治民, 興霸成王, 從近制遠者, 必先立城郭, 設守備, 實倉廩, 治兵庫. 斯則其術也." 闔閭曰 "善! 夫築城郭, 立倉庫, 因地制宜, 豈有天氣之數以威鄰國者乎." 子胥曰 "有." 闔閭曰 "寡人委計於子."

子胥乃使相土嘗水, 象天法地, 造築大城, 周迴四十七里. 陸門八, 以象天八風. 水門八, 以法地八窓[1]. 築小城, 周十里. 陸[2]門三, 不開東面者, 欲以絕越明也. 立閶門者, 以象天門, 通閶闔風也. 立蛇門者, 以象地戶也. 闔閭欲西破楚, 楚在西北, 故立閶門以通天氣, 因復名之破楚門. 欲東幷大越, 越在東南, 故立蛇門以制敵國. 吳在辰, 其位龍也, 故小城南門上反羽爲兩鯢鱙[3], 以象龍角. 越在巳地, 其位蛇也, 故南大門上有木蛇, 北向首內, 示越屬於吳也.

城郭以成, 倉庫以具, 闔閭復使子胥屈蓋餘, 燭傭, 習術戰騎射御之巧, 未有所用, 請干將鑄作名劍二枚. 干將者, 吳人也, 與歐冶子同師, 俱能爲劍. 越前來獻三枚, 闔閭得而寶之, 以故使劍匠作爲二枚. 一曰干將, 二曰莫耶. 莫耶, 干將之妻也. 干將作劍, 采五山之鐵精, 六合之金英. 候天伺地, 陰陽同光, 百神臨觀, 天氣下降, 而金鐵之精不銷淪流. 於是干將不知其由. 莫耶曰"子以善爲劍聞於王, 使子作劍, 三月[4]不成, 其有意乎." 干將曰"吾不知其理也." 莫耶曰"夫神物之化, 須人而成, 今夫子作劍, 得無得其人而後成乎." 干將曰"昔吾師作冶, 金鐵之類不銷, 夫妻俱入冶爐中, 然後成物. 至今後世, 即山作冶, 麻絰葌服, 然後敢鑄金於山. 今吾作劍不變化者, 其若斯耶." 莫耶曰"先師親[5]爍身以成物, 吾何難哉." 於是干將妻乃斷髮剪指[6], 投於爐中, 使童女童男三百人鼓橐裝炭, 金鐵乃濡, 遂以成劍. 陽曰干將, 陰曰莫耶. 陽作龜文, 陰作漫理.

干將匿其陽, 出其陰而獻之, 闔閭甚重. 既得寶劍, 適會魯使季孫聘於吳, 闔閭使掌劍大夫以莫耶獻之. 季孫拔, 劍之鍔中缺者大如黍米, 歎曰"美哉, 劍也! 雖上國之師, 何能加之! 夫劍之成也, 吳霸. 有缺, 則亡矣. 我雖好之, 其可受乎." 不受而去.

闔閭既寶莫耶, 復命於國中作金鉤. 令曰"能爲善鉤者, 賞之百金." 吳作鉤者甚衆, 而有人貪王之重賞也, 殺其二子, 以血釁金, 遂成二鉤, 獻於闔閭, 詣宮門而求賞. 王曰"爲鉤者衆而子獨求賞, 何以異於衆人[7]之鉤乎." 作鉤者曰"吾之作鉤也, 貪王之賞[8]而殺二子, 釁成二鉤." 王乃擧衆鉤以示之"何者是也." 王鉤甚多, 形體相類, 不知其所在. 於是鉤師向鉤而呼二子之名"吳鴻, 扈稽, 我在於此, 王不知汝之神也." 聲未絕於口[9], 兩鉤俱飛著父之胸. 吳王大驚, 曰"嗟乎! 寡人誠負於子." 乃賞百金, 遂服而不離身.

4 - 2

六月, 欲用兵, 會楚之白喜來奔. 吳王問子胥曰 "白喜何如人也." 子胥曰 "白喜者, 楚白州犁之孫. 平王誅州犁, 喜因出奔, 聞臣在吳而來也." 闔閭曰 "州犁何罪." 子胥曰 "白州犁, 楚之左尹, 號曰郄宛, 事平王. 平王幸之, 常與盡日而語, 襲朝而食. 費無忌望而妒之, 因謂平王曰 '王愛幸宛, 一國所知, 何不爲酒一至宛家, 以示群臣於宛之厚.' 平王曰 '善.' 乃具酒於郄宛之舍. 無忌教宛曰 '平王甚毅猛而好兵, 子必前陳兵堂下門庭.' 宛信其言, 因而爲之. 及平王往而大驚曰 '宛何等也.' 無忌曰 '殆且有篡殺之憂, 王急去之! 事未可知.' 平王大怒, 遂誅郄宛. 諸侯聞之, 莫不歎息. 喜聞臣在吳, 故來, 請見之."

闔閭見白喜而問曰 "寡人國僻遠, 東濱海. 側聞子前人爲楚荊之暴怒, 費無忌之讒口. 不遠吾國, 而來於斯, 將何以教寡人." 喜曰 "楚國之失虜, 前人無罪, 橫被暴誅. 臣聞大王收伍子胥之窮厄, 不遠千里, 故來歸命. 惟大王賜其死." 闔閭傷之, 以爲大夫, 與謀國事.

吳大夫被離承宴, 問子胥曰 "何見而信喜." 子胥曰 "吾之怨與喜同. 子不聞河上歌乎. '同病相憐, 同憂相救. 驚翔之鳥, 相隨而集. 瀨下之水, 回[10]復俱流.' 胡馬望北風[11]而立, 越鸗向日而熙. 誰不愛其所近, 悲其所思者乎." 被離曰 "君之言外也, 豈有內意以決疑乎." 子胥曰 "吾不見也." 被離曰 "吾觀喜之爲人, 鷹視虎步, 專功擅殺之性, 不可親也." 子胥不然其言, 與之俱事吳王.

4 - 3

二年, 吳王前既殺王僚, 又憂慶忌之在鄰國, 恐合諸侯來伐. 問子胥曰 "昔專諸之事, 於寡人厚矣. 今聞公子慶忌有計於諸侯, 吾食不甘味, 臥不安席,以付於子."

子胥曰"臣不忠無行, 而與大王圖王僚於私室之中, 今復欲討其子, 恐非皇天之意."

闔閭曰"昔武王討紂, 而後殺武庚, 周人無怨色. 今若斯議, 何乃[12]天乎."

子胥曰"臣事君王, 將遂吳統, 又何懼焉. 臣之所厚其人者, 細人也, 願從於謀."

吳王曰"吾之憂也, 其敵有萬人之力, 豈細人之所能謀乎."

子胥曰"其細人之謀事, 而有萬人之力也."

王曰"其爲何誰. 子以言之."

子胥曰"姓要名離. 臣昔嘗見曾折辱壯士椒丘訢也."

王曰"辱之奈何."

子胥曰"椒丘訢者, 東海上人也. 爲齊王使於吳, 過淮津, 欲飮馬於津, 津吏曰'水中有神, 見馬即出, 以害其馬. 君勿飮也.' 訢曰'壯士所當, 何神敢干.' 乃使從者飮馬於 津, 水神果取其馬, 馬沒. 椒丘訢大怒, 袒裼持劍入水, 求神決戰, 連日乃出, 眇其一目. 遂之吳, 會於友人之喪. 訢恃其與水[13]戰之勇也, 於友人之喪席而輕傲於士大夫, 言辭不遜, 有陵人之氣. 要離與之對坐, 合坐不忍其溢於力也. 時要離乃挫訢曰'吾聞勇士之鬥也, 與日戰不移表, 與神鬼戰者不旋踵, 與人戰者不達聲. 生往死還, 不受其辱. 今子與神鬥於水, 亡馬失御, 又受眇目之病, 形殘名勇, 勇士所恥. 不即喪命於敵而戀其生, 猶傲色於我哉!' 於是椒丘訢卒於[14]詰責, 恨怒並發, 瞑即往攻要離. 於是要離席闌至舍, 誡其妻曰'我辱勇士椒丘訢於大家之喪, 餘恨蔚恚, 瞑必來也, 愼無閉吾門.' 至夜, 椒丘訢果往, 見其門不閉. 登其堂, 不關. 入其室, 不守, 放髮僵臥, 無所懼. 訢乃手劍而捽要離曰'子有當死之過者三, 子知之乎.' 離曰'不知.' 訢曰'子辱我於大家之衆, 一死也. 歸不關閉, 二死也. 臥不守御, 三死也. 子有三死之過, 欲無得怨.' 要離曰 '吾無三死之過, 子有三不肖之愧, 子知之乎.' 訢曰 '不知.' 要離曰 '吾辱子於千人之衆, 子無敢報, 一不肖也. 入門不咳, 登堂無聲, 二不肖也. 前拔子劍, 手挫捽吾頭, 乃敢大言, 三不肖也. 子有三不肖而威於我, 豈不鄙哉.' 於是椒丘訢投劍而嘆曰 '吾之勇也, 人莫敢眥占[15]者, 離乃加吾之上, 此天下壯士也.' 臣聞要離若斯, 誠以聞矣." 吳王曰 "願承宴而待焉."

4 - 4

子胥乃見要離曰 "吳王聞子高義, 惟一臨之." 乃與子胥見吳王. 王曰 "子何爲者." 要離曰 "臣國東千里之人, 臣細小無力, 迎風則僵, 負風則仆[16]. 大王有命, 臣敢不盡力." 吳王心非子胥進此人, 良久默然不言. 要離即進曰 "大王患慶忌乎. 臣能殺之." 王曰 "慶忌之勇, 世所聞也. 筋骨果勁, 萬人莫當. 走追奔獸, 手接飛鳥, 骨騰肉飛, 拊膝數百里. 吾嘗追之於江, 駟馬馳不及, 射之闇接, 矢不可中. 今子之力不如也." 要離曰 "王有意焉, 臣能殺之." 王曰 "慶忌明智之人, 歸窮於諸侯, 不下諸侯之士." 要離曰 "臣聞安其妻子之樂, 不盡事君之義, 非忠也. 懷家室之愛, 而不除君之患者, 非義也. 臣詐以負罪出奔, 願王戮臣妻子, 焚之吳市, 飛揚其灰, 購臣千金與百里之邑[17], 慶忌必信臣矣." 王曰 "諾."

要離乃詐得罪出奔, 王殺其妻子, 焚之吳市, 飛揚其灰, 購之千金與, 百里之邑[18].

要離乃奔諸侯而行怨言, 以無罪聞於天下. 遂如衛, 求見慶忌, 見曰 "闔閭無道, 王子所知. 今戮吾妻子, 焚之於市, 無罪見誅. 吳國之事, 吾知其情, 願因王子之勇, 闔閭可得也. 何不與我東之於吳." 慶忌信其謀.

後三月, 揀練士卒, 遂之吳. 將渡江於中流, 要離力微, 坐與上風, 因風勢以矛鉤其冠, 順風而刺慶忌. 慶忌顧而揮之, 三捽其頭於水中, 乃加於膝上"嘻嘻哉! 天下之勇士也! 乃敢加兵刃於我." 左右欲殺之, 慶忌止之曰"此是天下勇士. 豈可一日而殺天下勇士二人哉." 乃誡左右曰"可令還吳, 以旌其忠." 於是慶忌死.

要離渡至江陵, 愍然不行. 從者曰"君何不行." 要離曰"殺吾妻子, 以事吾君, 非仁也. 爲新君而殺故君之子, 非義也. 重其死, 不貴無義, 今吾貪生棄行, 非義也. 夫人有三惡以立於世, 吾何面目以視天下之士." 言訖, 遂投身於江. 未絕, 從者出之. 要離曰"吾寧能不死乎." 從者曰"君且勿死, 以俟爵祿." 要離乃自斷手足, 伏劍而死.

4 - 5

三年, 吳將欲伐楚, 未行. 伍子胥, 白喜相謂曰"吾等爲王養士, 畫其策謀, 有利於國, 而王故伐楚, 出其令, 託而無興師之意, 奈何." 有頃, 吳王問子胥, 白喜曰"寡人欲出兵於二子, 何如." 子胥, 白喜對曰"臣願用命." 吳王內計二子皆怨楚, 深恐以兵往, 破滅而已. 登臺向南風而嘯, 有頃而嘆, 群臣莫有曉王意者. 子胥深知王之不定, 乃薦孫子於王.

孫子者, 名武, 吳人也. 善爲兵法, 僻[19]隱深居, 世人莫知其能. 胥乃明知鑒辯, 知孫子可以折衝銷敵. 乃一旦與吳王論兵, 七薦孫子. 吳王曰"子胥託言進士, 欲以自納." 而召孫子, 問以兵法. 每陳一篇, 王不知[20]口之稱善, 其意大悅. 問曰"兵法寧可以小試耶." 孫子曰"可. 可以小試於後宮之女." 王曰"諾." 孫子曰"得大王寵姬二人, 以爲軍隊長, 各將一隊." 令三百人皆被甲兜鍪, 操劍盾而立. 告以軍法, 隨鼓進退, 左右迴旋, 使知其禁. 乃令曰"一鼓皆振, 二鼓 操[21]進, 三鼓爲戰形." 於是宮女皆掩口而笑. 孫子乃親自操枹擊鼓, 三令五申, 其笑如故. 孫子顧視, 諸女連笑不止. 孫子大怒, 兩目忽張, 聲如駭虎, 髮上衝冠, 項旁絕纓, 顧謂執法曰 "取鈇鑕." 孫子曰 "約束不明, 申令不信, 將之罪也. 既以約束, 三令五申, 卒不却行, 士之過也. 軍法如何." 執法曰 "斬." 武乃令斬隊長二人, 即吳王之寵姬也. 吳王登臺觀望, 正見斬二愛姬, 馳使下之令曰 "寡人已知將軍用兵矣. 寡人非此二姬食不甘味, 宜勿斬之." 孫子曰 "臣既已受命爲將, 將法在軍, 君雖有令, 臣不受之." 孫子復撝鼓之, 當左右進退, 迴旋規矩[22], 不敢瞬目, 二隊寂然無敢顧者. 於是乃報吳王曰 "兵已整齊, 願王觀之. 惟所用之[23], 使赴水火, 猶無難矣, 而可以定天下." 吳王忽然不悅, 曰 "寡人知子善用兵, 雖可以霸, 然而無所施也. 將軍罷兵就舍, 寡人不願." 孫子曰 "王徒好其言而不用其實."

子胥諫曰 "臣聞, 兵者凶事, 不可空試. 故爲兵者, 誅伐不行, 兵道不明. 今大王虔心思士, 欲興兵戈以誅暴楚, 以霸天下而威諸侯, 非孫武之將, 而誰能涉淮踰泗, 越千里而戰者乎." 於是吳王大悅, 因鳴鼓會軍, 集而攻楚. 孫子爲將, 拔舒, 殺吳亡將二公子蓋餘, 燭傭. 謀欲入郢, 孫武曰 "民勞, 未可, 恃[24]也."

楚聞吳使孫子, 伍子胥, 白喜爲將, 楚國苦之. 群臣皆怨, 咸言費無忌讒殺伍奢, 白州犁, 而吳侵境, 不絕於寇, 楚國群臣有一朝之患. 於是司馬成[25]乃謂子常曰 "太傅伍奢, 左尹白州犁, 邦人莫知其罪, 君與王謀誅之, 流謗於國, 至于今日, 其言不絕, 誠[26]惑之. 蓋聞仁者殺人以掩謗者, 猶弗爲也, 今子殺人以興謗於國, 不亦異乎! 夫費無忌, 楚之讒口, 民莫不知[27]其過. 今無辜殺三賢士, 以結怨於吳. 內傷忠臣之心, 外爲鄰國所笑. 且郄, 伍之家出奔於吳, 吳新有伍員, 白喜, 秉威銳志, 結讎於楚, 故彊敵之兵日駭. 楚國有事, 子即危矣. 夫智者除讒以自安, 愚者受佞以自亡. 今子受讒, 國以危矣." 子常曰 "是囊[28]之罪也, 敢不圖之." 九月, 子常與昭王共誅費無忌, 遂滅其族, 國人乃謗止[29].

4 - 6

吳王有女滕玉, 因謀伐楚, 與夫人及女會, 食[30]蒸魚, 王前嘗半而與女. 女怒曰 "王食我殘魚[31]辱我, 不忍[32]久生." 乃自殺. 闔閭痛之, 葬於國西閶門外. 鑿地爲池, 積土爲山[33], 文石爲槨, 題湊爲中, 金鼎, 玉杯, 銀樽, 珠襦之寶, 皆以送女. 乃舞白鶴於吳市中, 令萬民隨而觀之, 遂[34]使男女與鶴俱入羨門, 因發機以掩之. 殺生以送死, 國人非之.

湛盧之劍惡闔閭之無道也, 乃去而出, 水行如楚.

楚昭王臥而寤, 得吳王湛盧之劍於床. 昭王不知其故, 乃召風湖子而問曰 "寡人臥覺而得寶劍, 不知其名, 是何劍也." 風湖子曰 "此謂湛盧之劍." 昭王曰 "何以言之." 風湖子曰 "臣聞吳王得越所獻寶劍三枚. 一曰魚腸, 二曰磐郢, 三曰湛盧. 魚腸之劍, 已用殺吳王僚也, 磐郢以送其死女, 今湛盧入楚也." 昭王曰 "湛盧所以去者何也." 風湖子曰 "臣聞越王允常聘[35]歐冶子造劍五枚以示薛燭, 燭對曰 '魚腸劍逆理不順, 不可服也, 臣以殺君, 子以殺父.' 故闔閭以殺王僚. '一名磐郢, 亦曰豪曹, 不法之物, 無益於人.' 故以送死. '一名湛盧, 五金之英, 太陽之精, 寄氣託靈, 出之有神, 服之有威, 可以折衝拒敵. 然人君有逆理之謀, 其劍即出.' 故去無道以就有道. 今吳王無道, 殺君謀楚, 故湛盧入楚." 昭王曰 "其直幾何." 風湖子曰 "臣聞此劍在越之時, 客有酬其直者, 有市之鄉三十, 駿馬千匹, 萬戶之都二. 是其一也. 薛燭對曰[36] '赤堇之山已合[37]無雲, 若耶之溪深而莫測, 群神[38]上天, 歐冶死矣. 雖傾城量金, 珠玉盈河, 猶不能得此寶, 而況有市之鄉, 駿馬千匹, 萬戶之都, 何足言也.'" 昭王大 悅, 遂以爲寶.

闔閭聞楚得湛盧之劍, 因斯發怒, 遂使孫武, 伍胥, 白喜伐楚. 子胥陰令宣言於楚曰 "楚用子期爲將, 吾即得而殺之. 子常用兵, 吾即去之." 楚聞之, 因用子常, 退子期. 吳拔六與潛[39]二邑.

4 - 7

五年, 吳王以越不從伐楚, 南伐越. 越王元常曰“吳不信前日之盟, 棄貢賜之國, 而滅其交親.”闔閭不然其言, 遂伐, 破檇里.

六年, 楚昭王使公子囊瓦伐吳, 報潛, 六之役. 吳使伍胥, 孫武擊之, 圍於豫章. 吳王曰“吾欲乘危入楚都而破其郢, 不得入郢, 二子何功.”於是圍楚師於豫章, 大破之. 遂圍巢, 克之, 獲楚公子繁以歸, 爲質.

九年, 吳王謂子胥, 孫武曰“始子言郢不可入, 今果何如.”二將曰“夫戰, 借勝以成其威, 非常勝之道.”吳王曰“何謂也.”二將曰“楚之爲兵, 天下彊敵也. 今臣與之爭鋒, 十亡一存, 而王入郢者, 天也. 臣不敢必.”吳王曰“吾欲復擊楚, 奈何而有功.”伍胥, 孫武曰“囊瓦者, 貪而多過於諸侯, 而唐, 蔡怨之. 王必伐, 得唐, 蔡.”“何怨.”二將曰“昔蔡昭公朝於楚, 有美裘二枚, 善珮二枚, 各以一枚獻之昭王. 王服之以臨朝. 昭公自服一枚. 子常欲之, 昭公不與. 子常三年留之, 不使歸國. 唐成公朝楚, 有二文馬, 子常欲之, 公不與, 亦三年止之. 唐人[40]相與謀, 從成公從者請馬, 以贖成公. 飲從者酒, 醉之. 竊馬而獻子常, 常乃遣成公歸國. 群臣誹謗曰‘君以一馬之故, 三年自囚, 願賞竊馬之功.’於是成公常思報楚, 君臣未嘗絶口. 蔡人聞之, 固請獻裘, 珮於子常, 蔡侯得歸. 如晉告訴, 以子元與大夫之子[41]質, 而請伐楚. 故曰得唐, 蔡而可伐楚.”

吳王於是使使謂唐, 蔡曰“楚爲無道, 虐殺忠良, 侵食諸侯, 困辱二君. 寡人欲舉兵伐楚, 願二君有謀.”蔡侯[42]使其子乾爲質於吳. 三國合謀伐楚, 舍兵於淮汭, 自豫章與楚夾漢水爲陣. 子常遂濟漢而陣, 自小別山至於大別山. 三[43]不利, 自知不可進, 欲奔亡. 史皇曰“今子常無故與王共殺忠臣三人, 天禍來下, 王之所致.”子常不應.

4 - 8

十月, 楚二師[44]陣於柏擧. 闔閭之弟夫概晨起請於闔閭曰“子常不仁, 貪而少恩, 其臣下莫有死志. 追之, 必破矣.”闔閭不許. 夫概曰“所謂臣行其志不待命者, 其謂此也!”遂以其部五千人擊子常. 大敗, 走奔鄭, 楚師大亂, 吳師乘之, 遂破楚衆. 楚人未濟漢, 會楚人食, 吳因奔而擊破之雍滋[45]. 五戰徑至於郢.

王追於吳寇, 出固將亡, 與妹季芊出河, 濉之間. 楚大夫尹固與王同舟而去. 吳師遂入郢, 求昭王. 王涉濉濟江, 入于雲中. 暮宿, 群盜攻之, 以戈擊王頭, 大夫尹固隱王, 以背受之, 中肩. 王懼, 奔鄖. 大夫鍾建負季羋以從. 鄖公辛得昭王, 大喜, 欲還之. 其弟懷怒曰“昭王是我讎也.”欲殺之, 謂其兄辛曰“昔平王殺我父, 吾殺其子, 不亦可乎!”辛曰“君討其臣, 敢讎之者. 夫乘人之禍, 非仁也. 滅宗廢祀, 非孝也. 動無令名, 非智也.”懷怒不解. 辛陰與其季弟巢以王奔隨.

吳兵逐之, 謂隨君曰“周之子孫在漢水上者, 楚滅之. 謂天報其禍, 加罰於楚, 君何寶之 周室何罪. 而隱其賊. 能出昭王, 即重惠也.”隨君卜昭王與吳王, 不吉, 乃辭吳王曰“今隨之僻小, 密近於楚, 楚實存我, 有盟, 至今未改. 若今有難而棄之何以事君[46] 今且安靜楚, 敢不聽命.”吳師多其辭, 乃退.

是時, 大夫子期雖與昭王俱亡, 陰與吳師爲市, 欲出昭王. 王聞之, 得免, 即割子期心, 以與隨君盟而去.

4 - 9

吳王入郢, 止留. 伍胥以不得昭王, 乃掘平王之墓, 出其屍, 鞭之三百. 左足踐其[47]腹, 右手抉其目, 誚之曰“誰使汝用讒諛之口, 殺我父兄. 豈不冤哉!”即令闔閭妻昭王夫人, 伍胥, 孫武, 白喜亦妻子常, 司馬成之妻, 以辱楚之君臣也.

遂引軍擊鄭. 鄭定公前殺太子建而困迫子胥, 故怨鄭. 兵將入境[48], 鄭定公大懼, 乃令國中曰 "有能還吳軍者, 吾與分國而治." 漁者之子應募曰 "臣能還之. 不用尺兵斗糧, 得一橈而行歌道中, 即還矣." 公乃與漁者之子一[49]橈. 子胥軍將至, 當道扣橈而歌曰 "蘆中人!" 如是再. 子胥聞之, 愕然大驚, 曰 "何等人者." 卽請[50]與語, "公爲何誰矣." 曰 "漁父者子. 吾國君懼怖, 令於國. 有能還吳軍者, 與之分國而治. 臣念前人與君相逢於途, 今從君乞鄭之國." 子胥歎曰 "悲哉! 吾蒙子前人之恩, 自致於此. 上天蒼蒼, 豈敢忘也." 於是乃釋鄭國, 還軍守楚, 求昭王所在日急.

申包胥亡在山中, 聞之, 乃使人謂子胥曰 "子之報讎, 其以甚乎! 子, 故平王之臣, 北面事之. 今於僇屍之辱, 豈道之極乎." 子胥曰 "爲我謝申包胥曰. 日暮路遠, 倒行而逆施之於道也."

申包胥知不可, 乃之於秦, 求救楚. 晝馳夜趨, 足踵蹠劈, 裂裳裹膝, 鶴倚哭於秦庭, 七日七夜, 口不絶聲. 秦桓公素沉湎, 不恤國事. 申包胥哭已, 歌曰 "吳爲無道, 封豕長蛇, 以食上國, 欲有天下, 政從楚起. 寡君出在草澤, 使來告急." 如此七日, 桓公大驚 "楚有賢臣如是, 吳猶欲滅之. 寡人無臣若斯者, 其亡無日矣." 爲賦無衣之詩曰 "豈曰無衣, 與子同袍. 王于興師, 與子同仇." 包胥曰 "臣聞戾德無厭, 王不憂鄰國疆埸[51]之患, 逮吳之未定, 王其取分焉. 若楚遂亡, 於秦何利. 則亦亡君之土也. 願王以神靈存之, 世以事王." 秦伯使辭焉, 曰 "寡人聞命矣. 子且就館, 將圖而告." 包胥曰 "寡君今在草野, 未獲所伏, 臣何敢即安." 復立於庭, 倚牆而哭, 日夜不絶聲, 水不入口. 秦伯爲之垂涕, 卽出師而送之.

4 - 10

十年, 秦師未出, 越王元常恨闔閭破之檇里, 興兵伐吳. 吳在楚, 越盜掩襲之.

六月, 申包胥以秦師至, 秦使公子子蒲, 子虎率車五百乘, 救楚擊吳. 二子曰 "吾未知吳道." 使楚師前, 與吳戰, 而即會之, 大敗夫概.

七月, 楚司馬子成, 秦公子子蒲, 與吳王相守, 私以間兵伐唐, 滅之. 子胥久留楚, 求昭王, 不去.

夫概師敗, 卻退. 九月, 潛歸, 自立爲吳王. 闔閭聞之, 乃釋楚師, 欲殺夫概. 奔楚, 昭王封夫概於棠溪. 闔閭遂歸.

子胥, 孫武, 白喜留, 敗楚師於雍澨[52], 秦師又敗吳師. 楚子期將焚吳軍, 子西曰 "吾國父兄身戰暴骨草野焉, 不收, 又焚之, 其可乎." 子期曰 "亡國失衆, 存沒所在, 又何殺生以愛死. 死如有知, 必將乘煙起而助我. 如其無知, 何惜草中之骨而亡吳國." 遂焚而戰, 吳師大敗.

子胥等相謂曰 "彼楚雖敗我餘兵, 未有所損我者." 孫武曰 "吾以吳干戈西破楚, 逐昭王而屠荊平王墓, 割戮其屍, 亦已足矣." 子胥曰 "自霸王以[53]來, 未有人臣報讎如此者也. 行去矣!"

4 - 11

吳軍去後, 昭王反國. 樂師扈子非荊王信讒佞, 殺伍奢, 白州犁而寇不絕於境, 至乃掘平王墓, 戮屍奸喜, 以辱楚君臣. 又傷昭王困迫, 幾爲天下大鄙, 然已愧矣. 乃援琴爲楚作〈窮劫之曲〉, 以暢君之迫厄, 之暢達也.[54] 其詞曰

王耶王耶何乖烈, 不顧宗廟聽讒孽.

任用無忌多所殺, 誅夷白氏族幾滅.

二子東奔適吳越, 吳王哀痛助忉怛.

垂涕舉兵將西伐, 伍胥, 白喜, 孫武決.

三戰破郢王奔發, 留兵縱騎虜荊闕.

楚荊骸骨遭發掘, 鞭辱腐屍恥難雪.

幾危宗廟社稷滅, 嚴王何罪國幾絶.

卿士悽愴民惻悷, 吳軍雖去怖不歇.

願王更隱撫忠節, 勿為讒口能謗褻.

昭王垂涕, 深知琴曲之情, 扈子遂不復鼓矣.

4 - 12

子胥等過溧陽瀨水之上, 乃長太息曰 "吾嘗飢於此, 乞食於一女子, 女子飼我, 遂投水而亡." 將欲報以百金而不知其家, 乃投金水中而去.

有頃, 一老嫗行哭而來, 人問曰 "何哭之悲." 嫗曰 "吾有女子, 守居三十不嫁. 往年擊綿於此, 遇一窮途君子而輒飯之, 而恐事泄, 自投於瀨水. 今聞伍君來, 不得其償, 自傷虛死, 是故悲耳." 人曰 "子胥欲報百金, 不知其家, 投金水中而去矣." 嫗遂取金而歸.

子胥歸吳, 吳王聞三師[55]將至, 治魚爲鱠. 將到之日, 過時不至, 魚臭. 須臾, 子胥至, 闔閭出鱠而食, 不知其臭. 王復重爲之, 其味如故. 吳人作鱠者, 自闔閭之造也. 諸將既從還楚[56], 因更名閶門曰破楚門.

復謀伐齊, 齊子使女爲質於吳, 吳王因爲太子波聘齊女. 女少思齊, 日夜號泣, 因乃爲病. 闔閭乃起北門, 名曰望齊門, 令女往遊其上. 女思不止, 病日益甚, 乃至殂落. 女曰 "令死者有知, 必葬我於虞山之巓, 以望齊國." 闔閭傷之甚, 用其言[57], 乃葬虞山之巓.

是時太子亦病而死. 闔閭謀擇諸公子可立者, 未有定計. 波[58]太子夫差日夜告於伍胥曰 "王欲立太子, 非我而誰當立. 此計在君耳." 伍子胥曰 "太子未有定, 我入則決矣."

闔閭有頃召子胥, 謀立太子, 子胥曰 "臣聞祀廢於絶後, 興於有嗣. 今太子不祿, 早失侍御, 今王欲立太子者, 莫大乎波秦之子[59]夫差." 闔閭曰 "夫[60]愚而不仁, 恐不能奉統於吳國." 子胥曰 "夫差信以愛人, 端於守節, 敦於禮義. 父死子代, 經之明文." 闔閭曰 "寡人從子."

立夫差爲太子, 使太子屯兵守楚. 留止自治宮室, 立射臺於安里[61], 華池在平昌, 南城宮在長樂里[62]. 闔閭出入游臥, 秋冬治於城中, 春夏治於城外姑蘇之臺[63]. 旦食鮔山, 晝游蘇臺. 射於鷗陂, 馳於游臺. 興樂石城, 走犬長洲. 斯止闔閭之霸時.

於是太子定, 因伐楚, 破師拔番. 楚懼吳兵復至[64], 乃去郢, 徙于蔿若. 當此之時, 吳以子胥, 白喜, 孫武之謀, 西破彊楚, 北威齊, 晉, 南伐於越.

1 徐天祜는 趙曄 자신이 越人(會稽)인데도 왜 闔閭傳과 夫差傳 등 吳史를 內傳이라고 하고, 越無余傳과 勾踐傳 등 越史를 外傳이라고 하였는지 의문을 제기하였다. 이에 관해 張覺은 內와 外는 上과 下와 같은 篇을 구별하는 용법으로 쓰였다고 한다.

2 闔閭 : 기원전 514～496년 재위. 徐天祜에 의하면, 『左傳』과 『史記』 권31 「吳太伯世家」(이하 「吳太伯世家」)에 "闔廬"라고 한다.

3 오나라는 伍子胥 외에도 申公巫臣의 아들 狐勇, 齊人 慶封, 伯喜, 孫武 등과 같이 외국인을 등용하였다. 이들은 주로 行人의 직책을 맡았는데 이들은 중원의 儀禮에 익숙하였기 때문에 남방 蠻夷의 오나라가 중원과 교류하는 데 외교적으로 활약하였던 듯하다. 이들은 壽夢 이래 국정에 깊숙이 개입하여 오나라의 중원 진출의 주도하였다.

4 縶禦 : 말을 묶고 모는 직무를 뜻하나 여기에서는 군사를 거느리고 전쟁하는 장군을 의미한다.

5 오나라는 公族의 권한이 왕권에 비해 미약했던 듯하다. 楚의 경우 왕의 叔父, 兄弟, 從兄弟의 公族 들이 令尹직을 맡았는데 楚 令尹은 정치, 군사, 사법권의 실질적인 절대 권한을 장악하였다(齋藤道子, 「楚王の權力構造に關する一試論」, 『文明硏究所紀要』 10, 1990, 25～32쪽).

6 大城 : 『越絶書』 권2 「吳地傳」(이하 「吳地傳」)에 闔閭城에 관해 자세히 서술되어 있다.

闔閭 때 크게 패업을 이루어 吳越城을 건축하였는데 성 가운데 小城이 둘이다.… 吳大城의 둘레는 47里 210步 2尺이다. 陸門이 8개이고 그 가운데 둘은 樓가 있으며 水門이 8개이다. 南面은 10里 42步 5尺, 西面은 7里 112步 3尺, 北面은 8里 226步 3尺, 東面은 11里 79步 1尺이다. 합려가 만들었다. 吳 城郭의 둘레는 68里 60步이다.

『越絶書』에서 기록한 각각 사면의 길이를 합하면 37里 161步로 大城의 둘레 47里와는 차이가 있으나 사면의 길이를 漢代 尺, 0.23미터로 계산하면 15,540.18미터이다. 그 규모는 楚의 郢城(15,506미터)과 거의 같다. 합려성은 伍子胥에 의해 만들어진 만큼 楚의 郢城을 모방했을 가능성이 크다(曲英杰, 『先秦都城復原硏究』, 黑龍江人民出版社, 1991, 213～214쪽).

7 陸門八 : 『越絶書』 권8 「吳地記」(이하 「吳地記」)에 "西閶, 胥二門, 南盤, 蛇二門, 東婁, 匠二門, 北齊, 平二門"라고 한다.

8 八風 : 『史記』 권25 「律書」(이하 「律書」)에 의하면, 不周風, 廣莫風, 條風, 明庶風, 清明風 景風, 凉風, 閶闔風의 8풍이 각각 8방의 위치에서 분다.

9 원문에 '八窓'이라고 하는데 張覺에 의하면, 8門을 이른다. 『釋名』 권5 「宮室」에 "窗, 聰也, 于內窺外爲聰明也"라고 한다. 따라서 '地之八窗'은 '地之八門'을 이르며 『淮南子』 권4 「地形訓」에 "八紘之外, 乃有八極, 自東北方曰方土之山 曰蒼門, 東方曰東極之

山 曰開明之門, 東南方曰波母之山 曰陽門, 南方曰南極之山 曰暑門, 西南方曰編駒之山 曰白門, 西方曰西極之山 曰閶闔之門, 西北方曰不周之山 曰幽都之門, 北方曰北極之山 曰寒門" 이라고 한다.

10 小城 : 武進, 無錫 경계의 고성유지에서 大小의 2개 城堡의 일부가 발견되었는데 闔閭小城으로 추정하기도 한다. 西城이 약간 큰데 성장의 두께 약 20미터, 높이 2~3미터, 둘레 1.5킬로미터이며 성 주위에 河道가 이어져 있다(李鑒昭, 「江蘇無錫縣古闔閭城的調査」, 『考古通訊』 1957-3, 1958-1).

11 閶門 : 오늘날 蘇州市 城 서북에 있는 閶門은 闔閭城의 閶門에서 그 이름이 연유한다.

12 閶闔風 : 徐天祜에 의하면, 「律書」에 "閶闔風은 西方에 있다. 閶은 인도하는 것이며, 闔은 간직하는 것이다" 라고 한다.

13 徐天祜에 의하면, 뱀은 땅의 門戶를 만든다고 한다. 張覺에 의하면, 고대에는 門에 문짝이 쌍인 것은 '門' 이라고 하고 한 짝인 것은 '戶' 라고 하니 象形이다.

14 고대 음양가오행은 12 地支와 12 동물을 각 방위에 배치하였다.

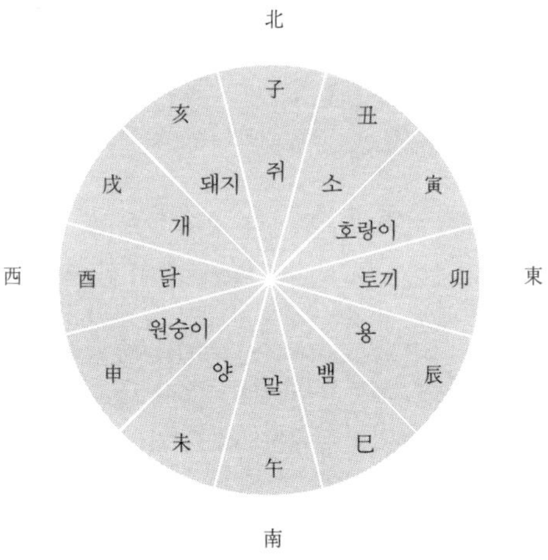

이에 의하면, 동남에 있는 吳는 辰에 해당하며, 越은 巳에 해당한다.

15 간장과 막야가 산 위에서 검을 주조했다고 전해지는 莫干山이 오늘날 浙江 德淸縣 서북에 있다.

16 張覺에 의하면, 天地四方, 즉 온 천하를 일컫는다.

17 춘추시대 오나라의 鐵劍은 아직까지 실물이 발견되지는 않았으나 간장과 막야의 주검 설화는 고대 야금의 뛰어난 기술과 춘추시대 오나라 청동검의 우월성을 반영하는 사실임이 틀림없다. 일부 청동검의 손잡이에 鐵芯을 상감한 흔적이 있으며 安徽 貴池에

서 발견된 靑銅塊에는 磁性이 있어 銅鐵 합금인 것으로 볼 때 춘추시대 오나라는 철검을 주조하였을 가능성이 있다(劉興, 「鎭江地區近年出土的靑銅器」, 『文物資料叢刊』 5, 文物出版社, 1981; 盧茂村, 「安徽貴池發現東周靑銅器」, 『文物』 1980-8).

18 苗麓校點本, 『四部叢刊』 本에는 3개월이라고 하나 3개월은 검이 완성되기에 긴 시간이 아니며 『太平御覽』 권343 인용문에 의하면, 3년이라고 한다.

19 絰 : 상복을 입을 때 머리에 쓰는 首絰과 허리에 감는 腰絰.

20 苗麓校點本, 원문에 '爪'라고 하는데, 손톱을 잘라 넣는 것은 몸을 던져 만든 스승의 예에 비견될 수 없으며 『太平御覽』 권343 인용문에 의하면, '指'라고 한다.

21 季孫 : 여기에서는 季平子를 일컫는다. 춘추 후기 魯나라의 정권은 桓公의 후예인 季, 孟, 叔 3家가 장악했는데, 기원전 561년 季武子가 집정한 이후 정권은 季孫에게 집중되었다. 기원전 517년 魯昭公이 季平子를 토벌하였으나 이때 叔孫氏, 孟孫氏가 季平子를 구원하여 昭公은 패하여 국외로 망명하였다(白壽彛主編, 『中國通史』 3, 上海人民出版社, 1994, 408~409쪽).

22 吳越王의 靑銅劍은 山西 출토 吳王光劍, 湖北 출토 吳王夫差劍. 越王勾踐劍, 越王州勾劍, 安徽 출토 吳太子姑發劍, 河南 출토 越王劍, 吳王夫差劍 등이 발굴되었는데, 이들 山西, 湖北, 安徽, 河南 등지에서 발견된 오월검은 교류를 통해 혹은 전리품으로 주변국에 확산된 것으로 吳越劍에 대한 당시 제후들의 열망을 반영한다(李學勤, 『東周與秦代文明』, 文物出版社, 1984, 155쪽).

23 徐天祜에 의하면, 『史記』에 "伯嚭"라고 한다.

24 徐天祜에 의하면, 『左傳』과 『史記』에 '白'을 모두 "伯"이라고 한다.

25 郄宛 : 徐天祜에 의하면, 郄은 郤이다. 『吳越春秋』에서 伯州犂의 호를 郤宛이라고 하여 한 사람으로 본 것은 틀린 것이다. 『春秋』와 『左傳』에 의하면, 伯州犂와 郤宛은 각각 다른 사람이다. 『左傳』 昭公 元年에 "(公子 圍가) 太宰伯州黎를 郟에서 죽였다"라고 하며, 『春秋』 昭公 27년에 "楚가 大夫郤宛을 죽였다"라고 한다.

26 張覺에 의하면, 伯州犂는 魯昭公 元年(기원전 541년)에 公子 圍에 의해 죽음을 당했으므로 楚平王을 모실 수 없다. 『左傳』 昭公 27년에 의하면, 이 일은 郄宛의 일이며 또 극완이 모신 것은 楚平王이 아니라 令尹 子常이다.

27 『左傳』 昭公 27년에는 費無極이 王이 아닌 子常에게 참언하였다.

28 이러한 표현은 춘추시대의 말은 아닌 듯하다. 胡馬, 越燕과 같은 말은 적어도 漢 武帝의 西域 원정, 南越 토벌 이후에야 유행하였을 것이다.

29 慶忌 : 王僚의 子. 慶忌에 관한 『左傳』 哀公 20년(기원전 475년, 夫差 21년)의 서술은 『吳越春秋』와 내용이 다르다.

吳公子 慶忌는 자주 吳王에게 간언하기를, 고치지 않으면 반드시 망할 것이라고 하였는데 듣지 않자 나가 艾에 거주하였다가 끝내 초나라로 갔다. 월나라가 오나라를 토벌할 것이라는 소문을 듣고 겨울에 돌아와 월나라와 화평하겠다고 청하고는 귀국하여 불충한 자를 제거하여 월나라에 잘 보이려고 하였더니 오나라 사람들이 죽였다.

30 紂 : '帝辛', '商辛' 이라고도 하며, 殷의 마지막 군주이다. 周武王에 의해 牧野에서 패배한 후에 스스로 타 죽었다.

武庚: 紂王의 子이며 字는 祿父. 周武王이 殷을 멸망시킨 후 武庚을 殷君에 봉해 殷遺民을 통치하도록 했다. 武王이 죽은 후 成王이 어려 周公旦이 섭정하였는데 武王의 형제 管叔, 蔡叔 등이 불복하는 데 武庚이 충동하여 東夷族과 연합해서 반란을 일으켰다. 周公이 반란을 평정하고 武庚은 죽음을 당하였다(白壽彝, 『中國通史』 3, 290~292쪽).

31 圭表 : 고대에 태양의 그림자를 측량하여 시간을 계산하는 푯대이다.

32 『左傳』 哀公 20년에 의하면, 慶忌는 楚로 갔으며 哀公 20년에 피살되었다고 하니 부차 21년이다. 慶忌에 관한 연대와 사실이 『左傳』과 다르다.

33 강가 언덕 : 원문에 '江陵' 이라고 한다. 張覺은 地名으로 해석하여 춘추시대 楚나라의 수도 郢이며 漢代에는 江陵이라고 하였다. 작자가 漢代의 지명을 잘못 사용하였을 뿐 아니라 衛나라에서 吳나라로 돌아오는데 江陵을 돌아올 필요가 없어 이 문장은 매우 황당하다고 하였다. 게다가 要離가 강을 건넌 후 도착한 곳이라면 더욱이 강북에 있는 '江陵' 의 지명을 사용할 수 없다. 따라서 '江陵' 은 지명이 아니라 '양자강가 언덕' 으로 해석하는 것이 뒤에 요리가 강에 빠져 죽는 내용의 전개상으로도 순조롭다.

34 『左傳』 昭公 30년(闔閭 3년)에 "오왕이 徐人을 시켜 掩餘를 잡아들이고 鍾吾人을 시켜 燭庸을 잡아들이게 하였다. 두 공자가 楚로 달아나니 楚가 (이들을) 크게 봉하여 城父, 胡의 田을 주었다. … 12월, 오왕이 鍾吾의 군주를 잡아들이고 徐를 공격하는데 산에 뚝을 쌓아 홍수를 내서 巳卯에 徐를 멸망시켰다" 라고 한다. 그러고는 楚를 치려고 오자서에게 의논하였다. 이러한 역사적 정황이 「闔閭伝」에는 생략되었다.

35 『史記』 권65 「孫子吳起列傳」(이하 「孫子吳起列傳」)에 의하면, 孫武는 吳나라 사람이 아니다. 齊 田氏의 후예인데 齊景公 때 齊의 귀족이 서로 공격하여 孫武는 吳로 피난하였다. 兵法 13편으로 闔閭를 만났다고 한다. 『漢書』 「藝文志」에 의하면, 『吳孫子兵法』 82편이라고 하나 오늘날 『孫子兵法』 13편이 전해진다. 1972년 山東 臨沂 漢墓에서 『孫子兵法』 竹簡 200여 장이 발견되었는데, 이 가운데 '吳問', '四變' 등 逸文이 발견되었다.

36 「孫子吳起列傳」에는 180명이라고 한다.

37 鈇鑕 : 도끼로 허리를 베는 형구.

38 『老子』 제31장에 "兵者, 不祥之器也, 不得已而用之" 라고 하여 뜻이 좀더 분명하다.

39 양자강 중류와 하류에 각각 위치한 楚와 吳 간의 전쟁에서 양자강 하류에 위치한 吳나라가 양자강을 거슬러 楚나라를 공격하는 것은 지리적으로 매우 불리하였다. 오나라는 淮水를 통해 楚를 공격하였으며 泗水를 타고 올라가 中原에 진출하였다.

40 司馬 戌 : 원문에 '司馬 成' 이라고 하지만 張覺에 의하면, '左司馬 戌' 이라고 해야 한다. 『左傳』 昭公 27년에 "沈尹戌言於子常" 이라고 하여 沈尹 戌이며, 즉 左司馬 戌이다. 『左傳』 定公 4년 "左司馬戌謂子常."

41 子常 : 囊瓦. 楚莊王의 증손이며 기원전 519~506년간 令尹을 맡았다. 『左傳』 昭公 23년에 의하면, 囊瓦가 令尹이 되어 郢에 城을 쌓았는데 沈尹 戌이 말하기를, 子常이 반

드시 郢을 망하게 할 것이니 어차피 방위하지 못하는데 城은 아무런 도움이 되지 못할 것이라고 하였다.

42 三賢士 : 徐天祜에 의하면, 伍奢와 伯州犁와 郄完 3명이라고 한다. 그러나 張覺에 의하면, 백주려는 비무기의 참언에 의해 죽은 것이 아니라 公子 圍에 의해 살해되었으므로 徐天祜의 설은 잘못되었다. 『左傳』 昭公 27년 杜注에 의하면, 三不辜를 郤氏, 陽氏, 晉陳氏라 한다. 즉 郤宛, 陽令終, 晉陳이다.

43 囊瓦 : 『左傳』 昭公 27년에 "瓦"라고 하였다. 囊瓦는 곧 子常이다.

44 「吳地傳」에 '滕玉墓'인지는 확인할 수 없으나 '吳王女 胥女大冢'이 縣에서 45리 거리에 있다는 기록이 있다.

45 題湊 형식의 묘장은 주로 漢代 제후 왕묘에 사용되었으며 아직까지 춘추시대 묘장에서는 발굴되지 않았다.

46 人殉, 人祭는 중원에서는 殷周시대에 유행하였으나 춘추시대에는 매우 드물다. 반면 오월 지역에서는 春秋시대 이전에는 人殉이 발견되지 않으나 춘추시대 묘장에서 등장하기 시작한다. 지금까지 吳國 묘장 가운데 粮山石穴墓, 北山頂墓, 青龍山墓 등에서 殉人이 발견되었다(呂春華, 「寧鎭地區大型土墩墓的等級問題」, 『東南文化』 2000-3).

47 「吳地記」에 인용된 『吳越春秋』의 滕玉에 관한 설화는 내용이 좀 다르다. 자살한 합려의 딸이 白鶴으로 변해서 吳市에서 춤을 추니 천만 명이 따라다니며 보았다고 한다.

48 楚昭王 : 성은 熊, 이름은 珍. 楚平王과 秦女의 소생. 기원전 515~489년에 재위.

49 風湖子 : 徐天祜에 의하면, 『越絶書』(「外傳記寶劍」 第13)에는 '湖'를 "胡"라고 한다.

50 允常 : 勾踐의 父.

51 五金 : 여기에서는 금속의 범칭으로 쓰였으며, 五金은 金, 銀, 銅, 鐵, 錫을 가리킨다. 『漢書』 권24 上 「食貨志」 "金, 刀, 魚, 貝." 注 "金謂五色之金也, 黃者曰金, 白者曰銀, 赤者曰銅, 青者曰鉛, 黑者曰鐵."

52 '신이 듣기에'에서 여기까지의 내용이 『初學記』 권22, 『藝文類聚』 권60, 『太平御覽』 권343 등의 인용문과 조금 다르며 『北堂書鈔』 권122 문장은 다음과 같다.

越王 允常은 歐冶子를 초빙하여 名劍 5枚를 만들었는데, 3枚는 크고 2枚는 작았다. 첫 번째는 純鉤라 하고, 두 번째는 湛盧, 세 번째는 豪曹 혹은 磐郢이라고 하며, 네 번째는 魚腸이라고 하며, 다섯 번째는 鉅闕이라고 한다. 秦客인 薛燭이 劍을 잘 감정하였는데 왕이 豪曹를 들어 보였다. 설촉이 "寶劍이 아닙니다. 보검은 오색이 영롱합니다. 지금 호조는 오색이 묵묵하여 빛나지 않으며, 그 빛이 죽었고 神氣를 잃었습니다"라고 말하였다. 왕이 다시 鉅厥을 집어 보이니 설촉이 "보검이 아닙니다. 보검은 鐵과 朱錫이 화합하여 기운이 구름과 연기 같습니다. 지금 그 광채는 흩어집니다"라고 말하였다. 왕은 다시 魚腸을 집어 들어 보였다. 설촉이 "보검이란 것은 쇠의 精彩가 순리를 따라 본질에 도달하여서는 거역하지 않습니다. 지금 어장은 本을 거슬러 末을 따르니 순리를 거스르는 것이 심합니다. 이 검을 차는 자는 신하가 군을 시해하고 자식이 그 아비를 죽입니다"라고 말하였다. 왕이 순구를 들어 보이니 설촉이 놀라 바라보며 "광채는 반사하는 빛처럼 눈부시고 깊음이 마치 湘池에서 연이 처음 자라나기 시작할 때

같습니다. 무늬를 보면 여러 별이 빛나는 듯하며 광채를 보면 물이 둑을 흘러 넘치는 듯하고 색을 보면 찬란함이 마치 얼음이 햇빛이 녹으려 할 때 햇빛을 받은 듯합니다. 이것이 순구라는 것입니까"라고 말하였다. 왕이 "그렇다. 이 검을 사려는 客이 있는데, 市가 있는 鄕, 駿馬 천 필, 千戶의 都城라면 괜찮겠는가"라고 말하였다. 설촉이 "불가합니다. 신이 듣기에, 왕이 처음 이 검을 만들 때, 赤董의 산을 부수어 朱錫을 캐고 若耶의 계곡을 말려 銅을 캤습니다. 비의 신(雨師)이 길에 비를 뿌려 깨끗이 하고 천둥의 신(雷師)이 풀무를 불었으며 蛟龍이 화로를 받들고 天帝가 炭을 재었으며 太一이 굽어 내려 보았습니다"라고 말하였다.

이에 구야자가 "천지의 精氣가 그 기교를 다 발휘하여 이 검을 만들었습니다. 길한 것은 王에게 마땅하며 흉한 것은 다른 사람에게 주어도 좋다고 하였습니다. 흉한 것도 萬金이 되는데 하물며 純鉤는 얼마나 하겠습니까"라고 말하였다. 잠로를 들어 보이자 설촉이 "좋습니다! 금속의 빼어남을 머금고 은과 주석의 정기를 토해내며, 기운과 신령함에 의탁하여 신성함이 흐릅니다. 이 검을 차는 자는 부딪쳐 오는 것을 꺾고 적을 토벌할 수 있습니다. 임금님이 역모하면 곧 타국으로 떠납니다"라고 말하였다. 윤상이 잠로를 오왕에게 바쳤다.

53 "신이 들으니" 에서 "설촉이" 까지의 글은 『北堂書鈔』 권122의 『吳越春秋』 인용문에는 없는 말이며, 후에 누군가가 마음대로 끼어 넣었다. 따라서 설촉의 말이 아니라 風胡子의 말이다. "楚昭王得而召風胡子, 問曰 此劍直幾何, 對曰."

54 若耶 : 徐天祜에 의하면, 若耶의 계곡은 會稽縣 남쪽 25리에 있으며 계곡 옆이 바로 赤董山이다. 일명 鑄浦山이라고도 하는데 歐冶子가 검을 주조했다는 곳이다. 『戰國策』 권10 注에 "若耶 계곡을 막아 銅을 채취하고 董山을 깨뜨려 錫을 채취하였다"라고 한다. 赤董山은 오늘날 浙江 奉化縣 동쪽에 있다.

55 『吳越春秋』는 합려 4년의 초나라 공격의 배경을 寶劍과 관련하여 일화적으로 설명하고 있다. 그러나 사실상 합려 시기의 초나라 공격과 江淮 지역 장악은 당시 남방의 銅貿易路를 장악하기 위해서였다(拙稿, 「春秋時代 吳國의 覇權에 관한 分析」, 62쪽). 지금까지 발굴된 先秦時代 銅鑛遺址는 양자강 유역에 집중되어 있다. 양자강 중류 大冶銅綠山 古鑛遺址는 西周시대에 시작하여 戰國 초까지 채광되었으며 현재에도 노천 채광이 이어지고 있다. 양자강 하류 安徽 남부에도 南陵을 비롯해 東陵, 繁昌, 貴池 등에 거대한 고대 銅鑛遺址群이 분포한다(黃石市博物館, 『銅綠山古礦冶遺址』, 文物出版社, 1999; 劉平生, 「安徽南陵大工山古代銅礦遺址發現和硏究」, 『東南文化』, 1988-6; 張國茂, 「安徽銅陵地區古礦冶遺址調査報告」, 『東南文化』, 1988-6).

56 張覺에 의하면, 『韓非子』 권10 「內儲說」下에 같은 내용이 있다.

57 子期 : 『國語』 「楚語」 上 注에 의하면, 子期는 楚平王의 子이며 子西의 弟인 公子 結이고 大司馬가 되었다. 『左傳』 哀公 16년에 의하면, 기원전 497년 白公 勝이 반란을 일으켰을 때 피살되었다.

58 오나라가 六과 潛을 함락시킨 것은 합려 4년의 일이다. 『左傳』 昭公 31년(기원전 511년)에 "오인이 초나라를 침략하여 夷族을 공격하고 潛과 六을 침략하였다"라고 한다. 『史記』 「伍子胥列傳」(이하 「伍子胥列傳」) 역시 합려 4년이라고 한다. '六' 은 古國으로

皐陶의 후예가 봉해진 偃姓 국가인데 楚穆王 4년(기원전 622년) 楚에 의해 멸망하였으며 오늘날 安徽 六安縣 북쪽이다(何浩,『楚滅國硏究』, 11쪽). '潛'은 六의 서남에 있는데 오늘날 安徽 霍山縣 남쪽이다.

闔閭 시기 吳는 양자강과 淮水 사이(江淮)의 淮夷 국가에 대한 영향력을 강화시켰다. 춘추시대 安徽 경내 江淮 지역에는 英, 六, 桐, 蓼, 向, 舒 등 群舒 소국이 존재하였는데, 이들 소국은 대부분 원래 楚의 속국이었으나 吳가 이들 강회 지역 群舒에 접근하면서 吳와 楚 사이 쟁탈의 장이 되었다. 이들 소국은 자주 楚를 이반하였는데 여기에는 吳의 영향이 작용하였다(拙稿,「春秋時代 吳國의 覇權에 관한 分析」, 68쪽).

59 徐天祜에 의하면,『左傳』昭公 32년에 "吳가 越을 공격하였는데 처음으로 越에 군대를 사용하였다"라고 한다. 杜預注에 "이전에는 비록 강요하는 일이라든지 작은 분쟁은 있었으나 아직 큰 군대는 사용한 적이 없다"라고 한다.

檇里 : 檇李이며 醉李, 就李라고도 하며 徐天祜에 의하면,『史記』와『左傳』에서는 擕李라고 한다. 오늘날 浙江 嘉興市 남쪽이다.「外傳記地傳」에 의하면, 浙江 嘉興縣 서남이라고 하는데「吳地記」에 의하면, 浙江 嘉興縣 북 30里라고도 한다.

60 豫章 : 춘추시대 豫章은 漢水 동쪽, 양자강 북쪽에 있었으며 漢 高祖가 江北에 九江郡을 설치하면서 豫章郡의 치소가 강남의 南昌縣(오늘날 江西 南昌市)로 옮겨졌다.

61 繁 :『左傳』定公 2년 杜注에 의하면, 巢를 지키는 大夫이다.

62『左傳』定公 2년에 "桐이 초나라에 반란을 일으키자 吳子는 舒鳩氏를 시켜 楚人을 유인하게 하여 '초군을 우리 쪽으로 데려오면 우리가 桐을 토벌하여 (초나라로 하여금) 우리를 꺼리지 않게 하려 한다'고 말하였다. 가을에 楚 囊瓦가 오군을 토벌할 때, 豫章에 군대를 주둔시켰는데, 오군은 豫章에 (정박한) 배를 보고는 巢에 군대를 잠복시켰다. 겨울 10월에 吳가 豫章에서 초군과 싸워 패배시키고는 이어 巢를 포위하여 이겨 楚 公子 繁을 포로로 잡았다"라고 한다. 徐天祜에 의하면,『史記』索隱과『左傳』定公 2년(기원전 508년)에 (같은 내용의 기사가 있으므로) 합려 7년이어야 한다고 하나「十二諸侯年表」와「吳太伯世家」에는 모두 6년이라고 하였다.

63 唐 : 姬姓 봉국으로 오늘날 湖北 隨縣 서북 唐縣鎭에 위치하였으며『左傳』定公 5년에 의하면, 기원전 505년 楚에 의해 멸망하였다.

64 蔡 : 淮河 유역의 姬姓 봉국이나 초와 경계를 접하여 춘추시대에 楚에 속국이 되었으나 楚의 위협을 피해 新蔡, 州來(下蔡) 등으로 여러 차례 천도하였다가 기원전 447년 楚에 의해 멸망하였다. 安徽 壽縣 蔡昭侯墓에서 발굴된 486건에 달하는 청동예악기의 조합과 형태는 楚나라 曾侯乙墓의 부장품과 근사하여 楚의 영향을 받았음을 알 수 있다(安徽省文物管理委員會, 安徽省博物館,『壽縣蔡侯墓出土遺物』, 科學出版社, 1956).

65 蔡昭侯 : 원문에 '蔡昭公'이라고 하나『左傳』定公 4년에 "蔡昭侯"라고 한다.

66 文馬 : 몸에 무늬가 있는 두 마리 말은 肅爽이라는 駿馬이다. 蔡公과 唐公의 일화는『左傳』定公 4년에 자세히 서술되어 있다.

67 令尹 子常의 탐욕에 관한 이러한 일화는 莊王의 증손이라는 신분적으로 높은 지위에 있으면서도 세족적 기반이 없었던 子常이 世族化를 위해 경제적 기반을 구축하려 한

데서 비롯된다고 추측할 수 있다(吉本道雅, 「楚史研究序說」, 立命館文學 541, 1995, 118쪽 참조).

68 이때 晋나라는 외정할 여유가 없었으며 따라서 蔡는 吳와 결탁하여 楚에 대항하였다. 이후 蔡는 吳와 楚 간의 전쟁에서 오나라가 수로를 버리고 육지를 통해 漢水 상류에서부터 공격하도록 이끌었다. 기원전 493년 蔡昭侯은 오나라에게 도움을 요청하여 초의 위협을 피해 수도를 州來로 천도하였다(拙稿, 「春秋時代 吳國의 覇權에 관한 分析」, 68~69쪽).

69 『左傳』 定公 4년에 의하면, '舍舟' 라고 하며 吳軍이 배를 타고 淮水로 와서 蔡를 지나 淮水에서 배를 버리고 이곳에 주둔하여 육지로 西進하였다.

70 大別山은 魯山이라고도 하며 오늘날 龜山이라고 한다. 湖北 漢陽縣 동북에 있다. 小別山은 甑山이라고도 하며 오늘날 湖北 漢川縣 동남 漢水가에 있다(高士奇, 『春秋地名考略』 권9).

71 『左傳』 定公 4년에 기록된 史皇의 말은 조금 다르다. "어찌 일하려다 어렵게 되자 도망한다면 장차 어디로 들어갈 수 있겠는가. 당신은 반드시 죽어야 과거의 죄(뇌물을 탐내 적을 불러들인 죄)를 모두 벗어날 수 있다."

72 10월 : 『左傳』 定公 4년에는 '十一月 庚午' 라고 한다.

73 柏擧 : 楚地이며 오늘날 湖北 麻城縣 동쪽에 있다.

74 雍澨 : 오늘날 湖北 京山縣 부근에 있다.

75 郢 : 楚의 수도. 楚文王 때 丹陽에서 郢으로 수도를 옮겼는데 楚의 수도 郢의 지리적 위치에 관해서는 논란이 많으며 일반적으로 江陵의 紀南城으로 알려져 있다. 그러나 오늘날 고고 발굴 결과에 의하면, 紀南城은 전성기를 누린 戰國시대 초의 수도이다. 吳가 郢을 침범하자 昭王이 睢水와 양자강을 건너 雲中으로 갔다면 수도 郢은 睢水 서쪽에 있어야 하며 또 고고발굴 결과 睢水 서쪽 李家湖古城이 昭王 당시 춘추시대 楚의 수도 郢으로 추측된다(郭德維, 『楚都紀南城復原研究』, 文物出版社, 1998, 34~39쪽).

76 季芈 : 『左傳』 定公 4년 杜注에 의하면, 이름은 畀我이다. 季는 막내를 이르며 芈는 楚의 성이다.

77 원문에 '出河濉' 라고 하는데 徐天祜에 의하면, 河水는 昆侖에서 나온다고 하며 黃河를 일컫는다. 『左傳』 定公 4년 杜注에 의하면, '濉' 는 '睢' 라고 한다. 長覺에 의하면, 睢는 沮와 通하므로 오늘날 沮水이다. 沮水는 오늘날 湖北 保康縣 서남에서 나와 枝江縣에 이르러 양자강으로 들어간다. 따라서 楚王은 서쪽으로 간 것이다.

78 尹固 : 張覺에 의하면, 『左傳』 定公 4년에 "鍼尹固"라 하며, 哀公 16년에 "箴尹固"라고 한다.

79 雲中 : 『史記』 권50 「楚世家」(이하 「楚世家」)에 "雲夢"이라고 한다. 徐天祜에 의하면, 楚에는 雲夢澤이 있으며 『左傳』 宣公 4년에 "令尹子文之生 䢵夫人棄諸夢中"이라고 하여 '夢' 이라고 하고 '雲' 은 언급하지 않았다. 또 여기에서는 '雲中' 이라고 해서 '雲' 을 말하고 '夢' 은 언급하지 않아 두 澤임이 분명하다. 『漢陽圖經』 에 의하면, 雲은 양자

강 북쪽에 있으며 夢은 양자강 남쪽에 있다.

80 尹固 : 徐天祜에 의하면, 『左傳』(定公 4년)에 "王孫由于"라고 한다.

81 隕 : 徐天祜에 의하면, 江陵에 鄖城이 있는데 楚昭王 때 鄖公이 축성한 것으로 오늘날 湖北 松滋縣 부근이다. 그러나 張覺에 의하면, 「楚世家」 正義 인용 『括地志』에 "安州는 安陸縣城(湖北 安陸縣)인데 본래 춘추시대 鄖國城이었다" 라고 한다.

82 鄖公 辛 : 『左傳』 定公 4년 杜預注에 의하면, 楚 令尹 鬭成然의 아들 鬭辛이다. 『左傳』 昭公 14년에 의하면, 楚平王 元年(기원전 528년) 平王은 鬭成然을 죽이고 그의 아들 鬭辛을 鄖에 거주하게 했다.

83 隨 : 서주 초에 분봉된 姬姓 제후국으로 楚威王 9년에서 楚懷王 5년(기원전 331~324년) 사이에 楚에 의해 멸망하였다. 오늘날 湖北 隨州市 서북쪽에 있다(何浩, 「楚滅國研究」, 11쪽).

84 초나라는 남방 지역을 방어하고 남방 교통로를 확보하기 위해 周初에 봉건된 漢水 유역의 唐과 隨를 비롯해 淮水 유역의 息, 蓼, 蔣, 聃 등 姬姓 제후국 대부분을 멸망시켰다(高士奇, 『左傳紀事本末』 권45 「楚伐滅小國」 참고).

85 이 문장은 『左傳』에는 없으며, 『左傳』과 내용이 다르다. 子期는 왕과 비슷하게 생겨서 자신이 왕의 옷을 입고 왕을 도망시키려 하였다고 한다. 張覺에 의하면, 「左傳」 哀公 16년(기원전 479년)에 子期는 白公勝의 반란 때 피살되며 이때 죽지 않았다.

86 割子期心 : 張覺에 의하면, 이는 고대에 희생피를 마시며 맹약할 때, 희생을 죽여 피를 채취하기도 하지만 사람의 피부를 찢어 피를 채취하는 경우를 말한다. 『左傳』 定公 4년 杜注에 "當心前割取血以盟, 示其至心" 라고 한다.

87 徐天祜에 의하면, 「十二諸侯年表」에 太子 建이 죽은 것은 鄭定公 (11년)이며 오군이 郢에 들어간 것은 獻公 (8년)이므로 여기에서는 定公이 아니라 獻公이어야 한다.

88 北面 : 고대에 군주는 조정에서 남쪽을 향해 앉고 신하는 북쪽을 향해 절을 한다. 따라서 '북면'은 신하의 지위를 말한다.

89 「伍子胥列傳」에 "이렇게까지 천도를 어긴 것인가今至於僇死人, 此豈其無天道至極乎" 라고 한다.

90 원문에 '桓公'이라고 하나 徐天祜에 의하면, (「十二諸侯年表」에) 楚包胥가 구원을 청한 것은 秦桓公이 아니고 哀公 (31년)이다.

91 『詩經』「秦風」·「無衣」는 다음과 같다.

豈曰無衣　어찌 옷이 없다 하리오
與子同袍　그대와 솜옷을 함께 입으리라.
王于興師　왕명으로 군대를 일으키거든
修我戈矛　우리 戈矛를 수선하여
與子同仇　그대와 한 짝이 되리라.

豈曰無衣　어찌 옷이 없다 하리오
與子同澤　그대와 속옷을 함께 입으리라.

王于興師　　왕명으로 군대를 일으키거든
修我矛戟　　우리 矛戟을 수선하여
與子偕作　　그대와 함께 나가리라.

豈曰無衣　　어찌 옷이 없다 하리오
與子同裳　　그대와 치마를 함께 입으리라.
王于興師　　왕명으로 군대를 일으키거든
修我甲兵　　우리 甲兵을 수선하여
與子偕行　　그대와 함께 가리라.

92 원문에 '戾德'이라고 하는데 徐天祜에 의하면, 『左傳』(定公 4년)과 『國語』에 "夷德" 이라고 한다.

93 徐天祜에 의하면, 隣國은 秦의 이웃, 즉 楚를 가리킨다.

94 車五百乘 : 『左傳』 定公 5년 杜注에 의하면, 五百乘은 37,500명 군대이다. 張覺에 의하면, 춘추시대 戰車는 1輛을 1乘이라고 하며 1乘 당 馬 4필, 甲士 3명, 步兵 72명을 배치하였다.

95 吳道 : 『左傳』 定公 5년 杜注에 "道猶法術"이라고 한다.

96 『左傳』 定公 5년에 "稷에서 맞붙어, 夫槩王을 沂에서 大敗시켰다"라고 한다. 稷과 沂 모두 초나라 땅이다. 稷은 오늘날 河南 남쪽 桐柏縣 부근이며 沂는 河南 남쪽 正陽縣 부근이다.

97 徐天祜에 의하면, 唐이 오나라를 따라 초나라를 토벌했기 때문이다.

98 棠溪 : 『左傳』 定公 5년에 "堂谿"라고 한다. 『春秋地名考略』에 의하면, 춘추시대에 楚에 속하였다가 전국시대에 韓에 속하였다. 오늘날 河南 遂平縣 서북이다.

99 子西 : 『左傳』 昭公 26년에 의하면, 楚平王의 長庶子, 昭王의 庶兄인 公子 申. 昭王, 惠王 때에 令尹을 지냈으며, 『左傳』 哀公 16년에 기원전 479년 白公勝의 반란 때 피살되었다.

100 『左傳』 定公 5년에 "오군이 麇에 있는데 子期가 불 지르려 하니 子西가 말하기를, 우리 부형과 친지의 해골이 그대로 드러나 있는 것을 거두어들이지 못하였는데 또 불을 지르려 하니 안 된다吳師居麇, 子期將焚之. 子西曰 父兄親暴骨焉, 不能收, 又焚之, 不可"라고 한다.

101 荊 : 楚의 옛 이름. 司馬貞의 『史記索隱』 권10에 "荊者 楚之舊號, 以州而言之曰荊"라고 한다.

102 원문에 '何乖烈'이라고 하는데 孫詒讓에 의하면, '烈'은 '剌'라고 해야 한다. 張覺에 의하면, '乖烈', '乖剌', '乖戾' 모두 같은 뜻으로 '情理에 어긋남'을 의미한다.

103 張覺에 의하면, 두 아들은 伍子胥와 白喜이다.

104 본문에 '嚴王'이라고 하는데 '莊王'을 이른다. 張覺에 의하면, 후한 明帝의 이름이 莊이므로 이를 諱하여 '嚴'이라고 하였다. 따라서 이 시는 後漢 明帝 때에 지어진 듯하다.

105 兪樾에 의하면, 이 곡은 七言詩의 祖라고 할 수 있다.

106 張覺에 의하면, '齊侯'라고 해야 하며 齊景公(기원전 547~490년)이다. 『左傳』 昭公 29년에 "齊侯"라고 한다.

107 徐天祜에 의하면, 『太平寰宇記』 常熟 虞山에 "齊女冢"이 있다고 한다.

108 波太子夫差 : 徐天祜에 의하면, 夫差는 太子 波의 아들, 즉 闔閭의 손자라고 하나 『左傳』 定公 14년에 의하면, 夫差는 (궁정을 드나들 때마다) 사람을 시켜 자신에게 "夫差야, 越王이 네 아버지를 죽인 것을 잊었느냐"라고 말하였으며, 「吳太伯世家」에 의하면, 합려가 "너는 勾踐이 네 아버지를 죽인 것을 잊겠는가"라고 말하여 모두 부차가 합려의 아들이며 손자가 아님을 증거한다. 兪樾에 의하면, '波'자는 '次'자의 잘못인 듯하다. 부차는 太子 波의 弟이니 이 때문에 次太子라고 한 것이다.

109 波秦之子 : 兪樾에 의하면, '之'가 衍字이며 波秦子는 '次泰子'라고 해야 하며 곧 '次太子'를 이르며, 즉 次子를 말한다.

110 安平里 : 「吳地記」에 의하면, "射臺在吳縣橫山安平里"라고 하여, 오늘날 蘇州 서남 橫山 부근임을 알 수 있다.

111 射臺 : 활쏘는 禮를 거행하는 장소.

112 立射臺於安里, 華池在平昌 : 「吳地傳」에 의하면, 射臺를 세운 장소가 安陽里와 華池라고 하여, 華池는 보통명사가 아닌 지명으로 쓰였다. "射臺二, 一在華池昌里, 一在安陽里."

113 長樂里 : 徐天祜에 의하면, 華池와 南城宮은 長州縣境에 있다고 전한다고 하는데 오늘날 江蘇 吳縣이다.

114 姑蘇臺 : 『吳郡志』 권15 「山」(이하 「山」)에 "姑蘇山, 一名姑胥, 一名姑餘"라고 한다. 오늘날 蘇州 서남 17킬로미터 靈巖山에 있다.

115 䱉山 : 徐天祜에 의하면, 「吳地傳」에 "組山"이라고 한다.

116 姑蘇臺 : 「吳地傳」에 "胥母"라고 한다.

117 鷗陂 : 「吳地傳」에 "軀"라고 한다.

118 石城 : 徐天祜에 의하면, 石城은 吳王의 離宮인데 越王이 西施를 이 城에서 바쳤다. 「山」에 "靈岩山은 곧 옛 石鼓山이며 또 硯石山이다"라고 한다. 오늘날 蘇州市 서남 15킬로미터 靈岩山에 있다.

119 長洲 : 徐天祜에 의하면, 走狗塘이 있는데 수렵지이다. 『吳郡志』 권8에 "長洲는 姑蘇南, 太湖北岸에 있으며, 闔閭가 놀며 수렵하던 곳이다"라고 한다.

120 이때 : 張覺에 의하면, 이때의 일은 闔閭 11년에 발생하였으므로 '十一년'이라고 해야 한다.

121 『左傳』 昭公 6년에 의하면, 太子는 夫差가 아니라 부차의 형 終纍이다. "四月 己丑에 吳 太子 終纍가 楚 水軍을 패배시키고 潘子臣, 小惟子 및 大夫 7명을 포로로 잡았다."

122 番 : '鄱'와 통한다. 오늘날 江西 波陽縣이다. 「楚世家」 正義에 "『括地志』 云 饒州 鄱

陽縣은 春秋時 楚의 東쪽 국경이며 秦 때에 番縣이 되었으며 九江郡에 속하며 오늘날 鄱陽縣이다"라고 한다.

123 徐天祜에 의하면, 吳와 楚는 대대로 숙적이었으며 오는 巢를 토벌한 것을 시작으로 番을 함락시키기까지 크고 작은 20여 차례의 전쟁을 치렀다. 楚 子重과 子反이 한 해에 7 차례 奔命했으며 昭王이 즉위해서는 오군이 쳐들어오지 않은 해가 없었으니 망명한 신하 伍子胥와 伯嚭 때문이다. 그 사이에 釐, 虺, 棘, 櫟, 麻 5개 읍의 전투와 庸浦, 皐舟, 鵲岸, 房, 鍾, 州來, 鷄父의 전투가 있었지만 『吳越春秋』에서는 모두 생략하였다.

124 蔿若 : 漢水 중류 鄀을 이른다. 徐天祜에 의하면, 『左傳』 定公 6년에 "吳 太子 終累가 楚의 水軍을 패배시키고, 楚 子期가 또 육군을 데리고 繁陽에서 패배하자 郢를 鄀으로 옮겼다"라고 한다. 「吳太伯世家」 闔閭 11년에 "吳 太子 夫差가 楚을 토벌하여 番을 빼앗았다. 초는 두려워하여 郢을 떠나 鄀으로 옮겼다"라고 한다. 『春秋地名考略』에 의하면, 鄀은 본래 『左傳』 喜公 25년(기원전 635년)에 秦, 晉이 쳐들어간 '鄀'으로 秦, 楚 경계, 商密(오늘날 河南 內鄕縣 서남)에 위치한 소국(下鄀)이다. 魯 文公 5년(기원전 623년)에 秦이 鄀에 쳐들어와서 오늘날의 湖北 宜城縣 동남으로 옮겨(上鄀), 楚의 속국이 되었다.

125 원문에 '於越'이라고 하는데 『漢書』 「地理志」 顔師古注에 의하면, '于越'이라고도 하며 夷族의 발성법에 의하면, 越을 '于越'이라고 한다. 吳를 '句吳'라고 하는 것 역시 마찬가지이다.

126 『吳越春秋』에는 闔閭 19년, 闔閭의 죽음에 관한 기록이 생략되어 있으나 『左傳』 定公 14년에는 오나라가 월나라를 토벌하다 합려가 부상당해 죽는 기록이 생생히 서술되어 있다.

오나라가 월나라를 토벌하였는데 越 勾踐이 이를 막아 檇李에 진을 쳤다. 勾踐은 吳軍이 정돈되어 있음을 걱정하여 죽기로 싸우는 전사로 하여금 다시 吳軍을 잡아오게 하였으나 吳軍이 요동하지 않으니 죄인을 3렬로 나가 칼로 목을 베고 "두 군주께서 군대를 다스리시는데 臣은 軍令을 어겨 君의 行前에서 不敏하였으니 감히 刑을 피해 도망할 수 없어 감히 자수하여 목숨을 바칩니다"라고 말하고는 스스로 목을 베었다. 吳軍이 모두 이를 보고 있는데 월왕은 이를 틈타 토벌하여 크게 패배시켰다. 靈姑浮가 창으로 闔閭를 공격하여 합려가 엄지발가락을 부상당하고는 신발 한 짝을 집어 들었다. 돌아오다 陘에서 죽으니 檇李에서 7리 떨어졌다. 夫差는 사람을 뜰에 세워놓고 출입할 때마다 자신에게 "부차야! 너는 월왕이 네 아버지를 죽인 것을 잊었느냐"라고 말하고는 "네. 감히 잊지 못합니다!"라고 대답하였다. 3년 만에 월나라에 보복하였다.

1 窓 : 苗麓校點本, 『四部叢刊』 本에 "聰"이라고 하나 『藝文類聚』 권63 인용문에 의해 고쳤다. "水門八, 法地八窓." 張覺에 의하면, 『太平御覽』 권193 인용문에 "牕"라고 하는데, 즉 '窗'이다. "水門八, 以象地之八片忽."

2 陸 : 苗麓校點本, 『四部叢刊』 本에 "陵"이라고 하는데 『太平御覽』 권193, 『四庫全書』 本에 의해 고쳤다. 『太平御覽』 권193 "築小城十里, 陸門三."

3 鯢鱙 : 張覺에 의하면, 鯢는 蟉, 즉 양쪽 뿔이 있는 새끼 용 '虯'라고 해야 하며, 鱙는 '繞'라고 해야 한다.

4 三月 : 『太平御覽』 권343 인용문에 "三年"이라고 하지만 『北堂書鈔』 권122, 『吳郡志』 권29 「土物」(이하 「土物」) 인용문 역시 "三月"이라고 한다.

5 先師親 : 苗麓校點本, 『四部叢刊』 本에 "師知"라고 하나 『太平御覽』 권343 인용문에 의해 고쳤으며 뜻이 더 합당하다. "先師親爍身以成物, 妾何難也."

6 指 : 苗麓校點本, 『四部叢刊』 本에 "瓜"라고 하나 『太平御覽』 권343 인용문에 의해 고쳤다. "於是干將夫妻乃斷髮揃指, 投之鑪中."

7 眾人 : 苗麓校點本, 『四部叢刊』 本에 "衆夫子"라고 하지만 『北堂書鈔』 권124, 『太平御覽』 권354 인용문에 근거하여 고쳤다. "何以異于衆人之鉤乎." 「土物」에 "衆夫子"라고 한다.

8 貪王之賞 : 苗麓校點本, 『四部叢刊』 本에 "貪"이라고 하나 『北堂書鈔』 권124, 『太平御覽』 권354 인용문에 의해 보충하였으며 뜻이 더 분명하다.

9 聲未絶於口 : 苗麓校點本, 『四部叢刊』 本에 "聲絶於口"라고만 하나 『北堂書鈔』 권124, 『太平御覽』 권354 인용문에 의해 '未'자를 보충하였는데 말이 더 순조롭다. 『北堂書鈔』 권124 "聲未絶于口, 而兩鉤俱飛著于父之胸."

10 回 : 苗麓校點本, 『四部叢刊』 本에 "因"이라고 하나 뜻이 순조롭지 않으며 『文選』 「廣絶交論」 注 인용문에 의해 고쳤다. "瀨下之水, 回復俱流."

11 風 : 張覺에 의하면, '風'은 衍文이다. 『潛夫論』 「實邊」에 "代馬望北, 狐死首丘"라고 하여 '風'자가 없다.

12 乃 : 孫詒讓에 의하면, '反'이라고 해야 하며 '何反天乎'라고 한다.

13 徐天祜에 의하면, '水' 아래 '神'字가 있어야 한다.

14 徐天祜에 의하면, '於'는 '被'라고 해야 한다.

15 徐天祜에 의하면, '占'은 '覘'이라고 해야 한다.

16 仆 : 苗麓校點本, 『四部叢刊』 本에 "伏"이라고 하나 『太平御覽』 권386 인용문에 의해

고쳤다. "迎風則偃, 背風則仆."

17 焚之吳市, 飛揚其灰, 購臣千金與百里之邑 : 苗麓校點本, 『四部叢刊』 本에 "斷臣右手"라고 하나 『太平御覽』 권494 인용문에 의해 고쳤다. 張覺에 의하면, 顧觀光이 "要離가 慶忌를 죽이려 하면서 어떻게 오른손을 자르라고 하겠는가"라고 말하는데 이런 점에서 볼 때 『太平御覽』의 글이 더 타당하다.

18 王殺其妻子, 焚之吳市, 飛揚其灰, 購之千金與百里之邑 : 苗麓校點本, 『四部叢刊』 本에 "吳王乃取其妻子, 焚棄於市"라고 하는데 『太平御覽』 권494 인용문에 의해 고쳤다.

19 僻 : 苗麓校點本, 『四部叢刊』 本에 "辟"이라고 하나 『太平御覽』 권305 『太平御覽』 권392, 『藝文類聚』 권53 인용문에 의해 고쳤다.

20 知 : 『藝文類聚』 권53 인용문에 "覺"이라고 한다.

21 孫詒讓에 의하면, '操'는 '譟'라고 해야 한다.

22 張覺에 의하면, '規矩' 위에 '皆中' 두 자가 들어가야 한다. 『史記』 권65 「孫子吳起列傳」(이하 「孫子吳起列傳」) "於是復鼓之, 婦人左右, 前後, 跪起, 皆中規矩繩墨."

23 惟所用之 : 張覺에 의하면, 「孫子吳起列傳」에 "惟王所欲用之"라고 한다.

24 恃 : 「吳太伯世家」에 "民勞, 未可, 待之"라고 하며 '待之'라고 하는 것이 뜻이 더 합당하다.

25 司馬成 : 張覺에 의하면, '司馬戌'이라고 해야 한다.

26 誠 : 張覺에 의하면, 『左傳』 昭公 27년에 "戌也惑之"라고 하여 '誠'은 '戌'의 잘못된 것이다.

27 不知 : 苗麓校點本, 『四部叢刊』 本에 "知"라고 하지만 張覺에 의하면, '不知'라고 해야 한다. 『左傳』 昭公 27년 "民莫不知."

28 囊 : 『四庫全書』 本에 "囊"이라고 한다.

29 國人乃謗止 : 『左傳』 昭公 27년에 "謗言乃止"라고 하여 뜻이 더 분명하다.

30 食 : 苗麓校點本, 『四部叢刊』 本에 '食'자가 없으나 『太平御覽』 권916, 『藝文類聚』 권90, 『文選』 권14 「舞鶴賦」(이하 「舞鶴賦」) 注 인용문에 의해 보충하였다. 『太平御覽』 권906 "王伐楚, 與夫人及女會, 食蒸魚."

31 王食我殘魚 : 苗麓校點本, 『四部叢刊』 本에 "王食魚"라고 하나 『太平御覽』 권916 인용문에 의해 고쳤으며 뜻이 더 분명하다. "王食我殘魚, 辱我, 不忍久生."

32 忍 : 苗麓校點本, 『四部叢刊』 本에 "忘"이라고 하나 『四庫全書』 本을 근거로 '忍'으로 고쳤다.

33 鑿地爲池, 積土爲山 : 苗麓校點本, 『四部叢刊』 本에 "鑿池積土"라고 하지만 『藝文類聚』 권73 인용문을 근거로 고쳤다.

34 遂 : 苗麓校點本, 『四部叢刊』 本에 "還"이라고 하나 『藝文類聚』 권90, 『太平御覽』 권916, 「舞鶴賦」 注 인용문을 근거로 '遂'로 고쳤다. 「舞鶴賦」 注 "遂使男女與鶴俱入墓門."

35 允常聘 : 苗麓校點本, 『四部叢刊』 本에 "元常使"라고 하나 『太平御覽』 권343 『北堂書鈔』 권122, 『藝文類聚』 권60 인용문에 의해 고쳤다. 徐天祜에 의하면, 『左傳』과 『史記』에도 모두 "允常"이라고 한다. 『北堂書鈔』 권 122의 인용문의 내용은 조금 다르다.

臣聞越王允常聘歐冶子作名劍五枚, 三大二小. 一曰純鉤, 二曰湛盧, 三曰豪曹, 或曰磐郢, 四曰魚腸, 五曰鉅闕. 秦客薛燭善相劍, 王取豪曹示之. 薛燭曰 "非寶劍也. 夫寶劍, 五色並見. 今豪曹, 五色黯然無華, 殞其光, 亡其神矣. 王復取鉅闕示之." 薛燭曰 "非寶劍也. 夫寶劍, 金錫和同, 氣如雲煙. 今其光也離矣." 王復取魚腸示之. 燭曰 "夫寶劍者, 金精從理, 至本不逆, 今魚腸倒本從末, 逆理之甚. 服此者臣弑其君, 子弑其父." 王取純鉤示之, 薛燭矍然而望之, 曰 "恍乎如屈陽之華, 沈沈如芙蓉始生於湖. 觀其文, 如列星之芒, 觀其光, 如流水之溢塘, 觀其色, 渙如冰將釋見日之光. 此純.也者." 王曰 "是也. 客有買此劍者, 有市之鄉, 駿馬千疋, 千戶之都, 其可與乎." 薛燭曰 "不可. 臣聞王之初造此劍, 赤堇之山破而出錫, 若耶之溪涸而出銅. 雨師灑道, 雷師發鼓, 蛟龍捧爐, 天帝壯炭, 太一下觀. 于是歐冶子曰天地之精, 悉其伎巧, 造爲此劍. 吉者宜王, 凶者可以遣人. 凶者尙直萬金, 況純鉤者也." 復取湛盧示之, 薛燭曰 "善哉! 銜金鐵之英, 吐銀錫之精, 寄氣託靈, 有游出之神. 服此劍者, 可以折衝伐敵. 人君有逆謀, 則去之他國." 允常乃以湛盧獻吳.

36 張覺에 의하면, 顧觀光은 "臣聞"에서 "薛燭對曰"까지 37자를 삭제했다고 하는데, 『北堂書鈔』 권122, 『吳越春秋』 인용문에도 이런 글귀는 없으며, 누군가 마음대로 삽입한 것이다.

37 合 : 苗麓校點本, 『四部叢刊』 本에 "令"이라고 하나 『太平御覽』 권343 인용문에 의해 고쳤다. "赤堇之山已合, 若耶之溪深而不則."

38 神 : 苗麓校點本, 『四部叢刊』 本에 "臣"이라고 하나 『太平御覽』 권343, 『北堂書鈔』 권122, 『藝文類聚』 권60 인용문에 의해 고쳤다. 『太平御覽』 권343 "群神上天, 歐冶已死, 雖有傾城量金珠玉, 不可與. 況駿馬, 萬戶之都乎!"

39 潛 : 徐天祜에 의하면, 『史記』에 "灊"이라고 한다.

40 人 : 苗麓校點本, 『四部叢刊』 本에 "成"이라고 하나 徐天祜에 의하면, '人'이라고 해야 하며 이를 고쳤다. 『左傳』 定公 3년 "唐人或相與謨, 請代先從者, 許之."

41 大夫之子 : 苗麓校點本, 『四部叢刊』 本에 "太子"라고 하지만 徐天祜에 의하면, 『左傳』(定公 3년)에 "以其子元與大夫之子爲質焉"이라는 것이 맞다고 하여 고쳤다.

42 蔡侯 : 苗麓校點本, 『四部叢刊』 本에 "唐侯"라고 하지만 徐天祜에 의하면, 『左傳』(定公 4년)에 "蔡侯"라고 하여 고쳤다. "以其子乾與其大夫之子爲質於吳."

43 三 : 『左傳』 定公 4년에 "三戰"이라고 한다.

44 楚二師 : 張覺에 의하면, '楚'자는 빠져야 한다. 『左傳』 定公 4년 "二師陳于柏擧." 杜預曰 "二師, 吳楚師."

45 澨 : 苗麓校點本, 『四部叢刊』 本에 "滯"라고 하나 徐天祜에 의하면, '雍澨'라고 하여 고쳤다. 『左傳』 定公 4년 "敗諸雍澨, 五戰及郢."

46 何以事君 : 苗麓校點本, 『四部叢刊』 本에는 이 글귀가 없지만 『左傳』 定公 4년에 근거해 보충하였으며 뜻이 더 명확하다.

47 其 : 苗麓校點本, 『四部叢刊』 本에 "其"자가 없으나 『太平御覽』 권 371 인용문에 의해 보충하였다. "右手決其目, 左手踐其腹."

48 故怨鄭 兵將入境 : 苗麓校點本, 『四部叢刊』 本에 "自此"라고 하나 『太平御覽』 권479 인용문에 의해 고쳤다. "定公前既殺楚太子建, 而困子胥, 故怨鄭. 兵將入境, 定公大懼."

49 一 : 『太平御覽』 권479 인용문에 의해 보충하였다. "定公大悅, 乃與一橈."

50 何等人者. 即請 : 苗麓校點本, 『四部叢刊』 本에 "何等謂"라고 하나 『太平御覽』 권479 인용문에 의해 보충하였다. "何等人者. 即請與語."

51 場 : 苗麓校點本, 『四部叢刊』 本에 "埸"이라고 하나 『四庫全書』 本에 의해 고쳤다. "王不憂鄰國疆場之患."

52 敗楚師於雍澨 : 苗麓校點本, 『四部叢刊』 本에 "與楚師於淮澨"라고 하나 『左傳』 定公 5년에 "敗楚師于雍澨" 에 의해 고쳤으며 뜻이 순조롭다.

53 以 : 苗麓校點本, 『四部叢刊』 本에 "已"라고 하나 『四庫全書』 本에 의해 고쳤으며 뜻이 더 순조롭다. "自霸王以來未有人臣報讐加此."

54 以暢君之迫厄 之暢達也 : 徐天祜에 의하면, '暢' 은 '傷' 이라고 해야 하며 '之暢達' 은 '而暢達之' 라고 해야 한다.

55 帥 : 苗麓校點本, 『四部叢刊』 本에 "師"라고 하나 『四庫全書』 本에 의해 고쳤다. "吳王聞三帥將至."

56 從還楚 : 張覺에 의하면, '從楚還' 이라고 해야 한다.

57 闔閭傷之甚 用其言 : 苗麓校點本, 『四部叢刊』 本에 "闔閭傷之 正如其言"이라고 하나 『太平御覽』 권556, 『北堂書鈔』 권92 인용문에 의해 고쳤다. 『太平御覽』 권556 "闔閭傷之甚, 用其言, 葬於虞山之嶺, 以瞻望齊國."

58 兪樾에 의하면, '波' 자는 '次' 자의 잘못인 듯하다.

59 兪樾에 의하면, '之' 자가 衍字이며 '波太子' 는 '次太子' 라고 해야 한다.

60 夫 : 徐天祜에 의하면, '夫' 아래 '差' 자가 있어야 한다고 하나 張覺에 의하면, '夫' 가 지시대명사로 쓰일 수 있으므로 부차를 지칭할 수 있다.

61 安里 : 『吳郡志』 권8 「古迹」(이하 「古迹」)에 "安平里에 射臺를 세웠다" 라고 한다.

62 長樂里 : 苗麓校點本, 『四部叢刊』 本에 "長樂"이라고 하나 「古迹」 "南城宮在長樂里" 에 근거하여 고쳤다.

63 苗麓校點本, 『四部叢刊』 本에 "姑"자 앞에 "治"자가 있으나 「古迹」 "春夏治於城外姑蘇之臺" 에 근거하여 삭제하였다.

64 至 : 苗麓校點本, 『四部叢刊』 本에 "往"이라고 하나 『四庫全書』 本을 근거로 고쳤다. "楚懼吳兵復至."

권5

夫差內傳 부차가 진과 맹주를 겨루다

부차 시기는 선왕 합려가 회수 지역을 장악하고 초楚를 침략하여 남방 지역에서 정치적 우위를 마련한 것을 발판으로, 양자강에서 회수를 잇는 한구邗溝를 개착하였으며 제齊, 노魯 등 중원 국가에게 위세를 떨쳤다.

그러나 「부차내전夫差內傳」은 오나라 망국의 역사를 그리고 있다. 부차 원년에서 10년간에 월, 노, 제 등을 토벌한 기록이 생략되었을 뿐 아니라 11년부터의 서술도 주변국들에 대한 혁혁한 성취는 생략한 채 부차가 진晉과 우위를 다투다가 멸망에 이르는 역사를 그리고 있다. 춘추오패春秋五霸 가운데 합려를 꼽기도 하지만, 부차를 꼽기도 한다. 그러나 「부차내전」은 부차의 패권을 무모한 야심처럼 그려 황지黃池의 맹약에서 진과 겨루어 먼저 삽혈한 일회적 사건처럼 서술하고 있다. 『좌전左傳』의 시각 역시 합려의 패권을 인정하는 데 비해 "부차는 대臺에서 며칠씩 머물며 피지陂池에서 활쏘기를 하고 … 하루를 행차해도 하고 싶은 것을 반드시 채우며 좋아하는 것을 좇고, 진기한 것을 모으며 보고 즐기는 것을 일삼고, 백성을 원수같이 보면서 날로 새롭게 이들을 부린다. 아마도 먼저 스스로 패배할 따름이다"라고 부차의 몰락을 예견하듯 하였다. 그러나 부차 10년까지의 탈루된 역사가 더해진다면 「부차내전」의 역사는 부차의 성취와 함께 흥망이 교차하는 역사로 구성되었을 것이다.

그리고 본 편에서는 수술數術에서 뛰어났던 조엽趙曄 자신의 학문적 성취를 발휘하여 부차점몽夫差占夢, 오행五行의 원리, 역법曆法과 관련한 『금궤金櫃』에 의한 점술을 구사하였다. 이러한 점술의 내용 때문에 『오월춘추』는 잡기雜記적인 아류亞流의 역사서로 후대에 평가되었다. 그러나 수술은 한대漢代 지식인의 사유 세계에서 중요한 학문적 성향이었다. 사마천司馬遷이 『사기史記』의 서술을 통해 천天과 인간의 관계를 밝히고자 했던 것과 마찬가지로, 조엽은 『오월춘추』의 역사 서술을 통해 국가와 인간의 흥망 역사의 원리를 밝히고자 하였다.

5-1

11년(기원전 485년)[1], 부차는 북쪽으로 제齊나라를 토벌하였다. 제나라는 대부 고씨高氏[2]를 보내 오나라 군대에 사과하였다.[3]

"제나라 군주는 나라 안에서 고립되고 창고는 비었으며 백성은 뿔뿔이 흩어졌습니다. 제나라는 오나라를 강력한 지원국으로 여겨 왔는데 지금 급한 것을 고하러 가기도 전에 오나라가 토벌하러 오셨습니다. 국인國人들이 교郊에 엎드려 전쟁한다는 말을 감히 하지 않게 하겠으니 오나라는 제나라가 외람되지 않음을 불쌍히 여기소서."

오군이 즉시 환군하였다.[4]

12년(기원전 484년), 부차가 다시 북으로 제나라를 공격한다는 소문을 듣고[5], 월왕 구천이 무리를 이끌고 오나라에 조회하면서 태재太宰 백비伯嚭에게 보물을 후하게 바쳤다. 태재 백비는 매우 기뻐하며 월의 뇌물을 받고는 월을 매우 좋아하고 신임하여 밤낮으로 부차에게 고하였다. 부차가 태재 백비의 계책을 신용하니 오자서가 크게 우려하며 말하였다.

"이는 오나라를 버리는 것입니다."

그리고 나아가 간언하였다.

"월은 우리에게는 가슴속의 병인데, 먼저 그 병부터 제거하지 않고 지금 허황된 거짓말을 믿고 제나라를 탐하고 있습니다. 제나라를 격파하는 것은 마치 반석 위에 묘목을 심을 수 없는 것과 같습니다. 왕께서는 제나라를 놓아두고 월나라를 먼저 치십시오. 그렇지 않으면 후회막급일 것입니다."

부차는 듣지 않고 오자서를 제나라에 사신으로 보내어 전쟁할 날짜를 통고하였다. 오자서는 그 아들에게 일렀다.

그림 17 오왕부차모吳王夫差矛와 명문銘文(춘추 기원전 5세기, 호북湖北 강릉江陵)

무늬가 우아하며 완전하게 보존되어 월왕구천검越王勾踐劍과 함께 쌍벽을 이루는 정품精品이다. 몸체는 검劍보다 조금 짧으며 상감기법으로 명문 여덟 자를 금으로 상감하였다. "吳王夫差自乍用鏦."

"나는 자주 왕께 간언하였으나 왕께서 내 의견을 듣지 않았다. 이제 오가 망하는 것을 보는구나. 네가 나와 함께 죽는다 한들 아무런 이로움이 없다."[6]

그리고 그 아들을 제나라 포씨鮑氏[7]에게 맡기고 돌아왔다.

태재 백비는 이미 오자서와는 틈이 생겼으므로 그를 참소하였다.

"오자서는 너무 강력하게 간언하니 왕께서는 오자서에게 조금 덜 관대하시는 것이 좋겠습니다."[8]

"과인도 알고 있다."

군대를 일으키기 전에 마침 노魯나라 사신 자공子貢[9]이 오나라에 예를 갖추어 방문하였다.[10]

13년(기원전 483년), 제나라 대부 진성항陳成恒[11]이 제간공齊簡公을 시해하려 했는데 고高, 국國, 포鮑, 안씨晏氏[12]를 마음속으로 두려워하여 먼저 군대를 일으켜 노나라를 치려 했다. 노군魯君[13]이 이를 근심하니 공자가 걱정하여 제자들을 불러 말하였다.

"제후끼리 서로 공격하는 것을 나는 항상 부끄럽게 여겼다. 노나라는 내 조국이며 선조의 묘가 이곳에 있다. 지금 제나라가 우리를 치려 하는데 그대들이 한번 나가 힘써 볼 생각은 없는가."

그러자 자로子路[14]가 나가겠다고 청하였으나 공자가 말렸다. 자장子張, 자석子石[15]이 가기를 청하였는데 공자는 허락하지 않았다. 자공이 가겠다고 하자 공자가 보냈다.

5 - 2

자공은 북으로 가 제나라에 도착하여 진성항을 만났다.

"노나라는 토벌하기 어려운 나라인데 군君께서 치려는 것은 잘못입니다."

"노는 어째서 토벌하기 어려운가."

"노나라의 성은 얇고 낮으며 해자는 좁고 얕습니다. 군주는 어리석으며 어질지 못하고 대신들은 쓸 만한 자가 없습니다. 병사는 전쟁을 싫어하니 그들과는 전쟁할 수 없습니다. 군께서 오나라를 치는 것만 못합니다. 오나라의 성은 두텁고 높으며 해자는 넓고 깊습니다. 갑옷은 견고하고 병사는 선발되었으며 기구는 충분합니다. 쇠뇌는 군센데다가 총명한 대부를 시켜 지키게 하니 이는 공격하기 쉬운 나라입니다."

진성항이 발끈 화를 냈다.

"그대가 어렵다고 여기는 것은 사람들이 쉽다고 하는 바이며, 그대가 쉽게 여기는 것은 사람들이 어렵다고 하는 바이다. 그런데 이것으로 나를 가르치는 속셈이 무엇인가."

"신이 들으니, 군께서는 세 번 책봉을 받고도 세 번 모두 다스리는 데 성공하지 못했다고 하는데 이는 대신들이 명령을 듣지 않았기 때문입니다. 지금 군께서 또 노나라를 공격해서 제나라를 넓히고자 하시나 노나라를 무너뜨려 대신들이 스스로 존귀해지면 군의 공로가 되지 못합니다. 이는 군께서 위로는 군주의 마음을 교만하게 하고 아래로는 군신을 방자하게 만드는 것이니 다시 큰일을 이루려 해도 어렵게 됩니다. 다시 말씀드리자면 윗사람이 교만하면 (신하를) 능멸하고 신하가 교만하면 (군과) 다툼이 있게 되니, 이는 곧 군께서 위로는 왕과 틈이 생기고 아래로는 대신들과 다툼을 벌이는 것입니다. 이와 같다면 제나라에서 군의 입지는 계란을 쌓는 것보다 위태롭게 됩니다. 그렇기 때문에 오나라를 공격하는 것보다 못하다고 말씀드리는 것입니다. 또 오왕은 용맹하고 굳세어서 자신의 명령을 실행시킬 수 있으며, 백성은 전쟁에 익숙하고 법률과 금령禁令에 밝으니 제나라 군사가 교전하면 반드시 잡힐 것입니다. 이제 군께서 온 나라의 갑옷을 다 내어 대신大臣들에게 입혀 출정시키신다면 백성들은 밖에 나가 죽고 대신들은 안에 아무도 없게 될 것이니, 이는 군께서 위로는 강적의 신하가 없으며 아래로는 젊은 전사가 없게 됩니다. 이렇게 되면 군주를 고립시키고 제나라를 통제할 분은 군밖에 없으십니다."

"좋다! 그러나 우리 병사가 이미 노나라의 성 밑에 있다. 그런데 내가 떠나 오나라로 가면 대신들은 나를 의심하는 마음이 들 텐데 이를 어찌하면 좋겠는가."

"군께서는 병사를 정지시킨 채 공격하지 말고 계십시오. 그러면 군을 위해 남쪽으로 가서 오왕을 만나 노나라를 구하기 위해서는 제나라를 쳐야 한다고 청하겠으니, 이때 군께서는 병사를 거느리고 오군을 맞으십시오."

진성항이 허락하였다.

자공이 남쪽으로 가서 부차를 만나 말하였다.

"신이 들으니, 한 나라의 왕은 다른 나라의 계승을 끊지 않으며 패자霸者는 상대할 만한 강한 적이 없다고 합니다. 천 균鈞의 무게에 일 수銖[16]만 더하여도 저울이 옮겨 가는 것입니다. 지금 만 승乘의 제나라가 천 승의 노나라를 차지하여 오나라와 강함을 다투려 하니 신은 은근히 군 때문에 두렵습니다. 또 노나라를 구하는 것은 이름을 날리는 것이며 제나라를 공격하는 것은 큰 이익을 얻는 것입니다. 명목상으로 망해가는 노나라를 지키겠다고 하면서 포악한 제나라를 제거하고 강한 진晉나라를 위협하게 되면 왕께서는 더는 걱정할 필요가 없습니다."

"좋다. 그러나 나는 월나라와 전쟁하여 월왕을 회계會稽[17]에 숨어 살게 하였다가 오나라에 불러들여 노복으로 삼아 곧바로 죽이지 않고 삼 년 만에 돌아가게 한 적이 있다. 월왕은 현명한 군주라 몸이 고달프도록 애써 밤낮을 새워가며 안으로는 정치를 닦고 밖으로는 제후를 섬기니 나를 복수하려는 마음이 있을 것이 틀림없다. 그대는 내가 월나라를 치기를 기다리라. 그런 뒤에 그대의 말을 따르리라."

"안 됩니다. 월나라의 강함은 노나라만 못하고, 오나라의 강함은 제나라를 넘지 못합니다. 왕께서 월나라를 치는 일 때문에 제 의견을 듣지 않으신다면 그때는 이미 제나라가 노나라를 점령할 것입니다. 작은 월나라를 두려워하고 강한 제나라를 꺼리는 것은 용기가 아니며, 작은 이익을 보고 큰 해를 잊어버린다면 그것은 지혜가 아닙니다. 신이 들으니, 어진 사람은 자기가 살고 있는 데에만 의지하지 않고 그 덕을 넓히며, 지혜로운 사람은 때를 놓치지 않고 공을 세우며, 한 나라의 왕은 다른 나라의 후사를 끊지 않고 의를 세운다고 하였습니다. 왕께서 월나라를 이처럼 두려워하시니 신이 동쪽으로 가서 월왕을 만나 군대를 일으켜 왕의 하리下吏[18]를 따르도록 하겠습니다."

부차는 크게 기뻐하였다.

5 - 3

자공이 월왕 구천을 만나기 위해 동쪽으로 갔다. 소문을 들은 구천은 길을 깨끗이 하고 교郊까지 나가 영접하고 직접 수레를 몰아 객사에 도착하자 물었다.

"이곳은 궁벽하고 협소한 나라이고, 만이蠻夷의 백성인데 대부께서는 무엇을 구하시려 욕되다 여기지 않으시고 여기까지 이르셨습니까."

"군께서 계시기에 왔습니다."

구천은 두 번 절하고 머리를 땅에 조아리며 말하였다.

"화禍와 복福은 이웃이라고 하는데 지금 대부께서 조문하심은 제 복입니다. 제가 감히 고견을 묻지 않을 수 있겠습니까."

"신은 지금 오왕을 뵙고 노나라를 구하고 제나라를 치라고 고하였으나 오왕은 마음속으로 월나라를 두려워하고 있습니다. 보복하려는 뜻이 없는데도 다른 사람이 자신을 의심하게 하는 것은 졸렬한 계획이며, 보복하려는 뜻을 다른 사람이 알아차리게 하는 것은 위태로우며, 일을 일으키기 전에 먼저 소문나는 것은 위태롭습니다. 이 세 가지는 일을 하는 데 크게 피해야 하는 것입니다."

구천이 두 번 절하고 말하였다.

"제가 어려서 부모를 잃어 마음으로 제 자신의 역량을 헤아리지 못하고 오나라 사람과 전쟁을 하였습니다. 군대는 패하고 제 자신도 치욕을 당하고 달아나 회계산 위에 숨어 살며 아래로는 바닷가를 지키니 오직 물고기와 자라만 쳐다볼 뿐입니다. 지금 대부께서 욕되게 찾아와 위문하시어 친히 만나고 또 금옥 같은 좋은 말씀으로 저를 가르쳐 주시니 제가 하늘이 주신 것이라 여겨 감히 가르침을 받들지 않을 수 있겠습니까."

"신이 들으니, 밝은 군주는 사람을 임용하여서는 그들이 재능을 잃지 않게 하며, 정직한 사람은 현인賢人을 천거할 때 세상에 아첨하지 않는다고 합니다. 그렇기 때문에 재물을 다루고 이익을 나눌 때에는 어진 사람을 쓰고 근심과 재난을 겪을 때는 용맹한 자를 쓰며, 지혜를 써서 나라의 일을 도모하는 데는 현명한 선비를 부리고 천하를 바르게 하고 제후를 평정하는 데는 성인聖人을 시킵니다. 군대가 강한데도 자신의 위세를 펼칠 수 없으며 군주의 자리에 있으면서 아래에 자신의 정치와 명령을 시행할 수 없다면 그러한 군주는 거의 위험한 지경에 있다고 할 수 있습니다. 신이 가만히 함께 성공하여 패왕에 이르게 할 수 있는 자를 스스로 골라 보건대, 저밖에 없는 듯합니다. 지금 오왕은 제나라와 진晉나라를 토벌할 뜻을 갖고 있습니다. 군왕께서는 귀하게 여기시는 물건을 아끼지 말아 그의 마음을 기쁘게 하고, 비굴한 말을 꺼리지 말아 그에 대한 예를 극진히 하십시오. 그들이 제나라를 공격하면 제나라는 반드시 응전할 것이니 오나라가 이기지 못하면 군왕의 복입니다. 오나라가 전쟁해서 이기면 반드시 그 군대를 이끌고 진나라에 진격할 것입니다. 기마부대와 정예 병사가 제나라에서 피폐해질 것이며 귀중한 보물, 수레와 마필, 우모羽毛[19]가 진나라에서 다 소모될 것이니 군왕께서는 그 남은 세력을 제압하시기만 하면 됩니다."

구천이 두 번 절하고 말하였다.

"과거에 오왕은 오나라 백성이 많다는 것을 믿고[20] 우리 나라를 해쳐 백성을 죽이고 백관들을 경멸하여 욕보였습니다. 종묘가 무너지고 도성은 폐허가 되었으며, 제 자신도 물고기와 자라나 다름없게 되었습니다. 제가 오나라를 원망함이 골수에 깊이 사무쳤습니다. 그런데도 저는 오나라 섬기기를 자식이 아버지를 두려워하고, 동생이 형을 경외하듯 하였습니다. 이는 죽음을 무릅쓰고 하는 말입니다. 지금 대부께서 가르침을 주시니 감히 진심을 털어놓는 것입니다. 이 몸은 여러 겹의 자리[21]를 편히 여기지 않고 입은 맛있는 음식을 먹지 않으며, 눈은 아름다운 여색을 보지 않고 귀는 우아한 음악을 듣지 않은 지 벌써 삼 년이 되었습니다. 제 입술이 타며 혀가 마르고 몸이 고달프도록 애써 위로는 군신을 섬기고 아래로는 백성들을 길러 오나라와 천하의 평원에서 한 번 맞붙어 전쟁하기를 원합니다. 몸을 단정히 하고 지휘해서 오나라와 월나라 군사를 분투시켜 오왕을 뒤쫓아 죽어 간뇌肝腦가 땅을 덮는 것이 소원입니다. 삼 년 동안 생각하였으나 실현할 수 없었습니다. 지금 안으로 우리 나라를 헤아려보면 오나라를 손상시키기에 부족하며, 밖으로는 제후를 섬기나 이 역시 제대로 하지 못합니다. 나라를 비우고 신하들을 버리며, 자신의 용모를 훼손하고 성명을 바꾸며, 쓰레받기와 비를 잡고 소와 말을 길러 섬기고자 합니다. 이렇게 하면 비록 허리와 목이 잘려 이어지지 않고 수족은 각기 다른 곳에 널려 있으며,

사지는 흩어져 있어 향읍鄕邑의 웃음거리가 된다는 걸 알지만 원한을 펼쳐보고 싶습니다. 지금 대부께서 망국을 존립시키며 죽은 사람을 살리는 가르침을 주시니 제가 이를 하늘이 내린 것이라 믿어 감히 명령을 기다리지 않을 수 있겠습니까."

"오왕의 사람됨이 공명을 탐하며 이롭고 해로움을 알지 못합니다."

구천이 두려워 불안한 모양으로 자리를 피하니 자공이 말하였다.

"신이 보니 오왕은 자주 전쟁을 일으켜 사졸들은 쉬지 못하였으며, 대신들은 나라 안 관직에서 물러났으며 헐뜯는 말을 하는 사람들이 더욱 많아졌습니다. 오자서는 사람됨이 정성스럽고 마음이 청렴하며, 나라 밖의 일에 밝고 때에 따를 줄 알며, 자신이 죽는다고 해도 군주의 허물을 숨기지 않아 정직한 말로 군주에게 충성하고 정직한 행동으로 나라를 위하였습니다. 그러나 그가 죽은 후에는 그의 충언을 오왕이 듣고 따르는 일이 없게 되었습니다.[22] 태재 백비의 사람됨은 지혜로우면서 우매하며, 밖은 강하면서 안은 약합니다. 교묘한 말과 이로운 말재주로 자신이 등용되기를 도모하며 간사스러운 거짓으로 군주를 섬기고 있습니다. 눈앞의 일은 알지만 후에 일어날 일은 알지 못하며 군주의 허물에 순종하여 자신의 사리를 보전하는 자이니, 이는 국가를 무너뜨리고 군주를 해치는 간신입니다."

구천이 크게 기뻐하였다. 자공이 떠날 때 구천은 금 백 일鎰[23], 보검 한 자루, 좋은 말 두 필을 주어 전송하였으나 자공은 받지 않았다.

자공은 오나라에 가서 부차에게 말하였다.

"신이 대왕의 말을 월왕에게 고하였더니 월왕이 크게 두려워하여 말하기를 '과거에 제가 불행하여, 어려서 아버지를 잃고 마음으로 자신의 역량을 헤아리지 못해 오나라에 죄를 지어 군대는 패하고 몸은 욕되었습니다. 달아나 회계에 숨어 지내니 도성은 폐허가 되어 풀숲을 이루고 몸은 물고기나 자라나 다름없이 되었습니다. 그런데 대왕의 은사恩賜에 의지하여 제기(俎豆)를 받들어 제사지낼 수 있게 되었습니다. 대왕께서 죽음을 내리셔도 감히 잊지 못하거늘 어찌 감히 일을 도모하겠습니까.'라고 하며, 매우 두려워하는 기색이었습니다. 사자를 보내 왕께 사죄하겠다고 합니다."

자공이 객관에 머문 지 닷새째 되는 날, 과연 월나라 사신이 와서 말하였다.

"동해가에 사는 노복 구천의 사신 문종文種[24]은 감히 왕과의 우호관계를 돈독히 하기 위하여 미미하나마 보고드리려 합니다. '옛날에 제가 불행하여 어려서 부친을 잃고 자신의 역량을 헤아리지 못해 상국上國[25]에 죄를 지어 군대는 패하였으며 몸은 모욕을 당하여 회계로 도망하였습니다. 왕의 은혜에 의지하여 제사를 올릴 수 있었으니 죽어서도 잊지 못합니다. 이제 은밀히 들으니 대왕께서 큰 뜻을 일으켜 강포强暴한 자를 토벌하고 약한 자를 구하여 포악한 제나라를 곤경에 빠뜨리고 주 왕실을 위무하신다고 하니 천한 신하 문종을 시켜 선왕께서 간직한 갑옷 스무 벌, 굴로屈盧[26]창, 보광步光검을 바치고 군대를 보태려 합니다. 대의를 수행하려 하신다면 저희 나라는 비록 작으나 사방 안의 사졸 삼천 명을 이끌고 왕을 따르기를 청합니다. 친히 갑옷과 투구를 입고 무기를 들고 먼저 화살과 돌을 맞기를 청하니 군신은 죽어도 한이 없습니다.'라고 합니다."

부차가 크게 기뻐하며 자공을 불렀다.

"월나라 사신이 과연 와서 사졸 삼천 명을 출정시키고 그 군주는 과인을 따라 함께 제나라를 치겠다고 청하는데 괜찮겠는가."

"안 됩니다. 남의 나라를 비게 하고, 남의 백성을 모두 이끌고 또 그 군주가 따르도록 하는 것은 어진 행동이 아닙니다. 폐물은 받고 그 군대는 허락하지만 그 군주는 사양하는 것이 가합니다."

부차가 허락하였다.

자공은 진晉나라로 가서 진정공晉定公(기원전 511~475년)에게 말하였다.

"신이 듣기에, 앞일을 생각하지 않고 정하면 갑작스런 일에 대응할 수 없으며, 군대를 미리 정돈하지 않으면 적을 이길 수 없다고 합니다. 지금 오나라와 제나라가 전쟁하려 하는데 오나라가 전쟁에서 이기지 못하면 월나라가 반드시 난을 일으킬 것이고, 전쟁에서 이기면 반드시 그 군대를 이끌고 진나라로 올 것입니다. 군께서는 이를 어떻게 하시겠습니까."

"어떻게 대응해야 하는가."

"무기를 수리하고 병사들을 쉬게 하고 기다리십시오."

진정공이 승낙하였다.

5 - 4

자공이 노나라로 돌아오니 부차가 과연 9군郡의 병사를 일으켜 제나라와 전쟁하려 하였다. 부차가 서문胥門[27]을 나서서 고서대姑胥臺[28]를 지나갔다. 낮에 고서대에서 깜빡 졸다 꿈을 꾸었다.[29] 잠에서 깨어 일어나니 아무 일 없는 듯하면서도 마음이 한탄스러웠다. 태재 백비에게 명하였다.

"과인이 낮에 누웠다가 꿈을 꾸었는데 깨어나니 마음이 고요하면서도 한탄스러웠다. 점을 쳐보라. 무슨 걱정이 없겠는가. 꿈에 장명궁章

明宮에 들어가 보니 두 솥(鑩)[30]에 김이 나는데 불은 때지 않았으며 두 마리 검은 개가 남쪽을 향해 짖고 북쪽을 향해 짖었다. 두 가래(鍖)[31]가 우리 궁의 담장에 꽂혔으며 물이 세차게 흘러 우리 궁실 당堂에 넘쳤다. 뒷방에서는 풀무가 절절하게 울리게 바람을 넣는 대장장이가 있었으며 앞뜰에는 오동이 가로질러 났다. 그대는 과인을 위해 점쳐보라."

그러자 태재 백비가 해몽하였다.

"참으로 좋습니다! 대왕께서 군대를 일으켜 제나라를 토벌하심이여. 신이 듣기에, 장章[32]은 덕음德音이 장장鏘鏘[33]하게 울리는 것이며 명明은 적을 부수는 소리가 들리니 공적이 현저한 모양입니다. 두 솥에서 김이 나는데 불을 때지 않은 것은 대왕의 성덕이 기운이 남아 있는 모습입니다. 두 검은 개가 남쪽으로 짖고 북쪽으로 짖는 것은 사방의 오랑캐가 이미 복속하고 제후들이 입조하는 것을 말합니다. 두 가래가 궁 담장에 꽂힌 것은 농부가 밭에 나가[34] 농사짓는 것을 나타냅니다. 흐르는 물이 세차게 궁실 담을 넘는 것은 이웃 나라가 공납한 재물이 남아도는 것입니다. 뒷방에서 대장장이가 절절하게 풀무가 울리는 것은 궁녀가 즐거워하며 음악을 하고 거문고가 화합하는 것입니다. 앞뜰에 가로질러 오동이 나는 것은 악부樂府[35]의 북이 울리는 것입니다.

부차가 크게 기뻐하였으나 그 마음이 미진하여 왕손락王孫駱을 불러 물었다.

"과인이 홀연히 낮에 꿈을 꾸었는데 나를 위해 말해보라."

"신은 방술方術에 비천하여 식견이 넓지 못합니다. 지금 왕께서 꿈꾸신 것을 신은 점칠 수 없습니다. 아마도 알 만한 자는 동액문東掖門[36]의 정장亭長[37] 월공越公의 제자 공손성公孫聖입니다. 공손성은 어려서는 놀기를 좋아하고 커서는 학문을 좋아하여 견문이 넓고 귀신이 일을 부리는 사정을 압니다. 왕께서 물어보십시오."

부차는 왕손락을 보내 공손성에게 가서 청하였다.

"왕께서 낮에 고서대에서 잠들었다 홀연히 꿈을 꾸었는데 깨어나니 한탄스러워 자네에게 점을 치게 하니 급히 고서대에 들라."

공손성이 땅에 엎드려 눈물을 흘리다 잠시 후 일어났다. 그의 처가 곁에 있다가 공손성에게 말하였다.

"당신은 무슨 성질이 이리도 비루합니까! 군주를 뵙기를 바라다가 갑자기 급히 부름을 받아서는 눈물을 비처럼 흘리다니요."

공손성이 하늘을 우러르며 탄식하였다.

"슬프구나! 당신은 이해할 수 없소. 오늘은 임오일壬午日 정오시正午時이오.[38] 나와 오왕의 명命이 하늘에 달려 있어 도망할 수도 없으니[39] 비단 나 자신을 애통해할 뿐 아니라 오왕 또한 가엽게 여기는 것이오."

"당신은 도술道術로 군주를 뵙고, 합당한 도술이 있다면 마땅히 시행하여 위로 왕에게 간하고 아래로는 자신을 단속하십시오. 지금 급히 부르심을 듣자 걱정하며 의혹을 품고 정신이 무너져 혼란한 것은 현인으로서 마땅한 태도가 아닙니다."

"우매하도다! 여자의 말이여. 내가 도를 얻은 지 십 년 동안 자신을 숨겨 재해를 피한 것은 목숨을 부지하기 위해서요. 그런데 뜻하지 않게 갑자기 급한 부름을 받아 반생을 살다 자신을 버리게 되었으니 슬퍼하는 것이오. 당신과도 서로 영원히 이별하게 되었소."

그리고 집을 떠나 고서대로 갔다. 부차가 공손성을 보자 물었다.

"과인은 북쪽으로 제나라를 치고 노나라를 구하려고 서문을 통해 길을 나서 고서대를 지나는데 낮에 홀연히 꿈을 꾸었다. 그대가 이를 점쳐 길흉을 말해보라."

"신이 말하지 않으면 몸과 이름이 온전합니다. 말한다면 왕 앞에서 반드시 죽게 되고 제 몸은 백 조각이 될 것입니다. 그러나 충신은 자신의 몸을 돌보지 않는다고 했습니다."

그리고 하늘을 우러러 탄식하였다.

"신이 듣기에, 배를 좋아하는 자는 반드시 물에 빠지고, 전쟁을 좋아하는 자는 반드시 망한다고 합니다.[40] 신은 직언을 좋아하여 생명을 돌보지 않으니 왕께서 헤아리시기 바랍니다. 신이 듣기에, 장章은 전쟁에 이기지 못하여 놀라 무서워하며(偉偟)[41] 도망하는 것입니다. 명明은 밝은 지혜를 떠나 어두운 우매함에(冥冥) 나아가는 것입니다. 문으로 들어가 보니 솥이 끓고 있는데 불을 때지 않는 것은 대왕께서 익힌 음식을 먹지 못하는 것입니다. 두 검은 개가 남쪽으로 짖고 북쪽으로 짖는 것은, 검은 것은 음陰을 상징하고 북쪽은 숨는 것을 나타냅니다.[42] 두 가래가 궁 담에 꽂힌 것은 월나라 군대가 오나라에 들어와 종묘를 쳐 없애고 사직을 파헤치는 것입니다. 흐르는 물이 탕탕湯湯하게 궁실 담을 넘는 것은 궁이 (약탈당해) 비게 되는 것입니다. 뒷방에서 풀무가 떠는데 가늘고 긴 것은 앉아서 깊이 탄식하는 것입니다. 앞뜰에 오동이 가로질러 난 것은, 오동나무는 속이 비어 그릇으로 만들 수 없으며 장례용 목우木偶[43]를 만들 수 있을 뿐이어서 죽은 자와 함께 장사지냅니다. 대왕께서는 병사를 어루만지시어 덕을 쌓으시고 제나라를 치지 마십시오. 그러면 이 같은 화를 면할 수 있습니다. 하리 태재 백비와 왕손락을 보내 관과 머리띠를 벗고[44] 어깨를 드러내고(肉袒)[45] 맨발로 머리 숙여 구천에게 사과하면 국가는 안존할 수 있으며 몸은 죽지 않을 수 있습니다."

부차가 듣고는 힘이 다 빠진 듯이 있다가 화를 냈다.

"나는 하늘이 내었으며 신령이 돕는다."

부차는 역사力士 석반石番을 시켜 철추로 쳐 죽이게 했다. 공손성이 머리를 들어 하늘을 쳐다보며 탄식하였다.

"아아! 하늘은 제 억울함을 아십니까. 충성하고도 죄를 얻어 몸이 무고하게 죽습니다. 저를 장례지내, 정직하게 간언하는 것이 서로 아부하는 것만 못하다고 여기게 하시렵니까. 저를 위해 나무 기둥을 하나 세워주고, 제 시신을 깊은 산 속에 데려다 놓아 이후에 서로 만났을 때 소리를 낼 수 있게 해주십시오."

부차는 문지기를 시켜 증구蒸丘[46]로 끌고 가 이같이 말하게 했다.

"승냥이와 이리가 네 살을 먹고 들불이 네 골을 태우며, 동풍이 여러 차례 불어 네 몸을 날리고 골육은 썩을 것이니 어떻게 소리를 내겠다는 건가."

태재 백비가 달려와 말하였다.

"축하합니다. 대왕께서는 기뻐하십시오. 재난이 이미 소멸하였습니다. 그러니 술잔을 돌려 길 떠나는 의식을 거행하여 군대를 곧 진군할 수 있게 하십시오."

5 - 5

부차는 태재 백비를 우교右校로 삼고 사마司馬 왕손락을 좌교左校로 삼고는 구천의 군대를 함께 이끌고 제나라를 친다고 하니, 오자서가 이를 듣고 간하였다.[47]

"신이 들으니, 십만의 군대를 일으켜 천 리 밖 군대에게 군량을 대면 백성의 비용과 국가의 지출은 하루에 수천 금金이 든다고 합니다. 병사와 백성의 죽음을 생각하지 않고 하루의 승리를 다투시니 신이 여기기에 나라를 위태롭게 하고 몸을 망치는 것이 심하십니다. 도적과 함께 있으면서도 그 화를 알지 못하며, 또다시 밖에서 원한을 불러들이고 다른 나라에 가서 요행을 바라는 것은 부스럼과 옴을 치료하면서 심장과 배의 질병은 내버려 두는 것과 같습니다. 발병하면 반드시 죽습니다. 부스럼과 옴은 피부의 질환이니 걱정할 바가 못 됩니다. 지금 제나라는 점차 쇠퇴하고 천 리 밖에 있으며 또한 초나라와 노나라[48]의 경계를 거쳐야 하니 제나라는 우리에게 옴 정도의 병입니다. 월나라는 가슴과 배의 질병입니다. 발병하지 않으면 상傷하고 발병하면 죽습니다. 대왕께서는 월나라를 평정시킨 후에 제나라를 처리하십시오. 신의 뜻이 분명한데 어떻게 충언을 다하지 않을 수 있겠습니까. 신은 이제 늙어 귀와 눈이 밝지 않고 생각이 혼란하여 나라에 이익이 될 수 없습니다. 『금궤金匱』[49] 제8장을 가만히 살펴보니 대왕께서 다치실 상입니다."

"무슨 말인가."

"올해 7월 신해일辛亥日[50] 일출 시(平旦)[51] 대왕께서는 일을 시작하십니다. 신辛은 목성의 자리(歲位)이며,[52] 해亥는 태음太陰[53]이 아직 이르지 않은 지지地支입니다. 합일合日은 임자壬子[54]인데 이는 태음이 아직 도달하지 않은 합일입니다.[55] 이 날은 전쟁을 시작하기에 유리하므로 이번 전쟁은 반드시 이길 수 있습니다. 그러나 이날의 천간天干이 합일 가운데 있다고는 하나[56] 두수斗宿가 도리어 축丑에 진입하였습니다.[57] 축은 신을 내는 근본이라[58] 크게 길하기는 하나 또한 백호白虎에게 압박을 받습니다.[59] 신은 공조功曹인데 태상太常에게 압박을 받습니다.[60] 해는 크게 길하나[61] 여기에 신을 얻어 곧바로 구추九醜[62]가 되며 또한 백호와 함께 다 같이 중요합니다. 어떤 사람이 만약 이날 일을 시작하면 처음에 작은 승리를 얻을 수 있으나 결국에는 반드시 패할 것입니다.

천지가 재앙을 내려 재난이 눈앞에 닥쳤습니다."

부차는 듣지 않고 9월에 태재 백비를 시켜 제나라를 치게 했다. 군대가 북교北郊에 이르자 부차가 태재 백비에게 말하였다.

"행군하라! 공이 있으면 잊지 말며 죄가 있으면 용서하지 말라. 백성을 사랑하고 갓난아이 돌보듯 병사를 기르라. 슬기로운 사람과 모의하고 어진 사람과 벗하라."

태재 백비는 명을 받아 행군하였다. 부차가 대부 피리被離를 불러 물었다.

"너는 항상 오자서와 마음을 함께하고 뜻을 합하여 함께 모의를 꾸며왔다. 과인은 군대를 일으켜 제나라를 공격하려는데 오자서만이 혼자 무슨 말을 하는 것인가."

"오자서는 선왕께는 성심을 다하려 했으나 지금은 늙고 미혹되고 눈과 귀가 밝지 못해 오늘날 행해지는 일들을 알지 못하여 오나라에 도움이 되지 못한다고 스스로 말했습니다."

그러자 부차가 제나라를 쳤다.

제나라가 오나라와 애릉艾陵에서 전쟁하는데[63] 제나라 군대가 크게 패하였다. 부차는 승리한 뒤 행인行人을 보내 제나라와 우호를 맺으며 이렇게 말하였다.

"오왕이 들으니, 제나라가 물에 빠질 걱정이 있다고 하여 군대를 이끌고 와서 보았습니다. 그런데 제나라가 부들 수풀 사이에서 군대를 일으키니 오왕은 편히 모일 곳을 몰라 진을 쳐 방비하였다가 뜻밖에 제나라 군대를 크게 다치게 하였습니다. 화친을 맺고 떠나고자 합니다."

이에 제왕齊王[64]은 말하였다.

"과인은 여기 북쪽에 거처하면서 국경을 넘는 모의를 하지 않았습니다. 오늘 오나라가 양자강과 회수淮水를 건너 천 리를 걸어 우리 영토에 와서 우리 백성을 살육하였습니다. 상제上帝의 애처로워함에 힘입어 나라가 전복되는 데에는 이르지 않았습니다. 왕께서 오늘 양보하시어 화친하고자 하시니 감히 명령대로 하지 않겠습니까."

오나라는 제나라와 맹약을 맺고 떠났다.

5 - 6

부차는 돌아와서 오자서를 꾸짖었다.[65]

"우리 선왕께서는 덕을 실천하시고 총명하시어 상제와도 통하셨으며 공을 베풀기에 힘쓰셨다. 또한 그대 때문에 서쪽으로 초나라와 심한 원수가 되었다. 선왕께서는 비유컨대 농부의 낫이 사방의 쑥을 없애는 것처럼 형만荊蠻에 이름을 세우셨다. 이 또한 그대 대부의 힘이다. 오늘날 대부는 늙어 정신이 혼미하여 스스로 편안하지 못하며, 변괴를 일으키고 거짓을 만들었으며, 원망하고 미워하며 밖으로 나가 유세하였다. 밖에 나가서는 우리 군대와 백성에게 죄를 짓고 내 법도를 어지럽혔으며 요사하고 괴이한 일로 우리 군대를 좌절시키려 하였다. 다행히 하늘이 내린 홍복에 의지하여 제나라 군대가 복속하였다. 과인이 어찌 감히 그 공을 나 자신에게 돌리겠는가. 선왕께서 남긴 덕이며 신령이 도운 복이라. 그대 같은 사람이 오나라에 무슨 힘이 되겠는가."

오자서가 소매를 걷고 크게 노하여 검을 풀고 대답하였다.

"예전에 우리 선왕께서는 간쟁하는 신하가 있었기에[66] 의심나는 일을 결정하고 폐단을 숙고하여 대란에 빠지지 않으실 수 있었습니다. 지금 왕께서는 간쟁하는 늙은 대신을 버리시고 우환을 밀쳐놓고 걱정하지 않으시는데 이는 부모 없는 아이의 모의이지 패왕의 업이 아닙니다. 하늘이 버리려 할 때, 반드시 작은 기쁨을 향해 달려 나가 큰 우환에 가까이 갑니다. 왕께서 깨달아 아신다면 오나라는 대대로 존속할 수 있습니다. 만약 깨닫지 못하신다면 오나라의 운명은 재촉됩니다. 저 오자서는 차마 병을 핑계 삼아 물러나 피하지 못하니 왕께서 포로로 잡히시는 것을 보게 될 것입니다. 제가 만일 먼저 죽게 된다면 제 눈을 성문에 걸어 오나라가 망하는 것을 보게 해주십시오."

부차는 오자서의 말을 듣지 않았다. 궁전 위에 앉았다가 네 사람이 정원을 향해 서로 등지고 의지하고 있는 것을 혼자서만 보았다. 부차가 괴이하게 여기며 보는데 신하들이 물었다.

"왕께서는 무엇을 보고 계십니까."

"내가 네 사람을 보았는데 서로 등을 대고 의지하였다가 사람 말소리를 듣고는 사방으로 흩어져 달렸다."

이에 오자서가 말하였다.

"왕의 말씀대로라면 장차 백성을 잃을 것입니다."

부차가 화를 내며 말하였다.

"그대의 말은 상서롭지 못하다."

"상서롭지 못할 뿐 아니라 또한 왕께서도 돌아가실 것입니다."

닷새 후에 부차가 다시 궁전 위에 앉아 두 사람이 서로 마주보고 있는 것을 바라보았는데 북쪽으로 향한 사람이 남쪽으로 향한 사람을 죽였다. 부차가 신하들에게 물었다.

"보았는가."

"아무것도 보지 못했습니다."

오자서는 부차에게 물었다.

"왕께서는 무엇을 보셨습니까."

"전날에 본 것은 네 사람인데 오늘은 또 두 사람이 서로 마주보고 있다가 북쪽으로 향한 사람이 남쪽으로 향한 사람을 죽이는 것을 보았다."

"신이 들으니, 네 사람이 달린 것은 반란입니다. 북으로 향한 사람이 남으로 향한 사람을 죽인 것은 신하가 군주를 시해하는 것입니다."

부차는 대답하지 않았다.

부차가 문대文臺 위에서 술자리를 벌여 신하들이 모두 참석하였는데, 태재 백비가 주재하고 월왕 구천이 옆에서 모시고 앉았으며 오자서가 참석하였다.

"과인이 듣기에, 군주는 공이 있는 신하를 천하게 여기지 않으며, 아비는 힘 있는 자식을 미워하지 않는다고 한다. 지금 태재 백비가 과인을 위한 공이 있으니 나는 그에게 제일 큰 상으로 작爵을 내리려 한다. 월왕은 인자하고 충성스럽고 신의가 있으며 효성으로 과인을 섬겼으므로 나는 다시 그의 봉국封國을 늘려주어 토벌을 도운 공을 갚으려 한다. 여러 대부는 어떻게 생각하는가."

신하들이 축하하며 말하였다.

대왕께서 지극한 덕 몸소 행하시어 겸허한 마음으로 선비를 기르셨네.
많은 신하가 함께 나아가 난리를 보고는 먼저 죽기를 다투었네.
이름이 드러나 위세가 사해에 떨치네.
공功이 있는 사람은 상을 받고 망하는 나라 다시 존속시키셨네.
패업을 이룬 왕의 은택을 신하들이 함께 입네.

이때 오자서가 땅에 주저앉아 눈물을 흘리며 말하였다.

아, 슬프다! 말할 수 없는 세상을 만났으니.

충신의 입을 가리고 아첨하는 무리 곁에 있네.

정치와 도덕은 무너져서 참소하는 말은 끝이 없네.

간사한 말과 거짓말로 굽은 것을 곧다 하네.

참소하는 자를 놓아두고 충직한 자를 공격하니 오나라는 장차 망하리.

종묘가 무너지고 사직은 제사가 끊기리.

성곽은 폐허가 되고 궁궐에는 가시나무 나리라.

부차가 심하게 화를 내며 말하였다.

"늙은 신하가 여러 번 속임수를 쓰더니 오나라의 요사스런 재앙이 되었다. 권력과 위엄을 마음대로 부려서는 우리 나라를 전복시키려 한다. 과인은 선왕 때문에 차마 법을 집행하지 못하였다. 지금 그대는 돌아가서 곰곰이 혼자 생각해보고는 오나라를 해치는 모의를 그만두라."

이에 오자서가 대답하였다.

"신이 충성스럽지 못하고 신의가 없었다면 선왕의 신하가 되지 못했을 것입니다. 신은 감히 제 몸을 아끼지 않으나 오나라가 망하는 것이 두렵습니다. 옛날에 걸桀이 관용봉關龍逢[67]을 죽이고 주紂가 왕자 비간比干[68]을 죽였는데, 지금 대왕께서는 신을 죽여 걸과 주의 무리에 참여하고 계십니다. 대왕께서는 뜻대로 하십시오. 신은 사직을 청합니다."

오자서가 돌아가면서 피리에게 말하였다.

"나는 정나라와 초나라의 경계에서 활을 당기고 화살을 맞으며 양자강과 회수淮水를 건너 스스로 이곳 오나라에 왔다. 선왕께서는 내 계획을 듣고 나를 능욕한 원수 초나라를 파괴하였다. 선왕의 은혜에 보답하려다가 이 지경까지 왔다. 나는 자신을 애석히 여기지 않으나 화가 장차 그대에게 미칠 것이다."

"계속 간언하여도 들어주지 않는다고 하나 자살한들 무슨 이로움이 있겠는가. 도망하는 게 어떻겠는가."

"도망온 신하가 어디로 가겠는가."

부차가 오자서의 원한을 듣고는 사람을 시켜 촉루검屬鏤劍을 내렸다. 오자서가 검을 받고는 맨발로 치마를 걷고 당堂에서 내려와 뜰 가운데서 하늘을 우러러 부르짖으며 원망하였다.

"내가 처음에 그대 부친의 충신이 되어 오나라 도성을 세웠으며, 모의를 꾸며 초나라를 깨뜨리고 남으로는 군센 월나라를 복속시키고, 제후에게 위협을 가하여 패왕霸王을 칭하게 된 공로가 있다. 지금 그대는 내 말을 듣지 않을 뿐 아니라 도리어 나에게 검을 내리는구나. 나는 오늘 죽지만 오나라 궁궐은 폐허가 되고 뜰에는 덩굴풀이 나며 월나라 사람이 그대의 사직을 파헤칠 것이다. 때가 되면 어찌 나를 잊겠는가. 예전에 선왕께서 그대를 세우려 하지 않았지만 내가 죽음을 무릅쓰고 다투어 끝내 그대가 원하는 것을 얻어내어 공자들이 나를 많이 원망하였다. 나는 다만 오나라에 공이 있을 뿐인데, 오늘 내가 나라를 안정시킨 은혜를 잊고 도리어 내게 죽음을 내리니 어찌 잘못되지 않았는가!"

부차가 이 말을 듣고는 진노하였다.

"너는 충성스럽지도 신의 있지도 않다. 과인을 위해 제나라에 사신으로 가서는 네 아들을 제나라 포씨에게 맡겼으니 나 이외에 마음이 있는 것이다."

부차는 급히 자살하라고 명령하였다.

"나는 네가 무얼 볼 수 있게 놔두지 않겠다."

오자서가 검을 가지고 하늘을 우러러 탄식하였다.

"내가 죽은 다음에 후세는 반드시 나를 충성스럽다고 여길 것이다. 위로는 하夏, 은殷 때에 짝하여 관용봉, 비간과 더불어 벗할 수 있게 되었다."

마침내 오자서는 검에 엎어져 죽었다.[69]

부차는 오자서의 시신을 거두어 가죽부대[70]에 넣어 강 한가운데 던지며 말하였다.

"오자서야, 네가 한 번 죽은 후에야 어찌 뭘 알 수 있겠느냐."

그러고는 곧 오자서의 머리를 잘라 높은 누각 위에 올리며 말하였다.

"해와 달이 네 살을 뜸뜨고 회오리바람이 네 눈을 날리며, 불빛이 네 뼈를 태우고 물고기와 자라가 네 살을 먹으리라. 네 뼈는 변하여 재가 될 것이니 어찌 뭘 볼 수 있겠는가."

시신을 내버려 강 한가운데에 빠뜨리니,[71] 오자서는 물 흐름을 따라 파도에 떠오르며 조류를 따라 왔다 갔다 흘러가다 휩쓸려 부딪쳐 강안江岸을 무너뜨렸다.

부차는 피리에게 말하였다.

"너는 항상 오자서와 함께 과인의 잘못을 의논하였다."

그러고는 피리의 머리를 깎아 곤형髡刑에 처하였다.

5 - 7

왕손락이 오자서가 죽었다는 소문을 듣고는 조현하러 오지 않았다. 그러자 부차가 불러 물었다.

"그대는 왜 과인을 피하고 조현하지 않는가."

"신은 두려울 뿐입니다."

"자네는 내가 오자서를 죽인 것이 심하다 여기는가."

"대왕의 기세는 높고 오자서의 지위는 낮아 왕께서 죽이셨습니다. 신의 운명이 오자서와 무엇이 다르겠습니까. 신은 이 때문에 두렵습니다."

"태재 백비의 말을 들어 오자서를 죽인 게 아니라 오자서가 과인에 대해 모의를 꾸몄기 때문이다."

"신이 들으니, 군주된 자는 반드시 감히 간쟁하는 신하가 있어야 하며, 윗자리에 있는 자는 반드시 감히 말하는 자와 교제해야 한다고 합니다. 오자서는 선왕의 노신老臣입니다. 충성스럽지 않고 신의가 없었다면 선왕의 신하가 되지 못했을 것입니다."

부차는 슬픈 듯한 마음이 일어 오자서를 죽인 것을 후회하였다.

"어찌 태재 백비가 오자서를 헐뜯었기 때문이 아니겠는가."[72]

태재 백비를 죽이려 하던 차에 왕손락이 말하였다.

"안 됩니다. 왕께서 만약 태재 백비를 죽이신다면 이는 제2의 오자서가 됩니다."

그래서 부차는 태재 백비를 죽이지 않았다.[73]

14년(기원전 482년), 부차가 오자서를 죽인 후 해마다 곡식이 익지 않았으며 백성은 원한이 많았다. 부차는 다시 제나라를 치려 하였다. 난구闌溝[74]를 파서 상商[75]과 노나라 사이를 통과하고 북쪽으로는 기수沂水를 잇고 서쪽으로는 제수濟水를 이어 노나라, 진晉나라와 황지黃池[76]가에서 서로 맞붙어 공격하려 했다. 여러 신하가 다시 간언할까 두려워 온 나라에 명령을 내렸다.

"과인이 제나라를 공격하려는데 감히 간언하는 자가 있으면 사형에 처한다."

태자 우友는 충성스러운 오자서가 쓰이지 않고 아첨꾼인 태재 백비가 정치를 마음대로 하는 것을 알고 부왕父王에게 이를 간절히 말하고 싶었으나 죄를 얻을까 두려워 완곡히 간하여서 왕의 마음을 움직이려 하였다. 맑은 아침 탄알과 활을 가지고 후원에서 오는데 옷이 젖고 신발도 젖었다. 부차가 괴이하게 여겨 물었다.

"너는 어찌하여 옷과 신발이 젖고 몸은 그 꼴인가."

"방금 후원에서 노니는데 가을 쓰르라미 소리가 들려 가 보았습니다. 가을 매미가 높은 나무에 올라 맑은 이슬을 마시며 바람에 따라 나부끼며 슬픈 소리를 길게 읊고 있었습니다. 스스로 안전하다고 여기고는 사마귀가 가지를 넘고 가지를 따라 허리를 끌어 발톱을 높이 들어 몸을 기울이는 것을 알지 못했습니다. 사마귀는 마음을 모아 나아가며 먹이를 얻는 데 뜻을 모아서는, 황작黃雀이 무성한 숲을 의지해 가지 그림자 주위를 배회하며 사뿐히 다리를 들어 옮기며 은밀히 나아가 사마귀를 쪼려는 것을 알지 못했습니다. 황작은 맛있는 사마귀를 살피는 것에만 몰두하다가 신이 활을 가지고 높이 날리려고 탄환을 당겼다 놓아 날려[77] 등을 맞히려는 것을 알아차리지 못했습니다. 신은 마음의 잡념을 없애고 황작에만 집중하였다가 그 옆에 빈 구덩이가 있는지 알지 못해 어리석게도 구덩이 가운데로 떨어져 깊은 우물에 빠졌습니다.[78] 신은 이 때문에 몸과 신발이 물에 젖어 대왕께 거의 웃음거리가 되고 말았습니다."

"천하에 이보다 더 우매한 것이 없구나. 앞에 놓인 이익만을 탐하다 뒤에 있는 환란을 보지 못하였도다."

"천하에 이보다 더 우매한 일이 있습니다. 노나라는 주공周公의 후예인 데다 공자의 가르침이 있어 인仁을 지키고 덕을 갖추어 주변 나라에 욕심이 없는데도 제나라는 군대를 일으켜 노나라를 공격하고 백성의 생명은 사랑하지 않으며 이익 얻는 데만 급급합니다. 제나라는 군대를 일으켜 노나라를 치는 것만 알고, 오나라가 나라 안의 장사를 모두 모으고 창고의 재물을 모두 내어 군대를 천 리 밖에 원정시켜 공격하려는 것은 알지 못합니다. 오나라는 국경을 넘어 우리에게 속하지 않은 나라를 치는 것만 알고, 월왕이 목숨을 건 병사를 선발하여 삼강三江[79]의 입구를 나와 태호太湖[80] 가운데로 들어와 우리 오나라 백성을 도살하고 우리 오 궁궐을 무너뜨리려 함은 알지 못하니 천하에 이보다 위태로운 것이 없습니다."

부차는 태자 우의 간언을 듣지 않고 끝내 북쪽으로 제나라를 쳤다.

5 - 8

월왕 구천은 부차가 제나라를 치러 갔다는 소문을 듣고 범려范蠡[81], 설용泄庸[82]을 시켜 군대를 이끌고 동해가에 주둔했다가 양자강을 관통하여 오군의 퇴로를 끊게 했다.[83] 태자 우를 고웅이姑熊夷[84]에서 패배시키고, 송강松江을 관통해서[85] 돌아가 오나라를 습격하여[86] 오의 도성에 들어가 고서대를 불사르고, 여황餘皇 배[87]를 가지고 갔다.

부차는 제군을 애릉에서 패배시킨 후 군대를 돌려 진晉나라에 출정하여 진정공晉定公과 맹주盟主를 다투었다. 맹주가 아직 정해지지 않았을 때 변방의 관리가 도착하여 월의 침입을 고하니 부차는 크게 놀라 신하들을 모아 모의하였다.[88]

"우리가 국내의 길에서 멀리 와 있으니 회맹에 참가하지 않고 돌아가는 것과 맹주를 다투어 진보다 먼저 삽혈歃血하는 것, 어느 것이 유리한가."

왕손락이 말하였다.

그림 18 경도문월竞渡紋鉞(춘추 기원전 5~6세기, 절강浙江 은현鄞縣)

갑골문甲骨文 및 금문金文의 '왕王' 자는 도끼의 모양을 본떴으며 도끼(鉞)는 군대를 지휘하는 병권兵權을 상징한다. 상대商代 청동월靑銅鉞이 종종 발견되는데 산동山東 소부둔蘇埠屯 출토 청동월은 그 육중함이나 문양장식으로 보나 극히 위엄 있는 대형 동월銅鉞로서 권위를 상징하는 '권장權杖'이다. 오월 청동월로는 절강 은현에서 발견된 경도문월이 있다.

"진보다 먼저 삽혈하는 것만 못하니, 맹주가 되면 제후의 권세를 잡아 소원을 이룰 수 있습니다. 왕께서는 군사를 모아 군령을 분명히 하시고, 높은 자리를 주어 격려하고 따르지 않는 자는 욕보여 각자 죽을 각오를 하게 하십시오."[89]

부차는 황혼이 되자 말을 먹이고 병사들을 배불리 먹게 하고는, 갑옷을 입고 무기를 들게 하고, 말을 묶고 병사들의 입에 함매銜枚[90]를 물리고, 화덕의 불을 끄고 어두운 밤에 행군하여 나아갔다. 오나라 병사들은 모두 무늬 있는 물소 가죽으로 만든 긴 방패와 편저검扁諸劍[91]을 손에 들고 방형方形으로 대형을 이뤄 전진하였다. 중교中校[92]의 군사는 모두 흰 옷을 입고 흰 머리띠를 하고 흰 갑옷을 입고 흰 깃털의 주살[93]을 지녀서 띠풀 같았다. 왕이 친히 도끼를 잡고 머리 위에 깃발을 날리며 진 가운데 섰다. 좌군左軍은 모두 붉은 옷을 입고 붉은 머리띠를 하고 붉은 갑옷을 입고 붉은 깃털의 주살을 지녀서 불과 같았다. 우군右軍은 모두 검은 바지, 검은 수레, 검은 갑옷, 까마귀 깃털의 주살을 지녀서 먹과 같았다. 갑옷 입은 병사 삼만 육천 명이 닭이 울자 진을 정돈하였는데 진나라 군대와는 일 리 거리였다. 날이 밝기 전에 왕이 친히 징과 북[94]을 울리자 삼군三軍이 환호하여 군대를 분기시키니 그 소리가 하늘을 진동시키고 땅을 움직였다.

진군이 크게 놀라 나오지 못하고 방어하며 보루를 견고하게 했다. 동갈童褐[95]을 시켜 오군에 물었다.

"양군이 변경에서 전쟁하기로 한 날을 정하지 않았는데 지금 대국이 시간을 앞질러 우리 나라의 군영에 이르렀으니 감히 그 이유를 묻고자 합니다."

부차가 친히 대답하였다.

"천자天子가 명령하였으나 주 왕실이 미약하여 제후들이 약정한 공물을 부고府庫에 들이지 않으니, 상제와 귀신에게 제물을 바쳐 제사지낼 수 없으며 희성姬姓 제후를 구제할 수 없어 두려움에 떨며 사신을 보내와 고하는데 사신과 수레[96]가 길에 끊이지 않았습니다. 과거에 주 왕실은 진나라를 의지하여 이적夷狄을 무시하였습니다. 그런데 진나라가 지금 도리어 이같이 주 왕실에 반란을 일으키는 일을 겪게 되니 이 때문에 나는 군君께 엎드려 기어 왔습니다.[97] 군께서는 약소한 형제 나라들[98]을 돌보지 않으시고 강함만을 다투셨습니다. 저는 선군의 작위爵位를 감히 넘을 수는 없으나 군께서 오나라 군주를 맹주로 받들지 않는데 이렇게 그대로 떠나면 제후의 웃음거리가 될 것입니다. 제가 군을 섬길 수 있는 것도 오늘에 달려 있으며 군을 섬길 수 없는 운명도 오늘 이

한 판에 달려 있습니다. 번거롭게 사신을 오가게 하니 저는 군영 담 밖에서 직접 하명을 기다리겠습니다."

동갈이 돌아가려는데 부차가 동갈의 왼발을 밟고 헤어졌다.[99]

동갈이 돌아와 보고하는데 제후와 대부와 함께 진정공 앞에 줄지어 앉았다. 진정공에게 명을 보고하고는 조앙趙鞅[100]에게 고하였다.

"신이 오왕의 안색을 살피니 큰 걱정거리가 있는 듯합니다. 작게는 사랑하는 첩이나 적자가 죽었거나 아니면 오나라에 난리가 있으며, 크게는 월나라가 침입해서 돌아갈 수 없는 듯합니다. 그의 마음에 근심하고 괴로워하는[101] 걱정거리가 있어 진퇴에 어려움을 헤아리지 않을 것이니 맞붙어 전쟁해서는 안 됩니다. 주군主君[102]께서는 회맹에서 먼저 삽혈하도록 허락하셔야 하며 항렬을 다투어 나라를 위태롭게 해서는 안 됩니다. 그러나 허락만 해서는 안 되며 반드시 신의를 분명히 해야 합니다."

조앙이 허락한 뒤 진정공에게 말하였다.[103]

"희성은 당초 주周에서 말하자면 오태백吳太伯이 맏이라[104] 맹주가 될 수 있으니 국례國禮를 극진히 하십시오."

진정공이 허락하니 동갈에게 명령하여 부차에게 명을 보고하도록 하였다.[105]

이에 부차는 진나라의 뜻을 괴이하게 여기면서 막사로 물러났다가 진과 회맹하였다. 두 나라의 군신이 모두 있는 데서 부차가 공公을 칭하고[106] 먼저 삽혈[107]하고는 진정공이 그 다음으로 마시고 신하들이 맹약을 마쳤다.[108]

부차가 진정공을 이기고 맹주가 되어 돌아오는데 황지를 채 넘기 전에 월은 부차가 오래 머물며 아직 돌아오지 않았다는 소문을 듣고 군대

그림 19 조개운문편호鳥蓋雲紋扁壺(춘추 기원전 5~6세기, 일설에 서주西周 전기前期, 강소江蘇 단도丹徒)

오吳는 주周의 예기禮器를 모방하여 주조하였으나 주의 엄격한 격식에 구애받지 않고 자유로이 운문雲紋과 연주문連珠紋을 구사하였다.

와 백성을 모두 내어 장산章山[109]을 넘고 삼강을 건너 공격하려 하였다.

한편 부차는 제나라와 송나라가 해칠까 두려워 왕손락에게 주 왕실에 공로를 고하도록 명하였다.

"예전에 초나라는 공납을 받들지 않고 형제의 나라를 멀리하였습니다. 우리 선군 합려께서는 그 죄악을 참지 못해 검을 차고 긴 창을 빼어 들고 초소왕과 들판에서 서로 각축하였습니다. 하늘이 홍복을 내려 초군이 대패하였습니다. 지금 제나라는 초나라만 못하며 또 공경하여 왕명을 받들지 않고 형제의 나라를 멀리하였습니다. 부차는 그 악을 참지 못하여 갑옷을 입고 검을 차고 곧바로 애릉에 이르렀습니다. 하늘이 오나라에 복을 내리니 제군이 창 끝을 돌리고 물러났습니다. 부차가 어찌 감히 자신의 공이라 자랑하겠습니까. 이는 문왕文王과 무왕武王의 덕이 도운 바입니다. 때마침 오나라로 돌아갔다가 곡식이 익기 전에[110] 다시 삼강을 따라 내려갔다 회수를 거슬러 오르는데 물을 깊게 파 한구邗溝를 개통시켜 송나라와 노나라 사이로 출병하였다가 돌아가던 중에 천자 집사執事에게 보고합니다."

주경왕周敬王이 답하였다.

"오백부吳伯父[111]가 그대를 가라고 하였는가. 맹약을 맺은 나라를 내가 의지할 수 있으니 나는 이를 실로 아름답게 여기노라. 백부가 나를 도울 수 있다면 영원한 복록을 겸하여 받는 것이니 주 왕실이 무엇을 걱정하리오."

그러고는 궁노弓弩, 선왕의 제사에 사용한 고기[112]를 내리고 시호諡號를 주었다.[113] 부차는 황지에서 돌아와 백성들을 쉬게 하고 군대를 해산시켰다.[114]

5 - 9

20년(기원전 476년)[115], 월왕 구천이 군대를 일으켜 오나라를 쳤다. 오는 18년 취리에서 월나라와 전쟁하였다. 오군이 크게 패하여 병사들이 흩어지고 죽은 자를 헤아릴 수 없었다. 월군이 쫓아가서 오나라를 격파하니 부차는 곤궁하고 위급하여 왕손락을 사신으로 보내 머리 숙여 화친을 청하니 전에 월이 와서 한 것과 같았다. 월왕이 대답하였다.

"예전에 하늘이 월을 오나라에 내렸거늘 오나라는 받지 않았습니다. 지금 하늘이 오나라를 월에 내리는데 어찌 하늘의 뜻을 거스를 수 있겠습니까. 나는 구장句章, 용강甬江 동쪽의 땅[116]을 바치기를 청하니 내가 그대와 함께 두 군주가 되는 것입니다!"

이에 부차가 말하였다.

"나는 주 왕실 조정의 의례로 볼 때 월왕보다 먼저 밥을 먹습니다. 월왕께서 주 왕실의 예의를 잊지 않으신다면 오가 월나라의 속국이 되게 하는 것이 과인이 원하는 것입니다. 행인을 보내 오가 제후국의 명의를 보존할 수 있도록 청하니 군왕께서 헤아리시기 바랄 뿐입니다."

월 대부 문종이 말하였다.

"오왕은 무도한데 지금 다행히 그를 잡았으니 왕께서 그의 명을 끊으십시오."

월왕이 부차에게 말하였다.

"나는 그대의 사직을 훼손하고, 그대의 종묘를 무너뜨릴 것이다."[117]

부차는 아무 말도 하지 않았다. 화해하기를 청하여 일곱 번 왕래하였지만 월왕은 듣지 않았다.

23년(기원전 473년) 10월[118], 월왕은 다시 오나라를 쳤다.[119] 오나라 사람들은 지쳐서 싸우지 못하였다. 사졸은 흩어지고 성문은 지키는 사람이 없으니 (월군은) 오나라를 도륙하였다. 부차는 신하들을 이끌고 도망하여 밤낮으로 달려 사흘 낮, 사흘 밤 만에 진여항산秦餘杭山[120]에 도착하였다. 마음에 걱정과 근심이 있어 눈은 멍하니 바라보며 걸음은 미쳐 날뛰고, 배와 입이 굶주려 생벼를 보자 주워 먹고는 땅에 엎드려 물을 마시고 시종에게 물었다.

"이것의 이름이 무엇인가."

"이는 생벼입니다."

"이것이 바로 공손성이 말한, 음식을 익혀 먹지 못하고 놀라 무서워 달아난다는 것인가."

왕손락이 말하였다.

"배를 채웠으면 떠나십시오. 앞에 서산胥山[121]이 있으니 서쪽 비탈 가운데 숨어 머무를 수 있을 것입니다."

부차는 얼마 길을 가다 이미 익은 야생 오이를 주워 쪼개 먹고는 시종에게 물었다.

"어째서 겨울인데 오이가 나며, 길 가까이 있는데도 왜 사람들이 먹지 않았는가."

"똥으로 심은 것이라 하여 사람들이 먹지 않습니다 ."

"어째서 똥으로 심었다고 하는가."

"한 여름에 사람이 생오이를 먹고 길 옆에다 똥을 누면 종자가 다시 나는데 이 때문에 사람들이 싫어하여 먹지 않습니다."

부차가 탄식하였다.

"이것이 바로 오자서가 말한 아침밥이란 말인가."

부차가 태재 백비에게 말하였다.

"내가 공손성을 죽여 서산 마루에 던졌다. 나는 이 때문에 천하의 수치를 책망받을까 두려워 내 발은 앞으로 나아가지 못하고 마음은 가려 하지 않는다."

"죽음과 삶, 패배와 성공은 이유가 있으니 피할 수 있겠습니까."

"그렇다. 어찌 내가 이리도 무지했던가. 그대가 먼저 불러 보라. 공손성이 살아 있다면 곧 응답할 것이다."

부차가 진여항산에서 멈추니 태재 백비가 불렀다.

"공손성!"

태재 백비가 세 번 부르자 세 번이 메아리가 되어 돌아왔다. 부차가 하늘을 우러러 부르짖었다.

"과인이 어찌 돌아갈 수 있겠는가. 돌아가게 된다면 과인은 대대로 공손성을 섬기겠소."

조금 있다가 월군이 이르러 부차 일행을 삼중으로 포위하였다. 대부 문종이 서로 배례拜禮를 행하고 상국 범려가 대오隊伍 가운데서 왼손에 북을 들고 오른손에 북채를 잡고 두드려 병사들을 진격시켰다. 부차는 화살에 편지를 묶어 문종과 범려의 군대로 쏘았다.

"내가 들으니, 교활한 토끼가 죽으면 좋은 개는 (더는 필요치 않게 되니) 곧 삶아 먹으며(吾聞狡兔以死, 良犬就烹), 적국이 멸망하면 모의하는 신하는 재앙을 당하게 마련이라고 한다. 지금 오나라는 병들었으니 대부는 이제 무엇을 도모할 것인가."

문종과 범려가 급히 공격하였다. 문종도 화살에 편지를 묶어 부차에게로 쏘았다.

"상천上天이 창창하여 보존할 듯도 망할 듯도 합니다. 월왕 구천의 비천한 신하 문종이 감히 말합니다. 예전에 상천이 월을 오나라에 주었는데, 오나라가 기꺼이 받지 않았으니 이는 하늘을 배반한 것입니다. 월왕은 하늘을 경외하고 공功을 쌓아 귀국할 수 있었습니다. 이제 상천이 월의 공에 보답하니 공경하여 오나라를 받고 감히 소홀히 할 수 없습니다. 또 오나라는 여섯 가지 큰 허물이 있기 때문에 멸망에 이르렀는데 왕께서는 이를 아십니까. 충신 오자서가 있어서 충성스럽게 간하였는데 도리어 죽음을 당했으니 첫 번째 큰 잘못입니다. 공손성이 직언을 하였는데도 아무런 공이 없었으니 두 번째 큰 허물입니다. 태재 백비는 우매하나 말재주가 있으며, 말이 경박하고 참소하며, 아첨하고 망령되어 함부로 말하는데 이를 듣고 임용하였으니 세 번째 큰 허물입니다. 제나라와 진나라는 반역행위가 없으며 참람하고 방자한 허물이 없는데도 오나라가 두 나라를 토벌하여 군신을 욕되게 하고 사직을 훼손하였으니 네 번째 큰 허물입니다. 또 오나라와 월나라는 서로 같은 음률音律[122]에 대응하며 천상에는 같은 성수星宿[123]가 배합하고 지상에는 같은 분야에 속하는데도[124] 오나라가 침략하였으니 다섯 번째 큰 허물입니다. 예전에 월나라가 친히 오나라 선왕을 살해하였으니[125] 죄가 이보다 큰 것이 없는데 다행히 월나라를 토벌하였으나 천명을 따르지 않고 원수를 놓아주어[126] 후에 큰 우환이 되었으니 여섯 번째 큰 잘못입니다.[127] 월왕이 삼가 위로 엄숙히 천의를 받들어 감히 천명을 따르지 않을 수 있겠습니까."

문종이 월왕에게 말하였다.

"중동中冬[128]에는 기氣가 안정되어 천天은 살육하려 합니다. 천의 뜻을 받들어 살육을 행하지 않으면 도리어 그 재앙을 받게 됩니다."

월왕이 경배하고 말하였다.

"그렇다. 지금 오왕의 죄를 다스리려면 어떻게 해야 하는가."

"군께서 오행상승도五行相勝圖를 그린 옷[129]을 입고 보광검을 차고 굴로창을 짚고, 눈을 부릅뜨고 크게 말하여 잡아들이십시오."

"좋다."

문종의 말대로 사람을 시켜 부차에게 말하였다.

"진실로 오늘은 군의 명령을 들으려 합니다."

이렇게 말하였는데도 부차는 스스로 죽지 못하자 월왕이 다시 사신을 보내 말하였다.

"어찌 왕이 치욕을 참아 후안무치厚顔無恥인가. 세상에는 만년을 사는 군주가 없으며 죽고 사는 것은 누구나 마찬가지다. 지금 그대가 체면이 남아 있다면 어찌 우리 군대의 병사들로 하여금 대왕의 몸에 칼날을 대게 하겠는가."

부차는 그래도 자살하려 하지 않았다. 월왕이 문종과 범려에게 말하였다.

"두 사람은 어찌 오왕을 죽이지 않는가."

"신은 신하이기 때문에 감히 군주를 죽일 수 없습니다. 군께서 속히 명령하십시오. 천상의 징벌은 마땅히 시행해야 하며 오래 끌어서는 안 됩니다."

월왕은 다시 눈을 부릅뜨고 화내며 말하였다.

"죽음은 사람이 싫어하는 바이다. 죽음을 싫어한다면 하늘에 죄를 짓지 말 것이며 사람에게 빚을 지지 말라. 오늘 군은 여섯 가지 잘못한 죄를 안고 있는데도 치욕을 부끄러워할 줄 모르고 살기를 구하려 하니 어찌 비루하지 않는가."

부차는 이에 길게 탄식하고 사방을 둘러보고 말하였다.

"그리하겠다!"

부차가 검에 엎어져 죽으려 할 때, 좌우를 돌아보고 말하였다.

"내가 살아서 수치스러웠는데 죽어서도 역시 부끄럽다. 죽은 자가 지각이 있다면 나는 지하에서 선왕을 볼 낯이 없으며 차마 충신 오자서와 공손성을 볼 수 없다. 지각이 없다면 나는 그들의 생에 빚을 졌다. 죽으면 반드시 옥을 꿰어 엮어 내 눈에 막을 쳐주오. 다 덮이지 않을까 걱정되니 다시 수놓은 비단 세 폭으로 내 시선을 가려 주오. 산 자가 내 앞에 나타나지 않고, 죽은 자가 내 형체를 보지 못하도록 해주오. 내가 뭘 더 어찌할 수 있겠는가."

그러고는 검을 빼어 엎어져 죽었다. 월왕이 태재 백비에게 말하였다.

"너는 신하로서 충성하지 않았고 신의가 없어 국가를 멸망시키고 군주를 죽였다."

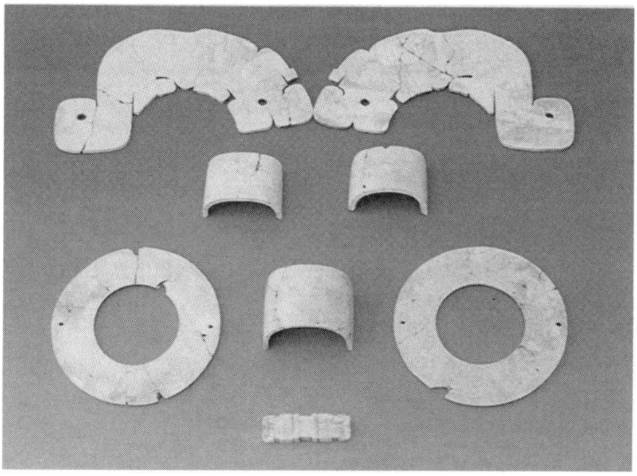

그림 20 진산대묘眞山大墓 옥가면(춘추 기원전 6세기, 강소 소주蘇州)

춘추 중·말기 오왕의 묘墓로 추정되는 소주 진산대묘는 이미 오래전에 도굴되었는데도 대량의 옥기玉器가 남아 있다. 이 가운데 옥가면과 흉부에 위치한 각양각색의 십여 개 주유珠襦는 옥렴장玉殮葬을 짐작하게 한다.

그리고 월왕은 태재 백비와 처자를 주살시켰다.[130]

월왕은 예를 갖추어 부차를 진여항산 비유卑猶[131]땅에 장사지냈다. 월왕은 자신의 전쟁에 공을 세운 병사들에게 습한 땅의 흙을 한 광주리씩 퍼서 부차를 묻게 하였다. 태재 백비 역시 비유 땅의 부차 옆에 장사지냈다.[132]

原文

5-1

十一年, 夫差北伐齊, 齊使大夫高氏謝吳師曰 "齊孤立於國, 倉庫空虛, 民人離散. 齊以吳爲彊輔, 今未往告急, 而吳見伐. 請伏國人於郊, 不敢陳戰爭之辭, 惟吳哀齊之不濫也." 吳師即還.

十二年, 夫差復北伐齊. 越王聞之, 率衆以朝於吳, 而以重寶厚獻太宰嚭. 嚭喜, 受越之賂, 愛信越殊甚, 日夜爲言於吳王. 王信用嚭之計, 伍胥大懼, 曰 "是棄吾也[1]." 乃進諫曰 "越, 在心腹之病[2], 不前除其疾, 今信浮辭僞詐而貪齊. 破齊譬由磐石之田, 無立其苗也. 願王釋齊而前越. 不然, 悔之無及." 吳王不聽, 使子胥使於齊, 通期戰之會. 子胥謂其子曰 "我數諫王, 王不我用, 今見吳之亡矣. 汝與吾俱亡, 亡無爲也[3]." 乃屬其子於齊鮑氏而還.

太宰嚭既與子胥有隙, 因讒之曰 "子胥爲強暴力諫, 願王少厚焉." 王曰 "寡人知之." 未興師, 會魯使子貢聘於吳.

十三年, 齊大夫陳成恆欲弒簡公, 陰憚高, 國, 鮑, 晏, 故前興兵伐魯. 魯君憂之. 孔子患之, 召門人而謂之曰 "諸侯有相伐者, 丘常恥之. 夫魯, 父母之國也, 丘墓在焉. 今齊將伐之, 子無意一出耶." 子路辭出, 孔子止之. 子張, 子石請行, 孔子弗許. 子貢辭出, 孔子遣之.

5-2

子貢北之齊, 見成恆, 因謂曰 "夫魯者, 難伐之國, 而君伐, 過矣." 成而曰 "魯何難伐也." 子貢曰 "其城薄以卑, 其池狹以淺, 其君愚而不仁, 大臣無用, 士惡甲兵, 不可與戰. 君不若伐吳. 夫吳, 城厚而崇, 池廣以深, 甲堅士選, 器飽弩勁, 又使明大夫守之, 此易邦也[4]." 成之忿然作色, 曰"子之所難, 人之所易, 子之所易, 人之所難. 而以教恒, 何也." 子貢曰"臣聞君三封而三不成者, 大臣有所[5]不聽者也. 今君又欲破魯以廣齊, 隳魯以自尊[6], 而君功不與焉. 是君上驕下恣群臣[7], 而求以成大事, 難矣. 且夫上驕則犯[8], 臣驕則爭, 此君上於王有遽[9], 而下與大臣交爭. 如此, 則君立於齊, 危於累卵. 故曰不如伐吳. 且吳王剛猛而毅, 能行其令, 百姓習於戰守, 明於法禁, 齊遇爲擒, 必矣. 今君悉四境之甲[10], 出大臣以環[11]之, 人民外死, 大臣內空, 是君上無彊敵之臣, 下無黔首之士, 孤主制齊者, 君也." 陳恆曰"善! 雖然吾兵已在魯之城下矣. 吾去之吳, 大臣將有疑我之心, 爲之奈何." 子貢曰"君按兵無伐, 請爲君南見吳王, 請之救魯而伐齊, 君因以兵迎之." 陳恆許諾.

子貢南見吳王, 謂吳王曰"臣聞之, 王者不絕世, 而霸者無彊敵. 千鈞之重, 加銖而移. 今萬乘之齊, 而私千乘之魯, 而與吳爭彊, 臣竊爲君恐焉. 且夫救魯, 顯名也. 伐齊, 大利也. 義存亡魯, 害暴齊[12]而威強晉, 則王不疑也."

吳王曰"善. 雖然, 吾嘗與越戰, 棲之會稽, 入臣於吳, 不即誅之, 三年使歸. 夫越君, 賢主, 苦身勞力, 夜以接日, 內飭其政, 外事諸侯, 必將有報我之心. 子待我伐越而聽子."

子貢曰"不可. 夫越之彊不過於魯, 吳之彊不過於齊, 主[13]以伐越而不聽臣, 齊亦已私魯矣. 且畏小越而惡彊齊, 不勇也. 見小利而忘大害, 不智也. 臣聞仁人不因居[14], 以廣其德, 智者不棄時, 以舉其功, 王者不絕世, 以立其義. 且夫畏越如此, 臣誠[15]東見越王, 使出師以從下吏." 吳王大悅.

5-3

子貢東見越王, 王聞之, 除道郊迎, 身御至舍, 問曰"此僻狹之國, 蠻夷之民, 大夫何索然若不辱乃至於此." 子貢曰"君處故來[16]." 越王勾踐再拜稽首曰

"孤聞禍與福爲鄰, 今大夫之弔, 孤之福矣. 孤敢不問其說." 子貢曰 "臣今者見吳王, 告以救魯而伐齊, 其心畏越. 且夫無報人之志而使人疑之, 拙也. 有報人之意而使人知之, 殆也. 事未發而聞之[17]者, 危也. 三者, 擧事之大忌也." 越王再拜曰 "孤少失前人, 內不自量, 與吳人戰, 軍敗身辱, 遁逃上棲會稽, 下守海濱, 唯魚鱉見矣. 今大夫辱弔而身見之, 又發玉聲以教孤, 孤賴天之賜也. 敢不承教."

子貢曰 "臣聞, 明主任人, 不失其能, 直士擧賢, 不容於世. 故臨財分利則使仁, 涉患犯難則使勇, 用智圖國則使賢, 正天下定諸侯則使聖. 兵強而不能行其威勢, 在上位而不能施其政令於下者, 其君幾乎難矣! 臣竊自擇可與成功而至王者, 惟幾乎[18]! 今吳王有伐齊晉之志, 君無愛重器以喜其心, 無惡卑辭以盡[19]其禮. 而伐齊, 齊必戰[20]. 不勝, 君之福也. 彼戰而勝, 必以其兵臨晉. 騎士銳兵弊乎齊, 重寶, 車騎, 羽毛盡乎晉, 則君制其餘矣."

越王再拜, 曰 "昔者吳王分其民之衆以殘吾國, 殺敗吾民, 鄙吾百姓, 夷吾宗廟, 國爲墟棘, 身爲魚鱉[21]. 孤之怨吳, 深於骨髓, 而孤之事吳, 如子之畏父, 弟之敬兄. 此孤之死言也. 今大夫有賜, 故孤敢以報情. 孤身不安重席, 口不嘗厚味, 目不視美色, 耳不聽雅音, 既已三年矣. 焦脣乾舌, 苦身勞力, 上事群臣, 下養百姓. 願一與吳交戰於天下平原之野, 正身臂[22]而奮吳越之士, 繼踵連死, 肝腦塗地者, 孤之願也. 思之三年, 不可得也. 今內量吾國不足以傷吳, 外事諸侯而不能也. 願空國, 棄群臣, 變容貌, 易姓名, 執箕帚, 養牛馬以事之. 孤雖知要領不屬, 手足異處, 四支布陳, 爲鄉邑笑, 孤之意出焉. 今大夫有賜, 存亡國, 擧[23]死人, 孤賴天賜, 敢不待令乎."

子貢曰 "夫吳王爲人, 貪功名而不知利害." 越王慥然避位. 子貢曰 "臣觀吳王爲數戰伐, 士卒不息[24], 大臣內引[25], 讒人益衆. 夫子胥爲人, 精誠中廉, 外明而知時, 不以身死隱君之過, 正言以忠君, 直行以爲國, 其身死而不聽. 太宰嚭爲人, 智而愚, 彊而弱, 巧言利辭以內其身, 善爲詭詐以事其君, 知其前而不知其後, 順君之過以安其私, 是殘國傷君之佞臣也.” 越王大悅.

子貢去, 越王送之金百鎰, 寶劍一, 良馬[26]二, 子貢不受.

至吳, 謂吳王曰 “臣以下吏之言告於越王, 越王大恐, 曰 ‘昔者孤身不幸, 少失前人, 內不自量, 抵罪於吳, 軍敗身辱, 逋逃出走, 棲于會稽, 國爲墟莽, 身爲魚鱉. 賴大王之賜, 使得奉俎豆, 修祭祀, 死[27]且不敢忘, 何謀之敢.’ 其志甚恐, 將使使者來謝於王.” 子貢館五日, 越使果來, 曰 東海役臣勾踐之使者臣種敢修下吏, 少聞於左右, 昔孤不幸, 少失前人, 內不自量, 抵罪上國, 軍敗身辱, 逋逃會稽, 賴王賜, 得奉祭祀, 死且不忘. 今竊聞大王興大義, 誅彊救弱, 困暴齊而撫周室, 故使賤臣以奉前王所藏甲二十領[28], 屈盧之矛, 步光之劍, 以賀軍吏. 若將遂大義, 弊邑雖小, 請悉四方之內士卒三千人以從下吏, 請躬被堅執銳, 以前受矢石, 君臣死無所恨矣.”

吳王大悅. 乃召子貢曰 “越使果來, 請出士卒三千, 其君從之, 與寡人伐齊, 可乎.” 子貢曰 “不可. 夫空人之國, 悉人之衆, 又從其君, 不仁也. 受幣, 許其師, 辭其君, 即可.” 吳王許諾.

子貢去晉, 見定公曰 “臣聞慮不預定, 不可以應卒, 兵不預辦, 不可以勝敵. 今吳, 齊將戰, 戰而不勝, 越亂之必矣. 與戰而勝, 必以其兵臨晉, 君爲之奈何.” 定公曰 “何以待之.” 子貢曰 “修兵伏卒[29]以待之.” 晉君許之.

5 – 4

子貢返魯, 吳王果興九郡之兵, 將與齊戰. 道出胥門, 因過姑胥之臺, 忽晝假寐於姑胥之臺而得夢. 及寤而起, 其心恬然悵焉. 乃命太宰嚭, 告曰 “寡人晝臥有夢, 覺而恬然悵焉. 請占之, 得無所憂哉. 夢入章明宮, 見兩鬲蒸而不炊[30], 兩黑犬嗥以南, 嗥以北, 兩鋘[31]殖吾宮牆, 流水湯湯, 越吾宮堂, 後房鼓震[32]

篋篋有鍜工, 前園橫生梧桐. 子爲寡人占之."

太宰嚭曰 "美哉! 王之興師伐齊也. 臣聞, 章者, 德鏘鏘也. 明者, 破敵聲聞, 功朗明也. 兩鬲蒸而不炊者, 大王聖德, 氣有餘也. 兩黑犬嗥以南, 嗥以北者, 四夷已服, 朝諸侯也. 兩鋘殖宮牆者, 農夫就成, 田夫耕也. 湯湯越宮堂者, 鄰國貢獻, 財有餘也. 後房篋篋鼓震有鍜工者, 宮女悅樂, 琴瑟和也. 前園橫生梧桐者, 樂府鼓聲也."

吳王大悅, 而其心不已, 復[33]召王孫駱問曰 "寡人忽晝夢, 爲予陳之." 王孫駱曰 "臣鄙淺於道, 不能博大. 今王所夢, 臣不能占. 其有所知者, 東掖門亭長長城公弟[34]公孫聖. 聖爲人少而好游, 長而好學, 多見博觀, 知鬼神之情狀. 願王問之."

王乃遣王孫駱往請公孫聖, 曰 "吳王晝臥姑胥之臺, 忽然感夢, 覺而悵然, 使子占之, 急詣姑胥之臺." 公孫聖伏地而泣, 有頃而起. 其妻從旁謂聖曰 "子何性鄙! 希睹人主, 卒得急召, 涕泣如雨." 公孫聖仰天歎曰 "悲哉! 非子所知也. 今日壬午, 時加南方, 命屬上天, 不得逃亡. 非但自哀, 誠傷吳王." 妻曰 "子以道自達於主, 有道當行, 上以諫王, 下以約身. 今聞急召, 憂惑潰亂, 非賢人所宜." 公孫聖曰 "愚哉! 女子之言也. 吾受道十年, 隱身避害, 欲紹壽命, 不意卒得急召, 中世自棄, 故悲. 與子相離耳." 遂去, 詣姑胥臺.

吳王曰 "寡人將北伐齊救[35]魯, 道出胥門, 過姑胥之臺, 忽然晝夢. 子爲占之, 其言吉凶." 公孫聖曰 "臣不言, 身名全, 言之必死百段於王前. 然忠臣不顧其軀." 乃仰天歎曰 "臣聞好船者必溺, 好戰者必亡. 臣好直言, 不顧於命. 願王圖之. 臣聞:章者, 戰不勝, 敗走偉偟也. 明者, 去昭昭, 就冥冥也. 入門見鬲蒸而不炊者, 大王不得火食也. 兩黑犬嗥以南, 嗥以北者, 黑者, 陰也, 北者, 匿也. 兩鋘殖宮牆者, 越軍入吳國, 伐宗廟, 掘社稷也. 流水湯湯越宮堂者, 宮空虛也. 後房鼓震篋篋者, 坐太息也. 前園橫生梧桐者, 梧桐心空不爲用器, 但爲盲僮[36], 與死人俱葬也. 願大王按兵修德, 無伐於齊, 則可銷也. 遣下吏太宰嚭, 王孫駱解冠幘, 肉袒徒跣, 稽首謝於勾踐, 國可安存也, 身可不死矣."

吳王聞之, 索然作怒, 乃曰 "吾天之所生, 神之所助." 使力士石番[37], 以鐵鎚擊殺之. 聖乃仰頭向天而言曰 "吁嗟! 天知吾之冤乎. 忠而獲罪, 身死無辜. 以葬我以爲直者不如相隨. 爲柱, 提我至深山, 後世相屬爲聲響." 於是吳王乃使門人提之蒸丘, "豺狼食汝肉, 野火燒汝骨, 東風數至, 飛揚汝骸骨, 肉糜爛, 何能爲聲響哉." 太宰嚭趨進曰 "賀大王喜, 災已滅矣. 因舉行觴, 兵可以行."

5 - 5

吳王乃使太宰嚭爲右校, 司馬王孫駱爲左校, 乃[38]從勾踐之師伐齊. 伍子胥聞之, 諫曰 "臣聞興十萬之眾, 奉師千里, 百姓之費, 國家之出, 日數千金. 不念士民之死, 而爭一日之勝, 臣以爲危國亡身之甚. 且與賊居, 不知其禍, 外復求怨, 徼幸他國, 猶治救瘑疥而棄心腹之疾, 發當死矣. 瘑疥, 皮膚之疾, 不足患也. 今齊陵遲千里之外, 更歷楚, 趙之界, 齊爲疾, 其疥耳, 越之爲病, 乃心腹也. 不發則傷, 動則有死. 願大王定越而後圖齊. 臣之言決矣, 敢不盡忠. 臣今年老, 耳目不聰, 以狂惑之心, 無能益國. 竊觀《金匱》第八, 其可傷也." 吳王曰 "何謂也." 子胥曰 "今年七月辛亥平旦, 大王以首事. 辛, 歲位也. 亥, 陰前之辰也. 合壬子, 歲前合也, 利以行武, 武決勝矣. 然德在合斗擊丑. 丑, 辛之本也. 大吉, 爲白虎而臨. 辛, 功曹, 爲太常所臨. 亥, 大吉得辛爲九醜, 又與白虎并重. 有人若以此首事, 前雖小勝, 後必大敗. 天地行殃, 禍不久矣."

吳王不聽, 遂九月使太宰嚭伐齊. 軍臨北郊, 吳王謂嚭曰 "行矣! 無忘有功, 無赦有罪, 愛民養士, 視如赤子. 與智者謀, 與仁者友." 太宰嚭受命, 遂行.

吳王召大夫被離問曰 "汝常與子胥同心合志, 并慮一謀, 寡人興師伐齊, 子胥獨何言焉." 被離曰 "子胥欲盡誠於前王, 自謂老狂, 耳目不聰, 不知當世之所行, 無益吳國." 王遂伐齊.

齊與吳戰於艾陵之上, 齊師敗績. 吳王既勝, 乃使行人成好於齊, 曰 "吳王聞齊有沒水之慮, 帥軍來觀. 而齊興師蒲草, 吳不知所安, 集設陣爲備, 不意頗傷齊師. 願結和親而去." 齊王曰 "寡人處此北邊, 無出境之謀. 今吳乃濟江淮, 逾千里而來我壤土, 戮我眾庶. 賴上帝哀存, 國猶不至顛隕. 王今讓以和親, 敢不如命." 吳, 齊遂盟而去.

5 - 6

吳王還, 乃讓子胥曰 "吾前王履德, 明達於上帝, 垂功用力, 爲子西結彊讎於楚. 今前王譬若農夫之艾[39]殺四方蓬蒿, 以立名于荊蠻, 斯亦大夫之力. 今大夫昏耄而不自安, 生變起詐, 怨惡而出. 出則罪吾士眾, 亂吾法度, 欲以妖孽挫衄吾師. 賴天降哀[40], 齊師受服. 寡人豈敢自歸其功. 乃前王之遺德, 神靈之祐福也. 若子於吳, 則何力焉."

伍子胥攘臂大怒, 釋劍而對曰 "昔吾前王有不庭之臣, 以能遂疑計[41], 不陷於大難. 今王播棄[42], 所患外不憂, 此孤僮之謀, 非霸王之事. 天之未棄[43], 必趨其小喜, 而近其大憂. 王若覺寤, 吳國世世存焉. 若不覺寤, 吳國之命斯促矣. 員不忍稱疾辟易, 乃見王之爲擒. 員誠前死, 掛[44]吾目於門, 以觀吳國之喪."

吳王不聽. 坐於殿上, 獨見四人向庭相背而倚. 王怪而視之, 群臣問曰 "王何所見." 王曰 "吾見四人相背而倚, 聞人言則四分走矣." 子胥曰 "如王言, 將失眾矣." 吳王怒曰 "子言不祥." 子胥曰 "非惟不祥, 王亦亡矣." 後五日, 吳王復坐殿上, 望見兩人相對, 北向人殺南向人. 王問群臣 "見乎." 曰 "無所見." 子胥曰 "王何見." 王曰 "前日所見四人, 今日又見二人相對, 北向人殺南向人." 子胥曰 "臣聞四人走, 叛也. 北向殺南向, 臣殺君也." 王不應.

吳王置酒文臺之上, 群臣悉在, 太宰嚭執政, 越王侍坐, 子胥在焉. 王曰"寡人聞之, 君不賤有功之臣, 父不憎有力之子. 今太宰嚭爲寡人有功, 吾將爵之上賞. 越王慈仁忠信, 以孝事於寡人, 吾將復增其國, 以還助伐之功. 於衆大夫如何."

群臣賀曰

大王躬行至德, 虛心養士.

群臣並進, 見難爭死.

名號顯著, 威震四海.

有功蒙賞, 亡國復存.

霸功王事, 咸被群臣.

於是子胥據地垂涕曰

於乎哀哉! 遭此默默.

忠臣掩口, 讒夫在側.

政敗道壞, 諂諛無極.

邪說僞辭, 以曲爲直.

舍讒攻忠, 將滅吳國.

宗廟既夷, 社稷不食.

城郭丘墟, 殿生荊棘.

吳王大怒, 曰"老臣多詐, 爲吳妖孽. 乃欲專權擅威, 獨傾吾國. 寡人以前王之故, 未忍行法, 今退自計, 無沮吳謀." 子胥曰"今臣不忠不信, 不得爲前王之臣. 臣不敢愛身, 恐吾國之亡矣. 昔者桀殺關龍逢, 紂殺王子比干, 今大王誅臣, 參於桀紂. 大王勉之, 臣請辭矣."

子胥歸, 謂被離曰"吾貫弓接矢於鄭, 楚之界, 越渡江, 淮自致於斯. 前王聽從吾計, 破楚見凌之讎. 欲報前王之恩而至於此. 吾非自惜, 禍將及汝." 被離曰"未諫不聽, 自殺何益. 何如亡乎." 子胥曰"亡臣安往."

吳王聞子胥之怨恨也, 乃使人賜屬鏤之劍. 子胥受劍, 徒跣褰裳, 下堂中庭, 仰天呼怨曰"吾始爲汝父忠臣, 立吳, 設謀破楚, 南服勁越, 威加諸侯, 有霸王之功. 今汝不用吾言, 反賜我劍. 吾今日死, 吳宮爲墟, 庭生蔓草, 越人掘汝社稷. 安忘我乎. 昔前王不欲立汝, 我以死爭之, 卒得汝之願, 公子多怨於我. 我徒有功於吳. 今乃忘我定國之恩. 反賜我死, 豈不謬哉!" 吳王聞之, 大怒曰"汝不忠信, 爲寡人使齊, 託汝子於齊鮑氏, 有我外之心." 急令自裁"孤不使汝得有所見." 子胥把劍, 仰天歎曰"自我死後, 後世必以我爲忠. 上配夏殷之世, 亦得與龍逄, 比干爲友." 遂伏劍而死.

吳王乃取子胥屍, 盛以鴟夷之器, 投之於江中, 言曰"胥, 汝一死之後, 何能有知." 即斷其頭, 置高樓上, 謂之曰"日月炙汝肉, 飄風飄汝眼, 炎光燒汝骨, 魚鱉食汝肉. 汝骨變形灰, 有何所見." 乃棄其軀, 投之江中. 子胥因隨流揚波, 依潮來往, 蕩激崩岸.

於是吳王謂被離曰"汝嘗與子胥論寡人之短." 乃髡被離而刑之.

5 - 7

王孫駱聞之, 不朝, 王召而問曰"子何非寡人而不朝乎." 駱曰"臣恐耳." 曰"子以我殺子胥爲重乎." 駱曰"大王氣高, 子胥位下, 王誅之. 臣命何異於子胥. 臣以是恐也." 王曰"非聽宰嚭以殺子胥, 胥圖寡人也." 駱曰"臣聞人君者必有敢諫之臣, 在上位者必有敢言之交. 夫子胥, 先王之老臣也. 不忠不信, 不得爲前王臣." 吳王中心悷然, 悔殺子胥"豈非宰嚭之讒子胥." 而欲殺之. 駱曰"不可. 王若殺嚭, 此爲二子胥也." 於是不誅.

十四年, 夫差既殺子胥, 連年不熟, 民多怨恨. 吳王復伐齊. 闕爲闌溝於商魯之間, 北屬蘄[45], 西屬濟, 欲與魯, 晉合攻於黃池之上. 恐群臣復諫, 乃令國中曰“寡人伐齊, 有敢諫者死.”太子友知子胥忠而不用, 太宰嚭佞而專政, 欲切言之, 恐罹尤也, 乃以諷諫激於王. 清旦, 懷丸持彈, 從後園而來, 衣洽[46]履濡, 王怪而問之曰“子何爲袷衣濡履, 體如斯也.”太子友曰“適游後園, 聞秋蜩之聲, 往而觀之. 夫秋蟬登高樹, 飲清露, 隨風撝撓, 長吟悲鳴, 自以爲安, 不知螳螂超枝緣條, 曳腰聳距[47], 而稷[48]其形. 夫螳螂翕心而進, 志在有利, 不知黃雀緣茂[49]林, 徘徊枝陰, 踙蹴微進, 欲啄螳螂. 夫黃雀但知伺螳螂之有味, 不知臣挾彈危擲, 蹭蹬飛丸而集其背. 今臣但虛心志在黃雀, 不知空埳其旁, 闇忽埳中, 陷於深井. 臣故袷體濡履, 幾爲大王取笑.”王曰“天下之愚, 莫過於斯. 但貪前利, 不睹後患.”太子曰“天下之愚, 復有甚者. 魯承周公之末, 有孔子之敎, 守仁抱德, 無欲於鄰國, 而齊擧兵伐之, 不愛民命, 惟有所獲. 夫齊徒擧而伐魯, 不知吳悉境內之士, 盡府庫之財, 暴師千里而攻之. 夫吳徒知踰境征伐非吾之國, 不知越王將選死士, 出三江之口, 入五湖之中, 屠我吳國, 滅我吳宮. 天下之危, 莫過於斯也.”吳王不聽太子之諫, 遂北伐齊.

5 - 8

越王聞吳王伐齊, 使范蠡, 洩庸率師屯海通江, 以絶吳路. 敗太子友於始[50]熊夷, 通江淮[51]轉襲吳, 遂入吳國, 燒姑胥臺, 徙其大舟.

吳敗齊師於艾陵之上, 還師, 臨晉, 與定公爭長. 未合, 邊候乃至以越亂告[52], 吳王夫差大懼, 合諸臣[53]謀曰“吾道遼遠, 無會, 前進[54], 孰利.”王孫駱曰“不如前進, 則執諸侯之柄, 以求其志. 請王屬士, 以明其令, 勸之以高位, 辱之以不從. 令各盡其死.”

夫差昏秣馬食士, 服兵被甲, 勒馬銜枚, 出火於造[55], 闇行而進. 吳師皆文犀, 長盾, 扁諸之劍, 方陣而行. 中校之軍皆白裳, 白髦, 素甲, 素羽之矰, 望之若荼, 王親秉鉞, 戴[56]旗以陣而立. 左軍皆赤裳, 赤髦, 丹甲, 朱羽之矰, 望之若火. 右軍皆玄裳, 玄輿, 黑甲, 烏羽之矰, 望之如墨. 帶甲三萬六千, 雞鳴而定陣, 去晉軍一里. 天尙未明, 王乃親鳴金鼓, 三軍譁吟, 以振其旅, 其聲動天徙地.

晉大驚, 不出, 反距堅壘. 乃令童褐請軍曰 "兩軍邊兵接好, 日中無期[57]. 今大國越次而造弊邑之軍壘, 敢請辭[58]故." 吳王親對曰 "天子有命, 周室卑弱, 約諸侯貢獻, 莫入王府, 上帝鬼神而不可以告. 無姬姓之所振, 懼遣使來告, 冠蓋不絕於道. 始周依負於晉, 故忽於夷狄. 會晉今反叛如斯, 吾是以蒲服就君. 不肯長弟, 徒以爭彊. 孤進不敢去, 君不命長, 爲諸侯笑[59]. 孤之事君決[60]在今日, 不得事君命[61]在今日矣." 敢煩使者往來, 孤躬親聽命於藩籬之外." 童褐將還, 吳王躡左足, 與褐決矣.

及報, 與諸侯, 大夫列坐於晉定公前. 既以通命, 乃告趙鞅曰 "臣觀吳王之色, 類有大憂, 小則嬖妾, 嫡子死, 否則吳國有難, 大則越人入, 不得還也. 其意有愁毒之憂, 進退輕難, 不可與戰. 主君宜許之以前期, 無以爭行而危國也. 然不可徒許, 必明其信." 趙鞅許諾, 入謁定公曰 "姬姓於周, 吳爲先, 老可長, 以盡國禮." 定公許諾, 命童褐復命.

於是吳王愧晉之義, 乃退幕而會. 二國君臣並在, 吳王稱公, 前歃[62], 晉侯次之, 群臣畢盟.

吳既長晉而還, 未踰於黃池. 越聞吳王久留未歸, 乃悉士衆將踰章山, 濟三江, 而欲伐之.

吳又恐齊, 宋之爲害, 乃命王孫駱告勞于周, 曰 "昔楚不承供貢, 辟遠兄弟之國. 吾前君闔閭不忍其惡, 帶劍挺鈹與楚昭王相逐於中原. 天舍其忠[63], 楚師敗績. 今齊不賢[64]於楚, 又不恭王命, 以遠辟兄弟之國. 夫差不忍其惡, 被甲帶劍, 徑至艾陵, 天福於吳, 齊師還鋒而退. 夫差豈敢自多其功. 是文, 武之德所祐助. 時歸吳, 不熟於歲[65], 遂緣江泝淮, 開溝深水, 出於商, 魯之間, 而歸告於天子執事."

周王答曰"伯父令子來乎, 盟國一人則依矣, 余實嘉之. 伯父若能輔余一人, 則兼受永福, 周室何憂焉." 乃賜弓弩王阼, 以增號謚.

吳王還歸自池[66], 息民散兵[67].

5 - 9

二十年, 越王興師伐吳, 吳與越戰於檇李. 吳師大敗, 軍散, 死者不可勝計. 越追破吳, 吳王困急, 使王孫駱稽首請成, 如越之來也. 越王對曰"昔天以越賜吳, 吳不受也. 今天以吳賜越, 其可逆乎. 吾請獻勾甬東之地, 吾與君爲二君乎!" 吳王曰"吾之在周, 禮前王一飯. 如越王不忘周室之義, 而使爲附邑, 亦寡人之願也. 行人請成列國之義, 惟君王有意焉." 大夫種曰"吳爲無道, 今幸擒之, 願王制其命." 越王曰"吾將殘汝社稷, 夷汝宗廟." 吳王默然. 請成七反, 越王不聽.

二十三年十月, 越王復伐吳. 吳國困不戰, 士卒分散, 城門不守, 遂屠吳.

吳王率群臣遁去, 晝馳夜走, 三日三夕, 達於秦餘杭山. 胸中愁憂, 目視茫茫, 行步猖狂, 腹餒口飢, 顧得生稻而食之, 伏地而飲水. 顧左右曰"此何名也." 對曰"是生稻也." 吳王曰"是公孫聖所言不得火食, 走傽偟也." 王孫駱曰"飽食而去, 前有胥山, 西阪中可以匿止."

王行有頃, 因得自生之瓜[68]已熟, 吳王掇而食之. 謂左右曰"何冬而生瓜. 近道而[69]人不食, 何也." 左右曰"謂糞種之物, 人不食也." 吳王曰"何謂糞種." 左右曰"盛夏之時, 人食生瓜, 起居道傍, 子復生, 故人惡食[70]." 吳王歎曰"子胥所謂旦食者也."

謂太宰嚭曰"吾戮公孫聖投胥山之. 吾以畏責天下之慚, 吾足不能進, 心不能往." 太宰嚭曰"死與生, 敗與成, 故有避乎." 王曰"然曾無所知乎. 子試前呼之. 聖在, 當即有應.” 吳王止秦餘杭山, 呼曰“公孫聖!” 三反呼, 聖從山中應曰“公孫聖.” 三呼三應. 吳王仰天呼曰“寡人豈可返乎. 寡人世世得聖[71]也.”

須臾, 越兵至, 圍吳三重. 大夫文種相拜[72]. 范蠡在中行, 左手提鼓, 右手操枹[73]而鼓之.

吳王書其矢而射種, 蠡之軍, 辭曰“吾聞狡兔以死, 良犬就烹. 敵國如滅, 謀臣必亡. 今吳病矣, 大夫何慮乎.”

大夫種, 相國蠡急而攻. 大夫種書矢射之, 曰“上天蒼蒼, 若存若亡. 越君勾踐下臣種敢言之, 昔天以越賜吳, 吳不肯受, 是天所反. 勾踐敬天而功, 既得返國, 今上天報越之功, 敬而受之, 不敢忘也. 且吳有大過六, 以至于亡, 王知之乎. 有忠臣伍子胥忠諫而身死, 大過一也. 公孫聖直說而無功, 大過二也. 太宰嚭愚而佞言, 輕而讒諛, 妄語恣口, 聽而用之, 大過三也. 夫齊, 晉無返逆行, 無僭侈之過, 而吳伐二國, 辱君臣, 毀社稷, 大過四也. 且吳與越同音共律, 上合星宿, 下共一理, 而吳侵伐, 大過五也. 昔越親戕吳之前王, 罪莫大焉, 而幸伐之, 不從天命, 而棄其仇, 後爲大患, 大過六也. 越王謹上刻青天, 敢不如命.”

大夫種, 相國蠡急而攻. 大夫種書矢射之, 曰“上天蒼蒼, 若存若亡. 越君勾踐下臣種敢言之, 昔天以越賜吳, 吳不肯受, 是天所反. 勾踐敬天而功, 既得返國, 今上天報越之功, 敬而受之, 不敢忘也. 且吳有大過六, 以至于亡, 王知之乎. 有忠臣伍子胥忠諫而身死, 大過一也. 公孫聖直說而無功, 大過二也. 太宰嚭愚而佞言, 輕而讒諛, 妄語恣口, 聽而用之, 大過三也. 夫齊, 晉無返逆行, 無僭侈之過, 而吳伐二國, 辱君臣, 毀社稷, 大過四也. 且吳與越同音共律, 上合星宿, 下共一理, 而吳侵伐, 大過五也. 昔越親戕吳之前王, 罪莫大焉, 而幸伐之, 不從天命, 而棄其仇, 後爲大患, 大過六也. 越王謹上刻青天, 敢不如命.”

大夫種謂越君曰“中冬氣定, 天將殺戮. 不行天殺, 反受其殃.” 越王敬拜曰“諾. 今圖吳王, 將爲何如.” 大夫種曰“君被五勝之衣, 帶步光之劍, 仗屈盧之矛, 瞋目大言以執之.” 越王曰“諾.” 乃如大夫種辭吳王曰“誠以今日聞命.” 言有頃, 吳王不自殺. 越王復使謂曰“何王之忍辱厚恥也. 世無萬歲之君, 死生一也. 今子尚有遺榮, 何必使吾師衆加刃於王.” 吳王仍未肯自殺. 勾踐謂種, 蠡曰“二子何不誅之.” 種蠡曰“臣, 人臣之位, 不敢加誅於人主. 願主急而命之. 天誅當行, 不可久留.” 越王復瞋目怒曰“死者, 人之所惡. 惡者, 無罪於天, 不負於人. 今君抱六過之罪, 不知愧辱而欲求生, 豈不鄙哉.” 吳王乃太息, 四顧而望, 言曰“諾.” 乃引劍而伏之死. 越王謂太宰嚭曰“子爲臣, 不忠無信, 亡國滅君.” 乃誅嚭并妻子.

吳王臨欲伏劍, 顧謂左右曰“吾生旣慚, 死亦愧矣. 使死者有知, 吾羞前君
地下, 不忍睹忠臣伍子胥及公孫聖. 使其無知, 吾負於生. 死必結縷連組以幕
74 吾目, 恐其不蔽, 願復重羅繡三幅, 以爲掩明, 生不昭我, 死勿見我形, 吾何
可哉.”

越王乃葬吳王以禮於秦餘杭山卑猶. 越王使軍士集于我戎之功, 人一隰土以葬之. 宰嚭亦葬卑猶之旁.

1 「夫差內傳」에는 夫差 元年에서 10년간의 역사가 누락되어 있다. 『左傳』 哀公 원년에서 11년까지에는 이 시기 부차에 관한 풍부한 서술이 있으며, 이 가운데 당시 오나라의 위세와 더불어 이를 경계하는 주변국들의 관점을 읽을 수 있으며 다음과 같다.

부차 元年(기원전 495년), 大夫 伯嚭를 太宰로 삼고 전쟁을 훈련하여 항상 월나라에 보복할 뜻을 가졌다.

2년(기원전 494년), 오왕 부차가 精兵을 모두 거느리고 월나라를 토벌하여 夫椒에서 패배시켜 槜李의 전쟁을 보복하였다. 그러고는 越에 들어갔는데, 월왕이 병사 오천 명을 데리고 會稽에 머무르며 대부 문종을 시켜 태재 백비를 통해 화해를 성사시키면서 나라를 맡기고 臣妾이 되겠다고 청하였다. 오왕이 허락하려 하자 伍子胥가 諫하기를, 勾踐은 辛苦를 감내할 수 있는 사람이니 지금 멸망시키지 않으면 앞으로 반드시 후회할 것이라고 하였다. 오왕은 듣지 않고 태재 백비의 말을 듣고 끝내 월과의 화평을 허락하여 함께 맹약하고 軍陣을 풀고 돌아갔다. 오자서가 물러나 말하였다.

"월은 10년이면 백성이 재물을 모으고 10년 가르치고 훈계할 것이니, 20년이면 오나라는 沼澤이 될 것이다."

가을에 오나라가 초나라에 들어가 陳懷公을 불렀는데 회공이 國人들을 조회하면서 물었다.

"초나라에 붙자는 자는 오른쪽에 서고, 오나라에 붙자는 자는 왼쪽에 서라."

진나라 사람들이 (어느 나라에 붙는 것이 좋을지 몰라) 자신의 밭 위치에 따라 섰으며, 밭이 없는 자는 黨에 따랐다. 逢滑이 좌우 어디에도 속하지 않고 나아가 말하였다.

"신이 들으니, 나라가 興하는 것은 福을 받아서이고 亡하는 것은 禍를 입어서이니, 오늘날 오나라는 아직 복이 없고 초나라는 아직은 화를 당하지 않았으니, 초나라는 아직은 버릴 수 없으며 오나라는 아직은 따를 만하지 못합니다. 한데 晉이 盟主이니 진을 통해 오나라에 말하면 어떻겠습니까."

公이 말하였다.

"나라는 이겼는데 군주가 도망한 것이 화가 아니면 무엇인가."

"나라에는 이런 일이 많습니다. 어찌 이런 일이 반드시 다시 일어나지 않겠습니까. 小國도 오히려 다시 그럴 텐데 하물며 대국이야 어떠하겠습니까. 신이 들으니, 나라가 홍할 때에는 백성이 다치기라도 한듯 보니 이것이 복이오, 망할 때는 백성을 하잘것없이 여기니 이것이 화입니다. 초나라가 비록 德은 없으나 그 백성을 베어 죽이지는 않고 오나라는 전쟁에 어두워 해골이 잡초처럼 널려 아직 덕이 보이지 않습니다. 하늘이 혹시 초나라를 바로 훈계한다면 화가 오나라로 가는 것이 언제라도 있을 것입니다."

陳 군주가 이 말을 따르니, 부차는 월을 이겨 先君의 원한을 씻고서, 가을 8월에 진을 침략하여 묵은 원한을 씻었다.

吳軍이 陳에 있으니, 大夫가 모두 두려워하며 말하였다.

"闔廬는 오직 그 백성을 잘 써서 우리를 柏擧에서 패배시켰는데, 오늘 들으니 그 후손은 더 심하다고 하니 장차 어찌하면 좋겠는가."

오자서가 말하였다.

"그대들은 근심하며 서로 화목하지 않으나 오나라를 걱정하지 말라. 예전에 합려는 먹는 데 두 가지 반찬을 놓지 않으며 거처에 겹방석을 깔지 않았다. 집 짓는데 단을 세우지 않았으며 기물은 단청을 입히고 조각하지 않았다. 궁실에 射臺를 짓지 않았으며 배와 수레를 장식하지 않았다. 의복과 일상기물은 소모되지 않는 것을 택하였다. 하늘의 재해와 염병이 있으면 친히 고아와 과부를 돌아보아 그들의 곤궁함을 함께 하였으며 군대에서는 익힌 음식을 나눈 이후에야 감히 먹었으며 맛있는 것을 士卒들에게 나누어주었다. 부지런히 백성을 도와 함께 수고하고 쉬니 이 때문에 피로하지 않았으며 죽어도 헛되지 않음을 알았다. 우리 先大夫 子常은 거꾸로 하니 이 때문에 우리 나라를 패배시켰다. 지금 들으니 부차는 臺에서 며칠씩 머물며 陂池에서 활을 쏘고 잠잘 때는 궁녀를 데리고 자고 嬪御가 침실에서 시중을 든다. 하루를 행차해도 하고 싶은 것을 반드시 채우며 좋아하는 것을 좇고 진기한 것을 모으며 보고 즐기는 것을 일삼고 백성을 원수같이 보면서 날로 새롭게 이들을 부린다. 아마도 먼저 스스로 패배할 뿐이니 어찌 우리를 패배시킬 수 있겠는가."

3년(기원전 493년), 오나라 洩庸이 蔡나라에 가서 聘財를 드릴 때 군대를 조금씩 들어오게 하여 군대가 모두 들어오자 대중들이 알아차렸다. 그때서야 蔡侯가 大夫들에게 고하여 公子駟를 죽여 오나라를 기쁘게 하니 채나라 사람들이 哭을 하며 墓를 옮겼다. 蔡昭公의 청에 응해 채를 州來로 천사시켰다.

7년(기원전 489년), 오나라가 陳을 토벌하여 묵은 원한을 씻었다. 楚子가 진을 구하여 城父에 군대를 보냈다. 여름에 魯 叔還과 柤에서 회합하였다.

8년(기원전 488년), 노애공과 鄫에서 회맹하는데 노로 하여금 百牢宴禮를 베풀게 하였다(周制에 따르면 주왕이 제후와 회합할 때의 宴禮가 12牢이다(뇌는 소, 양, 돼지의 세 犧牲을 말한다). 子服景伯이 대답하였다.

"先王代에 이런 경우가 없었다."

오나라 사람이 말하였다.

"宋나라는 우리에게 백뇌를 베풀었다. 노나라가 송보다 뒤질 수는 없다. 또 노나라는 晉大夫에게 십뇌를 넘겨 베풀었으니 오왕은 백뇌가 可하지 않은가."

경백이 말하였다.

"진 范鞅이 탐욕스러워 예를 버려 大國으로 우리 나라를 두렵게 하였기 때문에 우리가 십일뇌를 베풀었다. 周王이 禮를 제정하는데 천자의 뇌는 십이를 넘지 않게 하여 天의 大數를 삼았다. 지금 周禮를 버리고 반드시 백뇌라고 하면 다만 집행할 수밖에 없다."

오나라 사람이 듣지 않았다. 경백이 말하였다.

"오나라는 장차 망하리니, 천을 버리고 본을 배반하였다. 주지 않으면 반드시 우리에게 해독을 끼칠 것이다."

태재 백비가 季康子를 불렀는데 康子가 子貢을 시켜 말하니, 태재 백비가 말하였다.

"군주가 길에 오래 나가 있는데, 대부가 문 밖에도 나가보지 않으니 이는 무슨 예이오."

"어찌 예라 할 수 있겠소. 대국을 두려워해서이다. 대국이 예로써 제후에게 명령하지 않으니 실로 예로써 하지 않는다 한들 어찌 헤아릴 수 있겠는가. 우리 군주께서 이미 명을 받들었는데 이제 늙어서 어찌 감히 자신의 나라를 버리겠는가. 太伯이 端委를 입고 주례를 다스렸더니, 仲雍이 대를 이어서는 斷髮文身하여 夷狄의 옷을 입었으니 어찌 예라고 하겠는가. (오나라가 禮가 없는 것은) 다 까닭이 있다."

鄫에서 돌아와서는 오왕이 霸者가 될 수 없다고 여겼다.

이해에 노나라가 邾를 쳤는데, 邾 茅夷鴻이 비단과 가죽 예물을 가지고 오나라에 구원을 청하였다.

"노나라는 晉나라를 약하게 여기며 오나라를 멀다고 여기고 그 백성이 많은 것을 믿고 군과의 맹약을 배반하고 군의 執事를 비천하게 여겨 우리 작은 나라를 능멸하였습니다. 주나라는 감히 자신을 스스로 아껴서가 아니라 군의 위엄이 서지 못하는 것이 두렵습니다. 군의 위엄이 서지 못하는 것은 작은 나라의 걱정입니다. 만약 (노나라가) 여름에 鄫衍에서 맹약하였는데 가을에 배반하고도 구하는 것을 이루며 위반한 게 없다면 사방 제후가 무엇 때문에 군을 섬기겠습니까. 또 노나라는 징발한 병사가 팔백 승이니 군에 필적하며, 邾나라는 육백 승이니 군에게 私屬이 됩니다. 사속이 적수를 봉양하게 되는 경우를 군께서는 다만 헤아리소서!"

오왕이 이 말을 따랐다.

9년(기원전 487년), 부차가 魯를 토벌하는데 오군이 사수泗水가에 이르렀을 때 노대부 微虎가 공자 제자 有若과 함께 士人 삼백 명을 선발하여 밤에 오왕 숙소를 습격하려 하였다. 부차가 소문을 듣고 하룻밤에 세 번 옮겨 다니며 노나라를 멸망시킬 수 없음을 알고 맹약을 맺고 돌아왔다. 齊侯가 사신을 보내 오나라에게 군대를 청해 노나라를 토벌하려고 하니 노나라가 邾子를 돌려보냈다. 邾가가 무도하니 오왕이 태재 백비를 시켜 주를 토벌하고 주자를 樓臺에 잡아가두고 가시나무로 울타리를 쳤다. 대부들로 하여금 太子 革을 받들어 정치하도록 하였다.

10년(기원전 486년), 봄에 齊侯가 公孟綽을 사신 보내 오나라에 군대를 거절하였다. 가을에 오나라가 邗에 성을 쌓고 邗溝를 개착하여 양자강에서 회수를 이었다. 겨울에 오왕이 사신을 노나라에 보내니 儆師가 齊를 토벌하였다.

2 徐天祜에 의하면, '高無平'이며 당시 '將上軍'이다. 『左傳』 哀公 11년에 "高無丕"라고 한다.

3 『左傳』 哀公 9년과 10년에 의하면, 夫差 9년(기원전 487년)에 齊侯는 吳나라에 군대를 청해 魯나라를 토벌하자고 하고는, 그 후 齊는 魯와 맹약을 맺고서는 다음 해에 吳에 군대를 사양하니 오왕은 이를 원한으로 여겨 邾와 郯을 이끌고 魯와 함께 齊의 남쪽 경계를 공격하였다. 齊 大夫 陳乞이 悼公을 시해하고 (오나라) 군대에 나가니 吳子가 3일 동안 軍門 밖에서 곡을 하였다.

4 徐天祜에 의하면, 『左傳』에는 哀公 9년과 10년, 즉 夫差 10년과 11년에 魯와 함께 齊 토벌을 모의한 것으로 기록되어 있으나 『吳越春秋』에는 부차 11년과 12년에 齊를 토벌하였다고 하여 『左傳』 기록과 맞지 않는다. 徐承이 해군을 이끌고 바다를 통해 齊로 들어갔으나 齊人이 패배시키니 吳君이 돌아왔다. 겨울에 楚 子期가 陳을 토벌하였는데 吳 延州來季子가 陳을 구하여 子期에게 "(吳와 楚의) 두 군주가 덕을 힘쓰지 않고 제후와 힘을 다투니 백성이 무슨 죄가 있는가. 내가 물러날 것을 청하여 그대를 명예

롭게 할 것이니 덕을 힘써 백성을 편안하게 하라"고 말하고는 돌아왔다.

5 『左傳』 哀公 11년에 의하면, 夫差는 齊軍이 魯나라를 토벌한다고 듣고 吳軍을 이끌고 魯軍과 만나 齊를 토벌하였다. 吳王은 中軍을 지휘하고 胥門巢, 王子 姑曹, 展如에게 上軍, 下軍, 右軍을 각각 나누어 지휘하게 하였다. 齊는 國書, 高無丕, 宗樓가 각각 中軍, 上軍, 下軍을 이끌었다. 夫差가 齊軍을 艾陵에서 대패시키고 齊 國書, 高無丕를 사로잡고 革車 8百 乘, 갑옷 입은 포로 3千 명을 魯에 주었다.

6 『左傳』 哀公 12년에 의하면, 이해에 夫差는 魯, 衛의 君 및 宋 卿大夫 皇瑗을 鄖에서 회합하였다. 衛는 일찍이 吳의 行人 且姚를 살해한 적이 있어서 책망을 두려워해 군주가 회합에 참여해야 하는가를 논란하다 衛侯가 회합에 늦었다. 吳王이 衛侯를 잡아두려 한데 子貢이 설득해 풀어주었다. 衛侯는 돌아가 夷言, 즉 오나라 말을 배웠다.

7 鮑氏 : 徐天祜에 의하면, 鮑氏는 鮑牧이다. 그러나 『左傳』에 의하면, 哀公 8년(기원전 487년)에 鮑牧은 悼公에게 살해되었으며 哀公 11년(기원전 484년, 부차 12년)에 오자서는 아들을 맡기고 성을 王孫氏로 바꾸어 吳의 화를 피하려 하였으며, 오자서가 齊에서 돌아온 후 오왕은 屬屢劍을 내려 오자서를 죽였다.

8 『史記』 「伍子胥列傳」에 태재 백비에 관해 상세히 서술되어 있다.

오자서는 강포하고 은혜가 적으며 적을 시기합니다. 그가 원망하니 아마도 화가 깊을 듯합니다. 전에 왕께서 제나라를 토벌하시려는데 오자서가 불가하다고 하였는데 왕께서는 끝내 토벌하시어 큰 공을 세우셨습니다. 오자서는 그의 모의가 쓰이지 않은 것을 부끄럽게 여겨서 도리어 원망합니다. 지금 왕께서 또 제나라를 토벌하시는데 오자서는 고집스럽게 강력히 간언하여 일을 방해하며 오나라가 패하기만을 바라며 이렇게 하여 그의 모의가 낫다고 스스로 여깁니다. 지금 왕께서 스스로 행동하시어 나라의 병력을 모두 내어 제나라를 토벌하시니, 오자서는 간언이 받아들여지지 않자 그만두고 물러나 병을 핑계대고 가지 않습니다. 왕께서 대비하지 않으시면 안 되니, 여기에서 화를 일으키는 것이 어렵지 않습니다. 또 제가 사람을 시켜 은밀히 감시하였는데, 그가 제나라에 사신으로 가서는 자식을 齊 鮑氏에게 맡겼습니다. 신하된 자로서 국내에서 뜻을 얻지 못하자 밖으로 제후에게 의지하였으며, 스스로 선왕의 謀臣이라 여기는데 지금 쓰이지 못하니 항상 원망하는 기색입니다. 왕께서 일찍 일을 처리하시기 바랍니다.

9 子貢 : 『史記』 권67 「仲尼弟子列傳」에 의하면, 孔子 제자. 端沐賜. 衛나라 사람이며 공자보다 31세 어리다. 자공은 말을 잘하여 공자가 항상 그의 辯을 물리쳤다. 魯와 衛의 相을 지냈으며 齊에서 죽었다.

10 이하 子貢의 遊說에 관해서는 『越絶書』 권7 「內傳陳成恒」(이하 「內傳陳成恒」)과 『史記』 권67 「仲尼弟子列傳」(이하 「仲尼弟子列傳」)에 같은 내용이 기록되어 있다.

11 陳成恒 : 徐天祜에 의하면, 「仲尼弟子列傳」에 田常이라고 한다. 成은 謚號이며, 춘추시대 齊大臣이다. 조상인 陳公子完이 내란으로 제나라에 망명하여 이때부터 陳氏를 田氏로 성을 바꾸었다. 陳完 이후 점차 강성해졌으며, 齊悼公 때 田乞은 이미 齊의 大權을 장악하였다. 田乞 사후에 그 아들 田常이 대를 이었으며 田常은 簡公을 시해하고 平公을 옹립하고 相國에 임명되었다. 이때부터 齊의 정권은 완전히 田氏에 의해 장악

되었다(童書業, 『春秋左傳硏究』, 上海人民出版社, 1980, 99~103쪽; 白壽彝主編, 『中國通史』 3, 上海人民出版社, 1994, 407~408쪽).

12 高氏 : 齊桓公 때 上卿 高傒의 후손으로(『春秋』 莊公 22년) 여기에서는 高無丕를 이른다(『左傳』 哀公 11년).

國氏 : 齊桓公 때 上卿 國懿仲의 후손으로(『左傳』 僖公 12년 杜注) 여기에서는 國書를 이른다(『左傳』 哀公 11년).

鮑氏 : 徐天祜에 의하면, 鮑氏는 鮑叔牙인데 이때 포숙아는 이미 죽었으며 鮑牧을 이른다.

晏氏 : 徐天祜에 의하면, 晏嬰인데 晏嬰은 齊景公 48년(기원전 500년)에 이미 죽었으며(『史記』 「齊太公世家」) 여기에서는 안영의 아들 晏圉이다(『左傳』 哀公 6년 杜注).

13 魯君 : 魯哀公. 기원전 494~467년 재위.

14 子路 : 「仲尼弟子列傳」에 의하면, 孔子 제자이며 仲由이다. 卞人이며 공자보다 9살 어리다. 子路는 성격이 소박하고 용감하게 힘쓰는 것을 좋아하며 뜻이 강직하다.

15 子張 : 「仲尼弟子列傳」에 의하면, 孔子 제자이며 顓孫師이다. 陳나라 사람으로 공자보다 48세 어리다.

子石 : 공자 제자이며 公孫龍이다. 공자보다 53세 어리다.

16 鈞 : 30斤의 무게.

銖 : 1/24兩, 근소한 양.

17 會稽 : 會稽山은 茅山, 苗山, 防山이라고도 하며 오늘날 浙江省 紹興縣 남쪽에 있다. 회계산은 매우 크며 월왕이 거처한 곳은 諸暨縣 城關鎭 남쪽 17킬로미터에 있는 勾嵊山이라고 전한다.

18 下吏 : 원뜻은 낮은 관리를 이르나 감히 존귀한 상대를 직접 지칭하지 못함을 나타내며 경외의 뜻이 포함되어 있으며, 여기서는 吳王을 지칭한다. "臣以下吏之言告于越王"을 「仲尼弟子列傳」에 "臣敬以大王之言告越王"이라고 하여 뜻이 분명하다.

19 羽毛 : 張覺에 의하면, 羽旄와 같다. 왕의 수레에 세우는 깃털 장식.

20 원문에 '分其民之衆'이라고 하는데 俞樾에 의하면, '分'자는 아무런 뜻이 없으며 '介'의 잘못이다. '介'는 '恃'라고 해석해야 한다. 『漢書』 「南粤傳」에 "師古曰 介는 恃也"라고 하였다.

21 원문에 '重席'이라고 하는데 張覺에 의하면, 방석의 층수의 다소에 따라 존비가 구별되었다. 『禮記』 「禮器」에 "天子의 자리는 五겹, 諸侯의 자리는 三겹, 大夫는 二겹이다"라고 한다.

22 본문에 의하면, 이때 오자서는 아직 죽지 않았으나 『史記』와 『左傳』에 의하면, 부차 12년에 이미 죽었다.

23 鎰 : 24兩 혹은 20兩 혹은 30兩.

24 文種 : 越 勾踐의 大夫. 楚 郢人, 字는 少禽 혹은 子禽.

25 上國 : 張覺에 의하면, 吳國을 가리킨다.

26 屈盧 : 張覺에 의하면, 원래 고대에 창을 잘 만드는 장인의 이름이나 여기서는 좋은 창을 이른다.

27 胥門 : 『吳郡志』 권3 「城郭」에 의하면, 吳 都城에 西門이 둘 있는데 閶門과 胥門이다. 오늘날 蘇州城 서쪽에 아직도 胥門의 명칭이 있다.

28 姑胥臺 : 姑蘇臺이다.

29 이하 占夢에 관한 기록은 『越絶書』 권10 「外傳記吳王占夢」(이하 「外傳記吳王占夢」)과 내용이 같다.

30 鑩 : 鬲과 같으며, 음식을 끓이는 솥이다.

31 鍕 : 가래(鏵)를 말하며, 徐天祜는 칼 이름이라고 한다.

32 章 : 『說文解字』에 "章, 樂竟爲一章 從音從十"이라고 하여 章은 음악과 관계있으므로 伯嚭가 이처럼 해석하였다.

33 鏘鏘 : 玉 또는 방울이 울리는 소리.

34 원문에 '農夫就成'이라고 하는데 張覺에 의하면, '成'은 '農田'을 가리킨다. 『左傳』 哀公 元年 "有田一成." 注 "方十里爲成."

35 樂府 : 진한시대의 樂官. 『漢書』 「藝文志」에 의하면, 武帝 때 樂府를 설치하여 가요를 채집하였다고 한다. 西安 臨潼區 秦始皇陵墓 부근에서 '樂府' 두 자가 새겨진 秦代 銅鐘이 발굴되었다(『秦漢文化』, 學林出版社, 2001, 114~120쪽).

36 掖門 : 궁전 양쪽 곁에 있는 작은 문.

37 亭長 : 전국시대에 적을 방어하기 위해 변경에 亭을 설치하였으며, 진한시대에 鄕村에 매 十里마다 1亭을 설치하여 여행객에게 숙식을 제공하였다. 亭長은 治安과 도적의 체포, 民事를 비롯해 여행객의 숙박을 관장하였다(嚴耕望, 『中國地方行政制度史』 上編 卷上, 中央研究院歷史言語硏究所, 1974, 240~242쪽).

38 원문에 '時加南方'이라고 하는데 陰陽家들은 12地支를 4面 8方과 짝지었는데, 남방은 '午'에 해당한다. '時加南方'은 당시 午時, 즉 낮 11시에서 1시 사이에 해당한다.

39 張覺에 의하면, 『淮南子』 권3 「天文訓」(이하 「天文訓」)에 "午爲定, 未爲執, 主陷"이라고 하여 고대에는 관습상 午時에 범인을 처결했는데 여기에 의거했을 가능성이 있다. 본문에서는 날이 壬午日일 뿐 아니라 午時에 해당하므로 死地에 빠지는 정국이므로 공손성이 "命屬上天 不得逃亡"이라고 단언하였다.

40 「外傳記吳王占夢」에 "배를 좋아하는 자는 물에 빠지고, 말 타기를 좋아하는 자는 떨어진다(好船者溺, 好騎者墮)"라고 한다.

41 偉偟 : 偉遑, 章皇은 놀라고 당황하여 어찌할 바 모르는 모습이다. 張覺에 의하면, '偉偟'으로 '章'을 해석한 것은 이 아래 '冥冥'으로 '明'을 해석한 것과 마찬가지로 같은 音의 용어로 그 뜻을 해석한 것이다.

42 원문에 '北者匿也'라고 하는데 張覺에 의하면, 『白虎通』 「五行」에 "北方者, 伏方也, 萬物伏藏也"라고 하여, 이 글은 '北'을 '匿'으로 해석하였다. '陰', '匿'은 夫差가 죽어서

밝음을 덮는다는 것을 상징한다.

43 원문에 '盲僮'이라고 하는데 張覺에 의하면, 「外傳記吳王占夢」에 "甬當"이라고 하는데 '甬'은 '俑'과 통하며 殉葬用 木偶이다.

44 원문에 '解冠幘'이라고 하는데 張覺에 의하면, 공경을 표시한다.

45 肉袒 : 상의를 벗고 몸을 드러냄. 사죄나 혹은 제사 때 옷을 벗어 몸을 드러내 정성스럽고 황공함을 나타낸다.

46 徐天祜에 의하면, '蒸山' 혹은 '陽山'이라고 하며 吳縣 서북으로 30리 떨어져 있다. 張覺에 의하면, 「外傳記吳王占夢」에는 秦餘杭山으로 끌고 갔다고도 한다. 「外傳記吳地傳」 張宗祥 校注에 의하면, 秦余杭山은 오늘날 陽山이며 萬安山이라고도 하지만 秦餘杭山은 縣에서 50里 거리이며, 蒸山은 縣에서 35리에 있다고 하여 거리가 달라 蒸山과 秦餘杭山은 같은 산이 아니다. 또 「夫差內傳」에 "吾戮公孫聖 投胥山之巔"이라고 한다. 『吳郡志』 권48에 의하면, 胥山은 縣에서 약 40리라고 하여 거리가 비슷하므로 蒸丘는 '胥山之巔'이며 姑胥山의 한 산봉우리이다.

47 『國語』 권19 「吳語」(이하 「吳語」)에 齊나라 공격을 반대하는 오자서의 간언이 있다.

48 원문에는 '趙'라고 하나 이때는 아직 晉이 나뉘지 않아서 趙나라가 세워지지 않았다. 張覺에 의하면, 魯나라가 齊와 吳 사이에 있으므로 魯라고 해야 한다.

49 『金匱』 : 張覺에 의하면, 『漢書』 권30 「藝文志」에 『堪輿金匱』 14권이 「五行家類」에 있는 것으로 볼 때, 오행의 원리 및 역법 가운데 干支로서 吉凶을 추측하는 書이다. 『道藏目錄詳註』에 『黃帝金櫃玉衡經』 1권은 「六壬占法」이라고 한다. 이는 漢代에 유행한 日月星辰, 陰陽五行, 干支 등을 배합하여 길흉을 점치는 방법이다. 작자는 당시의 습속을 적용하였으며 춘추시대의 점법은 아니다. 이하 數術과 時辰에 관한 해석은 張覺의 주석에 의한다.

50 올해 7월 辛亥日 : 원문의 부차 13년이나 『左傳』 哀公 10년(기원전 485년)에 의하면, 부차가 魯, 邾, 郯과 함께 齊를 친 것은 夫差 11년이다. 夫差 11년 7월 辛亥는 錢塘에 의하면, 魯哀公 10년 8월 1일이며 『對照表』에 의하면, 哀公 10년 7월 29일로 하루의 차이가 난다. 夫差 13년 7월 辛亥는 7월 11일이다.

51 平旦 : 아침에 해가 떠오르는 시각, 卯時를 이른다.

52 辛, 歲位也 : 錢塘에 의하면, 이해는 辛卯年이므로 辛을 歲位라 하였다. 또 다른 설은 『史記』 「吳太伯世家」와 「伍子胥列傳」은 吳와 齊의 艾陵之戰은 부차 7년(기원전 489년)으로 기록하고 있으며 『史記』에 의하면, 이해는 壬子年이다. 그렇다면 한 해 전 부차 6년은 辛亥年이며, '辛, 歲位也'와 부합하므로 이 일이 부차 6년에 일어났을 가능성이 있다고도 한다.

53 陰 : 太陰. 고대 천문점성가가 설정한, 歲星(木星)과 거꾸로 돈다고 설정한 가상의 虛星. 12辰과 짝지어 紀年한다.

54 壬子 : 5월 合日. 古代에는 8合의 說이 있다. 「天文訓」에 "甲子에서 세기 시작하여 日辰이 서로 합하는 것을 合이라고 한다. 10日12辰, 60日 주기 가운데 8合이 있다"라고

한다. 錢塘의 『補注』에 의하면, 八合은 陰建이 대응하는 日이 陽建이 대응하는 辰에 합하는 것이다. 堪輿之方은 24인데 八日, 十二辰이므로 四辰이 無合이다. 11月 陽建은 子이고 陰建 역시 子에 있으며, 子는 午에 對應하고 午는 丙 가까이 있으므로 丙午가 一合이다. 二月 陽建은 卯, 陰建은 酉, 酉는 卯에 대응하고, 卯는 酉에 대응하고, 酉는 乙과 가까우므로 乙酉가 二合이 된다. 三月 陽建은 辰, 陰建은 申, 辰이 戌에 대응하고, 申은 寅에 대응하고, 寅은 甲 에 가까우므로 甲戌이 三合이다. 四月 陽建은 巳, 陰建은 未, 巳는 亥에 대응하고, 未는 丑에 대응하고 丑은 癸와 가까우므로 癸亥가 四合이다. 五月 陽建은 午, 陰建 역시 午에 있으며, 午는 子에 대응하고 子는 壬에 가까우므로 壬子가 五合이 된다. 八月 陽建은 酉, 陰建은 卯, 卯는 酉에 대응하고, 酉는 卯에 대응하며, 酉는 辛에 가까우므로 辛卯가 六合이다. 九月 陽建은 戌, 陰建은 寅, 戌은 辰에 대응하고 辰은 辛에 대응하며, 辛은 庚에 가까우므로 庚辰이 七合이다. 十月 陽建은 亥, 陰建은 丑, 亥는 巳에 대응하고 丑은 未에 대응하며, 未는 丁에 가까우므로 丁巳가 八合이다. 이해를 쉽게 하기 위해 錢塘은 음건, 양건은 아래와 같이 표로 정리하였다.

陽建	子	丑	寅	卯	辰	巳	午	未	申	酉	戌	亥
陰建	子	亥	戌	酉	申	未	午	巳	辰	卯	寅	丑
짝하는 달	11월	12월	1월	2월	3월	4월	5월	6월	7월	8월	9월	10월

소위 相對, 相近하여 八合이 되는 것을 錢塘이 八合圖를 그렸으며 다음과 같다.

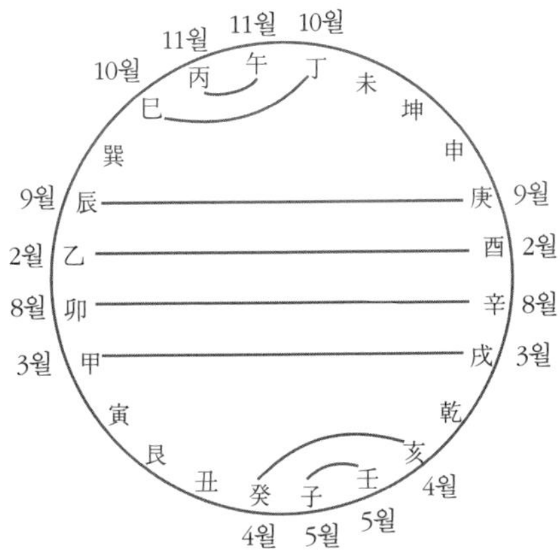

고대의 '八會'의 점술은 대개 이러한 八合을 이용해 太陰이 아직 이르지 않은 歲前에 합하는가 아니면 歲後에 합하는가로 길흉을 판단한다.

55 歲前 : 錢塘에 의하면, 太陰이 아직 도착하지 않은 辰. 壬子는 辛卯 후 21位로 30位가 못 되므로 歲前이라고 한다.

56 德在合 : 錢塘에 의하면, 艾陵의 役은 太陰辛卯歲七月辛亥 아침의 일이므로 자서가 "德在合, 斗擊丑"이라고 했다. 辛은 德이며, 辛卯는 合이니 德이 合에 있다. 辛卯는 八月의 合日이다.

57 斗擊丑 : 월이 오를 공격하는 것을 암시한다. 六壬法에 七月將太乙時加寅이면 天罡이 丑에 있으며 이것이 斗擊丑이다. 越은 南斗이며, 吳가 비록 齊를 이겼으나 그 근심이 越이 있으니 이것이 그 조짐이다. 斗는 斗宿이니 南斗六星이며, 월을 상징한다. 天罡은 별이름이니 북두칠성의 斗柄이다. 소위 '斗擊丑'은 六壬法을 빌려 변통하여 南斗가 丑을 擊하는 것을 지칭하였다. 擊은 진입하는 것이다. 丑은 星紀에 배합하여 吳를 암시한다. 옛 사람들은 12辰과 12次를 서로 배열하고, 또 12次와 열국을 서로 배합하여 아래와 같이 관계 지었다.

十二辰	丑	子	亥	戌	酉	申	未	午	巳	辰	卯	寅
十二次	星紀	玄枵	諏訾	降婁	大梁	實沈	鶉首	鶉火	鶉尾	壽星	大火	析木
열국	吳越	齊	衛	魯	趙	晉	秦	周	楚	鄭	宋	燕

58 丑辛之本 : 丑은 五行상 土에 해당하고 辛은 金에 해당한다. '土生金'이므로 "丑은 辛의 本이다"라고 한 것이다. 「天文訓」에 "甲乙寅卯, 木也. 丙丁巳午, 火也. 戊己四季(張覺에 의하면, 四季는 丑, 辰, 未, 戌), 土也. 庚辛申酉, 金也. 壬癸亥子, 水也. 水生木, 木生火, 火生土, 土生金, 金生水"라고 한다.

59 吳가 魯와 晉의 핍박을 받는 것을 상징하며, 子貢의 일 그리고 晉과 長을 다투는 사건과 대응한다.

白虎 : 星宿名이며 점술상 神名으로 쓰이는데, 여기서는 魯와 晉을 상징한다. 白虎는 西方 7宿, 즉 奎, 婁, 胃, 昴, 畢, 觜, 參의 合稱이다. 각 星宿가 주관하는 나라에 관해 「天文訓」에 의하면, 奎 · 婁는 魯, 胃 · 昴 · 畢는 梁趙, 觜 · 巂 · 參은 晉의 분야를 각각 주관한다. 따라서 白虎 7宿의 분야는 魯國과 晉國이다. 『黃帝金櫃玉衡經』 "白虎傷害, 審其吉凶."

60 功曹, 太常은 모두 占術 가운데의 神名이다.

功曹 : 漢代 郡縣의 屬吏이다.

太常 : 한대 九卿 가운데 하나로 禮樂郊廟社稷의 일을 관장한다.

61 亥大吉 : 「天文訓」에 "亥爲收, 主大德"이라고 하므로 "亥는 大吉하다"고 한 것이다.

62 九醜 : 『黃帝金櫃玉衡經』 「金櫃章」에 의하면, 醜는 惡하고 불리하다는 의미이며 大殺을 주관한다. 乙, 戊, 己, 辛, 壬과 子, 午, 卯, 酉가 서로 짝하면 天地의 道에 합하는데, 지금 辛과 亥가 짝한 것은 天地의 道에 합하지 않으므로 九醜가 된다.

63 艾陵之戰 : 『左傳』 哀公 11년과 『史記』 「十二諸侯年表」에 의하면, 夫差 12년의 일이다.

64 齊王 : 齊侯라고 해야 하며 簡公(기원전 484~476년)이다. 춘추시대 楚 · 吳 · 越은 스스로 王을 칭한 데 반해 周王室을 제외한 중원 제후들은 王을 칭하지 않았다. 춘추시대에 스스로 王을 칭한 楚 · 吳 · 越을 蠻夷라고 한 것은 周王室을 정점으로 하는 宗法制에 속하지 않은 中原 禮制圈 밖의 族屬에 대한 지칭이다.

65 이하 伍子胥 자살에 관해서는 「吳語」의 내용과 같다.

66 원문에 '不庭'이라고 하는데 張覺에 의하면, 여기에서는 조정에서 반대 의견을 갖고 극력 간쟁하는 것을 의미한다.

67 關龍逢 : 夏의 賢臣. 전설에 의하면, 夏桀이 술로 못을 만들고 술지게미로 언덕을 쌓자 關龍逢이 極諫하니 桀은 그를 가두어 죽였다고 한다(『韓詩外傳』 권4 「桀爲酒池」).

68 比干 : 比干은 紂가 음란함을 그치지 않자 신하된 자는 죽음으로써 다투지 않을 수 없다고 하면서 紂에게 强諫하였다. 紂가 노하여 聖人의 심장에는 일곱 구멍이 있다고 들었다고 하면서 갈라 그의 심장을 보았다고 한다(『史記』 권3 「殷本紀」).

69 徐天祜에 의하면, 『吳越春秋』는 伍子胥의 죽음을 부차 13년이라고 하나 『左傳』에는 哀公 11년, 즉 夫差 12년이라고 하였다. 「吳太伯世家」에는 夫差 11년에 이어서 서술하고 있다.

70 원문에 '鴟夷'라고 하는데, 가죽부대이다. 徐天祜에 의하면, 「仲尼弟子列傳」에 "盛以鴟夷革"이라고 하며 「吳語」 注에 "鴟鶇, 革囊"이라고 한다.

71 강은 松江을 이른다. 子壻가 죽은 후 吳人들이 강변에 그를 위해 묘를 세웠는데, 후에 옮겨져 오늘날은 江蘇 吳縣 胥口鎭 서쪽 伍相國祠 안에 伍子胥墓가 있으며 묘 앞 비에 '吳相國伍公之墓'라고 쓰여 있다.

72 『史記』「越王句踐世家」에 태재 백비의 참언이 서술되어 있다.

伍員(오자서)은 행동거지가 충성스러우나 실은 잔악한 사람이니 그의 부형도 돌아보지 않았는데 어찌 왕을 돌아보겠습니까. 왕께서 전에 齊를 토벌하려 하는데 오원이 강력하게 간했지만 이미 공업이 이루어졌으니 이 때문에 도리어 왕을 원망합니다. 왕께서 오원을 대비하지 않으신다면 오원은 반드시 난을 일으킬 것입니다.

73 「吳太伯世家」에 의하면, 이 해에 吳는 魯와 衛의 군주를 불러 橐皐에서 회합하였다.

74 闌溝 : 邗溝를 이르는데 『初學記』 권6에 "深溝"라고 한다. 『左傳』 哀公 9년에 의하면, 夫差 11년의 일이다. 남쪽으로 양자강 물을 끌어들여 북으로 향해 高郵를 거쳐 동북으로 射陽湖로 나간 후 다시 서북으로 향해 오늘날의 淮安을 거쳐 淮河에 이른다. 오늘날 射陽湖는 겨우 흔적을 볼 수 있을 정도이지만, 당시는 비교적 큰 호수였을 뿐 아니라 양자강과 淮水 사이에 호수가 밀집해 분포한 자연조건을 이용하여 이들 사이를 연결하여 이루어졌으리라 짐작할 수 있다. 북으로 沂水에 이어져 齊에 도달할 수 있으며 泗水와 濟水를 거쳐 黃池에 도달할 수 있었다(史念海, 「春秋時代的交通道路」, 『河山集』, 生活・讀書・新知三聯書店, 1963).

75 商 : 宋을 가리킨다. 周武王이 商을 멸망시키고 商의 마지막 왕 紂의 庶兄 微子啓를 宋에 봉하였다.

76 黃池 : 오늘날 河南 封丘縣 서남 22里. 濟水 南岸.

77 원문에 '蹭蹬'이라고 하는데 張覺에 의하면, 세력을 잃는 모양을 의미하며 여기에서는 활을 당겼다가 놓으면 곧 탄환이 활에서 떠나는 모습을 나타낸다.

78 『韓詩外傳』 권10에 楚莊王에 대한 孫叔敖의 간언과 같다.

79 三江 : 三江에 관해서는 여러 설이 있으나 徐天祜에 의하면, 三江은 일설에 松江, 錢塘, 浦陽江이다. 또 『吳郡賦』 註에 의하면, 松江이 흘러 70리에서 나뉘어 동북으로 바다로 들어가는 것이 婁江이며 동남으로 흐르는 것이 東江이며 松江과 함께 三江이 된다.

80 五湖 : 五湖에 관해 많은 설이 있으나 徐天祜에 의하면, 貢湖, 遊湖, 胥湖, 梅梁湖, 金鼎湖이다. 이외에도 韋昭曰 胥湖, 蠡湖, 洮湖, 滆湖, 太湖 다섯이다. 虞翻云 太湖의 물이 다섯 길로 통하는데 이를 일러 五湖라 한다.

81 范蠡 : 春秋末 楚國人이며 字는 少伯이다. 『史記』「貨殖列傳」에 의하면, 제나라로 가서 鴟夷子皮로 이름을 바꾸었으며 陶로 간 후 朱公으로 행세하며 세 번씩이나 천금의 재산을 모았다.

82 洩庸 : 「吳語」와 『左傳』 哀公 26년에 "舌庸"이라고 한다. 이하 황지의 맹약에서 돌아오기까지의 내용은 「吳語」와 같다.

83 「吳語」에 의하면, 월이 오군의 퇴로를 끊을 때 해변을 따라 淮水를 거슬러 올라갔다.

84 姑熊夷 : 오늘날 蘇州市 서남 橫山 부근.

85 원문에 '江'이라고 하는데 「吳語」 注에 "松江"이라고 한다. 元誥按에 의하면, 吳江은 오늘날 松江이며, 옛 이름은 笠澤이며, 오늘날 江蘇 吳江縣 東門 밖, 곧 長橋 아래 太湖의 줄기에서 나와 동쪽으로 흐른다고 한다.

86 이 전투에 관해 『左傳』 哀公 13년에 자세히 서술되어 있다.

월왕이 오나라를 토벌하는데 두 길로 갔다. 疇無餘, 謳陽은 남방으로부터 먼저 吳나라 교외에 도달하였다. 吳 太子 友, 王子 地, 王孫 彌庸, 壽於姚가 泓가에서 이를 바라보았다. 彌庸이 姑蔑의 旗를 보고 "우리 아버님의 旗이다(彌庸의 아버지가 월나라에 포로로 잡혀갔으므로 姑蔑人이 그의 旗旌를 획득하였다). 원수를 보고 죽이지 않을 수 없다"고 말하였다. 태자가 "전쟁해서 이기지 못하면 나라를 망하게 할 것이니 기다리라"고 말하였다. 彌庸은 불가하다고 말하고는 병사 5천 명을 모으니 王子 地가 도왔다. 乙酉에 전투하여 彌庸은 疇無餘를 포로로 잡고 地는 謳陽을 포로로 잡았다. 월왕이 쳐들어 왔는데 王子 地가 지켰다. 丙戌에 다시 전투하여 吳軍을 크게 패배시켜 태자 우, 왕손 미용, 수여요를 포로로 잡았다.

87 원문에 '大舟'라고 하는데 徐天祜에 의하면, 餘皇 배이다.

88 『左傳』 哀公 13년에 "吳人이 夫差에게 패배를 고하니 부차는 소문이 날까 두려워 막사에서 7명을 목 베어 죽였다"라고 한다.

89 「吳語」에 王孫駱의 대답이 상세히 서술되어 있다.

위급한 일은 나이를 따져 답하지 않는다고 합니다. 제가 감히 먼저 대답하겠습니다. 두 가지 모두 이롭지 않습니다. 회맹하지 않고 돌아가면 월의 명성이 커지고, 백성이 두려워하여 도망하고 우리는 멀어서 마땅히 나아갈 곳이 없습니다. 齊, 宋, 徐夷는 오나라가 이미 패배하였다고 하고, 장차 邗溝를 끼고 옆에서 공격해온다면 우리는 목숨을 부지할 수 없습니다. 회합하여 진나라보다 먼저 삽혈하면, 晉이 이미 갖고 있는 제후의 柄權으로 우리에게 臨할 것이니 우리의 뜻을 달성하여 천자를 뵈십시오. … 반드시 회합하여 먼저 삽혈하십시오. 왕이 걸어 왕손락에게 "먼저 삽혈하는 것을 이루려면 어떻게 해야 하는가"라고 말하였다. 왕손락이 "왕께서 의심치 말아 우리의 길이 멀기는 하지만 두 명령이 없어야 일을 이룰 수 있습니다"라고 말하였다. 왕손락이 나아가 대부들을 돌아보며 "위험한 일을 가지고 편안함을 삼을 수 없으며, 죽을 일을 가지고 살아남을 수 없으니 지혜보다 귀한 것이 없습니다. 백성이 죽음을 싫어하고 부귀하여 오래 살려는 것은 우리와 마찬가지입니다. 그러나 그들은 자신들의 나라에 가까워 돌아갈 수 있으나 우리는 길이 멀어 돌아갈 수 없습니다. 그들이 어찌 우리와 함께 이 위험한 일을 하겠습니까. 임금을 섬기는데 용감하게 모의한다는 것이 바로 지금을 이릅니다. 오늘 저녁에 반드시 도전하여 민심을 넓히십시오. 왕께서는 군사들을 독려하여, 높은 지위와 재물로 권하고 刑戮을 갖추어 힘쓰지 않는 자를 욕되게 하시어 그들이 죽음을 가볍게 여기기 하십시오. 그들이 전쟁하려 하지 않고 우리에게 먼저 삽혈하게 하면, 우리는 제후의 세력을 잡고서는 해마다 내는 貢賦를 내지 않았더라도 꾸짖지 않고 또 먼저 제후를 파견하여 먼저 돌아가게 하면 제후들은 반드시 기뻐할 것입니다. 이미 국경에 들어가서는 왕께서는 이제 마음을 관대하게 하시어 이루는 빨리 가고, 하루는 서서히 가시면서 왕의 뜻을 행하십시오. 반드시 백성에게 베푸셔서 江淮간에 봉하시어야 오나라에 빨리 도착할 수 있습니다"라고 말하였다.

90 銜枚 : 옛날에 진군할 때에 군졸이나 말이 소리를 내지 못하게 하기 위하여 입에 나무를 물리던 일. 枚는 젓가락같이 생긴 나무를 입에 물리고 양쪽에 끈을 달아 목뒤로 매게 되어 있다.

91 扁諸劍 : 徐天祜에 의하면, 闔廬는 이미 干將, 莫耶의 두 검을 주조하였으며 나머지 3천개의 주조한 검을 아울러 扁諸之劍이라고 불렀다.

92 校 : 군대의 단위. 『漢書』 권55 「衛青傳」 注에 "校는 營壘을 칭하므로 軍의 一部를 一校"라고 한다.

93 원문에 '矰'이라고 하는데, 徐天祜는 짧은 화살이라고 한다.

94 북은 前進의 신호이고 꽹과리는 후퇴의 신호이다. 원문에 '金鼓'라고 하는데 「吳語」에 "鐘鼓, 丁寧, 錞于"라고 한다.

95 童褐 : 徐天祜에 의하면, 『國語』에 "董褐"이라고 하며 韋注에 "晉大夫 司馬演"라고 한다.

96 徐天祜에 의하면, 『史記』 「范雎列傳」에 "膝行蒲服"이라고 하고, 『詩』에 "匍匐救之"라고 하며, 『檀弓』에 "扶服"이라고 하는데 모두 같은 뜻이다.

97 원문에 '冠盖'라고 하는데 禮帽와 車蓋이며, 사신과 그가 탄 수레를 가리킨다.

98 원문에 '長弟'라고 하는데 「吳語」 韋昭注에 의하면, 魯와 衛 등 同姓 제후국들을 이른다.

99 「吳語」에 "董褐이 돌아가려 할 때 왕이 左畸를 불러 말하기를, 少司馬兹와 王의 군사 다섯 명을 왕 앞에 앉히라고 하였더니, 이들이 모두 나아와 손님 앞에서 스스로 목을 베어 손님들을 보냈다"라고 한다.

100 趙鞅 : 趙簡子. 晉頃公, 定公 때의 卿大夫.

101 원문에 '愁毒'이라고 하는데, 「吳語」 注에 "毒은 暴과 같으며, 맹수가 독을 맞아 거칠고 난폭한 것을 말한다"라고 한다.

102 主君 : 趙鞅을 가리킨다. 춘추 말 晉國의 외교는 경대부들에 의해 주관되었다.

103 晉의 실권은 기원전 490년 趙鞅이 范氏, 中行氏를 몰락시킨 후 趙鞅이 장악하였다.

104 吳의 시조 太伯은 周 古公亶甫의 장자이므로 周의 姬姓 가운데 吳가 서열이 앞선다.

105 童褐이 復命한 내용이 「吳語」에 자세히 서술되어 있다.

지난번 군께서 말씀하시기를, 제후들이 천자에 대한 예를 잃어 조공하지 않으니 貞人을 불러 점을 쳐 文王과 武王의 예를 회복하고자 했다. 저희 晉은 周王室에 가까워 죄를 피할 길이 없어 천자의 責問이 매일 도착해 말씀하시기를, 당초에 吳伯父가 예를 잃지 않아 春秋로 반드시 제후를 이끌고 와서 나에게 조문했다. 지금 伯父는 荊蠻의 근심이 있어 예가 대대로 이어지지 않으니 저희 晉에게 명령해 예로서 주공을 보좌하여 제후국들을 돌보게 하셔서 주천자의 걱정을 더셨다. 지금 오나라는 동해 일대를 통치하면서 왕을 참칭한다는 소문이 천자에게까지 들리니, 君에게도 예의의 한계가 있는데 스스로 이를 어기니 荊蠻 각 나라가 주 왕실에 무슨 예의가 있겠습니까. 천자가 제후를 책봉하는 命圭 상에 명하여 오나라 군주를 吳伯이라하고 吳王이라 하지 않았습니다. 제후는 이 때문에 감히 오나라를 섬길 수 없습니다. 제후는 본래 두 君이 없으며, 주 왕실도 두 왕이 없는 것이니, 만약 군께서 천자를 얕보아 상서롭지 않은 일을 하지 않으시고 吳公이라 하신다면 제가 어찌 감히 군께서 명령한 歃血의 선후 순서를 따르지 않겠습니까.

106 吳는 원래 스스로 王을 칭하였다. 周 종법제에 의하면, 周室만이 王이 되며 그 이하 제후들은 公·侯·伯·子·男爵에 해당한다. 오왕이 吳公을 칭한 것은 中原의 覇者가 되기 위해 宗法制的 질서 가운데 자신을 편입시킨 것을 의미한다.

107 歃血 : 맹세할 때 희생의 피를 마시는 일. 혹은 일설에 그 피를 입가에 바르는 일. 吳와 晉이 맹주의 자리를 다투는 사건에 관해 史書는 서로 다른 두 가지 설을 전한다. 「吳太伯世家」와 『左傳』 哀公 13년에 "晉이 盟主가 되었다"라고 한다. 그러나 「吳語」, 『史記』「晉世家」, 「趙世家」에 "吳가 盟主가 되었다"라고 하여 서로 다른 전승을 전한다.

108 夫差가 晉定公과 黃池에서 회맹할 때, 회맹에 참여한 자는 周 卿士 單平公과 魯哀公이었다.

109 章山 : 徐天祜에 의하면, 禹貢에서 말하는 '內方'이며 江夏郡 竟陵縣 동북에 있으며 오늘날 荊門 長林縣이다. 張覺에 의하면, 오늘날 湖北 鍾祥縣 서남 漢水가에 있으며 이때 楚地였으므로 월왕이 章山을 넘어 三江을 건널 수는 없다. 이 '章山'은 아마 '長山'의 音誤인 듯하다. 長山은 太湖 東岸의 山 이름이다.

110 張覺에 의하면, 「吳語」 注에 "言伐齊之明年, 不至于谷熟而復出師"라고 한다.

111 伯父 : 周天子는 동성제후를 伯父 혹은 叔父라고 하였다. 吳는 荊蠻의 나라나 주 왕실과 同姓인 姬姓으로 당시 세력이 매우 강했기 때문에 周敬王은 오왕을 伯父라고 존칭하였다.

112 원문에 '阼'라고 하는데 張覺에 의하면, '胙'라고 해야 한다. 周 天子는 조상에게 제사를 지낸 후 同姓 제후에게 제사지낸 고기를 내려 주었다.

113 徐天祜에 의하면, 여기까지의 기록은 「吳語」와 대략 같으나 「吳語」에는 太子 友의 간언이 없다.

114 『左傳』 哀公 13~17년에 오나라 역사에 관해 자세히 서술되어 있다.

夫差 14년(기원전 482년), 황지에서 돌아와 夫差는 사신을 보내 厚禮로써 越과 강화를 청하였다. 越 勾踐은 吳를 멸망시킬 수 없다고 판단하여 허락하였다.

16년(기원전 480년), 楚 令尹 子西, 司馬 子期는 오가 월에게 패한 것을 틈타 오를 토벌하여 桐汭까지 쳐들어갔다.

17년(기원전 479년), 吳軍이 愼을 토벌하자 大夫 白公勝이 패배시켰다.

18년(기원전 478년), 勾踐이 吳를 토벌한데 夫差가 笠澤에서 이를 막았다. 양군이 강을 끼고 진을 쳤다. 越이 먼저 좌우 양익으로 吳軍을 교란시켰다. 吳軍은 군대를 나눠 막았으나 越이 三軍으로 몰래 강을 건너 吳의 中軍을 공격하여 吳軍이 패배하였다.

115 부차 21년(기원전 475년), 吳 公子 慶忌가 越이 오나라를 토벌하려 한다는 소문을 듣고, 귀국하여 불충한 자들을 제거하여 越을 기쁘게 하려 하니 吳人들이 그를 죽였다.

116 원문에 '句甬東之地'라고 하는데, 句章과 甬江의 동쪽 浙江 舟山島를 이른다. 杜預曰 "甬東은 會稽, 句章縣 동쪽 바다 가운데 모래톱이다"라고 하는데 句章縣은 오늘날 浙江 餘姚縣 동남이다. 勇江은 四明山에서 시작돼 浙江 鄞縣, 鎭海縣을 거쳐 바다로 들어간다. 「吳語」 注에 "勾甬東之地"는 오늘날 浙江 定海縣 東北 바다 가운데 있는 舟山(島)이라고 한다.

117 社稷, 宗廟는 국가의 상징이다.

118 『左傳』 哀公 20년과 부차 21년에 의하면, 公子 慶忌가 오왕에게 간하다가 피살되었다.

119 徐天祜에 의하면, 「夫差內傳」에는 서술되지 않았으나 越은 夫差 14년과 18년에도 吳를 침략하였으며 夫差 21년에 吳를 포위하였다. 이 사건은 『吳越春秋』 권10 「勾踐伐吳外傳」에 서술되어 있다.

120 秦餘杭山 : 徐天祜에 의하면, 陽山의 별명이라고 한다. 『吳郡志』 권8에 "秦餘杭山은 오늘날 陽山이다"라고 하며, 『越絶書』 권2 「外傳記吳地傳」(이하 「外傳記吳地傳」)에는 "秦餘杭山은 越王이 吳夫差를 살게 한 산이다. 縣에서 五十里 떨어져 있으며, 山에 호수가 있으며 太湖와 가깝다"라고 한다.

121 胥山 : 徐天祜에 의하면, 「伍子胥列傳」과 『太平寰宇記』 권91에 吳縣 서쪽 40里에 있다. 吳錄에 의하면, 오왕이 오자서를 죽여 강에 던지니 오나라 사람이 강가에 사당을 세웠다. 이로 말미암아 胥山이라고 한다. 그러나 張覺은 본문의 胥山은 姑胥山이며, 거리로 볼 때 姑胥山에 먼저 이르고 秦餘杭山에 이르러야 하나 작자가 秦餘杭山과 姑胥山을 혼동했다고 한다.

122 音律 : 張覺에 의하면, 五音(宮商角徵羽)과 六律(黃鐘, 太族, 姑洗, 蕤賓, 無射, 夷則)을 이른다. 고대 陰陽五行家들은 五音과 방위를 서로 배합하였으며 예를 들어 宮-中, 商-西, 角-東, 徵-南, 羽-北 등으로 짝지었다. 오와 월은 함께 동남 지역에 있었으므로 대응되는 音이 서로 같다.

123 星宿 : 五星二十八宿을 이른다. 「天文訓」에 의하면, 五星은 歲星(木星), 熒惑(火星), 鎭星(土星), 太白(金星), 辰星(水星)이다. 張覺에 의하면, 二十八宿는 東方에 角·亢·氐·房·心·尾·箕, 北方에 斗·牛·女·虛·危·室·壁, 西方에 奎·婁·胃·昴·畢·觜·參, 南方에 井·鬼·柳·星·張·翼·軫이다. 고대 중국인들은 28宿를 지상의 列國과 서로 배합하여 角·亢은 鄭, 氐·方·心은 宋, 尾·箕는 燕, 斗·牽牛는 越,

須女는 吳 등으로 짝지었다. 따라서 吳와 越은 斗, 牛, 女의 三宿가 함께 배합되었다.

124 원문에 '下共一理'라고 하는데 張覺에 의하면, '理'는 땅을 이른다. 『易』「繫辭」上 疏에 "땅에는 山川, 높고 건조한 땅과 낮고 습한 땅이 각각의 條理가 있으므로 '理'이다"라고 한다. 吳와 越은 같은 分野에 속하므로 지형적으로 같다.

125 『左傳』 定公 14년에 의하면, 선왕 闔閭가 기원전 496년 越과 檇李에서 전쟁하다 부상을 입어 죽었다.

126 오왕 夫差 2년(기원전 494년)에 월나라를 패배시켜 월왕 勾踐은 會稽山에 갇혀 살게 되었는데, 대부 文種을 보내 오나라에 화해를 청하여 이루었다. 그 후 勾踐이 오나라에 가서 夫差의 노복이 되었지만 결국은 夫差가 놓아주어 돌아왔다.

127 徐天祜에 의하면, 부차가 태재 백비의 말에 혹하여 아버지의 원수임을 잊고 월왕을 석방하고 죽이지 않은 것은 불효가 된다. 그러나 월에게는 다행이다. 월이 오왕을 책망하려면, '우리 군주와 부인을 가두고 욕보이고 풀을 베어 말을 먹이고 물을 대어 똥을 치우게 하고도 할 말이 있겠는가'라고 해야 한다. 그런데 지금 월의 죄가 막대한데 오가 월을 놓아준 것으로 큰 잘못으로 삼으니 文種이 실수한 말이 아니겠는가.

128 中冬 : 中은 仲과 통한다. 仲冬은 冬季의 두 번째 달로 11월이다.

129 원문에 '五勝之衣'라고 하는데 五勝은 五行相勝의 뜻이며 水勝火, 火勝金, 金勝木, 木勝土, 土勝水를 五勝이라고 한다. 張覺에 의하면, 五勝之衣를 五行相勝圖를 수놓은 옷이라고 한다.

130 徐天祜에 의하면, 『史記』「吳太伯世家」와 「越王勾踐世家」에 "越王이 吳를 멸망시키고 太宰嚭를 죽였다"라고 한다. 그러나 월이 오를 멸망시키고 2년 후 『左傳』 哀公 24년에 "公이 越에 갔는데, … 公에게 처를 삼아주고 땅을 많이 주려 하니 … 季孫이 두려워 太宰 嚭를 통하여 뇌물을 주니 그만 두었다"라고 하여 「世家」와 『左傳』의 서술이 같지 않다.

131 卑猶 : 徐天祜에 의하면, 『越絶書』에 "夫差의 무덤은 猶高의 서쪽 卑猶位에 있다. … 太湖에 가까우며 縣에서 17리 떨어졌다"라고 한다.

132 「外傳記吳地傳」에 의하면, 夫差冢은 猶亭 서쪽 卑猶位에 있으며 太湖에서 가까우며 縣에서 17里이다. 徐天祜에 의하면, 『越絶書』에는 태재 백비의 죽음에 관해 언급한 것이 5군데이다. "曰擒夫差殺太宰嚭, 曰殺太宰嚭, 逢同與其妻子, 曰殺夫差而戮其相, 曰殺太宰嚭戮其妻子, 曰禽夫差而戮太宰嚭與其妻子." 또 "曰三臺者, 嚭妻子死所也." 항상 『越絶書』가 子貢의 작이 아니며 후인이 이름을 가탁한 것이라고 의심하였다. 어떻게 자공의 작이 아닌 것을 알 수 있는가. 『越絶內傳陳成恒』에 陳恒에게 말한 일의 마지막에 "子貢一出, 存魯, 亂齊, 破吳, 强晉, 覇越, 是也"라고 하는데, 이 말은 후인이 그의 공이 많다고 여긴 것이지 子貢의 말이 아니다. 또 이 문장은 사리에 맞지 않으며 어떤 글은 반드시 사실이 아니다. 태재 백비는 首領을 보존하고 죽어 다행히 면했던 것은 전에 이미 논하였다. 여기에 "역시 卑猶 옆에 장사지냈다"라고 했다. 어떻게 태재 백비가 越에서 죽은 후에 다시 吳에 돌아와 장사지냈겠는가 라고 하면서 오나라 묘장 가운데 巫臣, 要理, 干將 등은 모두 圖志에 모두 기재되어 있지만 오직 宰嚭冢이 언급되지 않았음을 의문시하였다.

원문 주

1 是棄吾也 : 「吳太伯世家」에 "是棄吳也"라고 하여 '吾'는 '吳'라고 해야 뜻이 잘 통한다.

2 越在心腹之病 : 『左傳』 哀公 11년에 "越在我, 心腹之疾也"라고 하는데, 뜻이 좀더 분명하다.

3 汝與吾俱亡, 亡無爲也 : 張覺에 의하면, '吾'는 '吳'라고 해야 뜻이 잘 통하며, '亡'자는 衍字이다.(『史記』 「伍子胥列傳」 "汝與吳具亡 無益也.")

4 此易邦也 : 『史記』 권67 「仲尼弟子列傳」(이하 「仲尼弟子列傳」)에 "此易伐也"라고 한다.

5 所 : 「仲尼弟子列傳」에 '所'자가 없다. "吳聞君三封而三不成者, 大臣有不聽者也."

6 隳魯以自尊 : 「仲尼弟子列傳」에 "戰勝以驕主, 破國以尊臣"이라고 하여 의미가 좀더 분명하다.

7 是君上驕下恣群臣 : 徐天祜에 의하면, 「內傳陳成恒」과 「仲尼弟子列傳」에 "驕"자 아래 "主心" 두 자가 있어 '上驕主心'이라고 한다. 「仲尼弟子列傳」 "是君上驕主心, 下恣群臣."

8 犯 : 徐天祜에 의하면, 『越絶書』와 「仲尼弟子列傳」에 "恣"라고 한다. 「仲尼弟子列傳」 "夫上驕則恣, 臣驕則爭, 是君上與主有郤, 下與大臣交爭也."

9 此君上於王有遽 : 徐天祜에 의하면, 『越絶書』와 「仲尼弟子列傳」에 '王'을 "主"라고 하며 '遽'를 "郤"이라고 한다. '郤'은 '隙'과 같다.

10 甲 : 苗麓校點本, 『四部叢刊』 本에 "中"이라고 하나 『四庫全書』 本에 근거하여 고쳤다. "今君悉四境之甲, 出大臣以環之."

11 環 : 孫詒讓에 의하면, 擐(관, 환 : 갑옷을 꿰어 입음)의 借字이다.

12 義存亡魯 害暴齊 : 徐天祜에 의하면, 『越絶書』에 "義在存亡魯, 勇在害彊齊"라고 한다.

13 主 : 張覺에 의하면, 張光煦의 교열에 근거하여 '王'이라고 한다.

14 因居 : 徐天祜에 의하면, 『越絶書』에 "困厄"이라고 한다. 「內傳陳成恒」 "仁人不困厄, 以廣其德."

15 誠 : 「仲尼弟子列傳」에 "請"이라고 한다. "臣請東見越王."

16 君處故來 : 徐天祜에 의하면, '處'자가 통하지 않는다. 『越絶書』에 "吊君故來"라고 하며 아래 문장 '吊'자와 상응한다.

17 聞之 : 徐天祜에 의하면, 「仲尼弟子列傳」에 "先聞"이라고 한다. "事未發而先聞, 危也."

18 惟幾乎 : 徐天祜에 의하면, 『越絶書』에 "其唯臣幾乎"라고 한다. 「內傳陳成恒」 "臣竊自練可以成功至王者, 其唯臣幾乎."

19 盡 : 「仲尼弟子列傳」에 "尊"이라고 한다. "重寶以說其心, 卑辭以尊其禮, 其伐齊必也."

20 而伐齊 齊必戰 : 「仲尼弟子列傳」에 "其伐齊必也"라고 한다.

21 身爲魚鼈 : 徐天祜에 의하면, 『國語』에 "身爲魚鼈餌"라고 한다.

22 正身臂 : 徐天祜에 의하면, 『越絶書』에 "整襟交臂"라고 한다.

23 擧 : 張覺에 의하면, '起死回生'의 '起'와 같은 뜻이다. 『國語』「晉語」注 "擧, 起也."

24 息: 苗麓校點本, 『四部叢刊』本에 "恩"이라고 하나 '息'으로 고쳤다. 徐天祜에 의하면, 『國語』에 "息"이라고 하며(「吳語」 "吳王夫差還自黃池, 息民不戒.") 「仲尼弟子列傳」에 "忍"이라고 한다. 張覺에 의하면, 蔣光煦가 본 宋本에 "息"이라고 한다.

25 大臣內引 : 「仲尼弟子列傳」에 "大臣內變"이라고 한다.

26 良馬 : 徐天祜에 의하면, 「仲尼弟子列傳」에 "良矛"라고 한다.

27 死 : 張覺에 의하면, 顧廣圻의 교열에 근거하여 '大王賜死'라고 하며 뜻이 더 분명하다.

28 『太平御覽』 권356과 『初學記』 권22 인용문에 "越使賤臣種以先人藏器及甲二十領以賀君"이라고 하여 좀더 상세하다. 반면 『北堂書鈔』 권123 인용문에 "越以屈盧之矛, 步光之劍獻之吳王"이라고 하여 서술이 가장 간략하다.

29 伏卒 : 徐天祜에 의하면, 「仲尼弟子列傳」에 "休卒"이라고 하는데 의미가 잘 통한다.

30 蒸而不炊 : 「吳王占夢傳」에 "炊而不蒸"이라고 한다.

31 鍡 : 「吳王占夢傳」에 "鏵"라고 한다.

32 震 : 張覺에 의하면, '橐'이라고 해야 한다. 앞에서도 '鼓橐裝炭 金鐵乃濡'라고 하였다.

33 復 : 苗麓校點本, 『四部叢刊』本에 '復'자가 없으나 顧廣圻가 베껴 쓴 宋抄本에 의한 張覺의 교열을 따랐다.

34 長城公弟 : 徐天祜에 의하면, 「吳王占夢傳」에 "越公弟子"라고 하는데, '長'자는 윗글의 '長'자가 잘못 덧붙여졌으며, '城'은 '越'의 오류이며 끝에 '子'자가 빠진 듯하다.

35 救 : 苗麓校點本, 『四部叢刊』本에 "伐齊魯"라고 하나 『四庫全書』本에 근거한 張覺의 교열에 따라 '救'자를 보충하였다.

36 盲僮 : 徐天祜에 의하면, 『越絶書』에 '盲'은 "甬"이며, '僮'은 "當"이라고 한다. 「吳王占夢傳」에 "前園橫索生樹桐者, 桐不爲器用, 但爲甬, 當與人俱葬"라고 하여 '僮'이 '當'에 해당하지는 않는다.

37 神之所助, 使力士石番 : 苗麓校點本, 『四部叢刊』本에 "神之所使, 顧力士石番"라고 하는데 『太平御覽』 권483 인용문에 의해 고쳤으며 뜻이 더 순조롭다. "王大怒, 曰 吾天之小生, 神之所助. 使力士石番, 擊以鐵槌, 身絶爲五."

38 乃 : 苗麓校點本, 『四部叢刊』本에 "及"이라고 하나 汪士漢本에 근거한 張覺의 교열에 의하면, '乃'라고 하는데 뜻이 순조롭다.

39 艾 : 徐天祜에 의하면, '刈'과 같다. 「吳語」에 "刈"라고 한다. "譬如農夫作耦, 以刈殺四方之蓬蒿, 以立名於荊, 此則大夫之力也."

40 哀 : 「吳語」에 "衷"라고 하며 뜻이 더 합당하다. "今天降衷於吳, 齊師受服." 『書』 권8

「湯誥」에 "惟皇上帝 降衷于下民"이라고 하며, 注에 "衷, 善也"라고 한다.

41 以能遂疑計 : 「吳語」에 "以能遂疑計惡"라고 하며 張覺에 의하면, 여기에서도 '計' 아래 '惡'자가 있어야 한다.

42 今王播棄 : 「吳語」에 "今王播棄黎老"라고 하여 뜻이 더 분명하다. 注에 "播, 放也"라고 한다.

43 天之未棄 : 「吳語」에 "天之所棄"라고 한다.

44 挂 : 徐天祜에 의하면, 「伍子胥列傳」에 "抉"이라고 한다.

45 蕲 : 徐天祜에 의하면, 『國語』에 "沂"라고 한다.

46 浹 : 苗麓校點本, 『四部叢刊』 本에 "袷"이라고 하나 『太平御覽』 권946 인용문에 의해 고쳤다. "從後園而來, 衣浹履濡." 『太平御覽』 권305 인용문에 "沾"이라고 하였으며, 徐天祜에 의하면, '洽'이라고 해야 한다.

47 聳距 : 『太平御覽』 권305 인용문에 "擧刃"이라고 하는데 뜻이 같다.

48 而稷 : 『太平御覽』 권305 인용문에 "欲援"이라고 한다.

49 緣茂 : 苗麓校點本, 『四部叢刊』 本에 "盈綠"이라고 하나 『太平御覽』 권946 인용문에 의해 고쳤다. "不知黃雀盛綠茂林, 徘徊枝葉, 欲啄螳螂也."

50 始 : 徐天祜에 의하면, '姑'라고 해야 한다. 「吳語」 "敗王子友於姑熊夷." 韋昭解 "姑熊夷, 吳郊也."

51 淮 : '淮'자는 衍字이다. 「吳語」 注 "江, 吳江. 或有淮字者, 誤."

52 乃至以越亂告 : 苗麓校點本, 『四部叢刊』 本에는 원래 없으나 「吳語」에 근거한 張覺의 교열에 의해 보충하였다.

53 臣 : 苗麓校點本, 『四部叢刊』 本에 "侯"라고 하나 『四庫全書』 本에 근거한 張覺의 교열에 따라 고쳤다.

54 前進 : 張覺에 의하면, '前晉'의 音訛이다. 「吳語」 "無會而歸 與會而先晉 孰利."

55 造 : 張覺에 의하면, '造'는 竈의 音訛인 듯하다. 「吳語」 "出火竈."

56 戴 : 「吳語」에 "載"라고 한다. 『釋名』 권3 「釋姿容」 "戴, 栽也. 載之于斗也."

57 「吳語」에 "兩軍偃兵接好, 日中爲期"라고 한다.

58 辭 : 「吳語」에 "亂"이라고 한다. "敢請亂故." 注에 "敢問先期亂次之故"라고 하여 『吳越春秋』의 '辭'는 틀렸다고 한다.

59 「吳語」에 "孤欲守吾先君之班爵, 進則不敢, 退則不可. 今會日薄矣, 恐事之不集, 以爲諸侯笑"라고 하여 뜻이 더 분명하다.

60 决 : 徐天祜에 의하면, '决'은 衍字인 듯하다.

61 命 : 徐天祜에 의하면, 「吳語」에 "亦"이라고 한다.

62 敢 : 苗麓校點本, 『四部叢刊』 本에는 원래 없으나 「吳語」에 "吳公先揷"이라고 하여 보

충하였다. "吳公先歃, 晉侯亞之."

63 忠 : 徐天祜에 의하면, 「吳語」에 "衷"이라고 한다. 注에 "衷, 善也. 言天舍善于吳"라고 한다.

64 賢 : 徐天祜에 의하면, 「吳語」에 "鑒"이라고 한다. 즉 '초의 실패를 거울삼지 않고'라는 말이다.

65 「吳語」 注에 "言伐齊之明年, 不至於穀熟而復出師"라고 한다.

66 池 : 徐天祜에 의하면, '池'는 '黃池'라고 해야 한다. 「吳語」 "吳王夫差還自黃池."

67 散兵 : 「吳語」에 "不戒"라고 한다.

68 自生之瓜 : 苗麓校點本, 『四部叢刊』 本에 "生瓜"라고 하나 『太平御覽』 권978, 『藝文類聚』 권87 인용문에 의해 고쳤다. 『藝文類聚』 권87 "吳王夫差爲越所敗, 遁而去. 得自生之瓜食之也."

69 而 : 苗麓校點本, 『四部叢刊』 本에는 원래 '而' 자가 없으나 『太平御覽』 권978 인용문에 의해 보충하였다.

70 故人惡食 : 苗麓校點本, 『四部叢刊』 本에 "秋霜惡之故不食"이라고 하나 『太平御覽』 권978 인용문에 의해 고쳤으며 顧觀光에 의하면, 秋霜 아래위에 빠진 글이 있는 듯하다. "盛夏之時, 人食生瓜, 起居道傍, 瓜子復生, 故人惡食."

71 世世得聖 : 徐天祜에 의하면, '得' 자 아래 '事' 자가 있어야 한다. 『越絶書』 권10 「外傳記吳王占夢」에 "今寡人得邦誠世世相事"라고 한다. 張覺에 의하면, '得'은 '侍'라고 해야 한다.

72 圍吳三重. 大夫文種相拜 : 苗麓校點本, 『四部叢刊』 本에 "三圍吳"라고 하나 『太平御覽』 권486 인용문에 의해 고쳤다. "越兵大至, 圍吳三重. 大夫文種相拜, 范蠡左手提鼓, 右手操枹而鼓之."

73 枹 : 苗麓校點本, 『四部叢刊』 本에 "袍"라고 하나 『四庫全書』 本에 근거하여 고쳤다.

74 結壁連組以幕 : 苗麓校點本, 『四部叢刊』 本에 "連緤組以罩"라고 하나 『太平御覽』 권815 인용문에 의해 고쳤다. "不忍見伍子胥. 吾死必結壁連組以幕吾目."

권6

越王無余外傳 무여를 월에 봉하다

「월왕무여외전越王無余外傳」은 월越나라의 시조 무여전無余傳이나 그의 조상 우禹에 관한 서술이 대부분을 차지한다. 『사기史記』「하본기夏本紀」의 서술과 비교할 때, 우가 치수하는 데 완위산宛委山의 신서神書의 도움을 받는 등 우에 관한 전설을 풍부히 채용하였다. 월의 우 후예설은 월이 강성해진 구천 때 낭야瑯邪로 천도한 이후 정치적·외교적 목적으로 전파되기 시작하였으리라 추정한다. 진시황秦始皇이 정치상 회유조치로 회계會稽에 올라 우를 제사지내고 송진덕비頌秦德碑를 세움으로써 우 후예의 전설은 확고해졌다[1]

고대 오월 지역의 고고역사를 보면 기원전 6000년경 절강浙江 여요餘姚 하모도河姆渡에서 쌀을 재배하는 농경문화가 시작되었음이 밝혀졌다.

기원전 3300~2200년경 신석기 말기 양저문화인良渚文化人들은 양자강 하류의 광범한 지역을 통치하는 부족 차원을 넘는 권력과 정치적 중심지를 이루었다. 대관산과원大觀山果園 중심지는 30만 제곱미터 면적에 높이 5~8미터의 거대한 토대를 쌓아 만들었으며, 대막각산大莫角山 서남에 진흙과 모래를 한층 한층 뿌려 촘촘히 다진 1,400제곱미터에 이른 항토층夯土層은 그 시대 최고의 기술이었다. 이와 같이 인공으로 쌓아 만든 반산反山, 요산瑤山, 회관산滙觀山 등 유지와 제단이 양저良渚를 중심으로 사방에 분포되어 있다. 우는 양자강 하류 신석기 말기에 높은 수준의 문화를 이루었던 양저문화 부족의 수령으로 비정되기도 한다.

6-1

월나라의 선조 군왕 무여無余[2]는 하夏 왕조 우禹[3]의 후손으로 월에 봉해졌다. 우의 아버지 곤鯀[4]은 전욱顓頊임금의 후손이다. 곤은 유신씨有莘氏[5]의 딸에게 장가갔는데 이름은 여희女嬉이다. 장년이 되어서도 자식을 낳지 못하였는데 희는 지산砥山[6]에 놀러갔다가 율무구슬(薏苡珠)을 주워 삼켰더니 사람과 교접한 것 같은 느낌이 들었다. 이로 말미암아 잉태하여 겨드랑이를 가르고 고밀高密을 낳았다.[7] 서강西羌[8]에 집을 정하고 지명을 석뉴石紐[9]라고 하였는데, 석뉴는 촉군蜀郡의 서천현西川縣[10]에 있다.

요堯가 다스릴 때 홍수가 나서 천하가 물에 가라앉고 구주九州[11] 사이가 막혀 끊어지고 네 강(四瀆)[12]이 막혀 통하지 않았다. 요는 중국이 편안하지 않은 것을 걱정하고 백성이 재앙에 빠진 것을 슬퍼하여, 사방 제후의 수장(四嶽)[13]에게 명하여 현량賢良한 인재를 천거시켜 치수治水를 맡기려 하였다. 수도에서 사방의 변방지역[14]에 이르기까지 사람을 천거하지 않으니 요는 맡길 사람이 없었다. 그러자 사악四嶽이 곤을 뽑아 요에게 천거하니 요가 말하였다.

"곤은 명령을 위반하고 선한 일을 훼손한 적이 있으니 임용할 수 없다."[15]

사악이 말하였다.

"여러 신하와 견주어 곤만 한 자가 없습니다."

그러자 요는 곤을 임용하여 치수를 맡겼는데 임명받은 지 구 년이 지나도록 공功이 이루어지지 않았다.

요가 화를 냈다.

"과인은 그가 치수할 능력이 없음을 일찍이 알았다."

그림 21 하모도유지河姆渡遺址(기원전 5000~3300년경, 절강浙江 여요餘姚)
기원전 5000년경의 하모도유지에서 간란식桿欄式 건축 유적, 석石, 골骨, 목재木材의 생산 공구, 생활기물, 토기 등 6,700여 건과 함께 40~50센티미터에 달하는 곡식의 퇴적이 발굴되었다.

그러고는 다시 인재를 구해 순舜[16]을 얻어서는 그에게 천자의 정치를 대행하게 하였다. 순은 돌아다니며 각 지방의 직무를 시찰하다 곤의 치수가 성과가 없음을 보고는 곤을 견책하여 우산羽山[17]에 유배하였다. 곤은 물에 뛰어들어 세 발 달린 누런 자라[18]로 변하여 이로 말미암아 우연羽淵의 신이 되었다.[19]

순과 사악은 곤의 아들 고밀을 천거하였다. 사악이 우禹에게 일렀다.

"순임금께서는 곤이 치수하는 데 아무런 공도 이루지 못하였으므로 너를 천거하여 선친의 사업을 잇게 하였다."

"예! 소자가 감히 선친의 사업에 전력을 다하여 천의天意를 다스리겠습니까. 오직 위임을 받들 뿐입니다."

우는 부친의 공이 이루어지지 못한 것을 상심하며 양자강을 따라 내려가고 황하를 거슬러 올라가며, 제수濟水를 돌아다니고 회수淮水를 살

그림 22 골사骨耜(기원전 약 5000년, 절강 여요 하모도 출토)

하모도문화는 채집경제에서 벗어나 농업경제로 접어들었으며 주변의 풍부한 동물의 뼈를 이용한 골기 위주의 농공구가 발달하였다.

피면서 몸을 수고롭게 하고 마음을 졸이고 애태우며 다녔다. 칠 년[20] 동안 음악이 들려도 듣지 않았으며 집 문을 지나도 들어가지 않았고 관冠이 나무에 걸려도 돌아보지 않았으며 신발이 벗겨져도 주어 신지 않았으나 공이 아직 이루어지지 않았다. 그는 근심스럽게 생각에 잠겼다가 성인이 기록한 『황제중경력黃帝中經曆』을 찾아보았다.

"구의산九疑山[21] 동남東南에 천주산天柱山[22]이 있는데 완위산宛委山[23]이라 부르며 그곳에 적제赤帝[24]의 좌궐左闕이 있다. 절벽 봉우리에 책이 있는데, 무늬 있는 옥이 밑을 받치고 있으며 넓고 평평한 큰 돌이 덮여 있다. 그 책은 금간金簡[25]에 청옥靑玉으로 글자가 새겨 있고 백은白銀으로 책을 묶었으며 문자는 모두 양각으로 새겨 있다."

우는 동쪽으로 순시巡視하며 형산衡山[26]에 올라가 백마에 피를 칠하여 제사지냈는데 여전히 찾던 신서神書는 얻지 못하였다. 산에 올라 하늘을 바라보며 휘파람을 한 번 길게 불고는 깜박 잠들었다. 꿈속에서 붉은 자수 옷을 입은 남자를 보았는데 자신이 현이창수玄夷蒼水[27]의 사자使者라고 하였다.

"황제黃帝가 여기에 문명文命[28]을 보낸다는 말을 듣고 와서 당신을 기다렸다. 지금 신서를 볼 수 있는 때가 아니나 볼 수 있는 날짜를 가르쳐 주겠으니 내가 장난삼아 노래한다고 여기지 말라. 나는 원래 복부산覆釜山[29]에서 곡조에 맞춰 노래하는 사람이다."

동쪽으로 고개를 돌려 우에게 말하였다.

"우리 산의 신서를 얻으려면 황제[30]의 산봉우리 밑에서 재계齋戒하여 심신을 깨끗하게 하라. 3월 경자일庚子日에 산에 올라가 돌을 들어내면 금간에 쓰인 책이 있을 것이다."

우는 물러나 재계하고는 3월 경자일에 완위산에 올라가 신서를 꺼내고 금간에 청옥으로 쓰인 글자를 살펴 물을 통하게 하는 이치를 깨달았다.[31]

6-2

다시 형산에 돌아와 네 가지 교통수단[32]을 타고 강을 따라 떠났다. 곽산霍山[33]에서 출발하여 오악五嶽[34]을 모두 돌아다녔다. 이에 관해 〈시詩〉에서 노래하였다.

진실로 저 남산南山을 우임금이 다스리셨다네.[35]

그리고 우는 양자강, 황하, 회하淮河, 제수濟水 네 강을 순시하며 익益[36]과 기夔[37]와 함께 의논하였다. 순시하다 명산대택名山大澤에 이르러서는 그곳 귀신을 불러내어 산천 줄기의 흐름, 금과 옥이 매장되어 있는 지역, 각 지방의 새와 짐승과 곤충의 종류, 팔방의 민속, 각기 다른 나라와 지역의 땅 크기를 물어 익에게 나누어 기록하게 하였는데 이 때문에 이를 『산해경山海經』[38]이라고 이름지었다.

우는 서른이 되어서도 아직 장가가지 않았는데 순시하다 도산塗山[39]에 이르러서는 장가가는 게 너무 늦어 혼인 풍속을 거스를까 두려워 말하였다.

"내가 장가가는 데는 반드시 먼저 조짐이 있어야 한다."

이에 하얀 구미호가 우에게 오니 우가 말하였다.

"흰 색은 내 의복색이다. 꼬리가 아홉인 것은 왕이라는 증거다. 〈도산지가塗山之歌〉에서 노래하였다.

어슬렁거리는 흰 여우여 아홉 꼬리 굵고 길기도 하네.
우리 집 경사 나니 왕께서 오셨네.
부부의 연을 맺으니 서로 만나 창성하리라.
하늘과 사람의 관계가 이 말을 따르니 막힘없이 통하리라.

라고 하니 이는 내가 장가갈 조짐이 분명하다."

우는 도산의 여자를 아내로 맞아들여 여교女嬌라고 불렀다. 결혼해서 신辛·임壬·계癸·갑甲 나흘 동안을 지내고[40] 우는 순시하러 떠났다. 열 달 후에 여교는 계啓를 낳았다. 계는 태어나서 아버지를 보지 못하자 아침저녁으로 눈물을 흘리며 앙앙 소리내어 울었다.

우는 돌아다니면서 태장太章을 파견해 동서를 측량하고 수해豎亥[41]를 보내 남북을 헤아리게 하여 팔방의 끝(八極)까지 범위를 다 측량하고, 천

그림 23 옥종玉琮(양저문화 기원전 3300~2200년경, 절강 무진武進 사돈寺墩 출토)
옥종은 양저사회의 지배 계층인 무축巫祝이 신神과 교통하는 도구로 쓰였을 것으로 추측한다. 양자강 하류 신석기 말기 양저문화의 고대토총高臺土冢 위 묘장에는 대량의 옥기玉器가 부장되어 있다.

문 지리의 각종 수치를 모두 재도록 하였다. 우가 양자강을 건너 강남에 도착해 물길을 살피는데 황룡黃龍이 그의 배를 등에 지고 들어 올리자 배에 탄 사람들이 두려워하며 놀랐다. 우가 껄껄 웃으며 말하였다.

"나는 하늘에서 명을 받아 힘을 다해 만민을 위로하였다. 사는 것은 천성天性이요, 죽는 것은 운명運命이다. 그대들은 무엇 때문에 두려워하는가."

얼굴빛 하나 변하지 않고 배 주인에게 말하였다.

"이 용은 하늘이 나에게 쓰라고 보내준 것이다."

그러자 용이 꼬리를 끌며 배를 놓아주고 가버렸다.

남쪽을 향해 가 창오蒼梧[42]에 도착해서 관리를 심사하는데 묶여 있는 사람을 보자 우는 그의 등을 어루만지며 소리내어 슬피 울었다.

익이 말하였다.

그림 24 옥월玉鉞과 수면문獸面紋(절강 반산유지反山遺址 출토)

반산유지 11좌의 묘장에서 발굴된 1,200여 건의 부장품 가운데 90퍼센트가 옥기이다. '옥종왕玉琮王' 이라고 불리는 반산옥종反山玉琮과 옥월에 새겨진 신인수면문神人獸面紋은 완전한 형상의 인간 형태와 수면문을 합하여 종교적 신비감을 표현한다.

"이 사람은 법을 범하여서 본래 이같이 처벌해야 합니다. 그런데 무엇 때문에 그를 위해 곡을 하는 겁니까."

"천하에 도가 있으면 백성은 죄에 걸리지 않는다. 천하에 도가 없으면 죄가 착한 사람에게까지 미친다. 내가 들으니, 한 남자가 농사를 짓지 않으면 누군가 이 때문에 배고픔을 겪으며, 한 여자가 뽕잎을 따서 실을 뽑지 않으면 누군가 추위를 겪는다고 한다. 나는 임금을 위해 물길과 땅을 다스리고 백성을 보살펴 그들이 편안히 생활하고 각각 살 곳을 얻도록 하였다. 이제 저들이 이처럼 법에 걸려들었으니 이는 내 덕이 두텁지 못해 백성을 교화하지 못하였다는 증거이다. 그래서 저들을 위해 매우 슬피 곡하는 것이다."

그러고는 나라 안을 돌아다녀 동쪽으로는 사람의 발자취가 끊기는

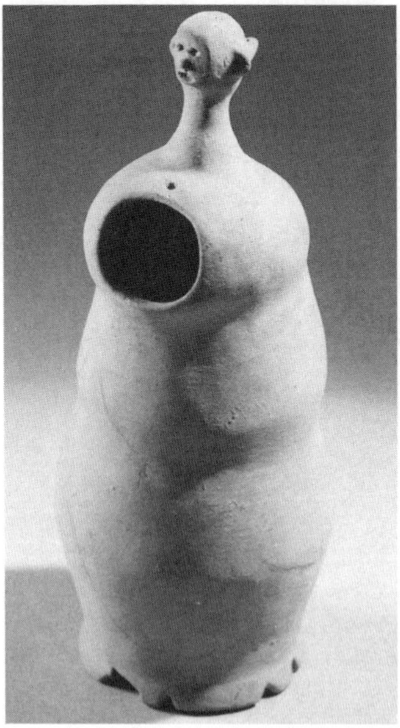

그림 25 인형도병人形陶甁
(숭택문화崧澤文化
기원전 3900~3300년경, 출토)

데까지 이르고 서쪽으로는 적석積石[43] 까지 계속해 갔다. 남쪽으로는 적안赤岸[44]을 넘고 북쪽으로는 한곡寒谷[45]을 넘어 곤륜崑崙[46]을 돌아 현호玄扈[47]를 살폈다. 지리의 형세를 파악하여 산돌에다 문자를 새겼다. 서쪽 변방 지역에서는 유사流沙[48]를 제거하고 북쪽 사막지대에서는 약수弱水[49]를 소통시켰다. 푸른 지하수와 붉은 심연이 나뉘어 구멍으로 들어가서는 강하를 소통시켜 동으로 흘러 갈석碣石[50]에 이르게 하였다. 혼탁한 소용돌이 속에서 아홉 수로[51]를 소통시키고 동북으로 다섯 수로[52]를 개통시켰다. 용문산龍門山[53]을 뚫고 이궐산伊闕山[54]을 열었으며 땅을 평평하게 고르고 토질을 관찰하였고 지형을 살펴 주州를 나누었다. 각기 다른 지방에서 각각의 산물에 따라 바치는데 모두 일정한 공납이 있었다.[55] 따라서 백성은 험준한 산꼭대기를 떠나 중국에 귀의하였다.

요가 말하였다.

"됐다! 드디어 이처럼 중국(冀)[56]을 확고하게 했다."

그러고는 우에게 작호爵號를 내려 백우伯禹라 칭하고 관직을 사공司空[57]에 임명하였다. 사씨姒氏 성을 내려 주의 수장을 이끌고 전국 12주(部)[58]를 순수巡守하게 하였다.

6-3

요가 죽자 우는 삼 년 동안 상복을 입어 부모처럼 상을 지내 밤낮으로 곡하고 눈물을 흘리는데 너무 울어 소리가 나지 않았다. 요가 순에게 양위한 후 순은 대우大禹를 천거하여 사도司徒[59]로 다시 임명하여 안으로 순(虞)[60]의 지위를 보좌하고 밖으로 구주의 수장을 순시하도록 하였다.

순이 죽으면서 제위를 우에게 선양하여 계승하게 하였다. 우가 삼년상을 치르고 나니 몸이 마르고 얼굴이 검게 되었다. (舜의 아들) 상균商均[61]에게 양위하고는 양산陽山[62]의 남, 음구陰丘[63]의 북에 물러나 거처하였다. 백성이 상균을 의지하여 따르지 않고 우가 있는 곳으로 좇아가니 그 모양이 놀란 새가 하늘을 날며 놀란 물고기가 연못으로 들어가듯 하였다. 백성이 낮에는 노래하고 밤에는 음송吟誦하며 높은 데 올라가 소리쳤다.

"우가 우리를 버렸는데, 우리가 추대한 이를 어찌해야 할까!"

우는 삼년상을 마치고는 백성을 불쌍하게 여겨 천자의 자리에 올랐다. 삼 년 만에 공적을 이루고 오 년 만에 정치를 안정시켰다. 천하를 두루 돌아다니다 대월大越로 돌아왔다. 모산茅山[64]에 올라 사방의 신하들이 와서 조현하게 하고 중국의 제후들이 와서 뵙도록 하였다. 방풍防風[65]이 늦게 도착하자 참수하여 백성에게 천하가 모두 우를 따르는 것을 보여주었다. 그러고는 나라를 다스리는 방책을 널리 모아 심사하였다. 안으로는 부산釜山의 신이 자신에게 준 신서神書를 따라 각 주를 안정시킨 것을 찬미하고, 밖으로는 성덕을 널리 펴 천심에 보답하였다. 이에 모산의 이름을 바꿔 회계산會稽山이라 하였다. 그러고는 국가의 정령政令을 반포하고 만민을 휴양시키고 국호를 하후夏后라 하였다. 공을 세운 자는 봉封하고 덕이 있는 자에게는 작爵을 주었다. 작은 죄라도

그림 26 흑도관이호黑陶貫耳壺(양저문화 기원전 3300~2200년경, 출토)

회색태도의 흑도는 검은 표면이 반짝이며 두드리면 맑은 소리를 내어 처음 발견되었을 당시에는 용산문화龍山文化 흑도로 인식되었을 만큼 제작 수준이 높았다. 몸체는 비교적 얇으며 내벽에는 물레를 돌려 만든 흔적이 있다.

벌을 주었으며 적은 공일지라도 상을 주었다. 천하의 사람들이 월을 우러러 사모하여 어린아이가 어머니를 생각하듯 자식이 아버지에게 돌아가듯 월에 모여들었다.

우는 신하들이 따르지 않을까 걱정하였다.

"내가 들으니, 열매를 먹는 자는 그 나뭇가지를 상하게 하지 않는다. 흐르는 물을 먹는 자는 그 원류源流를 흐리지 않는다고 한다. 나는 부산의 신서를 얻어 이를 가지고서 천하의 재앙을 없애고 백성들을 향리로 돌아가게 했다. 그 덕이 이처럼 밝으니 어찌 잊을 수 있겠는가."

간언을 받아들이고 백성을 편안하게 하기 위해 집을 지었고, 산을 다니며[66] 나무를 베어 읍邑을 만들었다. 나무에 기호를 그려 성읍에 출입하는 신인信印을 만들고 나무를 가로질러 설치해 성문으로 삼았다. 저울을 고르게 하고 말(斗)과 섬(斛)의 도량기를 바로잡아 우물에 가 백성에게 보여 법도로 삼았다. 이에 봉황이 나무에 서식하고 난새(鸞鳥)[67]가 그 옆에 둥지를 틀고 기린麒麟[68]이 뜰에 걸어 다니고 온갖 새가 얕은 웅

덩이에서 땅을 갈고 김을 매었다.

마침내 우는 예순이 되자 탄식하였다.

"나는 이미 나이가 들어 수명이 다해가니 여기에서 죽으려 한다."

그러고는 신하들에게 명하였다.

"내가 죽은(百世)[69] 후에 회계산에서 장사지내라. 갈대(葦)로 곽郭을 만들고, 오동으로 관棺을 만들라.[70] 뫼 구덩이는 칠 척尺을 파되 지하수에 미치지 않게 하라. 봉분 높이는 삼 척, 흙 계단은 삼 단으로 하라. 장사한 후에 밭은 두둑을 고치지 말라. 그곳에 장사지낸 자를 안락하게 하기 위해 농사짓는 자를 수고롭게 하지 말라."[71]

우가 죽은 후에 많은 상서로운 징조가 모두 사라졌다. 천제天帝는 우의 덕을 아름답게 여기고 그의 공로를 위로하여 백조百鳥를 돌려보내고 백성을 위해 밭을 일구게 하였는데[72] 새의 크기는 일정한 차가 있었으며 진퇴에도 일정한 행렬이 있었다. 한 번 성盛하면 한 번 쇠衰하고, 왕래에도 일정한 규율이 있었다.

우가 죽자 익에게 보위를 물려주었다. 익은 삼년상을 치르면서 우를 생각하는 말이 끊이지 않았다. 삼년상이 끝나자 익은 우의 아들 계를 피해 기산箕山[73] 남쪽으로 갔다. 제후들은 익을 떠나 계에게 입조하며 말하였다.

"저희 군주는 우임금의 아들입니다."

계가 마침내 천자의 자리에 올라 하夏나라를 다스렸다. 「우공禹貢」[74]의 계획에 따라 구주의 토지를 모두 개간하여 해마다 끊이지 않고 오곡을 심었다. 계는 사신을 보내 해마다 절일節日과 봄, 가을에 월에서 우를 제사지내도록 하였다. 그 남쪽에 있는 회계산 위에 종묘를 세웠다.[75]

그림 27 우禹 동상

완위산宛委山 정상에는 제후들을 모두 모아 조회하는 듯한 모습을 한 우禹의 동상이 있는데, 오늘날 이 지역 월의 후예들을 여전히 지배하고 있는 듯한 모습이다.

우에서 6대 내려가면[76] 제소강帝少康이다. 제소강은 우의 제사가 끊길까 두려워 그의 서자庶子를 월에 봉했는데 무여無餘라고 한다. 무여가 처음 봉해졌을 때 백성은 산에 거주하였으며 조전鳥田[77]의 생산이 있었지만, 조공祖貢은 종묘 제사의 비용을 겨우 댈 뿐이었다. 그래서 그는 백성에게 산지와 육지에 따라 종자를 심고 혹은 짐승을 사냥하여 식량을 바치게 하였다. 무여는 질박하여 궁실을 꾸미지 않고 백성과 같이 거주하였으며 봄과 가을에 회계에서 우의 묘墓에 제사지냈다.[78]

무여의 10여 대 후손에 이르러 최후의 군주는 약하고 능력도 없어 자립하지 못하였으며 백성을 따라 편호編戶의 평민[79]으로 전락하여 우의 제사가 끊겼다. 십여 년이 지나 어떤 이가 태어나자마자 말하였다.

"새가 우는데 짹짹거린다."

하늘을 가리키며 우의 묘를 향해 말하였다.

"나는 무여임금의 후예이다. 나는 이제 선군의 제사를 다시 정비하

그림 28 우릉禹陵

전승에 의하면, 우禹가 죽은 후에 회계會稽에 장사지냈다고 한다. 오늘날 절강浙江 소흥시紹興市 동남 6킬로미터에 우의 능묘라고 전해지는 우릉이 있다. 우릉 오른편에 우묘禹廟가 있는데, 이는 남조南朝 양梁 대동大同 11년(545년)에 처음 세워져 역대에 걸쳐 중수重修되었다.

고 우리 우의 묘에 제사를 회복시키고 백성을 위해 하늘에 복을 구하여 귀신과 도를 통하려 한다."

많은 백성이 기뻐하여 우의 제사를 받드는 것을 도와 사계절마다 공물을 드리고, 다 함께 그를 옹립하여 월나라 군주의 후대를 잇게 하였다. 그는 하왕夏王 우의 제사를 회복시키고 조전鳥田의 상서를 다시 회복시키고 백성을 위해 하늘에 생명보전을 청하였다. 이후로 월에는 점차 군신의 도의가 있게 되었으며 그를 무임無壬이라 불렀다.

무임은 무역無曎을 낳았다. 무역은 마음을 다해 나라를 지켰으며 하늘이 내린 수명壽命을 잃지 않았다. 무역이 죽은 다음은 아마도 부담夫譚이다. 부담은 윤상允常을 낳았다. 윤상이 월나라 군주에 즉위하였을 때 오나라에서는 수몽壽夢, 저번諸樊, 합려闔閭가 재위하였다. 월나라가 흥하여 패업을 이룬 것은 윤상부터 시작되었다.[80]

原文

6-1

越之前君無余者, 夏禹之末封也. 禹父鯀者, 帝顓頊之後. 鯀娶於有莘氏之女, 名曰女嬉, 年壯未孳, 嬉於砥山得薏苡而吞之, 意若爲人所感, 因而妊孕, 剖脅而產高密. 家于西羌, 地曰石紐. 石紐在蜀西川也.

帝堯之時, 遭洪水滔滔, 天下沉漬, 九州閼塞, 四瀆壅閉. 帝乃憂中國之不康, 悼黎元之罹咎, 乃命四嶽, 乃擧賢良, 將任治水. 自中國至于條方, 莫薦人, 帝靡所任. 四嶽乃擧鯀而薦之於堯, 帝曰 "鯀負命毁族, 不可." 四嶽曰 "等之群臣, 未有如鯀者." 堯用治水, 受命九載, 功不成. 帝怒曰 "朕知不能也." 乃更求之, 得舜. 使攝行天子之政, 巡狩. 觀鯀之治水無有形狀, 乃殛鯀于羽山. 鯀投于水, 化爲黃能, 因爲羽淵之神.

舜與四嶽擧鯀之子高密. 四嶽謂禹曰 "舜以治水無功, 擧爾嗣考之勳." 禹曰 "俞, 小子敢悉考績, 以統天意. 惟委[1]而已."

禹傷父功不成, 循江泝河, 盡濟甄[2]淮, 乃勞身焦思以行, 七年聞樂不聽, 過門不入, 冠挂不顧, 履遺不躡, 功未及成. 愁然沉思, 乃案《黃帝中經曆》, 蓋[3]聖人所記曰 "在于九疑山[4]東南天柱, 號曰宛委, 赤帝在闕. 其巖之巓, 承以文玉, 覆以磐石, 其書金簡, 青玉爲字, 編以白銀, 皆瑑其文."

禹乃東巡, 登衡山[5], 血白馬以祭, 不幸所求. 禹乃登山, 仰天而嘯, 忽然而臥[6], 因夢見赤繡衣男子, 自稱玄夷蒼水使者, "聞帝使文命于斯, 故來候之. 非厥歲月, 將告以期. 無爲戲吟, 故倚歌覆釜之山." 東顧謂禹曰 "欲得我山神書者, 齋於黃帝巖嶽之下. 三月庚子, 登山發石, 金簡之書存矣." 禹退又齋. 三月庚子, 登宛委山, 發金簡之書, 案金簡玉字, 得通水之理.

6-2

復返歸嶽, 乘四載以行川, 始於霍山, 徊集五嶽. 詩云"信彼南山, 惟禹甸之."

遂巡行四瀆, 與益, 夔共謀. 行到名山大澤, 召其神而問之山川脈理, 金玉所有, 鳥獸昆蟲之類及八方之民俗, 殊國異域土地里數, 使益疏而記之. 故名之曰"山海經."

禹三十未娶, 行到塗山, 恐時之暮, 失其度制, 乃辭云"吾娶也, 必有應矣." 乃有白狐九尾造於禹, 禹曰"白者, 吾之服也. 其九尾者, 王之證也." 塗山之歌曰

綏綏白狐, 九尾痝痝[7].

我家嘉夷, 來賓爲王.

成家成室, 我造彼昌.

天人之際, 於茲則行.

明矣哉! 禹因娶塗山女[8], 謂之女嬌. 取辛, 壬, 癸, 甲, 禹行. 十月, 女嬌生子啟. 啟生不見父, 晝夕呱呱啼泣.

禹行, 使大章步東西, 豎亥度南北, 暢八極之廣, 旋天地之數.

禹濟江, 南省水理, 黃龍負舟, 舟中人怖駭, 禹乃啞然而笑曰"我受命於天, 竭力以勞萬民. 生, 性也. 死, 命 也. 爾何爲者." 顏色不變, 謂舟人曰"此天所以爲我用." 龍曳尾舍舟而去.

南到計於蒼梧, 而見縛人, 禹拊其背而哭. 益曰"斯人犯法, 自合如此, 哭之何也." 禹曰"天下有道, 民不罹辜. 天下無道, 罪及善人. 吾聞一男不耕, 有受其飢. 一女不桑, 有受其寒. 吾爲帝統治水土, 調民安居, 使得其所. 今乃罹法如斯, 此吾德薄不能化民證也. 故哭之悲耳."

於是, 周行宇內, 東造絕跡, 西延積石, 南踰赤岸, 北過寒谷, 徊崑崙, 察六[9]扈, 脈地 理, 名金石. 寫流沙於西隅, 決弱水於北漢[10]. 青 泉, 赤淵分入洞穴,

通江東流, 至於碣石. 疏九河於涽淵, 開五水於東北. 鑿龍門, 闢伊闕. 平易相土, 觀地分州. 殊方各進, 有所納貢. 民去崎嶇, 歸於中國.

堯曰 "俞! 以固冀於此." 乃號禹曰伯禹, 官曰司空, 賜姓姒氏, 領統州伯, 以巡十二部.

6-3

堯崩, 禹服三年之喪, 如喪考妣, 晝哭夜泣, 氣不屬聲. 堯禪位于舜, 舜薦大禹, 改官司徒, 內輔虞位, 外行九伯.

舜崩, 禪位命禹. 禹服喪[11]三年, 形體枯槁, 面目黎黑. 讓位商均, 退處陽山之南, 陰阿之北. 萬民不附商均, 追就禹之所, 狀若驚鳥揚天, 駭魚入淵, 晝歌夜吟, 登高號呼, 曰 "禹棄我, 如何所戴." 禹三年服畢, 哀民不得已, 即天子之位.

三載考功, 五年政定. 周行天下, 歸還大越. 登茅山以朝四方群臣, 觀示中州諸侯. 防風後至, 斬以示衆, 示天下悉屬禹也. 乃大會計治國之道, 內美釜山州愼[12]之功, 外演聖德以應天心. 遂更名茅山曰會稽之山. 因傳國政, 休養萬民, 國號曰夏后. 封有功, 爵有德, 惡無細而不誅, 功無微而不賞. 天下喁喁, 若兒思母, 子歸父, 而留越. 恐群臣不從, 言曰 "吾聞食其實者, 不傷其枝, 飮其水者, 不濁其流. 吾獲覆釜之書, 得以除天下之災, 令民歸於里閭, 其德彰彰若斯, 豈可忘乎." 乃納言聽諫, 安民治室, 居靡山, 伐木爲邑, 畫作印, 橫木爲門. 調權衡, 平斗斛, 造井示民, 以爲法度. 鳳凰棲於樹, 鸞鳥巢於側, 麒麟步於庭, 百鳥佃於澤.

遂已耆艾將老, 嘆曰 "吾晏歲年暮, 壽將盡矣, 止絶斯矣." 命群臣曰 "吾百世之後, 葬我會稽之山, 葦椁桐棺, 穿壙七尺, 下無及泉, 墳高三尺, 土階三等. 葬之後, 田[13]無改畝, 以爲居之者樂, 爲之者苦."

禹崩之後, 衆瑞並去. 天美禹德而勞其功, 使百爲還爲民田, 大小有差, 進退有行, 一盛一衰, 往來有常.

禹崩, 傳位與益. 益服三年, 思禹未嘗不言. 喪畢, 益避禹之子啟於箕山之陽. 諸侯去益而朝啟, 曰"吾君帝禹子也." 啟遂即天子之位, 治國於夏. 遵禹貢之美, 悉九州之土, 以種五穀, 累歲不絶. 啟使使以歲時春秋而祭禹於越, 立宗廟於南山之上.

禹以下六世而得帝少康. 少康恐禹祭之絶祀, 乃封其庶子於越, 號曰無余. 余始受封, 人民山居, 雖有鳥田之利, 租貢纔給宗廟祭祀之費. 乃復隨陵陸而耕種, 或逐禽鹿而給食. 無余質朴, 不設宮室之飾, 從民所居. 春秋祠禹墓於會稽.

無余傳世十餘, 末君微劣, 不能自立, 轉從衆庶爲編戶之民, 禹祀斷絶. 十有餘歲, 有人生而言語, 其語曰"鳥禽呼嚥喋嚥喋." 指天向禹墓曰"我是無余君之苗末. 我方修前君祭祀, 復我禹墓之祀, 爲民請福於天, 以通鬼神之道." 衆民悅喜, 皆助奉禹祭, 四時致貢. 因共封立, 以承越君之後, 復夏王之祭. 安集鳥田之瑞, 以爲百姓請命. 自後稍有君臣之義, 號曰無壬.

壬生無曎. 曎專心守國, 不失上天之命. 無曎卒, 或爲夫譚. 夫譚生元常. 常立, 當吳王壽夢, 諸樊, 闔閭之時. 越之興霸自元常矣.

1 陳橋驛, 「越爲禹后說 溯源」, 『吳越文化論叢』, 中華書局, 1999, 34~37쪽.

2 無余 : 徐天祜에 의하면, 無余는 禹의 6世孫 少康의 庶子인데 처음으로 越에 봉해졌다고 한다(「夏本紀」, 「越王句踐世家」). 『越舊經』에 "無餘"라고 한다. 無余의 도읍지에 관해서는 다음과 같다. 『水經注』「會稽山水」에 "會稽山 南쪽 峴里에 大城이 있는데 越王 無余의 舊都이다"라고 한다. 『讀史方輿紀要』 권92에 "紹興府 東쪽 58里에 侯城이 있는데 無余의 수도라고 전한다"라고 한다.

3 禹 : 夏后氏 부락의 수령으로 姒姓이며, 이름을 文命이라고도 한다. 전설상에 舜에게서 治水를 명령받아 이를 성공시킨 후 舜의 후계자가 되어 夏王朝를 세웠다.

4 鯀 : 徐天祜에 의하면, 『帝王世紀』에 "鯀은 帝顓頊의 아들이며 자는 熙이다"라고 한다. 『連山易』에는 "鯀은 崇에 봉해졌다. 그러므로 『國語』에서 '崇伯鯀'이라고 한다"라고 한다. 『史記』 권2 「夏本紀」(이하 「夏本紀」)에 "鯀의 아버지는 帝顓頊이다"라고 하며, 『世本』 권4 「帝繫篇」(이하 「帝繫篇」) 역시 鯀이 顓頊의 아들이라고 한다. 『漢書』「律歷志」에 "顓頊에서 5世를 지나 鯀을 낳았다"라고 하며 『通鑒外紀』는 이를 따랐다. 『古史』에 "太史公은 鯀이 顓頊의 아들이라고 여겼지만 그 世가 너무 가깝다. 班固가 五世孫이라고 한 것이 가깝다"라고 한다. 『吳越春秋』의 顓頊의 후예설은 후자와 통한다.

顓頊 : 『史記』 권1 「五帝本紀」에 의하면, 五帝 가운데 하나이며 이름은 高陽이다. 黃帝의 孫子이며 昌意의 아들이며, 帝丘에(오늘날 河南 濮陽 서남) 거주하였다고 한다.

5 有莘 : 古國名. 張覺에 의하면, 有辛, 有侁, 有㜪이라고도 하며 姒姓이다.

6 砥山 : 張覺에 의하면, 혹은 有莘 부근에 砥柱山이 있으며 三門山이라고도 하며, 원래 오늘날 河南 三門峽市 동북 黃河 가운데에 있었다.

7 薏苡(의이)는 원래 율무이지만 張覺에 의하면, 여기에서는 神珠 이름이다. 徐天祜에 의하면, 「帝繫篇」에 "鯀은 有辛氏의 딸, 女志에게 장가가 高密을 낳았다"라고 한다. 「夏本紀」 正義에 "高密은 禹가 봉해진 나라이다"라고 한다. 『世紀』에 "鯀의 처가 修己하고 流星이 昴자리를 관통하는 것을 보고 夢接하는 감응을 느꼈는데 神珠薏苡를 삼키고 禹를 낳아 文命이라고 이름 지었으니 字는 密이다"라고 한다. 孔安國은 禹가 이름이라고 하며, 張晏은 禹가 字라고 하는데 모두 적었다.

8 羌 : 고대 중국 서부의 族屬.

9 石紐 : 徐天祜에 의하면, 茂州石泉縣에 있으며 그곳에 禹廟가 있는데 郡人들은 禹가 6월 6일생이라고 전한다. 『元和郡縣志』에 "禹는 汝山廣柔人이며 石紐村에서 낳았다"라고 한다. 『水經注』에 "縣에 石紐鄉이 있으며 禹가 태어난 곳이다"라고 한다. 廣柔는 오늘날 石泉軍이다. 張覺에 의하면, '汝山'은 '汶山'이라고 해야 하며, 徐天祜는 '廣

柔'가 石泉이라고 하는데 잘못이다.

蜀 : 오늘날 四川 成都市 및 溫江 지역.

西川 : 후한대의 縣名이며, 오늘날 汶川縣 부근. 최근까지 四川省 서북 고산지대의 古羌族의 후예들은 아직도 石紐를 비롯한 禹의 각종 전승을 지명으로 보존하고 있으며, 氐羌의 白石信仰 전통도 계승하고 있는 것으로 확인되고 있다(工藤元男, 「禹の傳承おめぐる中華世界と周緣」, 岩波講座世界歷史 3, 『中國の形成と東方世界』, 1998, 114~119쪽).

10 蜀 : 오늘날 四川 成都市 및 溫江 지역.

西川 : 후한대의 縣名이며, 오늘날 汶川縣 부근.

11 九州 : 『尙書』 禹貢에 의하면, 禹는 전국을 九州로 나누어 각각의 토지에 따라 貢賦를 달리 부과하였다고 한다. 九州는 冀州, 袞州, 靑州, 徐州, 揚州, 荊州, 豫州, 梁州, 雍州이다.

12 四瀆 : 長江, 黃河, 淮水, 濟水를 일컫는다.

13 四嶽 : 일반적으로는 사방의 큰 산으로 東嶽의 泰山, 西嶽의 華山, 南嶽의 衡山, 北嶽의 恒山을 일컫는다. 여기에서는 사방 제후의 首長을 이른다. 『帝王世紀』에 "(堯)는 羲, 和의 네 아들, 羲仲, 羲叔, 和仲, 和叔에게 명령하여 四時와 사방의 岳을 다스리는 職責을 맡게 했으므로 四岳이라고 일렀다"라고 한다.

14 원문에 '絛方'이라고 하는데 張覺에 의하면, 사방 변방지역을 말한다. 『禮記』 「樂記」 "感絛暢之氣." 疏 "絛, 遠也."

15 鯀에 관하여 『尙書』 「堯典」에 "命을 어기고 族을 무너뜨렸다"라고 한다. 또 『史記』 권1 「五帝本紀」(이하 「五帝本紀」)에 "鯀負命毁族"이라고 하며 正義에 "鯀의 성품이 강퍅하고 敎命을 어기고 善한 것을 어그러뜨리므로 쓸 수 없다"라고 한다.

16 舜 : 전설상의 고대 제왕 가운데 하나로 堯, 舜, 禹는 禪讓에 의해 帝位를 계승시킨 三代 聖王이다. 虞帝라고도 부르며 號는 虞氏, 姓은 姚, 이름은 『楚辭』 離騷에 의하면, "重華"이다. 禹에게 제위를 선양한 후 남방을 순행하다 죽어 蒼梧之野에 묻혔다.

17 羽山 : 山東省과 江蘇省의 접경이다. 東海縣에 위치하며 동서 1.5킬로미터, 남북 1킬로미터, 해발 269.5미터의 작은 산으로 풍광이 아름답다고 한다(『尹滿漢墓簡牘』, 中華書局, 1997, 155쪽). 漢代 東海郡의 羽山에는 禹의 전승과 관련한 社가 있었으며 여기에서 冬至祭와 高禖祭가 행해졌다(李成珪, 「前漢末 郡屬吏의 宿所와 旅行 - 尹灣漢簡〈元延二年日記〉분석 -」, 『慶北史學』 제21집, 慶北史學會, 1998).

18 黃能 : 徐天祜에 의하면, '黃熊'이라고도 한다. 「夏本紀」 正義에 "鯀이 羽山에 가서 黃熊(황내)로 변해서는 羽淵으로 들어갔다. 熊은 음이 내이며 아래에 점이 셋이어서 다리가 셋이다"라고 한다.

19 羽淵 : 『太平寰宇記』 권22에 의하면, 海州 朐山縣에 羽潭이 있다. 『左傳』 昭公 7년에 "晉侯가 병이 났는데 꿈에 黃熊이 침실문으로 들어왔다. 子産이 말하기를, 옛날에 堯가 鯀을 羽山에서 죽였는데 神으로 변해서 黃熊이 되어 羽淵으로 들어갔습니다"라고 한다. 杜預解에 의하면, '能(내)'는 세 발 달린 자라라고 한다. 『說文解字』에 '能'는 熊

屬이며 발이 사슴같다고 하여 '能'는 곰의 일종이며 다른 한편 자라류이다. 徐天祜에 의하면, 東海 사람들이 禹廟에서 제사지내는데 흰곰과 자라는 올리지 않는다고 하는데 어떻게 곤이 二物로 화할 수 있는가 묻는다.

20 7년 : 張覺에 의하면, 『孟子』 「滕文公」 上에 "禹八年於外"라 하며, 「夏本紀」에 "居外十三年"이라고 한다.

21 九疑山 : '九嶷山'이라고도 한다. 오늘날 湖南 寧遠縣 남쪽이다.

22 天柱山 : 張覺에 의하면, 고대에 天柱山이라는 곳은 몇 곳이 있는데 여기에서는 浙江省의 天柱山을 이르며 곧 宛委山이다.

23 宛委山 : 徐天祜에 의하면, 浙江 紹興縣 동남 15리에 있으며 會稽山의 支峯이다. 일명 玉笥山 혹은 天柱山이라고 한다.

24 赤帝 : 五天帝 가운데 하나로 南方의 神이다. 『史記』 권27 「天官書」 "赤帝行德." 正義 "赤帝, 南方赤熛怒之帝也."

25 金簡 : 고대에 종이가 없었을 때, 대나무나 나무를 가늘고 길게 쪼개어 글을 썼으며 이를 簡牘이라고 한다. 여기 金簡이라는 것은 대나무 대신 금으로 만든 것이다.

26 衡山 : 형산이란 이름의 산은 여러 곳에 있으나 여기서는 會稽山이다. 『史記』 권28 「封禪書」 "禹封泰山 禪會稽." 正義 "括地志云 會稽山 一名 衡山, 越州會稽縣 東南十二里也."

27 玄夷蒼水 : 山神의 이름.

28 文命 : 禹의 이름.

29 覆釜山 : 徐天祜에 의하면, 『輿地志』에 會稽山에는 돌이 있는데 모양이 엎어 놓은 가마솥 같아 覆釃山이라고 하며, 일명 釜山이라 한다.

30 張覺에 의하면, 본문에 '黃帝'는 '赤帝'의 잘못인 듯하다. 앞서 赤帝의 궁궐이 宛委山에 있다고 하였는데, 禹가 재계하고 오른 산이 宛委山이기 때문이다.

黃帝 : 中國 고대 中原 華夏族의 조상. 姬水 일대(陝西, 甘肅, 青海의 齊家文化 구역)에서 비교적 선진적인 문화를 이루었다. 전설에 의하면, 姜姓 부락의 수령 炎帝와 九黎族 수령 蚩尤를 패배시키고 중원 부락 연맹의 수령이 되어 중원민족의 조상이 되었다.

31 徐天祜에 의하면, 禹는 두 번 越에 간 적이 없으며, 越에 이른 것은 會稽에 있을 때이지 치수 때가 아니다. 『禹貢』에 南方山川을 기록한 것이 오늘날과 맞지 않는 것이 많은 것은 우가 치수할 때, 친히 남방에 이르지 않았기 때문이다. 『孟子』에 "禹八年於外"라고 하는데 『禹貢』은 13년이라고 한 것도 마찬가지다. 혹자는 禹의 치수기간이 鯀의 9년을 합한 것이라고도 한다. 馬融이 말하기를, 禹가 3년간 치수하여 8州가 평온해졌다고 하는 것은 12년에 8주가 평온해지고 13년에 兖州가 평온해 진 것이다. 兖州가 평온해진 것은 舜의 마지막 해이니 禹의 성공은 불과 3, 4년간에 이루어졌다. 이 책에서는 7년을 勞心焦思 했는데도 功이 아직 이루어지지 않아 東巡하여 宛委에 올라 金簡書를 발견하고 通水의 이치를 깨달았다고 한다. 禹가 7년이나 치수한 뒤에 神書를 얻어 비로소 通水의 이치를 알았다는 것은 너무 늦지 않은가.

32 원문에 '乘四載'라고 하는데 「夏本紀」에 "뭍에서는 수레를 타고 물에서는 배를 타고 진흙에서는 썰매를 타고 산에서는 손수레를 타고 갔다"라고 한다.

33 霍山 : 徐天祜에 의하면, 南嶽인 衡山을 霍山이라고 한다.

34 五嶽 : 四嶽에 嵩山(中嶽)을 더하여 五嶽이라고 한다.

35 『詩經』 小雅 · 信南山에 나오는데, 「信南山」은 幽王을 풍자한 詩이다. 幽王은 成王의 사업을 이어 다스리지 못하였으며 또 우의 일을 받들어 천하를 다스리지도 못하였다. 따라서 군자가 옛날을 그리워한 것이다.

信彼南山	진실로 저 남산을
維禹甸之	우임금이 다스리셨네.
畇畇原隰	개간된 언덕과 습지를
曾孫田之	증손이 농사를 지었네.
我疆我理	내 큰 경계를 내고 작은 길을 내며
南東其畝	이랑을 남쪽으로 내고 동쪽으로 내었네.

36 益 : 「夏本紀」에 의하면, 翳라고도 하며 伯益이다. 고대 嬴姓族의 조상이다. 禹를 도와 치수에 공이 있어 계승자가 되어 禹가 죽은 후 益에게 양위하였으나 제후들이 모두 禹의 아들 啓에게 조회하였으므로 啓가 天子에 올랐다고 한다.

37 夔 : 堯와 舜시대 樂官.

38 『山海經』 : 중국 고대 地理書로 夏禹, 伯益이 지었다고 전하나 今本 18편은 「山經」 5권, 「海經」 8권, 「大荒經」 4권, 「海內經」 1권으로 戰國時代에 저술되어 秦漢시대를 거치면서 增削되었다. 이 가운데는 각지 山川, 도로, 部族, 物産, 帝師, 醫巫, 異國의 풍속과 더불어 왕왕 괴이한 일들이 함께 서술되어 있으며 고대 신화와 전설이 많이 포함되어 있다.

39 塗山 : 浙江 紹興縣 서북 45리에 있다. 『越絶書』 「記地傳」 第10에 "涂山은 禹가 장가간 산인데 현에서 50리 떨어져 있다"라고 한다. 徐天祜에 의하면, 『會稽志』에 "塗山은 山陰縣 西北 45里에 있다"라고 한다. 蘇鶚의 『演義』에 "塗山은 넷이 있다. 일은 會稽, 이는 渝州巴南 舊江州, 삼은 濠州, 사는 塗縣이다"라고 한다. 『左傳』 昭公 4년에 "穆公이 塗山에서 회합을 가졌다"라고 한다. 哀公 7년에 "禹가 塗山에서 제후를 모았다"라고 한다. 杜預 解에 "壽春 동북이다"라고 한다. 혹자는 오늘날 濠州라고 한다. 柳宗元의 『塗山銘序』에 "周穆遐追遺法, 復會於是山"이라고 했지만 禹와 穆王은 모두 塗山에서 제후를 회합한 적이 있지만 반드시 모두 壽春은 아니다. 가령 禹가 장가간 곳이 어느 지역인지 분명하지 않다. 『越絶書』 등 책에서는 禹가 會稽塗山에서 장가갔다고 한다. 應劭는 "永興 북에 있다. 永興은 오늘날 蕭山縣이다"라고 한다. 郡志와 기록이 다르다. 會稽는 실은 禹가 諸侯를 모아 功을 계획한 곳이며, 장가간 나라가 아니며 아래 문장에 白狐九尾의 異狀을 기록한 것은 더욱 의심스럽다. 張覺에 의하면, 禹가 장가간 塗山은 두 설이 있는데, 하나는 會稽의 塗山이며 오늘날 浙江 紹興현 서북이다. 『越絶書』 「外傳記地傳」에 "涂山者 禹所娶妻之山也, 去縣三十五里"라고 한다. 둘은 江州의 涂山으로 오늘날 중경시 巴縣이다. 『華陽國志』에 "우는 涂山에서 장가갔다"라고 한다. 오늘날 江州涂山이다. 우는 석뉴에서 태어나 회계에서 죽었으니 이 두 설은 아마

죽은 곳과 태어난 곳으로 附會한 것이다.

40 『呂氏春秋』에 "禹가 塗山氏의 딸에게 장가갔지만 사적인 것으로 공무를 방해하지 않았으니 辛에서 甲까지 4일간 이후에는 다시 가서 治水했다"라고 한다. 『雲夢睡虎地秦簡』「日書」 가운데는 禹가 도산 여인에게 장가간 날과 관련한 禁忌가 있는데, "癸丑, 戊午, 己未는 禹가 도산 여인을 취한 날이다. 이 날 장가가면 부인이 남편에게서 버림을 받지 않으면 그 자식이 반드시 죽게 된다"라고 하여 禹가 도산 여인에게 장가간 날은 결혼을 금하였다(「日書」, 『雲夢睡虎地秦簡』, 文物出版社, 1990, 208쪽).

41 太章, 豎亥 : 徐天祜에 의하면, 『淮南子』 권4 「地形訓」(이하 「地形訓」)에 "禹는 太章으로 하여금 걸어서 동쪽 끝에서 서쪽 끝까지 이르게 하였으며 豎亥로 하여금 남쪽 끝에서 북쪽 끝까지 걷게 하였다"라고 한다. 許愼에 의하면, "太章, 豎亥는 잘 다니는 사람으로 禹의 신하이다"라고 한다.

42 徐天祜에 의하면, 『檀弓』에 "舜을 蒼梧의 野에 장사지냈다"라고 한다. 「五帝本紀」에 "舜은 (재위 39년에 남쪽으로 巡狩하다) 蒼梧의 들판에서 죽어 江南 九疑에 장사지냈다"라고 한다. 지금 九疑山은 道州 寧遠縣 남쪽 60리에 있으며 蒼梧山이라고도 한다.

43 積石山 : 甘肅 臨夏縣 서쪽. 『水經注』에 "黃河의 (수원이) 잠복하였다가 積石에서 (지상으로) 나온다"라고 한다. 徐天祜에 의하면, 『地志』에 "金城郡 河關縣 서남이다"라고 한다. 지금 鄯州 龍支縣 경계.

44 赤岸 : 徐天祜에 의하면, 『水經注』 권15 「澗水」에 "新安縣 남에 白石山이 있는데 廣陽山이며 물은 赤岸水이다"라고 한다. 그러나 張覺에 의하면, '積石', '崑崙', '寒谷' 모두 산 이름이므로 '赤岸'이 물을 가리킬 필요는 없으며 산 이름이어야 한다. '赤岸'은 '赤岸山'을 가리키며 오늘날 江蘇 六合縣 동남 40리에 있다.

45 寒谷 : 黍谷이라고도 한다. 徐天祜에 의하면, 劉向 『別錄』에 "燕 땅에 黍谷이 있는데 땅은 기름지나 추워서 오곡이 자라지 않았다. 鄒子가 그곳에 거주하면서 律을 불어 따뜻한 기운이 이르렀다"라고 한다. 左思賦에 "寒谷豊黍, 吹律以暖之"라고 한다. 張覺에 의하면, 寒谷은 산 이름이며 燕谷山, 黍谷山이라고도 하며 오늘날 북경시 密云縣 서남에 있다.

46 崑崙 : 徐天祜에 의하면, 『昆侖說』에 "昆侖之山三級. 下曰樊桐, 一名板松. 中曰玄圃, 一名閬風. 上曰層城, 一名天庭"라고 하며, 『地理志』에 "在臨羌西 卽河源所出"라고 한다. 『漢書』 권28 「地理志」에 의하면, 臨羌의 서쪽에 있으며 『山海經』에서는 황하의 수원이 나는 곳이라고 한다. 『山海經』 권3 「北山經」에 "敦薨山은 그 위에는 종려와 녹나무가, 기슭에서는 지치(茈草)가 많이 자란다. 敦薨水가 여기에서 나와 서쪽으로 유택에 흘러드는데, 곤륜의 동북쪽 모퉁이에서 흘러나온 이 강은 곧 황하의 근원으로 그 속에는 붉은 복어가 많다"라고 한다. 「地形訓」에서는 崑崙은 오르면 죽지 않고 신이 된다는, 太帝가 거하는 곳으로 묘사되어 있으며 또한 西王母가 거처하는 곳이라고 한다.

47 玄扈 : 『山海經』 권5 「中山經」에 "陽虛山은 금이 많이 나며 玄扈水에 접해 있다"라고 한다. 郭注가 인용한 「河圖」에 "蒼頡이 帝가 되어 남방을 순수하여 陽虛의 산에 오르고 玄扈, 洛水 어귀에 임하였다"라고 한다. 玄扈山은 오늘날 陝西 洛南縣 서쪽에 陽虛山과 서로 마주보고 있다.

48 流沙 : 徐天祜에 의하면, 『地理志』에 "流沙는 居延 서북에 있다"라고 한다. 杜佑曰 "沙州 서쪽 80리에 있으며, 그 모래가 바람을 따라 흘러 다니므로 流沙라고 한다." 張覺에 의하면, 중국 서북 일대의 사막을 이른다. 『漢書』 권28 「地理志」에 의하면, 師古曰 流沙는 敦煌 서쪽에 있다. 「地形訓」에 "西王母는 流沙가에 있다"라고 한다.

49 弱水 : 徐天祜에 의하면, 『地理志』에 弱水는 張掖郡 删丹縣에 있다. 柳宗元曰 "물이 흩어지면 무력하여 먼지도 떠받치지 못하니, 던지면 힘없이 가라앉아 바닥에 이르러서야 그린다. 그러므로 弱이라고 한다." 張覺에 의하면, 弱水는 오늘날 甘肅 張掖河, 俗稱 黑河이며 祁連山 아래에서 발원하여 張掖縣을 거쳐 서북으로 흘러 내몽고 蘇克諾尒와 嘎順諾尒 두 호수(고대 居延海)로 들어간다.

50 碣石 : 徐天祜에 의하면, 『地志』에 "北平郡 驪戎縣 서남이다"라고 한다. 지금 平州 남쪽이다. 秦始皇이나 漢武帝는 이곳까지 巡狩하여 비문을 남겼으며 北魏 文成帝, 北齊 文宣帝, 唐太宗 모두 여기에 이르러 바다를 바라보았다. 『水經注』에 "濡水는 동남으로 흘러 絫縣 碣石山에 이른다"라고 한다. 碣石山의 구체적인 위치에 관해서는 학자 간에 논란이 있다. 첫째 河北 樂亭縣 西南 渤海 가운데, 둘째 昌黎縣城 북쪽 碣石山, 셋째 盧龍縣 부근, 넷째 臨渝 이외에 北戴河 金山嘴 혹은 근래 山海關 밖에서 秦宮遺址가 발굴됨에 따라 山海關 밖으로 추정하기도 한다.

51 九河 : 張覺에 의하면, 고대에 황하는 大陸澤(오늘날 河北 任縣 동북이나 지금은 매몰되었다)에서부터 북쪽으로 아홉 水道로 나뉘어 九河라고 칭하였다. 후에 다시 합하여 하나의 큰 大河가 되어 바다로 흘러들어갔다. 九河의 古水道는 이미 매몰되었으며 오늘날 山東 平原縣 이북, 天津市 이남 일대라고 추정한다. 『尙書』 禹貢 "導河積石, 至于龍門 … 又東至于孟津, 東過洛汭, 至于大伾, 北過降水, 至于大陸, 又北播爲九河 同爲逆河 入于海."

52 五水 : 張覺에 의하면, 長江 북안의 支流로 巴水, 蘄水, 希水(오늘날 浠水), 西歸水(倒水), 赤亭水(擧手)이며 오늘날 武漢市 이동에 있다.

53 龍門 : 徐天祜에 의하면, 『地志』에 "馮翊 夏陽縣에 있다"라고 한다. 지금 河中府 龍門縣이다. 오늘날 陝西 韓城縣과 山西 河津縣 사이에 있다.

54 伊闕 : 徐天祜에 의하면, (『水經注』 권15 「伊水」에) 洛陽 서남 50리에 있으며 禹가 소통시켜 물길이 통하게 하였는데 두 산이 서로 마주보고 있어 바라보면 궐문 같고 伊水가 그 사이를 지나 북으로 흐르므로 伊闕이라고 한다.

55 『尙書』 「禹貢」에 九州 각 지역의 貢品에 관해 상세히 기술되어 있다.

56 冀 : 冀州는 중국의 중심에 위치하므로 中國을 대신 칭한다. 「地形訓」 "正中冀州曰 中土."

57 司空 : 토지, 民事를 맡은 벼슬.

58 十二部 : 張覺에 의하면, 禹가 치수한 후 중국을 九州로 나누었다. 舜이 또 冀州에서 幽州, 幷州를 나누고 靑州에서 營州를 나누어 12州가 되었다고 한다.

59 司徒 : 교육을 맡은 벼슬. 「五帝本紀」에 의하면, 禹는 司空에 임명되었으며 司徒에 임명된 것은 契이었다.

60 虞 : 舜 임금의 姓.

61 商均 : 『國語』「楚語」上 注에 의하면, 均은 舜의 아들인데 商에 봉해졌다.

62 陽山 : 徐天祜에 의하면, 「夏本紀」 集解에 劉熙曰 지금의 潁川 陽城이다. 오늘날 登封縣 동남 35里, 告成鎭이다.

63 陰阿 : 陰丘이며 陽城의 남쪽에 있다.

64 茅山 : 徐天祜에 의하면, 「夏本紀」 註가 인용한 越傳에 禹는 大越에 도착해 苗山에 올랐다. 『十道志』에 "會稽山은 본명은 茅山이며 일명 苗山이라고도 한다"라고 한다.

65 防風 : 『國語』「魯語」下 韋注에 의하면, 防風은 고대 汪芒氏 부락의 추장 이름이다. 張覺에 의하면, 夏代에 왕망 부락은 오늘날 浙江 德淸縣 서쪽 武康 일대에 있었다.

66 靡山 : 張覺에 의하면, '靡'는 '隨'의 뜻이다. 『漢書』 권36 「楚元王傳」 集注引晋灼曰 "靡, 隨也."

67 鸞鳥 : 봉황과 같은 일종의 神鳥.

68 麒麟 : 고대 전설 중의 동물. 사슴의 형상을 하고 머리에는 뿔이 있고 전신에 비늘이 있으며 꼬리는 소꼬리 같다. 고대인들인 仁獸, 瑞獸라고 여겼으며 이것으로 祥瑞를 상징하였다.

69 百世 : 張覺에 의하면, '百代'를 말하며 죽음에 대한 완만한 표현이다. 「吳語」 가운데에는 여전히 '千年', '老千年' 등이 죽음을 완만히 칭한다.

70 徐天祜에 의하면, 『墨子』에 "우는 회에서 장례지냈다. 수의는 세 벌이며 桐棺은 三寸이었다"라고 한다.

71 『竹書記年』에 "8년 春, 제후를 회계에 모으고 防風氏를 죽였다. 夏 6월, 雨金於夏邑. 秋 8월, 帝가 會稽에서 죽었다. 禹는 45년 동안 재위하였다"라고 한다. 禹는 會稽에서 죽었다고 전해내려오며, 오늘날 浙江 紹興 동남 6킬로미터에 禹陵이 있다.

72 『水經注』 권40 「浙江水」에 "새가 와서 김을 매어 봄이면 풀뿌리를 뽑고 가을에는 이삭을 쪼았다"라고 한다.

73 箕山 : 徐天祜에 의하면, 『史記』 注에 "劉熙曰 嵩高之北이다"라고 한다. 기산은 여러 곳이 있으나 여기 문장의 기산은 張覺에 의하면, 오늘날 河南 登封縣 동남에 있다.

74 「禹貢」 : 『尙書』의 한 篇名이며 周와 秦시대에 지어졌다. 禹가 치수한 경과와 각 구역의 산천 분포, 토질 상황, 물산과 貢賦, 운수 노선 등을 서술한 地理書이다. 우공은 고대 중국을 經濟 구역에 따라 9州로 나누고 각 지역의 환경적 특성에 따른 貢賦를 서술하였다(錢宗武·杜純梓, 『尙書新箋與上古文明』, 北京大學出版社, 2004, 18~19쪽).

75 『漢書』 권28 「地理志」에 "山陰은 會稽山 남쪽에 있는데 위에 禹井, 禹祀가 있다"라고 한다.

76 六世 : 「夏本紀」에 의하면, 禹, 啓(禹의 子), 太康(啓의 子), 中康(太康의 弟), 相(中康의 子), 少康이다.

77 鳥田 : 새들이 김을 매는 논을 말한다. 徐天祜에 의하면, 『地理志』에 "산위에 禹井, 禹

祠가 있는데 전해오기를 群鳥가 김을 맨다고 한다"라고 한다. 『水經注』에 "새가 김을 매는데, 봄에는 풀뿌리를 제거하고, 가을에는 잡초를 쫀다"라고 한다.

78 徐天祜에 의하면, 『皇覽』에 "禹冢이 會稽山 위에 있다"라고 한다.

79 編戶之民 : 호적에 등록된 일반 백성.

80 徐天祜에 의하면, 『史記』 권41 「越王句踐世家」에 20여 代를 지나 允常에게 이르렀다고 한다. 그러나 吳가 越을 공격한 것은 春秋시대 昭公 32년, 敬王 10년(기원전 510년)으로 商 왕조 이후만으로도 천여 년에 이른다. 그렇다면 월이 나라를 세워 允常에게 이르기까지 어떻게 20여 대에 그치겠는가.

1 徐天祜에 의하면, '委' 자 아래 '任' 자가 있어야 한다.

2 徐天祜에 의하면, '甄' 자가 통하지 않는다. 아마 '暨' 자의 잘못이다.

3 『初學記』 권5, 『北堂書鈔』 권160 인용문에 "蓋見"이라고 하며, 『藝文類聚』 권 11, 『太平御覽』 권51, 권82 인용문에 '蓋'를 "見"이라고 한다. 張覺은 이는 모두 억측으로 고친 것이라고 한다.

4 九疑山 : 苗麓校點本, 『四部叢刊』 本에 "九山"이라고 하나 『初學記』 권5, 『藝文類聚』 권11, 『太平御覽』 권51, 『太平御覽』 권82 인용문에 근거하여 '疑'字를 보충하였다. 『初學記』 권5 "在于九疑山東南天柱, 號曰宛委山."

5 山 : 苗麓校點本, 『四部叢刊』 本에 "嶽"이라고 하나 『太平御覽』 권39, 권82, 『北堂書鈔』 권160, 『藝文類聚』 권11, 『初學記』 권5 인용문에 의해 고쳤다. 『初學記』 권5 "禹乃東巡, 登衡山, 血白馬以祭之, 仰天而嘯, 忽然而臥. 夢見赤繡文衣男子, 稱玄夷蒼水使者."

6 忽然而臥 : 苗麓校點本, 『四部叢刊』 本에는 본래 이 '句'가 없으나 『初學記』 권5, 『北堂書鈔』 권160, 『太平御覽』 권39의 인용문에 근거하여 보충하였다.

7 厖厖 : 苗麓校點本, 『四部叢刊』 本에 "痝痝"이라고 하나 『初學記』 권29, 『太平御覽』 권909, 『四庫全書』 本에 의해 고쳤다.

8 女 : 苗麓校點本, 『四部叢刊』 本에는 본래 '女' 자가 없으나 『初學記』 권29, 『太平御覽』 권909 인용문에 의해 보충하였다. 『太平御覽』 권909 "禹乃娶塗山女."

9 六 : 孫詒讓에 의하면, 苗麓校點本, 『四部叢刊』 本에 "六"이라고 하나 '玄'이라고 해야 한다.

10 北漢 : 張覺에 의하면, 苗麓校點本, 『四部叢刊』 本을 비롯한 각본은 모두 "北漢"이라고 하나 '北漠'으로 고쳐야 한다. 『楚辭』 권17 王逸 「九思 · 疾世」에 "踰隴堆兮渡漠, 過桂車兮合黎"라고 하며, 注에 "漠, 沙漠也"라고 한다. 王逸이 말한 合黎山은 弱水가에 있으므로 건넌 사막은 곧 여기 본문의 '北漠'이다. 따라서 본문은 '漠'이라고 해야 한다.

11 喪 : 苗麓校點本, 『四部叢刊』 本에 '喪' 자가 없으나 『太平御覽』 권82 인용문에 근거하여 보충하였다. "舜崩, 禹服喪三年, 朝夕號泣, 形體枯槁, 面目黎黑."

12 徐天祜에 의하면, '愼'은 '鎮'이라고 해야 한다.

13 田 : 苗麓校點本, 『四部叢刊』 本에 "曰"이라고 하나 顧廣圻가 베낀 宋鈔本에 근거하여 張覺이 교열하였는데, 뜻이 순조롭다.

권7

勾踐入臣外傳[1] 구천이 오에 노복으로 가다

「구천입신외전勾踐入臣外傳」은 구천勾踐이 신하들과 이별하여 고향을 등지고 오나라에 가 노복이 되었다가 월나라로 돌아오는 일을 서술하였다.

구천 5년부터 시작하는 「구천입신외전」은 구천 원년에 합려闔閭를 부상시켜 죽음에 이르게 함으로써 오월상쟁吳越相爭 드라마가 시작된 취리檇李 전쟁(기원전 496년)이나 구천 3년, 오나라의 보복에 패한 부초夫椒 전쟁(기원전 494년)이 모두 생략되었다.

본 편은 구천이 노복이 되기 위해 오나라로 출국하는 비장하고도 처절한 장면에서 시작한다. 그리고는 마지막에 노복이 된 구천을 놓아줄 것인가를 놓고 백비와 오자서가 다투지만 결국 오왕 부차가 구천을 놓아주어 구천이 월나라로 돌아오는 감회 깊은 장면으로 끝맺는다. 오나라와 월나라, 부차와 구천의 흥망이 교차하는 역사의 발단을 극적으로 구성하였다. 이는 마치 「부차내전」이 부차 원년 이후 10년간의 역사를 생략한 채 부차가 제나라 토벌에 나서는 장면에서 시작하여 부천의 죽음과 오나라의 멸망으로 끝을 맺는 극적인 기법과 상통한다.

본 편은 『좌전左傳』, 『국어國語』, 『사기史記』에는 소략하거나 거의 서술되지 않은 내용이다. 그러나 본 편에서는 범려의 충성과 깊은 계략, 구천의 신중함과 굴종, 오자서의 담대한 충성과 정치적 안목, 태재 백비의 아첨과 우매함, 부차의 우유부단함과 어질지 못한 성품을 생동감 있게 묘사하여 이들의 개인적인 성품이 오나라와 월나라 흥망의 역사에 어떻게 관여하는지를 보여주고 있다.

7-1

구천勾踐[2] 5년(기원전 492년) 5월, 월왕 구천이 대부 문종文種[3]과 범려范蠡[4]와 함께 오왕의 노복이 되기 위해 가려 하였다.[5] 여러 신하가 모두 절강浙江[6]가에 와서 전송하였는데, 강변에 나와 행로신에게 제사지내고[7] 고릉固陵[8]에 군대의 진을 쳤다. 대부 문종이 앞으로 나가 축원하였다.

황천皇天이 도우사 앞에서는 침체했지만 뒤에서는 드날릴 것이네.
화는 덕의 뿌리가 되고 근심은 복의 터전이 되네.
사람을 위협하는 자는 망하고 복종하는 자는 창성하네.
왕께서 끌려가시지만 앞으로는 재앙이 없을 것이네.
임금과 신하가 생이별하니 하느님도 감동하네.
백성들 슬퍼하며 감탄하지 않는 자 없네.
신臣은 포를 올려 술 두 잔 따르겠나이다.

구천이 하늘을 우러르며 길게 한숨을 쉬고는 술잔을 들고 눈물을 흘리며 잠잠히 아무 말이 없었다. 대부 문종이 다시 앞으로 나가 축원하였다.

군왕의 수명은 끝이 없을 것이네.
천지의 영기靈氣를 받았으니 천신지기天神地祇가 도우네.
우리 왕 후덕하시니 복이 곁에 있네.
덕은 모든 재앙을 소멸시키고 이롭게 그 복을 받으시네.
저 오나라 궁궐로 떠나가지만 반드시 월나라로 돌아오실 것이네.

한 잔 술 올리고서 만세萬歲 부르겠나이다.

구천이 말하였다.

"나는 선왕께서 남긴 공덕을 이어 받아 변방에서 나라를 지켰으며 다행히 여러 대부가 내놓은 의견을 받아들여 선왕의 묘를 지켜왔다. 그러나 오늘 치욕을 당하여 천하의 웃음거리가 되었으니 이는 내 죄인가. 여러 대부의 책임인가. 나는 누구를 탓해야 할지 모르겠으니 여러분의 의견을 말하라."

먼저 대부 부동扶同[9]이 말하였다.

"무슨 말이 그리도 비루하십니까! 예전에 탕湯[10]이 하대夏臺[11]에 구금되었는데 이윤伊尹[12]이 그 옆을 떠나지 않았습니다. 문왕文王이 석실石室[13]에 갇혀 있었는데 태공太公[14]은 나라를 버리지 않았습니다. 흥하고 쇠하는 것은 하늘에 달려 있으며 존망은 사람에게 달렸습니다. 탕은 의식儀式을 고쳐 걸桀에게 아첨하였으며 문왕은 복종하여 주紂에게 총애를 받았습니다. 하夏와 은殷은 자신들의 세력을 믿고 두 성인에게 포학하게 하였지만 탕과 문왕 두 군주는 자신을 굽혀 천도天道를 얻었습니다. 그래서 탕왕은 궁벽했어도 스스로 근심하지 않았으며 주문왕周文王 역시 곤궁한 것을 치욕으로 여기지 않았습니다."

다시 구천이 물었다.

"예전에 요가 순과 우를 임용하니 천하가 다스려져 홍수의 해가 있었으나 사람들에게 재난이 되지 않았다. 변이變異[15]가 백성에게 미치지 않았는데 하물며 군주에게 미쳤겠는가."

이에 대부 고성苦成이 답하였다.

"군왕의 말씀은 사실과 같지 않습니다. 하늘에는 역수曆數[16]가 있으며 덕에는 두텁고 얇음이 있습니다. 황제黃帝는 양위하지 않았으나 요는 천자의 자리를 순에게 전했습니다. 삼왕三王[17]은 신하로서 그들의 군주를 시해하였으며, 오패五覇[18]는 그들의 아버지를 살해했습니다. 덕에는 넓고 좁음이 있으며 기氣에는 높고 낮음이 있습니다. 오늘날 세상은 사람들이 시장에 가서 하는 일과 같아서 물건을 놓고 사기를 치며 음모를 품고 적을 기다립니다. 불행하게 곤경에 빠졌다면 빠져나올 일에 힘쓰면 그만입니다. 대왕께서는 이런 것들을 살피지 않으시고 기쁨과 노여움을 품고 계십니다."

구천이 말하였다.

"다른 사람에게 일을 맡기는 자는 자기 몸을 욕되게 하지 않지만 고집불통으로 남의 의견을 듣지 않는 자는 자기 나라를 위태롭게 한다. 대부들은 모두 앞으로의 일들을 미리미리 생각해서 적을 무너뜨리고 적을 파괴할 계책을 세워야 하는데, 힘쓰지 않고 앉아서 태산泰山의 복을 불러들이려 하는구나. 지금 과인이 곤경에 처한 것이 이와 같은데도 그대들은, 탕과 문왕이 곤경에 빠졌다가 이후에는 패자覇者가 될 수 있었다는 말이나 하고 있으니, 무슨 말이 그리도 법도에 어긋나는가. 무릇 군자는 촌음은 다툴지라도 보석 따위는 버린다. 지금 과인은 전쟁의 우환을 면하기만을 바랐는데, 도리어 적의 손에 잡혀 자신은 노복이 되고 처도 노비가 되어 돌아오지 못하고 적국에서 객사하게 되었다. 만약 혼백에 지각이 있다면 선군께 부끄러울 것이요, 지각이 없다면 체골이 버려질 뿐이다. 어째서 대부들의 말은 이리도 과인의 심경에 맞지 않는가."

이에 대부 문종과 범려가 말하였다.

"옛사람이 말하기를, 곤궁한 지경에 처해보지 않으면 뜻이 원대할 수 없으며, 용모가 근심스럽지 않으면 생각이 심원하지 못하다고 합니다. 성왕과 현명한 군주는 모두 곤궁한 재난을 당해 벗어날 수 없는 수치를 입었지만, 몸은 구금되었어도 이름은 존귀하고 몸은 욕되었어도 명성은 영화로웠으며, 낮은 곳에 처했어도 그것을 열악하다 여기지 않았고 위태로운 지경에 처했어도 이를 긴박하게 여기지 않았습니다. 오제五帝[19]는 덕행이 두터워 곤궁한 재앙을 당할 걱정은 없었으나 오히려 홍수 범람의 우환이 있었습니다. 문왕은 여러 번[20] 포악한 굴욕을 당하여 여러 번 감옥에 구금되는 것을 피하지 못하였습니다. 눈물을 흘리고 억울함을 당하였으며 통곡하고 가서 노복이 되었으나 『역易』을 부연하여 64괘卦를 만드니 천도天道가 그를 도왔습니다.[21] 때가 기한을 넘기니 궁액이 극에 달하여서는 바뀌어 편안하게 되었습니다. 제후가 함께 와 왕의 생명을 구하니 길상吉祥의 징조로 붉은 갈기 말과 검은 여우가 나타났습니다.[22] 보필하는 신하는 처자妻子[23]처럼 따라와 감옥을 가르고 형틀을 부수었습니다. 이에 문왕은 나라로 돌아와 덕으로 다스려 끝내 그 원수를 토벌하였습니다. 천하를 빼앗아 다스리는 것이 손등을 뒤집는 것처럼 쉬웠으며 천하가 그를 종주宗主로 삼아 그의 공덕이 만대萬代에 이어졌습니다. 대왕께서 몸을 굴종하는 재액을 만나셨으니 신하들은 정성을 다해 모의합니다. 그러나 골을 자르는 칼은 깎는 데는 불리하며 철을 뚫는 창은 털을 가르기에는 불편하며(截骨之劍, 無削剟之利, 臽鐵之矛, 無分髮之便) 책략을 내는 사인士人은 갑자기 흥하게 하는 건의를 내지 않습니다. 지금 신이 천문天文을 따지고 지적地籍을 살펴보니 두 기가 함께 싹트나 존망은 각기 다릅니다. 그가 흥하면 내가 욕되고, 내가 패업을 이루면 그가 망합니다. 오와 월 두 나라가 천도를 다투나 지금으로는 그 추이를 알 수 없습니다. 군왕의 재앙은 천도의 수數 때문이니 어찌 반드시 스스로 탓하여 상심하겠습니까. 길吉함

그림 29 인문도관印紋陶罐
(서주 기원전 10~8세기)

그림 30 원시자종原始瓷鐘
(전국 기원전 5~3세기)

월나라는 원시자原始瓷가 가장 일찍 출현한 지역 가운데 하나이며, 월나라의 홍성과 함께 절정을 이루었다. 원시자에 새겨진 기하학적인 문양은 남방 월족 지역에서 보편적으로 공유하는 토착적인 문양이다. 『여씨춘추呂氏春秋』에 의하면, 월왕 구천은 동銅으로 예기禮器를 주조하는 것을 금지하여 귀족들이 원시자로 예악기를 주조하였다고 한다. 청동예기를 모방한 원시자는 월문화越文化의 특색을 보여준다.

은 흉凶함의 문이며, 복福은 화禍의 뿌리입니다(吉者, 凶之門, 福者, 禍之根). 지금 대왕께서 비록 위태롭고 곤궁한 가운데 계시나 그것이 창달의 조짐이 아닌지 누가 알겠습니까."

대부 계예計硯[24]가 말하였다.

"오늘 군왕께서는 회계會稽에 나라를 세우셨으나 오나라로 가야 하는 궁지에 처하셔서 말이 비탄하고 고통스러우며 여러 신하는 이 때문에 눈물을 흘립니다. 그렇기는 하나 뉘우치고 서러운 마음이 일어 감동스럽지 않음이 없습니다. 이러한데 군왕께서는 어찌 기만하는 말과 공허한 말로써 자신을 속이고 사람들을 속이십니까. 신은 진실로 받아들이지 못하겠습니다."

구천이 말하였다.

"과인은 이제 떠나 오나라로 가야 하니 국사를 대부들에게 맡기려 한다. 각자 의견을 말하면 내가 그에 따라 부탁하리라."

대부 고여皐如가 말하였다.

"신이 들으니, 대부 문종은 충직하고 모의를 잘하며 백성은 그의 지혜를 신임하고 사인士人들은 그에게 쓰이는 것을 즐거워합니다. 지금 나라를 문종 한 사람에게 맡긴다면 그의 통치로 나라를 반드시 지킬 수 있을 것입니다. 대왕께서는 어찌 마음 가는 대로 여러 신하에게 큰 명[25]을 내리시려 하십니까."

대부 예용曳庸[26]이 말하였다.

"대부 문종은 나라의 대들보이며 군주의 어금니와 같습니다. 준마는 짝을 이루어 달릴 수 없으며 해와 달은 함께 비출 수 없습니다(驥不可與匹馳, 日月不可並照). 군왕께서 문종에게 나라를 위임하시면 천만 가지의 법도와 준칙이 모두 잘 실행될 것입니다."

구천이 말하였다.

"나라라는 것은 선왕의 나라인데, 내가 세력이 약소하여 사직을 이어 지키고 종묘를 받들어 잇지 못하였다. 내가 듣기에, 아버지가 죽으면 자식이 뒤를 이으며, 군주가 망명하여 나가면 신하는 절친하게 단결한다고 하였다. 지금 사정이 대부들을 버려두고 오나라에 노복[27]이 되어 나라와 백성을 여러분에게 부탁하게 된 것은 내가 가야 할 길이기도 하지만 여러분의 근심이기도 하다. 군신은 공통의 법도가 있으며 부자는 기질이 같은 것은 천성의 자연이다. 어찌 군주가 국내에 있다고 충성을 다하며, 밖으로 나갔다고 미덥지 않은 일을 하겠는가. 어찌 여러 대부는 일을 논하는데 한편으로는 화합하면서 다른 한편으로는 의견

그림 31 소흥紹興 306호묘 기악동옥伎樂銅屋(춘추 말, 전국 초 기원전 5세기경, 절강浙江 소흥 출토)

1982년 절강 소흥 사자산獅子山에서 발굴된 기악동옥은 실내에 나체인 6명이 무릎을 꿇고 앉아 각기 북을 치거나 양손을 배에 모으고 노래를 부르고 있다. 양손으로 생笙을 들고 불고 금琴을 타는 모습이 생동감 있게 묘사되어 매우 독특한 월문화를 표현하였다.

이 나뉘어 내 마음을 정하지 못하게 하는가. 무릇 나라를 받들어 현명한 자를 임용하고 공을 쌓은 자를 헤아리는 것은 군주의 사명이다. 명령을 받들고 원칙에 따라 직분을 잃지 않는 것은 신하의 직무이다. 내가 여러 대부를 돌아보건대 각자의 능력껏 헌신하겠다고 말하고는 그것으로 그만이다. 오호라, 슬프구나!"

대부 계예가 말하였다.

"군왕께서 말씀하신 바가 진실로 이치에 맞습니다. 예전에 탕湯이 하夏나라에 들어가는데 나라를 문사文祀[28]에게 맡겼으며 서백西伯은 은殷나라로 가면서 두 노인[29]에게 맡겼습니다. 이제 여름이 되어 오나라로 가게 되었으나 마음은 다시 돌아오는 데 있습니다. 무릇 시장에 가는 처자는 아이들에게 똥 치우는 것을 가르치며, 망명하여 나가는 군주는 신하에게 나라를 지키고 막는 것을 경계시킵니다. 자녀들은 필요한 일을 묻고 신하들은 자신의 능력에 따라 계책을 냅니다. 이제 군왕께서 사인들의 생각을 알고자 하신다면, 각자 자신의 견해를 말하고 자신의 재능을 밝히게 하여 어찌해야 마땅한지 다 함께 의논하게 하십시오."

구천이 말하였다.

"대부의 말이 옳다. 나는 떠나기 전에 여러 대부의 의견을 듣고자 한다."[30]

대부 문종이 말하였다.

"안으로는 국경의 수戍자리를 정비하고 밖으로는 농사와 전쟁의 대비를 갖추며, 변방에는 버려진 땅이 없게 하고 백성이 군주를 친하게 따르도록 하는 것이 신의 일입니다."

대부 범려가 말하였다.

"위난危難에 처한 군주를 보필하고 망해가는 나라를 존립시키며, 굴욕을 당하는 재난을 수치스럽게 여기지 않고 모욕을 겪는 처지를 편안히 지키며, 오나라에 가서는 반드시 돌아올 계책을 세우고 군주와 함께 복수하는 것이 신의 일입니다."

대부 고성이 말하였다.

"군주의 명령을 반포하고 군주의 덕행을 밝히며, 군주가 곤궁할 때 함께 재난을 겪고 군주가 진출할 때 함께 패업을 이루며, 번잡한 일을 총괄하고 분란을 다스리며, 백성으로 하여금 자신의 직분을 알게 하는 것이 신의 일입니다."

대부 예용이 말하였다.

"명령을 받들어 사신으로 나가 제후와 화친을 맺으며, 군주의 명령과 뜻을 전달하고 사신으로 오가는 자들에게 폐백을 주며 우환을 풀어 군주가 다시는 우려하지 않게 하고, 외국에 나가서는 명령을 잊지 않으며 들어와서는 죄를 짓지 않는 것이 신의 일입니다."

대부 호皓가 나아가 말하였다.

"한마음으로 뜻을 같이하여 위로는 군주와 일치하고 아래로는 법령을 어기지 않아 행동은 모두 군주의 명령을 따르며, 덕을 닦고 의를 실천하며, 신의를 지키고 옛것을 익히며, 잘못된 일에 맞서 의심나는 것을 결단하고 군주가 잘못하면 신하로서 간하며, 마음을 정직하게 하여 굽히지 않고 잘못을 들춰내 공평하게 다스리며, 친척을 편들지 않고 외인外人을 사사로이 하지 않으며, 온몸을 군주에게 바쳐 처음부터 끝까지 한결같은 것이 신의 일입니다."

대부 제계영諸稽郢이 말하였다.

"적을 바라보고 포진하여 화살을 날리고 창칼을 휘두르며, 배를 밟고 시체를 건너 적의 피가 흘러 강을 이루며, 나아가는 것을 탐하여 물러서지 않고 두 군대가 서로 맞붙으며, 적국을 파괴하고 적군을 공격하여 위세가 백방을 떨게 하는 것이 신의 일입니다."

대부 고여가 말하였다.

"덕을 닦고 은혜를 베풀어 백성을 위로하며, 친히 수고로운데 임하여 몸소 일을 하며, 죽은 이를 조문하고 병든 이를 돌보아 백성의 생명을 구해주며, 묵은 쌀은 곳집에 쌓고 햅쌀은 창고에 쌓아 두어 두 가지 반찬을 먹지 않으며, 나라는 부강하고 백성은 충실하여 군주를 위해 인재를 기르는 것이 신의 일입니다."

대부 계예가 말하였다.

"하늘을 살피고 땅을 관찰하며, 역법曆法으로 음양을 추산하며, 변이와 재앙의 기운을 관찰하고 흉험과 길상을 분별하며, 해와 달이 다른 색을 머금었는지 아니면 오성五星[31]이 정상의 궤도를 잃지 않았는지를 살피며, 복기福氣가 나타나면 길함을 알고 괴이怪異가 출현하면 흉함을 아는 것이 신의 일입니다."

구천이 말하였다.

"나는 비록 북쪽 오나라에 들어가 오왕의 곤궁한 노복이 되나 여러 대부가 덕을 쌓고 갖가지 계책을 가지고 각기 한 가지 직분을 지켜 사직을 보존하니 내가 무엇을 걱정하겠는가."

그러고는 절강가에서 이별하니 신하들이 눈물을 흘리며 애처롭게 바라봤다. 구천은 하늘을 바라보며 탄식하였다.

"죽는 것은 사람이 두려워하는 바이다. 그러나 내가 죽는다는 말을 듣는다 해도 아마도 내 마음 가운데는 두려움이 없으리라."

그러고는 배에 올라 곧장 떠나서는 끝내 돌아보지 않았다.[32]

7-2

구천 부인이 배에 의지하여 소리 내어 울다 돌아보는데 까막까치가 강 가운데 모래섬의 두꺼비를 쪼고는 날아갔다 다시 돌아왔다. 정경을 보고 슬피 울며 노래하였다.

나는 솔개 바라보니 하늘 높이 훨훨 날다가,

물가에 내려앉아 한가로이 노닐다가 두꺼비를 찍어 먹고는 날개 치고 구름 사이로 날아가네.

저 솔개는 마음대로 갔다왔다 하지만,

나는 죄도 없고 땅을 저버리지도 않았거늘 내 무슨 죄 있어 하늘에 꾸중 받았나.

빠른 걸음으로 홀로 서쪽으로 가니 돌아올 날 언제인지 누가 알리오.

그림 32 소흥 306호묘 청동삽좌靑銅揷座(춘추 말, 전국 초 기원전 5세기경, 절강 소흥 출토)
소흥 306호묘에서 발굴된 청동삽좌는 북을 매다는 좌대座臺인 듯하다. 삽좌를 받치고 꿇어앉은 인물상 전신에 새겨진 운뢰문雲雷紋은 문헌상으로 전해지던 강남 지역의 문신紋身 습속을 형상화하였다.

근심스러운 마음 칼로 에는 듯하니 두 눈에서 눈물만 주르르 흐르네.

그리고 또 슬피 노래하였다.

저 나는 솔개와 까마귀는 비상飛翔한 뒤 다시 내려앉네.
마음은 오로지 흰 새우에 있는데 어찌하여 강호에 거居하며 먹는가.
날개를 펴고 왕래하며 비상하다가 갔다 되돌아오며 까악 하느냐.
과거에 친정 떠나 군주를 섬겼으니 내 운명 군주의 도성에서 끝나리라.
끝까지 총애를 받은 것 얼마나 행복인가 내 나라 떠나 오나라로 가네.
나는 베옷 입고 종이 되고 남편은 면류관 벗고 노복이 되었네.
유유한 세월 끝이 없는데 원한과 비통으로 마음 슬퍼지네.
천만 번 얽힌 근심 가슴속에 담겨서 아, 너무 슬퍼서 먹기도 잊네.
아, 내 몸도 저 새처럼 날개 치며 훨훨 날고 싶네.
내 나라를 떠나가니 마음 흔들리는데 억울하고 원통한 마음 누가 알리.

구천이 부인의 원한 맺힌 노래를 듣고는 비통함을 느끼며 말하였다.

"내가 무엇을 걱정하겠는가. 내게는 여섯 보좌[33]가 갖추어져 있도다."

7-3

구천은 오나라에 들어가 오왕 부차에게 머리 숙여 두 번 절하고 스스로 신하라 칭하였다.

"동해의 천한 신하 구천은 위로는 황천皇天에 수치스럽고 아래로는 후토后土[34]에 부끄럽습니다. 세력을 헤아리지 못하고 대왕의 군대를 더럽혀 변경에서 죄를 지었습니다. 대왕께서는 이러한 깊은 허물을 용서하시고 저에게 노역을 판결하시어 쓰레받기와 빗자루를 잡게 해주십시오. 진실로 두터운 은혜를 입어 잠시나마 생명을 보존할 수 있다면 우러러 감사하고 엎드려 부끄러움을 이길 수 없겠습니다. 신 구천은 머리를 조아려 땅에 대고 절합니다."

"과인이 그대를 잘못 대하였다. 그대는 우리 선군의 원수임을 생각하지 못했는가."

"신이 죽어야 한다면 죽어도 좋습니다. 오직 대왕께서 용서하시기를 바랄 뿐입니다."

오자서가 옆에 있다가 눈은 불똥이 튀는 듯하고 소리는 격렬한 천둥이 치듯 곧장 나아가 말하였다.

"나는 새가 푸른 구름 위에 있을 때에는 어찌 작은 주살을 가지고 맞추기를 바라겠습니까. 하물며 가까이 화지華池에서 서식하며 뜰과 처마에 모일 때에는 어떻게 하시렵니까. 오늘 월왕은 남쪽 산 가운데서

그림 33 석실石室

영암산靈巖山 기슭에 있는 석실은 부차가 구천과 범려를 감금했던 곳이라고 전해진다. 오늘날은 관음상觀音像이 모셔진 관음동觀音洞으로 불린다.

멋대로 지내며 감시할 수 없는 땅에서 노닐다가 다행히 우리의 영토로 건너와 우리 울타리로 들어왔습니다. 이는 주방장이 일을 해내 음식을 만들어 먹을 때이니 어찌 놓칠 수 있겠습니까."

오왕이 말하였다.

"내가 듣기에, 항복한 자를 죽이면 재앙이 삼대에 미친다고 하였다. 내가 월왕을 사랑하여 죽이지 않는 것이 아니라 황천의 책망이 두려워 그를 교화시켜 사면하려는 것이다."

태재 백비가 간하였다.

"오자서는 일시적인 계략에는 밝으나 나라를 안정시키는 책략에는 정통하지 못합니다. 대왕께서는 마음먹은 대로 시행하시고, 소인들의 혼란한 말에 구애받지 마십시오."

오왕은 끝내 구천을 죽이지 않고, 마차를 몰고 말을 기르도록 명령하여 석실石室[35]에 몰래 숨겼다.

석 달 후 오왕은 구천을 불러 만났다. 구천이 앞에 엎드리고 범려가 뒤에 서니 오왕이 범려에게 말하였다.

"과인이 듣기에, 정숙한 부인은 망한 집에 시집가지 않으며 어질고 현명한 자는 망한 나라에서 관리하지 않는다고 한다. 지금 월왕이 무도하여 나라는 이미 망할 지경이며 사직은 무너졌다. 그가 죽은 후에는 대가 단절될 것이니 천하의 웃음거리가 되었다. 그뿐 아니라 그대와 주인이 함께 노복이 되어 오나라에 귀의하였으니 어찌 비루하지 않은가. 내가 그대의 죄를 용서해주려 하니 그대는 마음을 고쳐 스스로 새롭게 하여 월나라를 버리고 오나라에 귀의할 수 있겠는가."

"신이 들으니, 망한 나라의 신하는 감히 정치를 말하지 않으며, 패한 군대의 장수는 감히 용기를 말하지 않는다고 합니다. 신은 월나라에서 충성스럽지도 못하고 신의도 없었습니다. 월왕이 대왕의 명령을 받들지 않고 군대를 가지고 대왕과 서로 대항하게 하였다가 죄를 얻기에 이르러 군주와 신하가 함께 항복하였습니다. 대왕의 큰 은혜를 입어 군신이 모두 보존할 수 있게 되었습니다. 원하옵건대 대왕께서 들어오실 때 미리 청소해놓고 나가실 때는 말을 몰아 뛰는 것이 신의 소원입니다."

이때 구천이 땅에 엎드려 눈물을 흘리며 스스로 이르기를 끝내 범려를 잃었다고 생각하였다. 오왕은 범려를 신하로 삼을 수 없음을 알고 말하였다.

"네가 뜻을 바꾸지 않으니 내 다시 너를 석실 안에 가두겠다."

"신은 명령에 따르기를 청하나이다."

오왕이 일어나 궁실 안으로 들어갔다. 구천과 범려는 종종걸음으로 빨리 걸어 석실로 들어갔다.

구천은 쇠코옷犢鼻[36]을 입고 머리에는 띠를 둘렀다. 부인은 가장자리를 박지 않은 치마를 입고 옷깃이 왼쪽으로 뚫린 저고리를 입었다. 남편은 풀을 잘게 썰어 말을 먹이고 아내는 먹을 물을 대고 말똥을 치우고 청소하였다. 이같이 삼 년째 살면서 노함을 품지 않고 원망하는 기색이 없었다. 오왕이 멀리 떨어진 대臺에 올라 바라보니 구천과 부인, 범려가 말똥 옆에 앉았는데 군신의 예가 있었으며 부부의 예의를 갖추고 있었다. 오왕이 태재 백비를 돌아보며 말하였다.

"저 월왕이란 자는 절개 있는 인물이며 범려는 지조 있는 사인이다. 비록 곤궁한 처지에 있다 해도 군신의 예를 잃지 않았다. 과인은 이들을 가련히 여긴다."

"대왕께서는 성인의 마음으로 저 곤궁하고 외로운 사람을 애처롭게 여기시기 바랍니다."

"그대의 말을 들어 저들을 사면하겠다."

석 달 후 길일을 택해 사면하고자 태재 백비를 불러 의논하였다.

"월나라는 오나라와 같은 땅에 국경이 서로 이웃하여 있다. 월왕 구천은 어리석고 교활하며 또 친히 나를 해치려 하였다. 과인은 하늘의 신령과 선왕이 내린 은덕을 받아 월나라 도적을 토벌하여 석실에 가두었다. 과인은 저들의 곤궁함을 마음에 차마 볼 수 없어 풀어주려는데 그대가 보기에는 어떤가."

"신이 듣기에, 보답받지 않는 덕은 없다고 합니다. 대왕께서 인자한 은혜를 월왕에게 내리시니 월왕이 어찌 감히 보답하지 않겠습니까. 대왕께서는 뜻대로 하시기 바랍니다."

구천이 이 말을 듣고 범려를 불러 말하였다.

"내가 밖에서 이 일을 들으니 마음이 은밀히 기쁘기는 하나 또한 끝내 이루어지지 않을까 두렵다."

"대왕께서는 마음을 안정시키십시오. 이 일에는 아직 의심스런 점이 있으니 『옥문玉門』[37] 제1장에 해당하기 때문입니다. 왕께서 소식을 들은 것은 올해 12월 무인일戊寅日[38]이며 시진時辰은 해가 떠오르는 때인 묘시卯時[39]입니다. 무戊는 갇히는 날이며, 인寅은 태음太陰이 지난 후의 지지地支입니다.[40] 합일合日은 경진庚辰인데 이는 태음이 지난 이후의 합일입니다.[41] 왕께서는 무인일에 좋은 소식을 들었는데, 이날은 무戊의 죄과 때문에 천간天干을 처벌하지는 않음을 알 수 있습니다.[42] 다만 시진이 묘시에 해당하여 무를 해치고, 공조功曹[43]는 등사螣蛇이면서 또한 무에 바싹 다가가니, 이와 같으면 이로운 일을 모의하는 것은 태세太歲[44]에서 결정됩니다. 지금 태세가 이미 오午를 지나[45] 유酉에 임하였으니 이는 사기死氣이며 인寅을 이깁니다.[46] 이렇게 볼 때 시진이 무인戊寅의 천간을 이길 뿐 아니라[47] 또 태세의 운행 또한 이를 돕습니다. 따라서 왕께서 갈구하시는 일은 천간과 지지로 볼 때 모두 근심할 만한 일입니다. 이 어찌 하늘의 그물이 사방으로 펼쳐져 만물이 모두 상하는 시각이 아니겠습니까. 왕께서는 무엇을 기뻐하십니까."

과연 오자서가 오왕에게 간하였다.

"옛날에 걸이 탕을 가두고 죽이지 않았고 주紂가 문왕을 가두고 죽이지 않았는데 천도가 돌아 반대로 가니 화가 돌아 복이 되었습니다. 따라서 하나라는 탕에 의해 주멸되고 은나라는 주周에 의해 멸망하였습니다. 지금 대왕께서는 이미 월왕을 가두었는데 죽이지 않으니 저는 대왕께서 미혹함이 심하다고 여깁니다. 하나라와 은나라의 우환이 없을 수 있겠습니까."

이에 오왕은 구천을 부르고는 한참이 지나도록 접견하지 않았다. 대부 문종과 범려가 걱정스러워 점을 쳤더니, 오왕이 구금한다고 나왔다.

조금 있다가 태재 백비가 나와 대부 문종과 범려를 보고는 구천이 다시 석실에 갇히게 될 거라고 말하였다.

오자서가 다시 오왕에게 간언하였다.

"신이 들으니, 왕천하王天下하는 자는 적국을 공격하여 이기면 주멸시킨다고 합니다. 이렇게 하기 때문에 후에 보복의 우려가 없으며 끝내 자손의 우환도 면합니다. 지금 월왕이 이미 석실에 들어왔으니 마땅히 미리 죄를 다스려야 합니다. 그렇지 않으면 반드시 오나라의 우환이 될 것입니다."

태재 백비가 말하였다.

"과거에 제환공齊桓公(기원전 685~643년)[48]은 연공燕公[49]이 그를 전송하면서 이르렀던 지역을 갈라서 연공에게 주어 제나라 군주는 좋은 명성을 얻었습니다.[50] 송양공宋襄公(기원전 650~637년)은 초군이 강을 건너기를 기다렸다가 전쟁하여[51] 『춘추春秋』[52]는 그의 의로움을 찬양하였습니다. 제환공은 공을 세우고 명성이 칭송되었으며 송양공은 전쟁에는 패했으나 덕이 전해졌습니다. 이제 대왕께서 진실로 월왕을 풀어주시면 공덕은 오패五覇 위에 있을 것이며 명성은 이전의 모든 이들보다 높을 것입니다."

오왕이 말하였다.

"내 병이 낫기를 기다렸다 태재 백비를 위해 풀어주리라."

한 달 후 구천은 석실을 나와 범려를 불러 말하였다.

"오왕이 병난 지 석 달이 지났는데도 낫지 않는다. 내가 들으니, 신하된 도리는 주인이 병나면 신하는 걱정하는 것이다. 또 오왕은 나를 매우 은혜로이 대우한다. 병이 낫지 않을까 걱정이다. 공이 이를 점쳐보면 어떻겠는가."

"오늘 일진의 음양은 상하가 의좋고 친하게 지내며 서로 침범하지 않습니다. 점복의 법서法書에 의하면, 하늘이 돕는데 무슨 걱정이겠는가 라고 합니다. 오왕은 죽지 않을 것이 분명합니다. 기사일己巳日[53]에 병세가 나을 것입니다. 왕께서는 유념하시기 바랍니다."

"내가 궁지에 빠져서도 죽지 않은 것은 공의 책략 덕이다. 그런데 지금 그대는 반만 말하고 미루어 책략을 내지 않으니, 이것이 어찌 내가 바라는 바이겠는가. 가可한지 불가不可한지 오직 공이 묘책을 생각해 보기 바라오."

"신이 은밀히 오왕을 보니 진실로 사람답지 못합니다. 자주 성탕成湯의 의를 말하면서도 행하지는 않습니다. 원하건대 대왕께서는 문병을 청하셔서 오왕을 만나야 합니다. 그의 변을 구하여 맛을 보고 안색을 관찰하고는 절을 하며 축하하셔야 합니다. 그가 죽지 않을 것이라고 말하고 병이 낫게 되는 날을 기약하십시오. 이미 말에 신뢰가 있게 된 후에는 대왕께서 무슨 걱정이 있겠습니까."

구천은 다음 날 태재 백비에게 말하였다.

"죄수 노복이 오왕을 한 번 뵙고 문병하고자 합니다."

태재 백비가 곧 들어가 오왕에게 보고하였다. 오왕이 구천을 불러 만나러 가는데, 마침 오왕의 대소변을 태재 백비가 들고 나오는 것을 방문에서 만났다. 구천은 그 틈을 타 절을 하며, 대왕의 대소변을 맛보아 대왕 병세의 길흉을 판단하겠다고 청하였다. 곧 손으로 소변과 대변을 찍어 맛보고는 곧바로 들어가 말하였다.

"미천한 죄수 노복 구천은 대왕께 축하합니다. 왕께서는 기사일이 되면 병이 호전되어 3월 임신일壬申日[54]에 병이 나을 것입니다."[55]

"어떻게 그것을 아는가."

"미천한 신하는 일찍이 변을 잘 식별하는 것으로 소문난 사람에게 배운 적이 있는데, 변은 곡식 맛을 그대로 따르는 법입니다. 따라서 변이 계절의 기운을 거스르는 자는 죽게 되며 계절의 기운에 합하는 자는 살게 됩니다. 지금 신이 대왕의 변을 가만히 맛보니 그 변의 맛이 쓰고 맵고 십니다.[56] 이 맛은 봄과 여름의 기운에 따른 것이니 신은 이것으로 알 수 있습니다."

오왕이 크게 기뻐하며 말하였다.

"어진 사람이로다."

이에 구천을 석실에서 풀어주었으나 궁실에 가서 여전히 말 기르는 일을 맡았다. 구천은 변을 맛본 후부터 입에서 냄새나는 병이 생겼다. 범려는 좌우 모두에게 잠초岑草[57]를 먹게 하여 구천의 그 냄새를 다스렸다.

7-4

그 후 오왕은 구천이 기약한 날에 병이 나아 마음속으로 그가 충성스럽다고 생각하여, 정사에 임하게 된 후에 문대文臺에서 크게 향연을 베풀었다. 오왕이 명령을 내렸다.

"오늘 월왕을 위해 북면北面하는 자리를 만들었으니 여러 신하는 객례로 월왕을 모시라."

오자서는 종종걸음으로 나가 숙소로 돌아가버리고 그 자리에 참석하지 않았다. 술자리가 무르익자 태재 백비가 말하였다.

"참 이상합니다! 오늘 참석한 사람은 각자 한마디씩 말하였습니다.

어질지 않은 자는 도망하고 어진 자만 남았습니다. 신이 들으니, 같은 소리는 서로 화합하고 같은 마음은 서로 찾는다고 합니다. 저 상국相國은 강하고 용맹한 사람인데, 짐작하건대 지극히 인자한 사람이 여기 있기 때문에 속으로 수치스러워 배석하지 않은 것입니다. 아마 그렇지 않겠습니까."

"그렇다."

범려와 구천이 함께 일어나 오왕을 위해 축수祝壽하였다.

"하신下臣 구천과 시종 소신小臣 범려는 술잔을 올려 대왕의 천세千歲의 수壽를 축원합니다."

황제皇帝께서 위에서 명령하시니 사계절 내려 비추네.
마음이 찬찬히 살피고 자애로우시니 인자하신 분은 대왕이실세.
몸소 큰 은혜 내리시어 도의를 세우시고 인정仁政을 행하시네.
아홉 가지 덕[58] 사방에 차서 위세가 신하들을 복종시켰네.
아, 아름답도다! 이 덕 끝없이 전하네.
위로 태양을 감동시켜 풍성한 상서 내렸네.
대왕께서는 만세토록 장수하시어 영원히 오나라 보존하리라.
사해四海가 모두 받들고 제후들은 모두 신하되어 복속하리라.
한 잔 술 올리오니 영원히 만복 누리소서.

이에 오왕이 크게 기뻐하였다. 다음 날 오자서가 들어가 간언하였다.

"어제 대왕께서는 무엇을 보셨습니까. 신이 듣기에, 안으로는 호랑이와 이리의 마음을 품고 밖으로는 아름다운 말을 하였습니다. 단지 겉으로 드러나는 감정을 꾸며 자신의 목숨을 보존하려는 데 불과합니다. 승냥이는 청렴하다고 할 수 없으며 이리는 가까이할 수 없습니다. 지금 대왕께서는 일시적인 말만 좋아하시고 만세의 환난은 걱정하지 않으십니다. 충직한 건의는 버리고 아첨하는 자의 화려한 말을 받아들이십니다. 피를 뿌린 원수를 멸망시키지 않고 한을 품은 원망을 제거하지 않는 것은, 이는 마치 화로 숯불 위에 털을 놓고 타지 않기를 바라고, 계란을 천 균 아래에 던지고는 깨지지 않기만을 바라는 것과 같습니다. 어찌 위태하지 않겠습니까! 신이 들으니, 걸桀은 높은 데 올라가서야 자신이 위태하다고 깨달았으나 스스로 안전할 수 있는 길은 알지 못했습니다. 희게 번득이는 칼날 앞에 서서야 자신이 죽을 것을 깨달았으나 스스로 보존할 수 있는 길은 알지 못했습니다. 미혹한 사람도 돌아올 줄 알면, 길을 잃었어도 길은 그리 멀지 않다(惑者知返, 迷道不遠)고 했습니다. 대왕께서는 살피시기 바랍니다."

"과인이 석 달 동안이나 병이 났지만 상국이 이에 관해 한마디 하는 것을 들은 적이 없다. 이는 상국이 자애롭지 못한 것이다. 또 내가 좋아하는 음식을 올리지 않아 마음에 나를 걱정하지도 않으니 상국이 어질지 않다는 뜻이다. 신하가 되어 어질지도 자애롭지도 않다면 어찌 그가 충성스럽고 신의 있는 자임을 알 수 있겠는가. 월왕은 마음이 혼란스럽기는 하지만 자기 나라의 변경 지키는 일을 버리고 몸소 그의 신하와 백성을 이끌고 과인에게 귀부하였으니 이는 그가 의롭다는 것이다. 그는 스스로 노복이 되고 그의 처는 몸소 종이 되었는데도 과인에게 화를 품지 않았다. 과인이 병나자 자신이 직접 과인의 변을 맛보았으니 이는 그가 나를 사랑한다는 뜻이다. 또 그는 자신의 창고를 비우고 보물과 재물을 모두 다 내어, 옛일을 생각하지 않으니 이는 그가 충성스럽고 미덥다는 것이다. 이 세 가지 덕을 가지고서 과인을 봉양하였다.

과인이 일찍이 상국의 말을 듣고 죽였더라면 이는 과인이 지혜롭지 않을 뿐 아니라 단지 상국의 사사로운 뜻만 기쁘게 했을 터이다. 어찌 황천을 저버리는 게 아니겠는가."

"대왕께서는 어째서 거꾸로 말씀하십니까. 저 호랑이가 자세를 낮추는 것은 장차 공격하려는 것이며, 이리가 몸을 낮추는 것은 사냥감을 채려는 것입니다(虎之卑勢, 將以有擊也. 狸之卑身, 將求所取也). 꿩은 현혹되어 옮겨 가다 그물에 잡히며, 고기는 한때의 희열 때문에 미끼에 죽습니다. 비록 대왕께서 처음 정사에 임하실 때『옥문玉門』제9장을 어겼으나 삼가고 조심한 일이 실패한 것이므로 책망할 필요가 없었습니다. 올해 3월 갑술일甲戌日[59]은 시진이 닭이 우는 때인 인시寅時입니다. 갑술은 태음이 이미 지나간 불길한 합일이며[60] 대왕을 오히려 견제합니다. 금년 태세는 기유己酉에 있으니 천간은 토土에 해당하며 지지는 금金에 해당하니[61] 이렇게 볼 때 이 갑술일은 태세의 천간을 해칩니다.[62] 따라서 아버지에게는 장차 순종하지 않는 자식이 있을 것이며 군주에게는 지조를 어기는 신하가 있을 것임을 알 수 있습니다. 대왕께서는 월왕이 오나라에 귀의한 것으로 의롭다 여기시고, 대소변을 맛보는 것으로 자비롭다 여기시고, 창고를 비운 것으로 어질다 여기십니다. 바로 그렇기 때문에 다른 사람을 사랑하지 않는 사람임을 알 수 있으며 그와는 가까이할 수 없습니다. 겉으로 내뱉는 말만 듣고 외모만 보고는 월왕의 목숨을 유지시키셨습니다. 지금 월왕이 오나라에 들어와 노복이 된 것은 그 모의가 심오합니다. 창고를 비우고도 한스러운 기색을 나타내지 않으니 이는 대왕을 속이는 것입니다. 밑에서 왕의 소변을 마시는 것은 위로 왕의 심장을 먹는 것입니다. 밑에서 왕의 대변을 맛보는 것은 위로 왕의 간을 먹는 것입니다. 월왕이 이처럼 대왕을 숭

배함이, 그 뜻이 너무도 크지 않습니까! 대왕께서는 반드시 그에게 사로잡히실 것입니다. 대왕께서는 유념해서 살피시기 바랍니다. 신은 감히 도망해 죽어 선왕을 저버릴 수 없습니다. 하루아침에 사직이 폐허가 되고 종묘가 가시밭이 되면 후회한들 어찌할 수 있겠습니까!"

"상국은 그만두고 다시는 말하지 말라. 과인은 차마 더는 듣지 못하겠다."

오왕은 구천을 석방하여 귀국하게 하여 사문陀門 밖에서 전송하는데 신하들이 행로신에게 제사지냈다. 오왕이 말하였다.

"과인이 그대를 사면하여 조국으로 돌아가게 하니 반드시 처음과 끝을 생각하여 근면하라."

구천은 머리를 땅에 조아리고 말하였다.

"오늘 대왕께서 신의 고독하고 곤궁함을 애처롭게 여기시어 생명을 보전하여 귀국할 수 있게 하시니 대부 문종과 범려의 무리와 함께 각하閣下[63]를 위해 죽기 원합니다. 상천이 창창蒼蒼한데 신은 감히 은혜를 저버릴 수 없습니다."

"아! 내가 들으니, 군자는 한 번 말하면 두 번 다시 하지 않는다고 한다. 이제 떠나니 그대는 나라를 다스리는 데 힘쓰시오."

구천이 두 번 절하고 무릎을 꿇어 땅에 엎드리자 오왕이 구천을 잡아끌어 수레에 오르게 하니 범려가 수레를 몰고 떠났다.

삼강三江 어귀의 나룻가에 이르러 구천이 하늘을 올려 보고 탄식하며 눈물을 흘려 옷깃을 적셨다.

"아! 내가 고난 가운데 있을 때 다시 살아 이 진津을 건널 줄 누가 생각했겠는가."

구천이 범려에게 일렀다.

"오늘은 3월 갑진일甲辰日[64]에 시진은 해가 기우는 미시未時이다. 내가 상천의 뜻을 받들어 고향으로 돌아가도 후환이 없겠는가."

"대왕께서는 의심하실 것 없습니다. 곧장 앞을 보고 길을 가십시오. 월나라는 복이 있을 것이고 오나라는 우환이 있어 마땅합니다."

절강가에 이르러 멀리 대월大越을 바라보니, 산천이 새삼 수려하고 천지가 다시금 맑았다. 구천이 부인에게 감탄스러워 말하였다.

"내가 이미 절망하여 백성과 작별하였다. 어찌 다시 돌아와 새삼 조국에 귀향하리라 생각했겠는가."

말을 마치고 얼굴을 가렸는데 얼굴에 눈물이 가득하였다.[65] 이때 만백성이 모두 환영하고 신하들이 모두 축하하였다.

原文

7-1

越王勾踐五年五月, 將[1]與大夫種, 范蠡入臣於吳. 群臣皆送至浙江之上, 臨水祖道, 軍陣固陵. 大夫文種前爲祝, 其詞曰

皇天祐助, 前沉後揚.

禍爲德根, 憂爲福堂.

威人者滅, 服從者昌.

王雖牽致, 其後無殃.

君臣生離, 感動上皇.

眾夫哀悲, 莫不感傷.

臣請薦脯, 行酒二觴.

越王仰天太息, 舉杯垂涕, 默無所言. 種復前祝曰

大王德壽, 無疆無極.

乾坤受靈, 神祇輔翼.

我王厚之, 祉祐在側.

德銷百殃, 利受其福.

去彼吳庭, 來歸越國.

觴酒既升, 請稱萬歲.

越王曰 "孤承前王餘德, 守國於邊, 幸蒙諸大夫之謀, 遂保前王丘墓. 今遭辱恥爲天下笑, 將孤之罪耶. 諸大夫之責也. 吾不知其咎, 願二三子論其意."

大夫扶同曰 "何言之鄙也. 昔湯繫於夏臺, 伊尹不離其側. 文王囚於石室, 太公不棄其國. 興衰在天, 存亡繫於人. 湯改儀而媚於桀, 文王服從而幸於紂.

夏殷恃力而虐二聖, 兩君屈己以得天道. 故湯王不以窮自傷, 周文不以困.病."

越王曰"昔堯任舜, 禹而天下治, 雖有洪水之害, 不爲人災. 變異不及於民, 豈況於人君乎."

大夫苦成曰"不如君王之言. 天有曆數, 德有薄厚. 黃帝不讓, 堯傳天子. 三王臣弑其君, 五霸子弑其父. 德有廣狹, 氣有高下. 今之世猶人之市, 置貨以設詐, 抱謀以待敵. 不幸陷厄, 求伸而已. 大王不覽於斯而懷喜怒."

越王曰"任人者不辱身, 自用者危其國. 大夫皆前圖未然之端, 傾敵破讎, 坐招泰山之福. 今寡人守窮若斯, 而云湯, 文困厄後必霸, 何言之違禮儀. 夫君子爭寸陰而棄珠玉, 今寡人冀得免於軍旅之憂, 而復反係獲[2]敵人之手, 身爲傭隸, 妻爲僕妾, 往而不返, 客死敵國. 若魂魄有[3], 愧於前君. 其無知, 體骨棄捐. 何大夫之言不合於寡人之意."

於是大夫種, 范蠡曰"聞古人曰 居不幽, 志不廣, 形不愁, 思不遠. 聖王賢主皆遇困厄之難, 蒙不赦之恥, 身拘而名尊, 軀辱而聲榮, 處卑而不以爲惡, 居危而不以爲薄. 五帝德厚而[4]窮厄之恨, 然尚有泛濫之憂[5]. 三[6]守暴困之辱, 不離三獄之囚. 泣涕而受冤, 行哭而爲隸, 演《易》作卦, 天道祐之. 時過於期, 否終則泰. 諸侯並救王命, 見符朱鬣, 玄狐. 輔臣結髮, 拆獄破械, 反國修德, 遂討其讎. 擢假海內, 若覆手背, 天下宗之, 功垂萬世. 大王屈厄, 臣誠盡謀. 夫截骨之劍, 無削劙之利, 臽鐵之矛, 無分髮之便, 建策之士, 無暴興之說. 今臣遂天文, 案墜[7]籍, 二氣共萌, 存亡異處. 彼興則我辱, 我霸則彼亡. 二國爭道, 未知所就. 大[8]王之危, 天道之數, 何必自傷哉. 夫吉者, 凶之門, 福者, 禍之根. 今大王雖在危困之際, 孰知其非暢達之兆哉."

大夫計硯曰"今君王國於會稽, 窮於入吳, 言悲辭苦, 群臣泣之. 雖則恨悷之心, 莫不感動, 而君王何爲謾辭譁說, 用而相欺. 臣誠不取."

越王曰“寡人將去入吳, 以國累諸[9]大夫, 願各自述, 吾將屬焉.”

大夫皋如曰“臣聞大夫種忠而善慮, 民親其知, 士樂爲用. 今委國一人, 其道必守. 何順心佛命群臣.”

大夫曳庸曰“大夫文種者, 國之梁棟, 君之爪牙. 夫驥不可與匹馳, 日月不可並照. 君王委國於種, 則萬綱千紀無不舉者.”

越王曰“夫國者, 前王之國. 孤力弱勢劣, 不能遵守社稷, 奉承宗廟. 吾聞父死子代, 君亡臣親. 今事棄諸大夫, 客官於吳, 委國歸民以付二三子, 吾之由也, 亦子之憂也. 君臣同道, 父子共氣, 天性自然. 豈得以在者盡忠, 亡者爲不信乎. 何諸大夫論事一合一離, 令孤懷心不定也. 夫推國任賢, 度功績成者, 君之命也. 奉教順理, 不失分者, 臣之職也. 吾顧諸大夫以其所能, 而云委質而已. 於乎! 悲哉!”

計硯曰“君王所陳者, 固其理也. 昔湯入夏, 付國於文祀. 西伯之殷, 委國於二老. 今懷夏將滯[10], 志在於還. 夫適市之妻, 教嗣糞除, 出亡之君, 敕臣守禦. 子問以事, 臣謀以能. 今君王欲士之所志, 各陳其情, 舉其能者, 議其宜也.”

越王曰“大夫之論是也. 吾將逝矣, 願[11]諸君之風.”

大夫種曰“夫內修封疆之役, 外修耕戰之備. 荒無遺土, 百姓親附. 臣之事也.”

大夫范蠡曰“輔危主, 存亡國, 不恥屈厄之難, 安守被辱之地, 往而必反, 與君復讎者, 臣之事也.”

大夫苦成曰“發君之令, 明君之德, 窮與俱厄, 進與俱霸, 統煩理亂, 使民知分, 臣之事也.”

大夫曳庸曰“奉令受使, 結和諸侯, 通命達旨, 賂往遺來, 解憂釋患, 使無所疑, 出不忘命, 入不被尤, 臣之事也.”

大夫皓進曰“一心齊志, 上與等之, 下不違令, 動從君命, 修德履義, 守信溫故, 臨非決疑, 君誤臣諫, 直心不撓, 擧過列平, 不阿親戚, 不私於外, 推身致君, 終始一分, 臣之事也."

大夫諸稽郢曰 "望敵設陣, 飛矢揚兵, 履腹涉屍, 血流滂滂, 貪進不退, 二師相當, 破敵攻罪, 威凌百邦, 臣之事也."

大夫皐如曰 "修德行惠, 撫慰百姓, 身臨憂勞, 動輒躬親, 弔死存疾, 救活民命, 蓄陳儲新, 食不二味, 國富民實, 爲君養器, 臣之事也."

大夫計硯曰 "候天察地, 紀歷陰陽, 觀變參災, 分別妖祥, 日月含色, 五精錯行, 福見知吉, 妖出知凶, 臣之事也."

越王曰 "孤雖入於北國, 爲吳窮虜, 有諸大夫懷德抱術, 各守一分, 以保社稷, 孤何憂焉." 遂別於浙江之上, 群臣垂泣, 莫不感[12]哀. 越王仰天歎曰 "死者, 人之所畏. 若孤之聞死, 其於心胸中曾無怵惕." 遂登船徑去, 終不返顧.

7-2

越王夫人乃據船哭, 顧烏鵲啄江渚之蝦, 飛去復來, 因哭而歌之曰

仰飛鳥兮烏鳶, 凌玄虛號[13]翩翩.

集洲渚兮優恣, 啄蝦矯翮兮雲間.

任厥[14]兮往還.

妾無罪兮負地, 有何辜兮譴天.

颿颿獨兮西往, 孰知返兮何年.

心惙惙兮若割, 淚泫泫兮雙懸.

又哀吟[15]曰

彼飛鳥兮鳶烏, 已迴翔兮翕蘇.

心在專兮素蝦, 何居食兮江湖.

徊復翔兮游颺, 去復返兮於乎!

始事君兮去家, 終我命兮君都.

終來遇兮何幸[16], 離我國兮去吳.

妻衣褐兮爲婢, 夫去冕兮爲奴.

歲遙遙兮難極, 冤悲痛兮心惻.

腸千結兮服膺, 於乎哀兮忘食.

願我身兮如鳥, 身翺翔兮矯翼.

去我國兮心搖, 情憤惋兮誰識.

越王聞夫人怨歌, 心中內慟, 乃曰 "孤何憂翮 吾之六翮備矣."

7-3

於是入吳, 見夫差, 稽首再拜稱臣, 曰 "東海賤臣勾踐, 上愧皇天, 下負后土, 不裁功力, 污辱王之軍士, 抵罪邊境. 大王赦其深辜, 裁加役臣, 使執箕帚. 誠蒙厚恩, 得保須臾之命, 不勝仰感俯愧. 臣勾踐叩頭頓首." 吳王夫差曰 "寡人於子亦過矣. 子不念先君之讎乎." 越王曰 "臣死則死矣, 惟大王原之." 伍胥在旁, 目若熛火, 聲如雷霆, 乃進曰 "夫飛鳥在青雲之上, 尚欲繳微矢以射之, 豈況近臥於華池, 集於庭廡乎. 今越王放於南山之中, 游於不可存之地, 幸來涉我壤土, 入吾梐梱, 此乃廚宰之成事食也, 豈可失之乎." 吳王曰 "吾聞誅降殺服, 禍及三世. 吾非愛越而不殺也, 畏皇天之咎, 教而赦之." 太宰嚭諫曰 "子胥明於一時之計, 不通安國之道. 願大王遂其所執, 無拘群小之口." 夫差遂不誅越王, 令駕車養馬, 祕於石[17]室之中.

三月, 吳王召越王入見. 越王伏於前, 范蠡立於後. 吳王謂范蠡曰 "寡人聞貞婦不嫁破亡之家, 仁賢不官絕滅之國. 今越王無道, 國已將亡, 社稷壞崩, 身死世絕, 爲天下笑. 而子及主俱爲奴僕, 來歸於吳, 豈不鄙乎! 吾欲赦子之罪, 子能改心自新, 棄越歸吳乎." 范蠡對曰 "臣聞亡國之臣不敢語政, 敗軍之將不敢語勇. 臣在越, 不忠不信, 今[18]越王不奉大王命號, 用兵與大王相持, 至今[19]獲罪, 君臣俱降. 蒙大王鴻恩, 得君臣相保, 願得入備掃除, 出給趨走, 臣之願也." 此時越王伏地流涕, 自謂遂失范蠡矣. 吳王知范蠡不可得爲臣, 謂曰 "子既不移其志, 吾復置子於石室之中." 范蠡曰 "臣請如命." 吳王起入宮中, 越王, 范蠡趨入石室.

越王服犢鼻, 著樵頭. 夫人衣無緣之裳, 施左關之襦. 夫斫剉養馬, 妻給水, 除糞, 灑掃. 三年不慍怒, 面無恨色. 吳王登遠臺, 望見越王及夫人, 范蠡坐於馬糞之旁, 君臣之禮存, 夫婦之儀具. 王顧謂太宰嚭曰 "彼越王者, 一節之人. 范蠡, 一介之士. 雖在窮厄之地, 不失君臣之禮. 寡人傷之." 太宰嚭曰 "願大王以聖人之心, 哀窮孤之士." 吳王曰 "爲子赦之."

後三月, 乃擇吉日而欲赦之, 召太宰嚭謀曰 "越之與吳, 同土連域. 勾踐愚黠, 親欲爲賊. 寡人承天之神靈, 前王之遺德, 誅討越寇, 囚之石室. 寡人心不忍見而欲赦之, 於子柰何." 太宰嚭曰 "臣聞無德不復. 大王垂仁恩加越, 越豈敢不報哉. 願大王卒意."

越王聞之, 召范蠡告之曰 "孤聞於外, 心獨喜之, 又恐其不卒也." 范蠡曰 "大王安心, 事將有意, 在《玉門》第一. 今年十二月, 戊寅之日, 時加日出. 戊, 囚日也. 寅, 陰後之辰也. 合庚辰, 歲後會也. 夫以戊寅日聞喜, 不以其罪罰日也. 時加卯而賊戊, 功曹爲騰蛇而臨戊, 謀利事在青龍. 青龍在勝先, 而臨酉, 死氣也, 而剋寅. 是時剋其日, 用又助之, 所求之事, 上下有憂. 此豈非天網四張, 萬物盡傷者乎. 王何喜焉."

果子胥諫吳王曰 "昔桀囚湯而不誅, 紂囚文王而不殺, 天道還反, 禍轉成福. 故夏爲湯所誅, 殷爲周所滅. 今大王既囚越君而不行誅, 臣謂大王惑之深也. 得無夏, 殷之患乎."

吳王遂召越王, 久之不見. 范蠡, 文種憂而占之, 曰 "吳王見擒也." 有頃, 太宰嚭出, 見大夫種, 范蠡, 而言越王復拘於石室.

伍子胥復諫吳王曰“臣聞王者攻敵國, 克之則加以誅, 故後無報復之憂, 遂免子孫之患. 今越王已入石室, 宜早圖之, 後必爲吳之患.” 太宰嚭曰“昔者, 齊桓割燕所至之地以貺燕公, 而齊君獲其美名. 宋襄濟河而戰,《春秋》以多其義. 功立而名稱, 軍敗而德存. 今大王誠赦越王, 則功冠於五霸, 名越於前古.” 吳王曰“待吾疾愈, 方爲 太宰赦之.”

後一月, 越王出石室, 召范蠡曰“吳王疾, 三月不愈. 吾聞人臣之道, 主疾臣憂. 且吳王遇孤恩甚厚矣. 恐[20]疾之無瘳, 惟公卜焉.” 范蠡曰“今日日辰陰陽, 上下和親, 無相入者, 法曰天一救, 且何優[21]. 吳王不死明矣. 到己巳日, 當瘳, 惟大王留意.” 越王曰“孤所以窮而不死者, 賴公之策耳. 中復猶豫, 豈孤之志哉! 可與不可, 惟公圖之.” 范蠡曰“臣竊見吳王, 真非人也. 數言成湯之義, 而不行之. 願大王請求問疾, 得見, 因求其糞而嘗之, 觀其顏色, 當拜賀焉, 言其不死, 以瘳起日期之. 既言信後, 則大王何憂.”

越王明日謂太宰嚭曰“囚臣欲一見問疾.” 太宰嚭即入言於吳王, 王召而見之. 適遇吳王之便, 太宰嚭奉溲惡以出, 逢戶中. 越王因拜“請嘗大王之溲, 以決吉凶.” 卽以手取其便與惡而嘗之. 因入曰“下囚臣勾踐賀於大王, 王之疾至己巳日有瘳, 至三月壬申病愈.” 吳王曰“何以知之.” 越王曰“下臣嘗事師聞糞者, 順穀味, 逆時氣者死, 順時氣者生. 今者臣竊嘗大王之糞, 其惡味苦且楚酸. 是味也, 應春夏之氣. 臣以是知之.” 吳王大悅, 曰“仁人也.” 乃赦越王得離其石室, 去就其宮室, 執牧養之事如故. 越王從嘗糞惡之後, 遂病口臭. 范蠡乃令左右皆食岑草, 以亂其氣.

7-4

其後, 吳王如越王期日疾愈, 心念其忠, 臨政之後, 大縱酒於文臺. 吳王出令

曰 "今日爲越王陳北面之坐, 群臣以客禮事之." 伍子胥趨出到舍上, 不御坐. 酒酣, 太宰嚭曰 "異乎! 今日坐者各有其詞. 不仁者逃, 其仁者留. 臣聞同聲相和, 同心相求. 今國相剛勇之人, 意者內慚至仁之存也, 而不御坐, 其亦是乎." 吳王曰 "然." 於是范蠡與越王俱起爲吳王壽, 其辭曰 下臣勾踐從小臣范蠡, 奉觴上千歲之壽, 辭曰

皇在上令, 昭下四時.

并心察慈, 仁者大王.

躬親鴻恩, 立義行仁.

九德四塞, 威服群臣.

於乎休哉! 傳德無極.

上感太陽, 降瑞翼翼.

大王延壽萬歲, 長保吳國.

四海咸承, 諸侯賓服.

觴酒既升, 永受萬福.

於是吳王大悅.

明日, 伍子胥入諫曰 "昨日大王何見乎. 臣聞內懷虎狼之心, 外執美詞之說, 但爲外情以存其身. 豺不可謂廉, 狼不可親. 今大王好聽須臾之說, 不慮萬歲之患, 放棄忠直之言, 聽用讒夫之語. 不滅瀝血之仇, 不絕懷毒之怨. 猶縱毛爐炭之上幸其[22]焦, 投卵千鈞之下望必全, 豈不殆哉. 臣聞桀登高自知危, 然不知所以自安也. 前據白刃自知死, 而不知所以自存也. 惑者知返, 迷道不遠. 願大王察之."

吳王曰 "寡人有疾三月, 曾不聞相國一言, 是相國之不慈也. 又不進口之所嗜, 心不相思, 是相國之不仁也. 夫爲人臣不仁不慈, 焉能知其忠信者乎. 越王迷惑, 棄守邊之事, 親將其臣民來歸寡人, 是其義也. 躬親爲虜, 妻親爲妾,

不慍寡人, 寡人有疾, 親嘗寡人之溲, 是其慈也. 虛其府庫, 盡其寶幣, 不念舊故, 是其忠信也. 三者既立, 以養寡人. 寡人曾聽相國而誅之, 是寡人之不智也, 而爲相國快私意耶. 豈不負皇天乎."

子胥曰 "何大王之言反也. 夫虎之卑勢, 將以有擊也. 狸之卑身, 將求所取也. 雉以眩移拘於網, 魚以有悅死於餌. 且大王初臨政, 負《玉門》之第九, 誡事之敗, 無咎矣. 今年三月甲戌, 時加鷄鳴. 甲戌, 歲位之會, 將也. 青龍在酉, 德在土, 刑在金, 是日賊其德也. 知父將有不順之子, 君有逆節之臣. 大王以越王歸吳爲義, 以飮溲食惡爲慈, 以虛府庫爲仁, 是故爲無愛於人, 其不可親. 面聽貌觀以存其身. 今越王入臣於吳, 是其謀深也. 虛其府庫, 不見恨色, 是欺我王也. 下嘗王之惡者, 是上食王之心也. 下嘗王之惡者, 是上食王之肝也. 大哉! 越王之崇吳, 吳將爲所擒也. 惟大王留意察之, 臣不敢逃死以負前王. 一旦社稷丘墟, 宗廟荊棘, 其悔可追 乎." 吳王曰 "相國置之, 勿復言矣. 寡人不忍復聞."

於是遂赦越王歸國, 送於蛇門之外, 群臣祖道. 吳王曰 "寡人赦君使其返國, 必念終始, 王其勉之." 越王稽首曰 "今大王哀臣孤窮, 使得生全還國, 與種, 蠡之徒願死於轂下. 上天蒼蒼, 臣不敢負." 吳王曰 "於乎! 吾聞君子一言不再. 今已行矣, 王勉之." 越王再拜跪伏, 吳王乃引越王登車, 范蠡執御, 遂去.

至三津之上, 仰天而歎淚下沾襟[23]曰 "嗟乎! 孤之屯厄, 誰念復生渡此津也." 謂范蠡曰 "今三月甲辰, 時加日昳, 孤蒙上天之命, 還歸故鄕, 得無後患乎." 范蠡曰 "大王勿疑, 直視道行. 越將有福, 吳當有憂." 至浙江之上, 望見大越山川重秀, 天地再清. 王與夫人歎曰 "吾已絶望, 永辭萬民, 豈料再還, 重復鄕國." 言竟掩面, 涕泣闌干. 此時萬姓咸歡, 群臣畢賀.

1 「勾踐入臣外傳」은 顧廣圻, 蔣光煦가 본 宋抄本에는 「越王勾踐入臣」이라고 한 것을 徐天祜가 「勾踐入臣外傳」으로 편명을 바꾸었다.

2 勾踐 : 기원전 465~496년 재위.

勾踐 元年에서 5년 이전의 기록이 생략되었으며, 「越王勾踐世家」에는 勾踐이 오나라에 신하로 들어가는 내용이 없다. 勾踐 5년 이전의 『史記』 기록은 다음과 같다.

允常이 죽자 아들 勾踐이 즉위하였으니 越王이다.

元年, 오왕 합려가 윤상이 죽었다는 소식을 듣고는 군대를 일으켜 월나라를 토벌하였는데, 오군을 檇李에서 패배시키고 오왕 합려를 부상입혔다.

3년, 구천은 오왕 부차가 밤낮으로 군대를 훈련시켜 월나라에 보복하려 한다는 소문을 듣고, 오나라가 아직 군대를 일으키기 전에 월나라가 먼저 가서 토벌하려고 하였다. 범려가 諫하였다.

"해서는 안 됩니다. 신이 들으니, 무기는 흉기이며 전쟁은 德을 거스르는 것이며 다투는 것은 가장 천한 일입니다. 음모하여 덕을 거스르고 흉기 쓰기를 좋아하고 비천한데 몸을 쓰는 것을 上帝가 금하였으니 행하는 것이 불리합니다."

월왕이 말하였다.

"나는 이미 결정하였다."

그러고는 군대를 일으켰다.

오왕이 소문을 듣고는 精兵을 모두 일으켜 월을 공격하여 夫椒에서 패배시켰다. 월왕은 남은 병사 5천 명에 의지해서 會稽에 머물렀다. 오왕이 추격해 포위하였다.

월왕이 범려에게 말하였다.

"그대의 말을 듣지 않아 여기까지 이르렀으니 어찌하면 좋겠는가."

범려가 말하였다.

"만족하는 자는 하늘이 도우며, 위태로운 나라를 안정시키는 자는 사람들이 따르며, 일을 절제하는 사람은 땅의 이익을 얻을 수 있습니다. 말을 겸손하게 하여 후한 예물을 보내고 그래도 허락하지 않으면 몸을 그에게 파십시오."

구천은 좋다고 말하였다. 그리고 대부 文種을 시켜 오나라에 화친을 구하고 무릎으로 다가가 머리를 조아리고 말하게 하였다.

"군왕의 망명한 신하 勾踐이 陪臣 文種을 시켜 군왕의 執事에게 말하기를, 勾踐은 군왕의 신하가 되고 妻는 妾이 되려 합니다."

오왕이 허락하였다. 오자서가 오왕에게 말하였다.

"하늘이 월나라를 오나라에 주었으니 허락하지 마십시오."

文種이 돌아와 勾踐에게 보고하였다. 구천은 처자를 죽이고 寶器를 태우고는 적과 죽음을 각오하고 싸우려 하였다. 문종이 구천을 만류하였다.

"오나라는 태재 백비가 탐욕스러워 이익으로 유혹할 수 있으니 제가 은밀히 가서 말하기를 청합니다."

이에 구천은 미녀와 보물을 가지고 문종을 시켜 오나라 태재 백비에게 바치게 하였다. 백비가 받고는 대부 문종이 오왕을 만나 뵙도록 주선하였다. 문종이 머리를 조아리고 말하였다.

"대왕께서 구천의 죄를 용서하시어 寶器를 모두 받아주시기 바랍니다. 불행하게도 용서하지 않으시면, 구천은 장차 그 처자를 모두 죽이고 寶器를 불태우고, 5천 병사를 모두 내어 맞붙어 전쟁하려 하니 반드시 상응하는 결과가 있을 것입니다."

오왕이 허락하려는데, 오자서가 나아가 간언하였다.

"지금 오나라를 멸망시키지 않으면 훗날 반드시 후회할 것입니다. 구천은 현명한 군주이며, 문종과 범려는 좋은 신하이니 자기 나라로 돌아가면 장차 난을 일으킬 것입니다."

오왕은 이 말을 듣지 않고 끝내 월나라를 놓아주고 전쟁을 그만두고 돌아갔다.

구천이 회계에서 고생할 때 탄식하며 말하였다.

"내가 끝내 여기에서 생을 마치는가." 문종이 말하였다.

"湯은 夏臺에 묶였으며, 文王은 羑里에 구금되었으며, 晉 重耳는 翟나라로 달아났으며, 齊 小白은 莒나라로 달아났으나 결국은 王覇를 이루었습니다. 이로 볼 때 어찌 갑자기 복이 되지 않는다고 할 수 있겠습니까."

오나라가 이미 월나라를 놓아주자 월왕 구천은 나라로 돌아와 몸을 고달프게 하며 마음을 애태우고, 자리에 쓸개를 매달아 앉거나 누워서는 쓸개를 바라보고 음식을 먹을 때 역시 쓸개를 맛보았다. 그리고 말하였다.

"너는 회계의 치욕을 잊었는가."

구천은 몸소 경작하였으며 부인은 스스로 옷감을 짜고, 고기 넣은 음식을 먹지 않았으며 두 가지 색의 옷을 입지 않았고, 草野의 賢人에게 자신을 굽히며 賓客을 후하게 맞아들이고, 가난한 이를 구휼하며 죽은 이를 조문하고 백성들과 수고로움을 함께하였다. 범려를 시켜 국정을 다스리는데 범려가 대답하였다.

"전쟁에 관해서는 문종이 범려만 못하며, 국가를 안정시키고 백성들을 친히 따르게 하는 것은 범려가 문종만 못합니다." 이에 나라의 정치를 대부 문종에게 위임하고, 범려와 大夫 柘稽를 시켜 화친하여 오나라에 인질로 잡히게 하였다. 2년 있다가 오나라는 범려를 돌려보냈다.

3 文種 : 徐天祜에 의하면, 姓은 文氏이고 字는 禽이며 楚 郢人이다. 鄒는 본래 邾子의 나라인데 여기에서 楚 鄒人이라고 한 것은 鄒가 楚에 병합되었기 때문이다.

4 范蠡 : 越 上將軍. 원래는 楚國 宛人인데, 宛令인 文種과 사귀어 그를 따라 越에 들어가 允常을 섬겼으며 勾踐의 謀臣으로 활약하였다. 徐天祜에 의하면, 『呂氏春秋』 高誘解에 "范蠡는 楚三戶人이며, 字는 少伯이다"라고 한다. 또 太史公의 『素王妙論』에 "범려는 南陽人이다"라고 하며, 『列仙傳』에 "徐人"이라고도 한다.

5 『國語』는 『史記』의 내용과 좀 다르다. 『國語』 권21 「越語」(이하 「越語」) 下에 "大夫 種에게 나라를 지키게 하고 范蠡와 吳나라에 신하가 되려고 들어갔다"라고 한다.

6 浙江 : 張覺에 의하면, 浙水라고도 하며 오늘날 상류에서는 新安江과 蘭溪 두 강이 동북으로 합하여 흐르다가 점차 富春江과 錢塘江에 이른다.

7 祖道 : 고대에 길을 떠나기 전에 行路神에게 지내는 제사. 춘추시대 行路神의 이름은 문헌에 전해지지 않지만 『風俗通義』 제8 祀典 · 祖에 "共工氏의 아들 脩가 여행하기를 좋아하여 배와 수레가 닫고 발로 걸어갈 수 있는 곳이라면 끝까지 가보지 않은 데가 없어서 행로신(祖神)으로 제사지낸다"라고 한다. 일설에는 黃帝 아들 累(纍)祖라고도 한다(『宋書』 권12 「律曆志」에서 인용한 崔寔의 『四民月令』).

8 固陵 : 徐天祜에 의하면, 范蠡가 병사들을 훈련시킨 城이다. 『水經注』에 "浙江은 固陵城 북쪽을 지나는데 옛날에 范蠡가 절강가에 성을 쌓아 굳건히 지킬 수 있다고 말하여 固陵이라고 일렀다. 지금의 西陵이다"라고 하니, 즉 西興이다. 오늘날 錢塘江 하구 蕭山 부근이다.

9 扶同 : 徐天祜에 의하면, 「越王勾踐世家」에 "逢同"이라고 한다.

10 湯 : 商王朝의 설립자. 은허 갑골문에서는 成 혹은 唐, 大乙이라고 칭한다. 毫에 수도를 정하고 伊尹을 相으로 임명하여 夏桀을 멸망시키고 상 왕조를 세웠다.

11 夏臺 : 徐天祜에 의하면, 『史記』 권2 「夏本紀」에 "桀이 말하기를, 夏臺에서 湯을 죽이라는 간언을 따르지 않은 것을 후회한다"라고 한다. 索隱에 "夏臺는 감옥 이름이다. 하왕조에서는 均臺라고 했다"라고 한다.

12 伊尹 : 이름은 阿衡. 『史記』 권3 「殷本紀」(이하 「殷本紀」)에 의하면, 伊尹은 湯에게 등용되고자 했으나 길이 없자 탕의 妻 有莘氏의 媵臣이 되어 요리를 담당하고 음식 맛에 대해 湯에게 말하면서 王道까지 논하였다.

13 石室 : 徐天祜에 의하면, (『漢書』 권28) 「地理志」에 "河內 蕩陰에는 羑里城이 있는데 西伯이 구금된 곳이다"라고 한다. 여기에서 석실이라고 하는 것은 아마도 죄수를 가두는 방이다.

14 太公 : 呂尙. 본래는 姜姓. 號는 太公望. 전승에 의하면, 渭水가에서 낚시하는데 周文王이 占卜에 따라 수렵을 나갔다가 그를 만나 함께 돌아와 師로 삼았다. 후에 그는 周武王을 도와 주 왕조가 천하를 통일하도록 하였으며 그 공로로 齊에 봉해졌다(『史記』 권32 「齊太公世家」).

15 變異 : 漢代 董仲舒는 자연계에서 일어나는 홍수, 한발, 일식, 지진 혹은 혜성과 운석, 서리, 蝗의 해, 寒暑의 변화 등 여러 異變 현상에 주목하였다. 이는 군주가 天意에 反하는 행동을 범하면 하늘이 災異를 내려 견책하는 것이라고 하였으며 이러한 災異說이 漢代에 크게 유행하였다(董仲舒, 『春秋繁露』 「必仁且智」 참고).

16 曆數 : 天道, 夫數.

17 三王 : 三代의 왕. 夏禹, 殷湯, 周文王, 武王. 일설에 의하면, 禹는 舜을 내쫓았다고도 하며 湯은 夏桀을 내쫓고, 周武王은 殷王을 패배시키면서 목을 베어 白旗에 걸었다고 한다(「殷本紀」).

18 五霸 : 春秋五霸說은 戰國時代에 시작되어 여러 설이 있으나 『孟子』 「告子」 下 疏에 의하면, 『荀子』 「王霸」에 五霸를 "齊桓公, 晉文公, 楚莊王, 吳闔廬, 越勾踐"이라고 한다. 漢代 『風俗通義』 권1 「五伯」에 五霸를 "齊桓公, 晉文公, 秦穆公, 宋襄公, 楚莊王"이라고 한다. 『白虎通』 「號」에서는 宋襄公 대신 "吳闔閭"를 꼽으며, 『漢書』 「諸侯王表」 「顔

師古注」에서는 楚莊王 대신 "吳夫差"를 꼽고 있다.

19 五帝 : 五帝의 설이 일치하지 않으나 『史記』 권1 「五帝本紀」에서는 黃帝, 顓頊, 帝嚳, 堯, 舜에 관해 서술하고 있다.

20 원문에 '三', 즉 세 번이라고 하나 張覺에 의하면, 이는 대략적이며 정해진 숫자가 아니라고 한다.

21 『史記』 권4 「周本紀」에 의하면, 文王이 羑里에 구금되어서는 『易』의 8卦를 64卦로 부연하였다고 한다.

22 徐天祜에 의하면, 『太公六韜』에 "商王이 周伯昌을 羑里에 구금하니 周公과 散宜生이 金十鎰로 천하의 진귀한 물건을 구해 君의 죄를 면하게 했다. 이에 犬戎氏의 文馬를 얻었는데, 豪毛 붉은 갈기에 눈은 황금 같아 鷄斯之乘이라고 이름했다"라고 한다. 또 『淮南子』에 "散宜生이 千金으로 騶虞之乘, 玄玉百각, 大貝百朋, 玄豹, 黃熊, 靑犴, 白虎文皮 千合을 얻어 紂에게 바쳐 西伯이 羑里에 감금된 것을 면하게 했다"라고 한다.

23 원문에 '結髮'이라고 하는데 張覺에 의하면, 원래는 부부가 결혼하는 날 밤 남녀가 함께 머리를 묶는 것을 지칭한다. 이 때문에 妻子를 의미한다고 한다.

24 計硯: 徐天祜에 의하면, 『越絶書』에 "計倪"라고 한다. 『史記』 권129 「貨殖列傳」에 "越王 勾踐이 會稽 위에서 고생하면서 范蠡, 計然를 등용했다"라고 한다. 注徐廣에 "計然은 范蠡의 스승이며 이름은 硏이다. 옛말에 硏桑心算이라는 말이 있다"라고 한다. 裴駰注에 인용된 范子에 "計然은 葵丘, 濮上人이며, 姓은 辛氏, 字는 文子이며, 조상은 晉國의 망명한 公子이다. 남쪽으로 越로 떠나왔으며, 范蠡가 그에게 師事했다"라고 한다.

25 원문에 '佛命'이라고 하는데 徐天祜에 의하면, '佛'은 '大'이다. 『詩經』 "佛時仔肩."

26 曳庸 : 徐天祜에 의하면, 『左傳』에 "后庸", 『國語』 「吳語」에 "舌庸"이라고 한다.

27 원문에 '客官'이라고 하는데 張覺에 의하면, '官'은 '宦'이라고 해야 하며 노예의 뜻이다. 「越語」 下 "(越王) 與范蠡入宦于吳." 韋昭注 "宦, 爲臣隸也."

28 文祀 : 湯王의 신하.

29 원문에 '二老'라고 하는데, 張覺은 太公望과 散宜生 혹은 散宜生과 閎夭로 추측한다. 呂望은 쉰에 棘津에서 음식을 팔고 일흔에 朝歌에서 푸줏간 일을 하다가 아흔에 文王의 스승이 되었다고 한다.

30 이하 각 대부들의 맡은 임무를 살피면, 당시 월나라의 大夫는 爵位일 뿐 아니라 官名으로 국가의 직분이 분담되었던 듯하다. 范蠡와 文種은 최고위로서 左右丞相에 해당하였으며 각각 內政과 군사, 외교를 나누어 맡았다. 大夫 曳庸은 외교, 大夫 皓進은 刑部, 大夫 諸稽郢은 兵部, 大夫 皐如는 民政, 大夫 計硯는 天文, 大夫 苦成은 內政을 각각 맡았다(方杰主編, 『越國文化』, 上海社會科學院出版社, 1997, 19~20쪽).

31 원문에 '五精'이라고 하는데 張覺에 의하면, 五星은 金, 木, 水, 火, 土星을 뜻한다.

32 『睡虎地秦墓竹簡』 「日書」에 "사람들이 외출하려 할 때, 門을 나오면 감히 돌아보지 말며 멈추지 말며 道路에 곧바로 나아가면 吉하다"라고 한다(甲種 行 130正). 이로 볼

때 '곧장 떠나서는 끝내 돌아보지 않았다'는 것은 수사적인 표현만이 아니라 길을 떠나는 주술에서 돌아보는 타부를 지키는 것을 의미한다(工藤元男, 『睡虎地秦簡よりみた秦代の國家と社會』, 創文社, 1998, 219~221쪽 참조).

33 원문에 '六翮'이라고 하는데, 앞서 8大夫들의 논의가 있었던 것으로 보아 여러 보좌하는 신하를 일컫는다.

34 后土 : 土神, 地神.

35 石室 : 오늘날 蘇州에서 서남으로 17킬로미터에 있는 靈巖山 기슭에 남아 있다.

36 犢鼻 : 바지통이 없는 바지를 말한다. 張覺에 의하면, 오늘날 일할 때 입는 바지 밖에 두르는 앞치마 같은 하의를 말한다.

37 『玉門』 : 孫詒讓에 의하면, 길흉을 점치는 책으로 『金匱』와 유사하며, 일종의 六壬式 점법의 書名이다(이하 占辭와 干支에 관한 해석은 張覺에 의한다).

38 錢塘에 의하면, 吳王이 勾踐을 석방한 것은 魯哀公 6년이며, 魯哀公 6년의 戊寅日은 정월 初一日인데, 월나라는 윤달을 두는 것이 다르므로 전년 12월이다.

39 卯時 : 새벽 5~7시.

40 원문에 '陰後之辰'이라고 하는데 錢塘에 의하면, 태음이 이미 경과한 후의 辰이다.

41 원문에 '歲后會'라고 하는데 이는 일종의 凶兆이다.

42 원문에 '時加卯而賊戊'라고 하는데 『淮南子』에 의하면, 卯는 오행에 '木'에 해당하고, 戊는 '土'에 해당한다. 五行相勝의 원리에 의하면, 木勝土이므로 卯가 戊를 해치는 게 된다.

43 功曹 : 원래 漢代 郡縣의 속관인데 여기에서는 占術 가운데의 神名이다. 兪樾에 의하면, '戊'자는 '巳'라고 해야 한다. 범려는 12월 戊寅일 卯시에 점을 쳤는데, 日辰이 貴神을 일으켜, 寅이 騰蛇가 되어 巳 자리에 임한다.

44 원문에 '靑龍'이라고 하는데 太歲를 가리킨다. 『淮南子』 권3 「天文訓」(이하 「天文訓」) "天神之貴者, 莫貴於靑龍, 或曰天一, 或曰太陰."

45 원문에 '靑龍在勝先'이라고 하는데 '太歲在午'라는 의미이다('勝先'은 占卜의 술어로 '午'를 뜻한다. 『黃帝龍首經』 亦云 '午爲勝先'). 錢塘에 의하면, 이때 太陰은 丙戌에 있으므로 太歲는 戊申에 있어야 하며, 이미 '午'를 지나 '酉'에 임한다. 그런데 이 글에서 '在勝先'이라고 한 것은 대략적으로 말한 것이며 실제로는 '過勝先'이다. 『淮南子』 「天文訓」에 "午爲定, 未爲執, 主陷. 申爲破, 主衡. 酉爲危, 主杓"이라고 하여 太歲가 午에서 앞으로 나가 酉에 이르는 것은 모두 불길하다.

46 원문에 '克卯'이라고 하는데 이때에 太歲가 '申'에 있으면서 '酉'에 임하는데, '申'과 '酉'는 오행에서 '金'에 해당하며, '寅'은 木에 해당한다. 오행상승의 원리에 의하면, '金勝木'이므로 여기에서 '克寅'이라고 하였다.

47 원문에 '時克其日'이라고 하는데 이는 위 문장의 '時加卯而賊戊'를 가리킨다. 時辰이 日을 이기는 것은 일종의 '小克大', 즉 거꾸로 이기는 것이므로 不吉하다.

48 齊桓公 : 管仲을 相에 임명하여 정치개혁을 행하여 춘추시대 첫 霸主가 되었다.

49 燕公 : 燕莊公이다. 기원전 690~658년 재위.

50 徐天祜에 의하면, 齊桓公이 燕을 구원하여 북쪽 山戎을 토벌하고 돌아오는데 燕君이 桓公을 환송해 국경을 넘었다. 환공이, (제후는 환송하는데 국경을 넘지 않는다고 하면서) 燕公이 이른 지역을 燕에 주었다(『史記』 권32 「齊太公世家」, 桓公 23년).

51 徐天祜에 의하면, 宋襄公이 楚成王과 泓에서 전쟁하는데, 目夷가 초군이 아직 다 건너지 않았을 때 공격하라고 하였으나 公이 듣지 않았다. 이미 다 건너 진을 이룬 후에 宋人이 공격하여 송군은 크게 패하였다. 이에 양공이 "군자는 재앙에 있을 때 사람을 곤궁하게 하지 않는다. 열을 갖추지 않으면 공격하는 북을 울리지 않는다"고 말하였다(『史記』 권38 「宋微子世家」, 襄公 8년).

52 『春秋』 : 孔子가 魯史에 근거해 지었다고 전하는 편년체 史書. 魯隱公 元年부터 哀公 14년까지 242년간의 역사를 褒貶하였다고 한다.

53 己巳日 : 魯哀公 6년(기원전 489년) 4월 23일인데 월나라는 윤달이 다르므로 3월에 해당한다.

54 3월 壬申日 : 魯哀公 6년(기원전 489년) 4월 26일인데 월나라는 윤달이 다르므로 3월에 해당한다.

55 『雲夢睡虎地秦簡』 「日書」에는 병이 든 날짜에 따라 병이 된 원인과 또 병이 낫기 시작하여 다 낫게 되는 날이 기록되어 있다. 예를 들어 "甲乙日에 병이 들면 이는 죽은 부모의 귀신이 재앙을 내리는 것이며, 이를 고기 가운데서 붙잡을 수 있는데, (고기는) 동방에서 온 것이어야 하며 칠기에 담겨야 한다. 戊己日에 병세가 꺾여서 庚日에 차도가 있으며, 辛日에 자리에서 일어난다. 만약 자리에서 일어나지 못한 경우, 동방이 시끄럽거나 木星이 동방에 있거나 청색을 보면 죽게 된다"라고 한다(睡虎地秦墓竹簡整理小組編, 『睡虎地秦墓竹簡』, 文物出版社, 1990, 193쪽).

56 楚酸 : 『釋名』 권2 「釋州國」에 "楚, 辛也"라고 한다.

57 岑草 : 徐天祜에 의하면, 蕺이며 삼백초과에 속하는 여러해살이 풀이다. 뽑으면 약간 냄새가 나며 흉년에 사람들이 그 뿌리를 캐 먹는다고 한다.

58 九德 : 『書』 권4 「皐陶謨」에 "寬而栗, 柔而立, 願而恭, 亂而敬, 擾而毅, 直而溫, 簡而廉, 剛而塞, 强而義"라고 한다. 『逸周書』 常訓에 "九德, 忠 · 信 · 敬 · 剛 · 柔 · 和 · 固 · 貞 · 順"라고 한다.

59 3월 甲戌日 : 魯哀公 6년 4월 28일(錢塘說에 의하면, 29일), 월은 윤달이 같지 않으므로 3월이다.

60 원문에 '歲位之會'라고 하는데 '歲位'는 '歲後'라고 해야 한다. 즉 太陰이 이미 경과한 合日이며 불길하다.

61 五行說에 의하면, '天干'은 '德'이라고 하며 '地支'는 '刑'이라고 칭한다. 『淮南子』 권3 「天文訓」 "太陰所居日德, 辰爲刑." 이해 太歲는 己酉에 있으므로 '德'은 '己', '刑'은 '酉'가 된다. '己'는 오행상 '土'에 해당하며, '酉'는 오행상 '金'에 해당한다. 따라서

'德在土, 刑在金'이라고 한다.

62 日은 甲戌일을 가리킨다. '甲'은 오행상 '木'에 해당한다.「五行相勝」에 의하면, '木'勝'土'이므로 여기에서는 '甲'이 '己'를 이기므로 '日賊其德'이라고 한다.

63 원문에 '轂下'라고 하는데 존칭으로 閣下와 같은 뜻이다.

64 3월 甲辰日 : 閏 3월이다. 앞서 3월 壬申, 3월 甲戌이라고 했는데 甲辰은 甲戌에서 30일 후, 壬申에서 32일 후이므로 이 세 날이 모두 3월일 수는 없으며 여기에서 3월 甲辰은 윤달이다.「天文訓」에 "辰爲滿, 巳爲平, 主生"이라고 하여 '甲辰'은 吉한 날이다.

65 徐天祜에 의하면, 원문에 '闌干'이라고 하는데 많은 모양이다.『文選』注 "闌干, 多貌."

1 將 : 苗麓校點本, 『四部叢刊』 本에는 원래 '將' 자가 없으나 『太平御覽』 권736 인용문에 의해 보충하였으며 뜻이 더 분명하다. "勾踐五年夏五月, 將與大夫種, 范蠡入臣於吳."

2 獲 : 徐天祜에 의하면, '獲'은 '於'라고 해야 한다.

3 徐天祜에 의하면, '若魂魄有' 아래 '知' 자가 있어야 한다.

4 而 : 徐天祜에 의하면, '而'는 '無'라고 해야 한다.

5 徐天祜는 이 아래에 문장이 빠진 듯하다고 하나 張覺에 의하면, '憂'는·'㥑', '文' 두 자이며 '文' 자는 아래에 붙어야 한다. '㥑'은 憂愁라는 뜻이다.

6 三 : 張覺에 의하면, '三'은 '王' 자의 잘못이며 앞에 윗글의 '文' 자가 와서 '文王'이라고 해야 한다.

7 墜 : 苗麓校點本, 『四部叢刊』 本에 "墜"라고 하지만 俞樾에 의하면, '地' 자의 古字인 '墬'라고 해야 한다. 『四庫全書』 本에 근거해 고쳤다.

8 大 : 苗麓校點本, 『四部叢刊』 本에 "君"이라고 하지만 張覺의 교열에 의하면, 『四庫全書』 本에 근거해 고쳤으며 이를 따랐다.

9 諸 : 苗麓校點本, 『四部叢刊』 本에 "諸侯"라고 하지만 俞樾에 의하면, 侯字는 衍文이다. 『四庫全書』에 근거해 '侯' 자를 뺐다.

10 懷夏將滯 : 孫詒讓에 의하면, '懷夏'는 '遝夏'라고 해야 한다. 『說文解字』 권2 「辵部」 "遝, 迨也." 그러나 張覺에 의하면, '滯'는 蔣光煦가 본 宋本에 의하면, '遰'라고 한다. 『說文解字』 「辵部」 "遰, 去也."

11 徐天祜에 의하면, '願' 자 아래 '聞' 자가 있어야 한다.

12 感 : 苗麓校點本, 『四部叢刊』 本에 "咸"이라고 하지만 『四庫全書』 本에 근거한 張覺의 교열에 의해 고쳤다.

13 號 : 徐天祜에 의하면, '兮'라고 해야 한다.

14 徐天祜는 한자가 빠졌다고 하나 張覺에 의하면, '厥' 자 아래 7字가 빠졌다.

15 吟 : 苗麓校點本, 『四部叢刊』 本에 "今"이라고 하지만 『四庫全書』 本에 근거해 고쳤다. 『北堂書鈔』 권106에 "彼飛鳥兮鳶鳥 … 去復返兮於乎" 구절이 越王의 詩라고 하여 월왕과 월왕 부인의 詩가 뒤섞였을 가능성이 있다.

16 『太平御覽』 권571 인용문에 "中年過兮何辜"라고 한다.

17 石 : 苗麓校點本, 『四部叢刊』 本에 "宮"이라고 하지만 『四庫全書』 本에 근거한 張覺의 교열에 의해 고쳤다. 또 아래 문장에 "越王范蠡趨入石室"이라고 한다.

18 今 : 張覺에 의하면, '今'은 '令'이라고 해야 한다.

19 今 : 盧文弨에 의하면, '今'은 '令'이라고 해야 한다.

20 恐 : 苗麓校點本, 『四部叢刊』 本에는 '恐'자가 없으나 『太平御覽』 권738 인용문에 의해 보충하였다. "恐疾之無瘳也, 唯先生卜焉."

21 今日日辰陰陽 上下和親 無相入者 法曰 天一救 且何憂 : 苗麓校點本, 『四部叢刊』 本에는 원래 없는 문장이나 『太平御覽』 권738에 의해 보충하였다.

22 徐天祜에 의하면, '其'는 '不'이라고 해야 한다.

23 仰天而歎淚下沾襟 : 苗麓校點本, 『四部叢刊』 本에는 '仰天歎'이라고 하는데 『太平御覽』 권71 인용문에 의해 보충하였다.

권8

勾踐歸國外傳 구천이 월로 돌아오다

「구천귀국외전勾踐歸國外傳」은 역사적 사실의 서술보다는 작자가 앞으로 서술할 월왕이 패왕霸王이 되는 조건들을 분석한 글의 성격이 짙다. 구천은 오나라에서 돌아온 후 이제까지 구릉지대의 거주지에서 내려와 평지에 패업霸業을 이룰 만한 도성都城을 세웠다.

범려范蠡는 구천성勾踐城을 짓는 데 천의天意에 따르고 제왕을 기르는 곤륜崑崙의 형상을 담아 동남의 편벽된 월나라를 천하의 중심으로 삼고 패왕의 기초를 만들었다고 한다. 이러한 서술을 통해 조엽은 동남에 편벽한 만이蠻夷의 월나라를 중원 패자의 중심지로 당당히 위치시켰다.

구천은 대부들의 계략을 수용하여 때를 기다렸으며 자신을 낮추고 오나라의 교만함을 부추기며 조금씩 자신의 봉지를 회복하였다. 여기에서 조엽은 오나라와 월나라의 성쇠盛衰가 서로 상응하여 바뀌어 가는 단서를 보여준다. 구천은 오나라에 노복으로 가는 처지에서 운명을 돌아 끝내 오나라를 멸망시키고 승자가 되었다. 천도天道의 운행에 따라 화禍는 돌아 복福이 되며 하夏, 은殷, 주周 왕조의 흥망이 순환되었듯 오나라와 월나라의 역사도 이러한 순환과 변화의 역사 가운데 있음을 드러냄으로써 월나라의 역사를 중원 역사의 순환 고리에 편입시켰다.

『사기』「월왕구천세가」는 구천이 회계에서 7년 만에 돌아왔다고만 하고 월나라 역사의 편년을 정확히 하지 않았으며, 『오월춘추』는 구천 7년에 구천이 오나라에서 돌아왔다고 하나 이러한 편년의 근거를 알 수 없다. 본 편의 사적은 『좌전』, 『사기』, 『국어』에는 없는 글로써 조엽 자신의 치술에 관한 사상이 발휘된 문장이다.

조엽은 『오월춘추』에서 부차의 노복이 되었다가 몸을 낮춰 오나라를 무너뜨린 구천의 인물을 노련한 권술權術의 정치가로서 극적으로 선명하게 묘사하였다. 따라서 잘 알려진 쓸개를 맛보며 몸을 고달프게 한 와신상담臥薪嘗膽의 고사는 본래 부차와 구천에게 모두 해당하는 고사이지만, 역사적인 몫으로 결국 구천에게 돌아갔다.

8-1

월왕 구천이 오왕의 노복이 되었다가 월나라로 귀국하게 된 것은 구천 7년(기원전 490년)[1]이다. 백성이 길에서 절하며 말하였다.

"군왕께서는 이제 아무 고통이 없게 되셨습니다. 오늘 왕께서는 하늘의 복을 받아 월나라로 돌아오셨으니 패왕의 자취가 여기에서 일어날 것입니다."

"과인은 하늘의 가르침을 신중하게 따르지 않았으며, 백성에게 덕을 베풀지도 않았거늘, 오늘 이렇게 만백성을 수고롭게 하여 갈림길에서 호위를 받으니 장차 무슨 덕을 베풀어 국인에게 보답해야 하는가."

범려를 돌아보며 말하였다.

"지금 12월 기사일己巳日[2]에 시진時辰이 사시巳時[3]인데 내가 이때 도성에 도착하면 어떻겠는가."

"대왕께서 잠시 머무르시면 신이 날을 점쳐보겠습니다."

이에 범려가 나아가 말하였다.

"대왕께서 이날을 택하심이 참으로 기이합니다![4] 왕께서는 급히 서두르셔서 수레도 사람도 빨리 달려야 합니다."

구천은 말을 채찍질하여 수레가 날듯이 궁궐로 돌아왔다. 오나라는 백 리 땅을 월나라에 봉해주어 동쪽으로는 탄독炭瀆[5], 서쪽으로는 주종周宗[6], 남쪽으로는 구승산勾嵊山[7], 북쪽으로는 동해[8]까지 다다랐다.

구천이 범려에게 말하였다.

"내가 몇 년 동안 굴욕을 당하여 죽을 만한 형편이었으나 다행히 상국相國의 책략 덕분에 다시 남쪽 고향으로 돌아왔다. 이제 도성都城을 정하고 성곽을 세우려 하나 백성이 부족하여 그들만으로 토목공사를 하여서는 건설할 수 없으니 어찌하면 좋은가."

"요(唐)와 순(虞)[9]은 도성 세울 장소를 점쳤으며, 하夏와 은殷은 도성 가장자리에 흙더미를 쌓아 경계로 삼았으며, 고공단보古公亶甫는 주원周原에 성곽을 쌓아 위세가 만 리 밖을 굴복시키고 덕이 팔방의 끝까지 미쳤습니다. 어찌 강적을 깨뜨려 이웃 나라만 빼앗으려 했겠습니까."

"나는 선왕의 제도를 계승하지도 못하였으며 덕을 닦아 스스로 지키지도 못하였다. 백성은 뿔뿔이 흩어져 도망하고 나 자신은 회계산會稽山에 거처하였으며 은혜를 구걸해 목숨을 구하기 위해 치욕을 당하며 오나라 궁궐에 갇혔다. 다행히 귀국하였을 뿐 아니라 오왕은 나에게 백 리를 봉해주었다. 이제 선왕의 뜻을 좇아 다시 회계로 올라가게 되었으니[10] 오나라의 땅은 포기해야 한다."

"옛날에 공유公劉는 태邰를 떠나서야 덕이 하夏에서 빛났으며 고공단보는 땅을 양보하고 기산으로 가서 이름을 날렸습니다. 지금 대왕께서는 나라를 세우고 도시를 건설하려 하시면서 적국 지역은 내버려두시고, 평탄한 도시에 거주하지 않으며, 사방으로 통하는 땅을 점유하지 않으시는데 장차 어떻게 패왕의 업을 세우시겠습니까."

"과인은 아직 계획을 결정하지 못하였다. 성을 쌓고 곽을 세우고 이려里閭를 나누어 세우는 것을 상국에게 맡기려 한다."

범려는 천문天文을 관찰하여 자궁紫宮[11] 별자리를 본떠 소성小城을 지었다.[12] 둘레가 1,122보步[13]에 한쪽이 둥글고 삼면이 반듯하였다. 서북에 나는 용의 날개 같은 누각을 세워 천문을 본떴다. 두 마리가 꿈틀거리며 용마루를 감아 올라가게 하여 용의 뿔을 본떴다. 성의 동남에 땅속으로 감추어져 흐르는 돌구멍을 내어 대지의 문을 본떴다. 육지[14]의 성문은 사방으로 통하여 팔방에서 불어오는 바람(八風)을 본떴다. 외곽은 성담을 쌓고 서북쪽은 터서 오나라에 복종하여 섬긴다는 것을 나타냈으며 감히 막지 못하였다.[15] 내심 오나라를 공격하여 정복하려고 서북쪽을 텄으나 오나라는 이런 뜻을 알지 못하였다. 월나라는 북쪽을 향해 신하를 칭하고 오나라에 운명을 맡겼다. 이 때문에 성 안의 배치는 좌우 자리를 바꿔 제 위치를 차지하지 못하여 자신은 신하가 되었음을 나타냈다. 성곽이 세워지자 괴산怪山이 저절로 도래하였다. 괴산은 원래 낭야군琅琊郡 동무현東武縣의 바다 가운데 있는 산인데 어느 날 저녁에 스스로 날아와서 백성이 괴이하게 여겼으므로 괴산[16]이라고 이름 지었다. 거북이 몸처럼 생겨서 구산龜山이라고도 불렀다. 범려가 말하였다.

"신은 성을 쌓는 데 천의天意를 따랐습니다. 그렇기 때문에 곤륜崑崙의 형상도 여기에 다 있습니다."

구천이 말하였다.

"과인이 들으니, 곤륜산은 하늘과 땅을 받치는 기둥으로, 위로는 황천을 받들어 세상에 기를 토하며, 아래로는 후토后土[17]가 거처하여 만물을 모두 포용한다. 성인聖人을 키우고 신선을 낳으며 제왕을 기르는 곳이다. 따라서 오제五帝가 북쪽에 있고 삼왕三王은 그 가운데에 기거한다. 반면 우리 나라는 천지의 땅 가운데 편벽한 동남 귀퉁이에 자리 잡아 북두성, 북극성이 북쪽에 멀리 떨어져 있으니 비천한 도성이 아니겠는가. 어찌 제왕帝王 도성과 융성함을 비교하겠는가."

"군주께서는 겉에 드러난 것만 보고 안의 실질을 보지 않으셨습니다. 신은 천문을 본떠 성곽을 만들고 후토의 기에 합하여 악嶽의 형상을 이미 설치하였기 때문에 곤륜의 형상이 나오는 것이며, 이렇게 본다면 월이 패업을 이룰 것입니다."

"진실로 상국의 말대로라면 그대로 명한다."

"천지간의 만물은 이름을 지어 그 실체를 드러냅니다."

이에 괴산을 동무산東武山이라고 부르고 유대游臺를 그 위에 세웠다. 동남에 사마문司馬門을 만들고, 삼 층 누각을 세워 산마루에 관冠처럼 얹고 천문을 관측하는 영대靈臺로 삼았다.[18] 회양淮陽에 이궁離宮[19]을 건축하고 고평高平에 중숙대中宿臺[20]를 만들었으며 성구成丘에 가대駕臺[21]를 만들었다. 낙야樂野[22]에 수렵장을 세웠으며 석실石室[23]에 연대燕臺[24]를 만들고 금산襟山에 재대齋臺를 건조하였다[25]. 구천이 나들이를 나가면 석실에서 쉬며 얼음 동굴(氷廚)[26]에서 음식을 먹었다.

8-2

구천은 상국 범려, 대부 문종, 대부 영郢을 불러 물었다.

"내가 오늘 명당明堂[27]에 올라 국정에 임하여, 은혜를 베풀고 명령을 내려 백성을 위무하고자 하는데 어떤 날이 좋은가. 세 성신聖臣[28]이 기강을 파악해주기 바라오."

범려가 답하였다.

"오늘은 병오일丙午日입니다. 병丙은 양기陽氣의 주장主將입니다.[29] 이날이 길하며 또한 시진이 좋으니 이날이 적당하다고 생각합니다. 시작하는 날은 없으나 끝나는 날은 있어서[30] 천하의 가운데를 얻을 수 있습니다[31]."

대부 문종이 말하였다.

"앞의 수레가 엎어지면 뒤에 오는 수레는 반드시 경계해야 하니[32] 왕께서는 깊이 살피시기 바랍니다."

범려가 말하였다.

"문종은 본래 한두 가지 사정을 따져 보지 않았습니다. 왕께서는 오늘 병오일에 다시 처음으로 돌아가 정사에 임하시어 그 근본을 구원하려 하시니[33] 이는 첫 번째로 마땅한 이유입니다. 금덕金德이 시작하는 날인 경자庚子를 다스리고, 오늘 화덕火德인 병오가 끝나는 날인 신해辛亥를 구하니[34] 이는 두 번째로 마땅한 까닭입니다. 금덕의 우환을 쌓아 수덕水德으로 옮겨갔으니[35] 이는 세 번째로 마땅한 이유입니다. 군신이 차별이 있으며 그 도리를 잃지 않으니 이는 네 번째로 마땅한 이유입니다. 마지막으로 왕과 재상이 함께 일어나 천하의 통치 질서를 세웠으니 이 또한 마땅합니다. 왕께서는 급히 명당에 올라가 정사에 임하십시오."

구천은 이날 정사를 돌보는 데 삼가고 소심하였으며, 나가서는 감히 거만하지 못하고 들어와서도 감히 방종하지 않았다.

구천이 오나라에 복수할 것을 생각하는 것이 하루아침의 일이 아니었다. 몸을 고단하게 하며 마음으로 애쓰고 밤을 새워 날을 맞으며 일하였다. 눈이 감기면 여뀌(蓼)[36]로 괴롭히고 발이 추우면 물에 담갔다. 겨울에는 항상 얼음을 안았으며 여름에는 도리어 불을 곁에 두었다. 마음에는 근심과 걱정이 가득하였으며, 문지방에 쓸개를 매달아 놓고 드나들며 끊임없이 입으로 맛보았다. 밤중에 몰래 눈물을 흘리며 울다가 울부짖었다. 이에 군신들이 모두 말하였다.

"군왕께서는 무슨 근심이 그리도 심하십니까. 복수하고 적국을 모의하는 것은 군왕이 걱정할 바가 아니며 본래 신하의 급무입니다."

"오왕은 그의 용체龍體[37]에 옷 입기를 좋아하니 나는 칡(葛)[38]을 캐 여공을 시켜 고운 갈포를 짜게 하여 그 옷을 바쳐 오왕의 환심을 얻으려는데 어떻겠는가."

"좋은 생각입니다."

구천은 전국의 남녀를 시켜 산에 들어가 칡을 캐[39] 누런 갈포를 짜게 하였다.

오왕에게 바치려 하였으나 아직 사신을 보내지 않았는데 오왕이 듣기에, 구천은 전심으로 스스로 분수를 지켜 밥을 먹을 때는 두 가지 이상 반찬을 먹지 않으며 옷도 두 가지 이상의 색깔 옷을 입지 않고 오대五臺에서 놀 수 있으나 하루도 올라가 논 적이 없다고 하였다.

"나는 이 때문에 서신書信을 내려 봉지封地를 늘려 주고자 한다."

그래서 동쪽으로는 구장勾章과 용강甬江에 이르고 서쪽으로는 취리檇里에 이르며 남쪽으로는 고말姑末[40]에 이르고 북쪽으로는 평원平原[41]에 이르러 종횡으로 팔백여 리가 되었다.

구천은 대부 문종을 보내 갈포葛布 십만 필, 꿀 아홉 통(櫝), 무늬 있는 대나무 상자 일곱 개, 여우 가죽 다섯 쌍雙, 화살용 대나무[42]로 만든 배 열 척을 바침으로써 오왕이 봉지를 증가시킨 데에 보답하는 예를 갖추었다.

오왕이 이를 받고 말하였다.

"월나라는 변방의 먼 나라로 진귀한 것이 없다고 여겼는데, 오늘 나라의 공물을 모두 내어 보답하는 예를 갖추었다. 이는 월나라가 세심하게 자신의 직무를 생각하고 오나라를 잊지 않고 있다는 증거이다. 월나라는 본래 건국할 때 천 리에 달하였다. 내가 봉지를 주기는 했으나 아직 원래의 영토를 다 회복하지는 못하였다."

오자서가 이 말을 듣고 조정에서 물러나와 집에 누워 시종에게 말하였다.

"우리 군주가 석실에 가둔 죄수를 놓쳐 남쪽 숲 속에 풀어주었다. 만약 그가 단지 호랑이와 표범이 다니는 들판을 의지하여 황무지 변방의 풀과 더불어 지낸다면야 내가 보기에 그는 아무런 해가 될 수 없겠지."

오왕은 갈포를 헌상받은 후 또다시 월의 봉지를 더해주고 왕의 수레에 다는 새털 장식, 책상과 지팡이, 제후의 복장을 내렸다. 월나라 사람들이 크게 기뻐하였다.

칡을 캐던 한 여인이 구천이 마음 쓰는 수고를 애처롭게 생각하여 〈고심苦心의 노래〉[43]를 읊었다.

칡의 꽃받침[44]과 덩굴이 어지럽게 무성한데
우리 군주 마음 괴로우니 운명이 바뀌었네.
쓸개를 핥아도 쓰지 않으며 엿처럼 달게 여기고
우리에게 갈마를 채취해 실을 잣게 하네.
배고파도 먹을 겨를 없으며 사지는 고단하건만
여공들이 지체 않고 갈포를 짜네.
비단보다 부드럽고 가벼워 구름처럼 나부끼어
생명주 갈포라 부르며 오왕께 바치려 하네.
월왕은 기뻐하며 죄악 다스리는 것도 잊고
오왕은 즐거워하며 편지를 날려 보내네.
봉지를 늘려 주고 깃털 장식 깃발, 진기한 것 내리니
책상, 지팡이, 수레깔개, 요, 제후의 복장일세.
신하들은 절하며 춤을 추고 월왕은 얼굴을 폈으니
우리 왕에게 무슨 근심인들 변하지 않으리.

8-3

이에 구천은 안으로 덕을 닦고, 밖으로 교화를 펼쳤다. 군주는 교령

敎令을 내리면서도 교령이라 하지 않았으며, 신하는 계책을 세우면서도 모의한다 하지 않았으며, 백성은 사역하면서도 사역이라 하지 않았으고, 관리는 일하였지만 군주를 섬긴다 하지 않았다. 나라 안이 평온하고 정책법령도 없었다. 구천은 창고를 채우고 밭을 개간하였다. 백성은 부유하고 나라는 강성하였으며, 백성은 편안하고 정치의 원칙이 관철되었다. 구천은 여덟 신하[45]와 네 벗을 스승으로 삼고 항상 정사에 대해 물었다. 대부 문종이 말하였다.

"백성을 사랑할 뿐입니다."

"어떻게 해야 하는가."

"그들을 이롭게 하며 손해를 끼치지 말고, 일을 이루게 하며 망치지 말고, 살리며 죽이지 말고, 나눠주며 빼앗지 않는 것입니다."

"더 들어보고 싶다."

"백성이 좋아하는 것을 빼앗지 않는 것이 곧 이롭게 하는 것입니다. 백성이 농사지을 때를 잃지 않게 하는 것이 곧 일을 이루어주는 것입니다. 형을 줄이고 벌을 면하게 하는 것이 곧 살리는 것입니다. 세금 거두는 것을 가볍게 하는 것이 곧 나눠주는 것입니다. 누대樓臺를 많이 만들어 놀러 나가지 않는 것이 곧 즐겁게 하는 것입니다. 안정하며 가혹하지 않은 것이 곧 기쁘게 하는 것입니다. 백성이 좋아하는 것을 잃게 하는 것이 곧 해치는 것입니다. 농부가 농사지을 때를 잃게 하는 것이 곧 망치는 것입니다. 죄를 지었는데 사면하지 않는 것이 곧 죽이는 것입니다. 세금을 무겁게 부과하고 후하게 거두어들이는 것이 곧 빼앗는 것입니다. 누대를 많이 만들어 놀면서 백성을 피곤하게 하는 것이 곧 고통스럽게 하는 것입니다. 백성의 힘과 재력을 수고롭게 하고 어지럽히는 것이 곧 분노하게 하는 것입니다. 신이 들으니, 나라를 잘 다스리는 자는 부모가 자식을 사랑하고 형이 동생을 사랑하는 것처럼 백성을 대우하고 그들에게서 배고프고 춥다는 말을 들으면 애통해하고 그들이 수고하는 모습을 보면 슬퍼한다고 합니다."

구천은 형벌을 완화하여 처벌을 경감하고 세금을 줄였다. 이에 백성은 풍족해지고 모두 갑옷을 입고 적진에 뛰어드는 용맹이 생겼다.

9년(기원전 488년) 정월, 구천이 다섯 대부를 불러 말하였다.

"옛날에 월나라는 종묘를 버리고 달아났으며 이 몸은 곤궁한 노복이 되어 천하에 수치스런 소문이 났으며 치욕이 제후들에게 퍼졌다. 지금 과인이 오나라에 복수할 것을 생각하는 것은 앉은뱅이가 달리는 것을 잊지 못하고 맹인이 보는 것을 잊지 못하는 것과 같다. 나는 적당한 방안을 알지 못하니 대부들이 가르쳐주기 바라오."

대부 부동扶同이 말하였다.

"전에 월나라가 망해서 백성이 떠돌았다는 것을 천하에 알지 못하는 사람이 없습니다. 지금 계책을 세우고자 하면 그 말을 먼저 누설시켜서는 안 됩니다. 신이 들으니, 공격하는 새는 행동하려고 먼저 엎드립니다. 맹수는 장차 공격하려 할 때, 반드시 털을 늘어뜨리고 엎드립니다. 매는 낚아채려 할 때, 반드시 낮게 날며 날개를 거두어들여 움츠립니다. 성인은 행동하려 할 때, 반드시 말을 순하게 하여 대중과 화합한다고 합니다. 성인의 모의는 그 형상을 볼 수 없으며 그 사정을 알 수 없습니다. 전쟁이 일어나기를 기다렸다가 공격하기 때문에 앞에는 전진을 막는 병사가 없으며, 뒤에는 매복하였다가 공격당하는 우환이 없습니다. 지금 대왕께서 적에 대면하여 오나라를 파괴하려면 당연히 말을 줄여 적게 말하며 새나가지 않게 해야 합니다. 신이 들으니, 오왕의 군대는 제齊, 진晉과 강함을 다투며[46] 초楚와는 원수를 맺었다고 합니다. 대왕께서는 마땅히 제나라와는 친하고 진나라와 깊게 결탁하며, 초나라와는 은밀하게 관계를 공고히 하고 오나라를 후하게 섬기십시오. 오왕의 성정은 사나우며 교만하고 스스로 자랑하니 반드시 제후를 가볍게 여기고 주변 나라를 멸시할 것입니다. 제, 진, 초 삼국이 득실을 저울질해 보고는 도리어 오나라의 적국이 되어, 반드시 세력을 각축하며 서로 다툴 것입니다. 월나라는 오나라가 피로할 때를 틈타 공격하면 이길 수 있습니다. 오제五帝가 전쟁을 한다 하더라도 이러한 모략보다 더할 수는 없습니다."

범려가 말하였다.

"신이 들으니, 다른 나라를 모의하고 적을 파괴시켜 행동할 때는 그 징조를 관찰한다고 합니다. 그렇기 때문에 맹진孟津[47] 회맹에서 제후들이 가可하다고 하였으나 무왕武王은 사양하였습니다.[48] 이제 오나라와 초나라는 원수지간이 되어 원한을 풀지 않았습니다. 제나라는 비록 오나라와 친하지는 않으나 표면상으로는 오나라에 구원을 보냅니다. 진나라는 비록 오나라와 친밀하지는 않지만 오히려 그들 자신의 도의를 수행합니다. 오나라의 신하들은 모의하여 그 책략을 결정하며 보고하고 이웃 나라와 교류하면서는 그들의 도움을 끊지 않으니, 이 때문에 바로 오나라가 패업을 일으키고 제후들이 오왕을 높이 우러르고 존중하는 것입니다. 신이 들으니, 가파르고 높은 산은 무너질 수 있으며, 잎이 무성한 가지는 꺾일 수 있으며, 해가 정오에 오면 넘어가고 달이 차면 이지러집니다. 사계절은 함께 번성하지 못하며, 금, 목, 수, 화, 토 다섯 행성은 함께 달리지 못합니다. 음양은 번갈아 강성해지며 기에도 성쇠가 있습니다. 따라서 제방을 넘은 물은 그 흐르는 양을 억제하지 못하며, 다 타버린 재는 다시 타오르지 못합니다. 파도가 고요해지면 멀리 덮치는 성난 파도가 없으며, 불길이 소멸하면 머리카락조차 태울 만한 열이 없다고 합니다. 지금 오나라는 제후의 위세를 빌려 천하에 호령하고 있으나 덕은 가볍고 은혜는 얕으며, 갈 길은 좁은데 그들을 원망하는 사람들은 널리 있으며, 권세는 높으나 지혜는 이미 쇠퇴하였고 힘은 이미 다 썼는데 위세는 꺾였으며, 군대는 좌절하여 후퇴하고 사병들은 이미 사방으로 흩어져 와해하였음을 알지 못합니다. 신이 청하옵건대 군사들을 어루만지고 무기를 정돈하여 오나라가 쇠하여 패하는 것을 기다렸다가 기회를 봐서 공격하십시오. 병기에 피를 묻히지 않고 병사가 아직 발꿈치를 돌리지 않아도 오나라의 군신은 포로로 잡힐 것입니다. 신이 원하옵건대 대왕께서는 소리를 숨기시고 동정을 보이지 말아서 조용히 무위無爲한 모습을 보이십시오."

대부 고성苦成이 말하였다.

"물은 초목을 띄울 수 있으나 또한 잠기게 할 수도 있습니다. 대지는 만물을 생장하게 할 수 있으나 또한 죽일 수도 있습니다. 강과 바다는 계곡 아래에 있으나 또한 계곡의 물을 흘러 들어오게 할 수 있습니다. 성인은 대중을 따를 수 있으나 또한 부릴 수도 있습니다. 지금 오나라는 합려의 군사 제도와 오자서의 법령, 교화를 계승하였으며 정치는 화평하여 아직 쇠퇴하지 않았으며 전쟁에서 이겨 아직 패하지 않았습니다. 태재 백비라는 자는 사리분별이 되지 않으며 아첨에 능한 사람으로 모략에는 통달하지만 조정의 정사를 경시합니다. 오자서는 전쟁에 힘쓰고 목숨을 걸고 오왕에게 간하는 자입니다. 두 사람이 함께 균형을 이루는 정세는 반드시 괴멸할 때가 있을 것입니다. 왕께서는 마음을 비우고 자신을 숨겨 계획을 내비치지 마시기 바랍니다. 그러면 오나라는 멸망시킬 수 있을 것입니다."

대부 호浩가 말하였다.

"지금 오나라를 보니 군주는 교만하고 신하는 사치하며, 백성은 배부르고 군대는 대담하며, 적국이 변경을 침범하고 국내에는 신하들이 권력을 다투어 요동하니 공격할 만합니다."

대부 구여句如[49]가 말하였다.

"하늘에는 사시四時가 있고 사람에게는 오덕五德[50]이 있습니다. 과거에 탕湯과 주무왕周武王은 사시의 이로움을 틈타 하와 은을 제압하였습니다. 제환공과 진목공은 오덕 상승의 유리함에 의지하여 육국六國[51]을 늘어 세웠습니다. 이는 그 시기를 틈타 이긴 것입니다."

구천이 말하였다.

"지금 우리는 아직 사시의 이로움과 오덕상승의 유리한 시운時運이 있지 않으니, 각기 자신의 직무로 돌아가기 바라오."

原文

8-1

越王勾踐臣吳至歸越, 勾踐七年也. 百姓拜之於道, 曰“君王獨無苦矣! 今王受天之福, 復於越國, 霸王之跡自斯而起.” 王曰“寡人不慎天教, 無德於民. 今勞萬姓擁於岐路, 將何德化以報國人.” 顧謂范蠡曰“今十有二月, 己巳之日, 時加禺中, 孤欲以此到國, 何如.” 蠡曰“大王且留, 以臣卜日.” 於是范蠡進曰“異哉! 大王之擇日也. 王當疾趨, 車馳人走.” 越王策馬飛輿, 遂復宮闕. 吳封地百里於越, 東至炭瀆, 西止周宗, 南造於山, 北薄於海.

越王謂范蠡曰“孤獲辱連年, 勢足以死, 得相國之策, 再返南鄉. 今欲定國立城, 人民不足, 其功不可以興, 爲之柰何.” 范蠡對曰“唐, 虞卜地, 夏, 殷封國, 古公營城周雒, 威折萬里, 德致八極, 豈直欲破彊敵收鄰國乎.” 越王曰“先君無餘, 國在南山之陽, 社稷宗廟在湖之南[1], 孤不能承前君之制, 修德自守, 亡眾破軍[2], 棲於會稽之山, 請命乞恩, 受辱被恥, 囚結吳宮. 幸來歸國, 追以百里之封, 將遵前君之意, 復於會稽之上, 而宜釋吳之地.” 范蠡曰“昔公劉去邰而德彰於夏, 亶父讓地而名發於岐. 今大王欲[3]國樹都, 并敵國之境, 不處平易之都, 據四達之地, 將焉立霸王之業.” 越王曰“寡人之計未有決定. 欲築城立郭, 分設里閭, 欲委屬於相國.”

於是范蠡乃觀天文, 擬法於紫宮, 築作小城, 周千一百二十二步, 一圓三方. 西北立飛翼[4]之樓, 以象天門. 爲兩蟉繞棟, 以象龍角[5]. 東南伏漏石竇, 以象地戶. 陵門四達, 以象八風. 外郭築城而缺西北, 示服事吳也, 不敢壅塞. 內以取吳, 故缺西北, 而吳不知也. 北向稱臣, 委命吳國, 左右易處, 不得其位, 明臣屬也. 城既成, 而怪山自至[6]. 怪山[7]者, 琅琊東武海中山也. 一夕自來, 百姓怪之[8], 故名怪山. 形似龜體, 故謂龜山[9]. 范蠡曰 "臣之築城也, 其應天矣. 崑崙之象存焉." 越王曰 "寡人聞崑崙之山, 乃天地之鎭柱[10], 上承皇天, 氣吐宇內, 下處后土, 稟受無外. 滋聖生神, 嘔養帝會. 故五[11]帝處其陽陸, 三王居其正地. 吾之國也, 扁[12]天地之壤, 乘東南之維, 斗去極北, 非糞土之城. 何能與王者比隆盛哉." 范蠡曰 "君徒見外, 未見於內. 臣乃承天門制城, 合氣於后土, 嶽象已設, 崑崙故出, 越之霸也." 越王曰 "苟如相國之言, 孤之命也." 范蠡曰 "天地卒號, 以著其實." 名東武, 起游臺其上, 東南爲司馬門, 立增樓冠其山巓, 以爲靈臺. 起離宮於淮陽, 中宿臺在於高平, 駕臺在於成丘, 立苑於樂野, 燕臺在於石室, 齋臺在於襟山. 勾踐之出游也, 休息石臺[13], 食[14]於冰[15]廚.

8-2

越王乃召相國范蠡, 大夫種, 大夫郢, 問曰 "孤欲以今日上明堂, 臨國政, 布[16]恩致令, 以撫百姓, 何日可矣. 惟三聖紀綱維持." 范蠡曰 "今日丙午日也. 丙, 陽將也. 是日吉矣, 又因良時, 臣愚以爲可. 無始有終, 得天下之中." 大夫種曰 "前車已覆, 後車必戒. 願王深察." 范蠡曰 "夫子故不一二見也. 吾王今以丙午復初臨政, 解救其本, 是一宜. 夫金制始, 而火救其終, 是二宜. 蓄金之憂, 轉而及水, 是三宜. 君臣有差, 不失其理, 是四宜. 王相俱起, 天下立矣, 是五宜. 臣願急升明堂臨政." 越王是日立政, 翼翼小心, 出不敢奢, 入不敢侈.

越王念復吳讎非一旦也. 苦身勞心, 夜以接日. 目臥則攻之以蓼, 足寒則漬之以水. 冬常抱冰, 夏還握火. 愁心苦志, 懸膽於戶, 出入嘗之, 不絶於口. 中夜潸泣, 泣而復嘯. 於是群臣咸曰 "君王何愁心之甚. 夫復讎謀敵, 非君王之憂, 自臣下急務也[17]."

越王曰 "吳王好服之離體, 吾欲采葛, 使女工織細布獻之, 以求吳王之心, 於子何如." 群臣曰 "善." 乃使國中男女入山采葛, 以作黃絲之布.

欲獻之, 未及遣使, 吳王聞越王盡心自守, 食不重味, 衣不重綵, 雖有五臺之游, 未嘗一日登玩. "吾欲因而賜之以書, 增之以封." 東至於勾甬, 西至於檇李, 南至於姑末, 北至於平原, 縱橫八百餘里.

越王乃使大夫種賚[18]葛布十萬, 甘蜜九欓[19], 文笥七枚, 狐皮五雙, 晉竹十廋[20], 以復封禮[21]. 吳王得之, 曰 "以越僻狄[22]之國無珍, 今舉其貢貨而以復禮, 此越小心念功, 不忘吳之效也. 夫越本興國千里, 吾雖封之, 未盡其國." 子胥聞之, 退臥於舍, 謂侍者曰 "吾君失其石室之囚, 縱於南林之中, 今但因虎豹之野而與荒外之草, 於吾之心, 其無損也."

吳王得葛布之獻, 乃復增越之封, 賜羽毛之飾, 机杖, 諸侯之服. 越國大悅.

采葛之婦, 傷越王用心之苦, 乃作《苦之詩》[23], 曰

葛不連蔓棻[24]台台, 我君心苦命更之.
嘗膽不苦甘如飴[25], 令我采葛以作絲.
饑不遑食四體疲[26], 女工織兮不敢遲.
弱於羅兮輕霏霏, 號絺素兮將獻之.
越王悅兮忘罪除, 吳王歡兮飛尺書.
增封益地賜羽奇, 机杖茵褥諸侯儀.
群臣拜舞天顏舒, 我王何憂能不移.

8-3

於是越王內修其德, 外布其道, 君不名教, 臣不名謀, 民不名使, 官不名事. 國中蕩蕩, 無有政令. 越王內實府庫, 墾其田疇, 民富國彊, 眾安道泰. 越王遂師八臣與其四友, 時問政焉. 大夫種曰 "愛民而已." 越王曰 "柰何." 種曰 "利之無害, 成之無敗, 生之無殺, 與之無奪[27]." 越王曰 "願聞." 種曰 "無奪民所好, 則利也. 民不失其時, 則成之. 省刑去罰, 則生之. 薄其賦斂, 則與之. 無多

臺游, 則樂之. 靜而無苛, 則喜之. 民失所好, 則害之. 農失其時, 則敗之. 有罪不赦, 則殺之. 重賦厚歛, 則奪之. 多作臺游以罷民, 則苦之. 勞擾民力, 則怒之. 臣聞善爲國者, 遇民如父母之愛其子, 如兄之愛其弟, 聞其[28]飢寒爲之哀, 見其勞苦爲之悲." 越王乃緩刑薄罰, 省其賦歛. 於是人民殷富, 皆有帶甲之勇.

九年正月, 越王召五大夫而告之曰 "昔者越國遁棄宗廟, 身爲窮虜, 恥聞天下, 辱流諸侯. 今寡人念吳, 猶躄者不忘走, 盲者不忘視. 孤未知策謀, 惟大夫誨之."

扶同曰 "昔者亡國流民, 天下莫不聞知. 今欲有計, 不宜前露其辭. 臣聞擊鳥之動, 故前俯伏[29], 猛獸將擊, 必餌毛帖伏. 鷙鳥將搏, 必卑飛戢翼. 聖人將動, 必順辭和眾. 聖人之謀, 不可見其象, 不可知其情. 臨事而伐, 故前無剽過之兵, 後無伏襲之患. 今大王臨敵破吳, 宜損少辭, 無令泄也. 臣聞吳王兵彊於齊, 晉, 而怨結於楚. 大王宜親於齊, 深結於晉, 陰固於楚, 而厚事於吳. 夫吳之志猛, 驕而自矜, 必輕諸侯而凌鄰國. 三國決權, 還爲敵國, 必角勢交爭. 越承其弊, 因而伐之, 可克也. 雖五帝之兵無以過此."

范蠡曰 "臣聞謀國破敵, 動觀其符. 孟津之會, 諸侯曰可, 武王辭之. 方今吳, 楚結讎, 構怨不解, 齊雖不親, 外爲其救. 晉雖不附, 猶效其義. 夫內臣謀而決讎其策, 鄰國通而不絕其援, 斯正吳之興霸, 諸侯之上尊. 臣聞峻高者隤, 葉茂者摧. 日中則移, 月滿則虧. 四時不并盛, 五行不俱馳. 陰陽更唱[30], 氣有盛衰. 故溢堤之水, 不淹[31]其量, 熻乾之火, 不復其熾. 水靜則無熹毛之怒, 火消則無熹毛之熱. 今吳乘諸侯之威以號令於天下, 不知德薄而恩淺, 道狹而怨廣, 權懸而智衰, 力竭而威折, 兵挫而軍退, 士散而眾解. 臣請按師整兵, 待其壞敗, 隨而襲之. 兵不血刃, 士不旋踵, 吳之君臣爲虜矣. 臣願大王匿聲, 無見其動, 以觀其靜."

大夫苦成曰“夫水能浮草木, 亦能沉之. 地能生萬物, 亦能殺之. 江海能下谿谷, 亦能朝之. 聖人能從眾, 亦能使之. 今吳承闔閭之軍制, 子胥之典教, 政平未虧, 戰勝未敗. 大夫嚭者, 狂佞之人, 達於策慮, 輕於朝事. 子胥力於戰伐, 死於諫議. 二人權, 必有壞敗. 願王虛心自匿, 無示謀計, 則吳可滅矣.”

大夫浩曰“今吳君驕臣奢, 民飽軍勇, 外有侵境之敵, 內有爭臣之震, 其可攻也.”

大夫句如[32]曰“天有四時, 人有五勝. 昔湯, 武乘四時之利而制夏, 殷, 桓, 繆據五勝之便而列六國. 此乘其時而勝者也.”

王曰“未有四時之利, 五勝之便, 願各就職也.”

1 徐天祜에 의하면, 『國語』에 "구천과 범려가 오나라에 신하로 들어갔다가 3년 만에 吳人이 보내줬다"라고 하는데 魯哀公 5년에 해당하므로 이는 勾踐 7년이다. 앞서 구천 5년에 오나라로 들어가는 일을 서술하고 지금 귀국하여 3년이 걸렸다. 그러나 張覺에 의하면, 앞장에서 3월 甲辰에 고향으로 돌아간다고 하였는데 이는 구천 8년의 일이다.

2 10월 己巳日 : 魯哀公 6년(기원전 489년) 12월 27일이다.

3 禺中 : 徐天祜에 의하면, '禺中'은 巳時(오전 9시부터 11시)이다. 『淮南子』에 "臻於衡陽, 是謂禺中. 對於昆吾, 是謂正中"이라고 한다.

4 張覺에 의하면, 『淮南子』 권3 「天文訓」(이하 「天文訓」)에 "辰爲滿, 巳爲平, 主生"이라고 하였으므로 범려는 월왕이 己巳日 巳時를 택한 것을 칭찬하였다.

5 炭瀆 : 徐天祜에 의하면, 『越舊經』에 "炭瀆은 會稽 동쪽 60리에 있다"라고 한다. 『越絶書』에 "勾踐稱炭聚載, 從炭瀆至煉塘"이라고 한다. 『會稽志』에 "炭浦"라고 한다. 炭瀆은 오늘날 浙江 紹興市 동쪽에 있다.

6 周宗 : 張覺에 의하면, '朱室'이라고도 한다. 『水經注』 권40 「浙江水」, 「許愼」, 「晋灼」는 모두 "江水之山 북쪽에 浙江이 있는데, 江의 西岸에 朱室塢이 있으며, 勾踐이 봉해진 百里가 朱室에까지라고 한 것이 이를 말한다"라고 한다. 오늘날 紹興市 西邊이 고대 浙江의 西岸이다.

7 九嵊山 : 張覺에 의하면, 浙江 諸暨縣 越山鄕의 '勾嵊山'이다. 『國語』 「越語」(이하 「越語」) 上에 "南쪽으로 句无에 이른다"고 하는데 이 산을 이른다.

8 海 : '東海'를 이르며 오늘날 杭州灣, 王盤洋이다.

9 唐은 전설시대 堯를 수령으로 하는 陶唐氏 부락이며, 虞는 전설시대 舜를 수령으로 하는 有虞氏 부락이다.

10 會稽 : 『越絶書』 권8 「外傳記地傳」(이하 「外傳記地傳」)에 "會稽山上城은 勾踐이 吳와 전쟁하여 크게 패하고는 그 가운데 거처하였다"라고 한다. 會稽山上城의 위치에 관해 오늘날 平陽村으로 추정하기도 하는데, 양편에 산이 천연의 城牆과 같이 솟아 있다. 1970년대 이후 춘추전국시대의 印紋陶罐, 壜(담 : 술병), 釉陶碗, 盉, 鉢, 豆, 盅 그리고 靑銅劍, 矛, 靑銅工具 등이 상당수 발견되었다(方杰, 150~151쪽).

11 紫宮 : 紫微, 성좌 이름이다. 『史記』 권27 「天官書」에 의하면, 太一이 머무는 天極星을 비롯해 그 주위의 三公, 子屬, 妃, 後宮, 藩臣에 해당하는 별들을 아울러 紫宮이라고 한다.

12 勾踐小城의 위치에 관해 山會平原 위에 아홉 구릉을 중심으로 오늘날 紹興 지역의 府山 東南 기슭에 도성을 건조하였다고 추정한다. 오늘날 府山은 越 大夫 文種을 장례지냈다는 '種山', 즉 '重山'이다. 이 越小城은 이후 역대 왕조에서 계속 修築되었으며 明

淸시대에는 小城궁대의 옛터에 府治를 건설하였다. 紹興 府山 부근에서 春秋戰國시대의 印紋陶, 原始瓷와 泥質黑陶 등이 발굴되었으며 이 가운데 碗, 杯, 盅, 罐, 盆 등 생활용구가 다수를 차지하여 성내에 거주 인구가 비교적 밀집되었음을 증거하고 있다(林華東, 「越國都城探硏」, 『紹興師專學報』 제1기).

13 1,122步 : 약 1.5킬로미터. 「外傳記地傳」에 의하면, 勾踐小城은 山蔭城인데 주위가 2里 223步(약 1.3킬로미터)라고 한다.

14 원문에 '陵門四達'이라고 하나 孫詒讓에 의하면, 「外傳記地傳」에 "陸門四, 水門一"이라고 하여 '陵'은 '陸'이라고 해야 한다.

15 「外傳記地傳」에 "山蔭大城은 范蠡가 세운 것이다. 오늘날 蠡城이라고 전해진다. 陸門이 셋, 水門이 셋이며, 서북을 텄다"라고 한다.

16 怪山 : 徐天祜에 의하면, '龜山'인데 紹興 동남 2리에 있으며 飛來, 일명 寶林이라고 한다. 『越絶書』에 "龜山, 勾踐所起游臺也"라고 하며, 『太平寰宇記』에 "龜山 卽瑯琊 東武山, 一夕移於此"라고 한다. 『水經注』 권40, 『藝文類聚』 권8, 『太平御覽』 권47, 『太平寰宇記』 권96에 의하면, '怪山'은 琅邪 東武의 "海中山"이다. 張覺에 의하면, 오늘날 '搭山'이라고 하며 紹興市 남쪽에 있으며, 산꼭대기에 '寶林寺'가 있어 寶林山이라고도 한다.

17 后土 : 토지를 맡은 신.

18 徐天祜에 의하면, 『水經注』(「浙江水」)에 "怪山은 越이 산 위에 靈臺를 세우고 또 三層樓를 만들어 구름을 바라보았다"라고 한다. 「外傳記地傳」에 "龜山은 勾踐이 怪游臺를 세운 곳이다. 동남에 司馬門이 있어 龜占을 쳤다. 또 天氣를 바라보고 일월성신 운행의 기이한 변화를 관측하였다. 臺의 높이는 46丈 5尺 2寸이며, 주위는 532步이며 오늘날 東武里이다"라고 한다. 당시 吳越의 건축기술은 高臺 建築이 가능하였던 듯하다.

19 離宮 : 徐天祜에 의하면, 「外傳記地傳」에 "離臺는 둘레가 560步이며 淮陽里 언덕 위에 있다"라고 한다. 『越舊經』에 "淮陽宮은 會稽縣 東南 3里에 있다"라고 한다.

20 中宿臺 : 徐天祜에 의하면, 『越絶書』에 "中指臺"라고 한다. 「外傳記地傳」에 "中指臺는 馬丘에 있는데 둘레가 600步이며 高平里 언덕 위에 있다"라고 한다. 『越舊經』에 "中宿은 會稽縣 동쪽 7里에 있다"라고 한다.

21 駕臺 : 越王이 車馬를 세워 놓는 곳. 徐天祜에 의하면, 『越絶書』에 "駕臺馳於離丘"라고 한다. 「外傳記地傳」에 "賀臺는 둘레가 600步이며 오늘날 安城里에 있다"라고 한다.

22 樂野 : 徐天祜에 의하면, 「外傳記地傳」에 "월의 사냥터이다. 크게 즐거우므로 樂野라고 한다. 그 산 정상에 石室이 있는데 구천이 쉬며 모의하던 곳이다"라고 한다. 『十道志』에 "樂野는 勾踐이 이 野를 苑林으로 삼았으며 지금의 樂瀆村이다"라고 한다. 오늘날 禹陵鄕 陵江村에 있으며, 이곳에 있는 鹿池山은 원추형으로 산의 높이가 33.5미터 산지 면적은 약 3만 제곱미터 정도이다. 개간 중에 지하에서 큰 나무뿌리가 무수히 발견되어 예전에 산림이 우거진 곳임을 알 수 있다. 鹿池山南과 淩家山이 서로 접해 둥근 弧形을 이루며 兩山 사이에 예전에 계곡이 흘러 苑有의 좋은 조건을 갖추었다(方杰, 170쪽).

23 石室 : 오월 지역에는 아직 그 용도를 확정할 수 없는 고대 石室이 종종 발견된다. 鹿池山 서남 500~600미터 떨어진 곳에 작은 산이 있는데 聖人山 혹은 梅嶺西山이라고도 하는데 산의 높이는 30미터 정도이다. 산꼭대기에 대형 石室 건축이 있는데 석실에 사용된 석재는 넓고 편편하고 바르며, 석실 내부의 殘存 길이는 36미터, 윗너비 0.9미터, 아래너비 2.1미터, 높이 4미터, 실내 면적은 70제곱미터 정도이다(方杰, 171쪽).

24 燕臺 : '燕'은 '宴'과 통하며 월왕이 연회하던 곳이다. 徐天祜에 의하면, 『越舊經』에 "宴臺는 州의 東南 10리에 있다"라고 한다.

25 徐天祜에 의하면, 越에는 襟山이 없다. 「外傳記地傳」에 "稷山은 勾踐의 齋戒臺이다"라고 한다. 그러므로 齋臺라고 하니 '襟'은 '稷'이라고 해야 한다. 稷山은 會稽縣 동쪽 53里에 있다.

26 氷廚 : 徐天祜에 의하면, '氷室'이라고도 하며 음식물을 준비하는 곳이다. 吳에도 氷室이 있었다. 『越絶書』 권2 「記吳地傳」에 "昌門外廓 가운데 冢은 闔廬氷室이다"라고 하며, "巫門 밖 冢은 闔廬氷室이다"라고 한다. 氷廚는 왕실 전용의 冷藏庫이며 청동 혹은 도자로 氷鑒을 만들어 얼음을 채우고 음식물을 얼음물 속에 둔다. 1965년 韓의 수도 新鄭에서 冷廚의 지하건축 및 冷藏井을 발굴하였다. 지하실 가운데 井에서 많은 도자기와 대량의 돼지, 소, 양, 닭 등의 동물 뼈가 발굴되었다(中國社會科學院考古硏究所, 『新中國的考古發現和硏究』, 文物出版社, 1984).

27 明堂 : 고대 제왕이 政敎를 선포하던 장소. 朝會, 祭祀, 慶祝, 選士, 養老, 敎學 등의 大典이 모두 이곳에서 거행되었다.

28 徐天祜에 의하면, 세 聖臣은 위의 세 사람을 이른다. 오자서가 "越에는 聖臣范蠡가 있다"라고 말하였다.

29 원문에 '丙, 陽將也'라고 하는데, 「天文訓」에 의하면, '丙丁'은 오행상 '火'에 해당한다. '丙'은 陽火이며 '丁'은 陰火이므로 '丙'이 陽氣의 主將이 된다. 『廣雅』 釋言 "將, 帥也."

30 원문에 '無始有終'이라고 하는데, 始日은 地支 처음에 있는 子日이며 終日은 地支 끝자리에 있는 亥日을 가리킨다. '午'는 지지의 일곱 번째이므로 이미 子日을 지나고 亥日은 아직 지나지 않았으므로 '無始有終'이라고 한다.

31 '午'는 12地支 가운데 일곱 번째이므로 地支 가운데에 위치하므로 '得天下之中'이라고 한다.

32 『韓詩外傳』 권5에 "或曰 前車覆 而後車不誡 是以後車覆也"라고 한다.

33 원문에 '解救其本'이라고 하는데, 本은 元氣를 말한다. 『素問』 六微旨大論 "所謂本也." 注 "本, 謂元氣也."

34 金制始而火求其終 : '始'는 子日을 가리키며 丙午 전의 子日은 庚子인데, '庚'은 오행상 '金'에 해당하므로 '金制始'라고 한다. '終'은 亥日을 가리키며 丙午 후의 亥日은 辛亥인데 '辛'은 오행상 '金'에 해당하며 金은 刑殺을 주관하므로 길하지 않다. '丙午'는 오행상 '火'에 해당하며 火는 金을 이길 수 있으므로 '火救其終'이라고 한다.

35 蓄金之憂, 轉而及水 : '始'와 '終'이 모두 '金'에 해당하며 '金'은 刑殺을 주관하므로 '蓄金之憂'라고 한다. 그러나 終日 '辛亥'의 다음은 '壬子'인데, '壬子'는 오행상 '水'에 해당하므로 '轉而及水'라고 한다.

36 蓼 : 잎의 맛이 매운 갈대과 풀.

37 원문에 '離體'라고 하는데 張覺에 의하면, '離'는 '螭(뿔없는 용)'와 통하며 오왕을 지칭한다.

38 葛 : 칡. 줄기로는 베를 짜며 '葛布'라고 한다. 徐天祜에 의하면,『詩』毛氏箋에 "葛은 이것으로 絺綌을 만든다"라고 한다.

39 徐天祜에 의하면, 會稽縣에서 동쪽으로 10리에 있다.『越絶書』에 "葛山은 勾踐이 吳를 물리치기 위해 葛을 심어 越女로 하여금 갈포를 짜게 하여 오왕 부차에게 바쳤다"라고 한다.

40 姑末 : 徐天祜에 의하면, 춘추시대 越의 姑蔑이다. 姑蔑이란 지명은 둘 있는데, 하나는 魯나라 卞縣남쪽 姑蔑城이며, 또 다른 越의 姑蔑은 秦대에 會稽에 속하여 太末縣이 되었으며 지금의 衢州이다.

41 平原 : 徐天祜에 의하면,『越絶書』에 "武原"이라고 한다. 지금의 海鹽縣이다. 勾踐의 封地에 관해「越語」上 "勾踐之地, 南之于句无, 北之于御儿, 東至于鄞, 西至于姑蔑, 廣運百里."

42 원문에 '晉竹'이라고 하는데 張覺에 의하면, '晉'은 '箭'과 통하며 竹의 한 품종이며 晉戴凱의『竹譜』에 "箭竹은 높이는 1丈을 넘지 않으며 마디 사이는 3尺이다. 견고하여 화살로 쓰기에 알맞으며 강남의 산에는 다 있는데 會稽에서 나는 것이 가장 좋다"라고 한다.

43 徐天祜에 의하면,『事類賦』인용『吳越春秋』에 "乃作若何之歌"라고 하며『會稽賦』注 인용에도 "乃作何苦之詩"라고 한다. 詩의 제목이 〈어찌할고〉 혹은 〈무엇이 괴로울고〉라고도 하는데 詩의 뜻에 더 합당하다.

44 원문에 '葛不'라고 하는데 張覺에 의하면, '不'는 꽃받침을 뜻하며 '柎'의 古字이다.

45 八臣 : 앞의 글에 의하면, 范蠡, 文種, 扶同, 苦成, 計硯, 皋如, 曳庸, 皓進을 말한다.

46 張覺에 의하면, 오왕 夫差가 齊와 晋과 강함을 다툰 것은 夫差 11년(勾踐 12년, 기원전 485년) 이후의 일인데 지금 구천 9년에 이 일을 쓴 것은 작자가「越王勾踐世家」에 잘못 근거했기 때문이다.

47 孟津 : 나루터 이름인데, 오늘날 河南 孟縣 서남이다. 張覺에 의하면, 周武王이 紂를 정벌할 때, 제후 800명과 여기에서 會盟을 하여 盟津이라고 부른다고 전한다.

48『史記』권4「周本紀」에 의하면, 武王 9년, 동방을 향해가며 閱兵을 하고 盟津에 이르렀다.… 무왕이 황하를 건너는데 배가 강 중간에 이르러 흰 물고기가 왕의 배 안으로 뛰어 오르니, 무왕을 몸을 굽혀 집어 제사를 지냈다. 강을 건넌 후, 불길이 하늘에서 내려와 왕의 집 위에 떨어져 응고해서는 까마귀의 형상이 되었는데, 색은 붉고 떨어질 때 꽈르릉 소리가 났다. 당시 약속을 하지 않고 盟津에 와서 會盟을 한 제후가 800명

이었다. 제후들은 모두 "紂는 토벌할 수 있습니다"라고 말하였다. 무왕은 "그대들은 天命을 알지 못하오. 지금은 아직 행할 만하지 못하다"고 말하고는 군대를 돌려 돌아왔다.

49 句如 : 『左傳』과 『國語』에 "皐如"라고 하는데 張覺에 의하면, 고대 '句'는 '皐'의 음에 가까웠다고 한다.

50 五勝 : 徐天祜에 의하면, 五德이 번갈아 相勝한다. 『史記』 권26 「曆書」에 "秦이 六國을 滅하고는 五勝을 미루어 스스로 水德의 瑞를 얻었다"라고 한다. 『漢書』 권21 下 「律曆志」도 같다. 張覺에 의하면, 秦漢시대의 方士는 金木水火土 五行相勝의 이론으로 왕조의 흥망성쇠를 설명했으니 이것이 '五德佚相勝'이다. 예를 들어 진시황은 周가 火德이고 秦이 水德이라서 周를 이겼다고 여겼다. 그러나 反逆의 설도 있어, 예를 들어 漢은 秦이 手德을 얻었으므로 漢은 火德을 얻었으며 이 때문에 漢은 秦을 이겼다고 했다.

51 六國 : 漢代人들은 6國을 戰國 6國 齊, 楚, 燕, 韓, 魏, 趙를 가리키며, 秦을 더해 7國이라고 한다. 그러나 여기에서 6國은 춘추시대 6國을 의미하나 춘추시대에는 아직 6國의 개념이 정립되지 않았다.

1 先君無余, 國在南山之陽, 社稷宗廟在湖之南 : 『水經注』 권40 漸江水 인용문에 근거해 보충하였다.

2 『四部叢刊』 本에 '破軍' 두 자가 없지만 高廣圻가 본 宋鈔本에 근거한 張覺의 교열에 의해 보충하였다.

3 徐天祜에 의하면, '欲' 자 아래 '立' 자가 있어야 한다.

4 苗麓校點本, 『四部叢刊』 本에 "龍飛翼"이라고 하지만 『藝文類聚』 권63, 『初學記』 권24, 『太平御覽』 권193 인용문에 근거하여 '龍' 자를 삭제하였다. "范蠡爲勾踐立飛翼樓, 以象天門."

5 爲兩蠑繞棟, 以象龍角 : 苗麓校點本, 『四部叢刊』 本에는 본래 이 문장이 없으나 『太平御覽』 권176 인용문에 의해 보충하였다.

6 至 : 苗麓校點本, 『四部叢刊』 本에 "生"이라고 하였으나 『藝文類聚』 권8 인용문에 근거하여 고쳤다. "范蠡作城訖, 怪山自至."

7 怪山 : 苗麓校點本, 『四部叢刊』 本에 "者"자 위에 '怪山' 두 자가 빠졌으나 『太平御覽』 권47, 『水經注』 권40, 『漢書』 권32 「郡國志」 4 補注, 『藝文類聚』 권8, 『太平寰宇記』 권96 인용문에 근거하여 보충하였다. 『太平御覽』 권47 "怪山者, 琅邪東武海中山也. 一夕自來, 百姓怪之, 故曰怪山."

8 百姓怪之 : 苗麓校點本, 『四部叢刊』 本에는 원래 없으나 『藝文類聚』 권8, 『太平御覽』 권47 인용문에 의해 보충하였다.

9 形似龜體 故謂龜山 : 苗麓校點本, 『四部叢刊』 本에는 원래 없으나 『太平御覽』 권47 인용문에 의해 보충하였다.

10 天地之鎭柱 : 苗麓校點本, 『四部叢刊』 本에 "地之柱"라고 하나 『文選』 권22 顔延年 「應詔觀北湖田收」(이하 「應詔觀北湖田收」) 注 인용문에 의해 보충하였다. "崐崙乃天地之鎭柱也. 五帝處其陽陸."

11 五 : 苗麓校點本, 『四部叢刊』 本에는 원래 "五"자가 없으나 「應詔觀北湖田收」 注 인용문에 의해 보충하였다.

12 扁 : 徐天祜에 의하면, '扁' 은 '偏' 이라고 해야 한다.

13 石臺 : 苗麓校點本, 『四部叢刊』 本에는 원래 "石臺"가 없으나 『太平御覽』 권177 인용문에 의해 보충하였다. "勾踐之出遊也, 休息石臺, 食於冷廚."

14 食 : 苗麓校點本, 『四部叢刊』 本에 "食室"이라고 하나 『太平御覽』 권177 인용문에 의해 '室' 자를 뺐다.

15 氷 : 『太平御覽』 권177 인용문에 의하면, '冷' 이라고 한다.

16 布 : 苗麓校點本, 『四部叢刊』 本에 의하면, '布'는 "專"이라고 하나 『太平御覽』 권533, 『藝文類聚』 권38, 『初學記』 권13 인용문에 근거해 고쳤다. 『初學記』 권13 "布恩致令, 以撫百姓."

17 苗麓校點本, 『四部叢刊』 本에 "於是群臣咸曰 … 自臣下急務也"의 문장이 없으나 『太平御覽』 권305 인용문에 의해 보충하였다.

18 賚 : 苗麓校點本, 『四部叢刊』 本에 "索"이라고 하나 『太平御覽』 권 198, 권963 인용문에 의해 고쳤다. 『太平御覽』 권198 "越王乃使大夫種賚葛布十萬, 甘蜜九欓, 文笥七枚, 狐皮五雙, 以報增封之禮."

19 欓 : 苗麓校點本, 『四部叢刊』 本에 "黨"이라고 하나 『太平御覽』 권198, 권759 『北堂書鈔』 권147 인용문에 의해 고쳤다. 徐天祜에 의하면, 『韻會』에서 인용한 『吳越春秋』에 "越은 甘密丸欓으로 오나라가 봉지를 늘려준 예에 보답하였다"고 하여 欓은 越椒이다. 이 책에는 '丸欓' 두 자가 없으니 아래 문장의 文笥類는 모두 숫자로 계산을 했으므로 '甘密'도 '丸䒰'이라고 해야 한다. 『玉篇』에 "䒰은 丁盎切, 盆也"라고 하는데 여기 '党'자는 잘못되었다.

20 庱 : 徐天祜에 의하면, 搜(艘:배 소)라고 해야 한다. 『漢書』 「溝洫志」에 "漕船五百搜"라고 한다.

21 『太平御覽』 권198 인용문에 "以報增封之禮"라고 하여 뜻이 더 분명하다.

22 狄 : 徐天祜에 따르면, '狄'은 '狹'이라고 해야 하나 盧文弨에 의하면, '逖'이라고 해야 한다.

23 『北堂書鈔』 권106, 『太平御覽』 권571, 『事類賦』 권11 注 인용문에는 《若何之歌》라고 한다. 한편 『太平御覽』 권995 인용에는 《苦何之歌》라고 한다.

24 菜 : 『太平御覽』 권995 인용문에 "葉"이라고 한다.

25 甘如飴 : 徐天祜에 의하면, 『事類賦』와 『越舊經』 인용문에 모두 "味若飴"라고 한다.

26 飢不遑食四體疲 : 苗麓校點本, 『四部叢刊』 本에는 이 句가 없으나 『文選』 권20 註 인용문 『吳越紀』 采葛婦人詩에 근거하여 보충하였다.

27 徐天祜에 의하면, '與之無奪' 이하에는 '樂之無苦, 喜之無怒' 두 句가 있어야 한다.

28 其 : 苗麓校點本, 『四部叢刊』 本에 "有"라고 하나 蔣光煦가 본 宋本에 근거한 張覺의 교열에 의해 고쳤다.

29 徐天祜에 의하면, 이 문장은 끼어든 것이다.

30 徐天祜에 의하면, '唱'은 '倡'이라고 해야 한다.

31 淹 : 張覺에 의하면, 『四庫全書』 本에 근거하여 '掩'이라고 해야 한다.

32 徐天祜에 의하면, 『左傳』과 『國語』에 모두 "皐如"라고 한다.

勾踐陰謀外傳[1] 구천이 음모를 꾸미다

「구천음모외전勾踐陰謀外傳」은 구천이 오나라를 치기 위해 계예計硯와 문종文種을 불러 모의하며 비밀리에 계략을 꾸미고 병력을 연마하는 일을 서술하였다. 『국어國語』「월어越語」에 의하면, 구천이 오나라를 정벌하는 준비는 범려의 계책에 의해 이루어졌으나, 조엽은 「월어」의 범려 대책은 채택하지 않았다. 대신 『월절서越絶書』「외전계예外傳計倪」와 「내경구술內經九術」 그리고 「청적내전請糴內傳」의 내용을 바탕으로 하였으나, 오나라에 곡식 사기를 청하는 일화에서처럼 『월절서』에 비해 이야기의 시말을 갖추어 서술하였다. 조엽은 『사기』, 『좌전』, 『국어』의 오월사 서술에 제한되지 않고, 당 지역에 전해내려오는 설화를 수록하여 풍부한 오월 지역의 역사를 서술하였음을 알 수 있다.

이외에도 검술에 능한 월녀越女, 오군에 쇠뇌 사용을 가르친 초나라 진음陳音에 관한 서술은 간장과 막야의 전설과 함께 오월 지역 숭무崇武전통 등을 전하며, 쇠뇌 사용법에 관한 자세한 기술은 고대 무기에 관한 중요한 자료를 제공한다. 그러나 이러한 허구적 이야기들은 『오월춘추』의 역사서로서의 평가를 떨어뜨리기도 하였으나, 편벽한 지역에서 배출된 신기神技에 가까운 인재와 기술에 관한 일화들은 월나라의 역사와 문화전통에 대한 자부를 드러내는 중요한 구성이며, 『오월춘추』가 여러 개작을 거치면서 이어져 내려올 수 있었던 생명력이 되었다.

조엽은 오나라에 바친 미녀 서시西施와 정단鄭旦의 일화를 말희妺喜, 달기妲己, 포사褒姒 비유로 맺음으로써 오나라와 월나라의 흥망을 하夏, 은殷, 주周의 흥망과 동일한 궤적의 역사순환으로 환원시켰다.

그런데 오나라에 바친 절세미녀 서시에 관해서는 '침어낙안沉魚落雁'의 고사와 함께 오나라가 망한 후의 행적에 관한 여러 전승이 만들어졌는데 범려에게 다시 시집가 범려와 함께 일엽편주를 타고 제문齊門을 나갔다는 해피엔딩과 강에 빠져 죽었다는 비극적 결말이 있다.

9-1

월왕 구천 10년(기원전 487년) 2월, 구천이 지난날을 깊이 회상해보니, 오나라에 침략당해 욕보았으나 하늘의 복을 입어 월나라로 돌아올 수 있었다. 여러 신하가 가르치며 각자 하나씩 책략을 구상하였으되 말과 뜻이 모두 일치하였으며, 구천이 이를 존중하여 따르니 나라가 부유해졌다. 월로 돌아온 지 5년[2]인데 아직 감히 목숨을 바치겠다는 이의 말을 듣지 못하였다. 어떤 이가 말하기를, 대부들은 모두 자기 몸을 사랑하고 아끼는 자들이라고도 하였다. 이에 구천은 점대漸臺[3]에 올라 신하들에게 근심이 있지나 않은지 관망하였다. 상국 범려, 대부 문종, 구여의 무리가 근엄하게 열 지어 앉아 있었는데, 마음에 우환을 품기는 했으나 안색에는 드러내지 않았다.

구천이 곧 종을 울리고 급히 격문을 보내, 신하들을 불러 그들과 함께 맹세하였다.

"과인이 치욕을 당해 위로는 주왕周王[4]에게 부끄럽고 아래로는 진晉과 초楚에 수치스럽다. 다행히 대부들의 계책 덕분에 귀국하여 다시 정사를 돌볼 수 있게 되어 백성을 부유하게 하고 사인士人을 기를 수 있었다. 그런데 5년이 되어도 감히 죽음을 바치겠다는 사인이나 원수를 설욕하겠다는 신하가 있다는 말을 듣지 못했으니 내가 어떻게 공을 이루겠는가."

신하들이 잠잠히 있으며 대답하는 자가 없었다. 구천이 하늘을 우러르며 탄식하였다.

"내가 들으니, 군주가 걱정하면 신하는 군주를 위해 치욕을 당하며, 군주가 치욕을 당하면 신하는 군주를 위해 죽는다고 한다. 나는 몸소 노복이 되는 곤액을 당하였으며 나 자신은 감금되고 국가는 파괴되는 치욕을 입었지만, 이제 나는 혼자서는 해낼 수가 없어서 현명한 자를 기다리고 어진 자를 임용한 후에 오나라를 토벌하려 했다. 그래서 여러 신하를 의지하였건만 대부들은 어찌 얻기는 쉬우나 쓰기는 이리도 어려운가."[5]

계예計硯는 나이가 어리고 관직이 낮아 뒷줄에 앉았다가 손들고 종종걸음으로 자리를 밟고 앞으로 나와 말하였다.

"군왕의 말씀이 틀렸습니다! 대부들이 얻기는 쉬운데 쓰기는 어려운 것이 아니라 군왕께서 쓰지 못하시는 것입니다."

"무슨 말인가."

"관직과 작위, 재화, 상금 따위는 군께서 가볍게 여기는 것입니다. 창을 잡고 칼날을 밟으며 생명을 베고 목숨을 바쳐 죽는 것은 사인이 중요하게 여기는 바입니다. 지금 왕께서는 가볍게 여기는 재물을 인색하게[6] 하시면서 사인이 중요하게 여기는 것들을 요구하시니 얼마나 위태롭습니까!"

이에 구천은 아무 말도 하지 않고 기뻐하지도 않았으며 얼굴에 부끄러운 기색이 있었다. 곧 신하들을 물리고 계예를 나오라 하여 물었다.

"내가 어느 정도나 사인의 마음을 얻었는가."

"백성을 다스릴 때는 어진 자와 의로운 자를 존중하는 것이 통치의 관문關門입니다. 사인과 백성은 군주의 근본입니다. 관문을 열고 근본을 확고하게 하는 길은 군주의 몸을 바르게 하는 것보다 나은 것이 없습니다. 몸을 바르게 하는 길은 가까이 있는 신하를 신중히 선택하는 것입니다. 가까이에서 모시는 신하는 군주가 융성하고 쇠락하는 원인입니다. 왕께서는 가까이에서 모시는 신하를 현명하게 선택하시어 현자賢者를 임용하시길 바랄 뿐입니다. 예전에 태공太公[7]은 아흔이 되어서도 아무런 성취가 없었으며 반계磻溪의 굶주린 사람일 뿐이었으나 서백西伯[8]은 그를 임용하여 왕업을 성취하였습니다. 관중管仲은 노나라로 도망한 죄수였으며 탐욕스럽게 이익을 나누었다는 헐뜯음을 들었지만[9] 제환공은 그를 얻어 패자覇者가 되었습니다. 이 때문에 고서에서 기록하기를, 현사賢士를 잃는 자는 망하며 현사를 얻는 자는 번창한다고 하였습니다. 왕께서는 가까이에 있는 신하를 살피시기 바랍니다. 어찌 신하들을 부리지 못함을 걱정하십니까."

"나는 현명한 자에게 일을 시키고 능력 있는 자를 임용하여 각기 그 재능에 따라 다른 일을 맡겼다. 나는 학수고대하여 복수를 모의한다는 소문을 듣기 바랐다. 지금 모두 소리를 감추고 모습을 숨겨 그들의 말을 들을 수 없으니 그 잘못이 어디에 있는가."

"현명하고 능력 있는 자를 선발하여 사인의 실정을 파악하는 데는 각각 대응방법이 한 가지 있습니다. 어려운 일을 맡겨서 멀리 사신으로 보내 그의 충성을 시험하십시오.[10] 조정 내의 비밀을 알려주어 그의 신뢰를 판단하십시오. 그와 정사를 토론하여 그의 지혜를 관찰하십시오. 술을 마시게 하여 그의 혼란을 살피십시오. 사람부리는 일을 시켜[11] 그의 능력을 보십시오. 얼굴에 감정을 드러내어 그가 어떤 태도로 대응하는가를 보십시오. 군주가 각종 안색을 내비치면 사인은 그 능력을 다하고 지혜를 다할 것입니다. 그들의 지모智謀를 알고 그들의 진정한 실정을 모두 다 안 다음에야 군왕[12]께서는 무엇이 걱정이겠습니까."

"나는 마음을 다하여 지혜와 능력을 모아주기를 바라고 있지만 내게 진심으로 유익한 의견을 올리지 않는 자가 있다."

"범려는 총명하여 국내의 정황을 알며, 대부 문종은 원대한 탁견이 있어 국외의 사정을 헤아릴 줄 압니다. 원하옵건대 왕께서는 문종을 불러 함께 깊이 의논하시면 패왕의 길이 거기에 있을 것입니다."

9-2

구천이 대부 문종을 불러 물었다.

"내가 예전에 그대의 말을 받아들여 곤궁한 지경을 스스로 면할 수 있었었다. 지금 기탄없는 고견[13]을 받들어서 내 오랜 원수를 갚고자 하는 데 어떻게 해야 성공할 수 있겠는가."

"신이 들으니, 높이 나는 새는 맛있는 먹이에 죽고, 깊은 연못의 물고기는 좋은 냄새 나는 미끼에 죽는다(高飛之鳥死於美食, 深川之魚死於芳餌)고 하였습니다. 지금 오나라를 공격하려면 반드시 그가 좋아하는 것을 먼저 구하고 원하는 바를 헤아린 후에야 그 토지와 재물[14]을 얻을 수 있습니다."

"그가 좋아하는 것을 원한다 하더라도 어떻게 그것을 이용해서 그를 사지에 몰아넣을 수가 있겠는가."

"원수를 보복하고 오나라를 파괴하여 적을 멸망시키려는 데는 아홉 가지 술책[15]이 있으니 군왕께서 살펴주십시오."

"과인은 치욕을 겪고 마음에 우환을 품어 안으로는 조현하는 신하에게 부끄러우며 밖으로는 제후에게 치욕스럽고, 마음 한가운데가 미혹되고 정신이 공허하다. 비록 아홉 가지 술책이 있다 한들 어찌 알 수 있겠는가."

"탕湯과 주문왕이 이 아홉 가지 술책을 얻어 왕이 되었으며 제환공과 진목공은 이를 얻어 패자가 되었습니다. 그 술책으로 도성을 공격하고 읍을 얻는 것이 신발을 벗는 것보다 쉽습니다. 대왕께서 한 번 살펴봐 주십시오."

"첫째는 하늘을 존대하고 귀신을 섬겨 복을 구하는 것입니다. 둘째는 귀중한 재물과 폐물을 군주에게 보내고 많은 뇌물로 그 신하를 기쁘게 하는 것입니다. 셋째는 비싼 값으로 곡식과 짚[16]을 사들여 그 나라를 비우고, 이익만 쫓는 사람들을 괴롭게 만드는 것입니다. 넷째는 미녀를 보내서 그 마음을 미혹되게 하고 계책을 어지럽히는 것입니다. 다섯째는 솜씨 좋은 기술자와 좋은 목재를 보내 궁실을 짓게 하여 그들의 재물을 다 쓰게 하는 것입니다. 여섯째는 아첨하는 신하를 보내 그로 하여금 쉽게 토벌에 나서게 하는 것입니다. 일곱째는 그 나라의 간언하는 신하를 굽히지 않게 하여 그 신하를 자살하게 하는 것입니다. 여덟째는 군왕의 나라가 부유하고 이로운 기물을 갖추는 것입니다. 아홉째는 우리 군대를 단련시켜 그들이 피로한 틈을 타 공격하는 것입니다. 이 아홉 가지 술책을 군왕께서 함구하여 다른 사람에게 전하지 않고 자신의 심령으로 지키신다면 천하를 취하는 것도 어렵지 않을진대 하물며 오나라 따위겠습니까."

"좋도다."

첫 번째 술책을 실행하여 동교東郊에 사묘祠廟를 세워 양기陽氣를 주관하는 신에게 제사지내고는 동황공東皇公[17]이라고 이름지었다. 서교西郊에 사묘祠廟를 세워 음기陰氣를 주관하는 신에게 제사지내고는 서왕모西王母[18]라고 이름지었다. 회계산會稽山 위에서 산릉山陵[19]의 신에게 제사지내고 절강浙江 가운데 있는 모래톱(江洲)[20]에서 수택水澤의 신에게 제사지냈다. 귀신을 모신 후 일 년 동안 나라는 재앙을 입지 않았다. 구천이 말하였다.

"대부 문종의 술책이 정말 좋도다! 그 나머지 방법도 말해보시오."

"오왕은 궁실짓는 것을 좋아하여 끊임없이 기술자들에게 일을 시킵니다. 왕께서는 명산名山의 우수한 목재를 선별해서 공손히 바치십시오."

구천은 목공 삼천여 명을 파견해 산에 들어가 나무를 베도록 하였다. 일 년이 되어도 그들이 바라는 목재가 없었다. 작업하는 사람들은 집을 그리워하고 왕을 원망하며 〈떠도는 목공의 노래(木客之吟)〉[21]를 불렀다. 어느 날 밤 하늘이 신목神木 한 쌍을 냈는데, 크기가 20위圍[22], 길이는 50심尋[23], 나무 앞면은 무늬가 있는 판목이고 뒷면은 녹나무(楩柟)였다. 솜씨 좋은 장인이 교정하여 둥글게 돌려 긋고 먹줄로 바르게 그어, 잘라내어 원을 조각하고 또 깎아 연마하고, 단청으로 장식하고 문장文章을 아로새겨 그려 넣었다. 흰 벽옥璧玉으로 두르고 황금을 아로새겼다. 용과 뱀의 형상 비슷한데 무늬와 색채가 살아 빛났다.

대부 문종을 시켜 오왕에게 바치며 말하였다.

"동해의 노복 신 구천은 신하 문종을 사신으로 보내며 감히 하리下吏를 통해 왕께 보고합니다. 대왕의 보살핌 덕분으로 몰래 작은 궁전을 짓는데 남은 재목이 있어 삼가 재배再拜하여 바칩니다."

오왕이 크게 기뻐하였다.[24] 오자서가 간하였다.

"왕께서는 받지 마십시오. 예전에 걸桀이 영대靈臺를 세우고 주紂가 녹대鹿臺를 세우니[25] 음양이 조화롭지 않아 추위와 더위가 때를 잃었고 오곡이 익지 않았으며, 하늘이 재앙을 내려 백성은 궁핍하고 나라는 이변이 일어나 끝내 멸망하였습니다. 대왕께서 받으시면 반드시 월왕에게 죽음을 당할 것입니다."

오왕은 오자서의 말을 듣지 않고 받아 고소대姑蘇臺[26]를 세웠다. 삼 년 동안 재목을 모아 오 년이 걸려서 완성하였는데 이백 리 밖도 볼 수 있을 높이였다. 길 가던 사람들은 길에서 죽은 사람과 마을에서 곡하는 식구들을 보았으며, 탄식하고 한숨짓는 소리가 끊이지 않았다. 백성은 지치고 사인들은 고통스러워 하여 사람들은 생을 편안히 즐기지 못하였다. 구천이 말하였다.

"좋구나! 두 번째 술책이여!"

9-3

11년(기원전 486년), 구천은 한참을 깊이 생각하였다. 오직 오나라를 공격하고 싶은 생각뿐인지라 계예를 불러 물었다.

"내가 오나라를 공격하고 싶지만 쳐부수지 못할까 두려운 마음이 드는구나. 오래전부터 군대를 일으키려 했지만 먼저 그대에게 묻고자 한다."

계예가 대답하였다.

"군대를 일으켜 전쟁하기 위해서는 나라 안에 오곡을 쌓아놓고 금은의 재부를 충분하게 하며 나라의 창고를 가득 채우고 무기를 정비해야 합니다. 이 네 가지가 있은 다음에는 반드시 천지天地의 기를 살펴 음양에 조화가 되는가를 따지고, 고허孤虛[27]의 점술을 명확하게 알아 존망을 상세히 살피고서야 적과 상대가 되는지 헤아릴 수 있습니다."

"천지의 기, 존망은 그 요체가 무엇인가."

"천지의 기는 사물에 사생死生이 있음을 가리킵니다. 음양을 추구하는 것은 사물의 귀천貴賤을 견주는 것입니다. 고허에 밝다는 것은 기회를 안다는 것입니다. 존망을 살핀다는 것은 진위眞僞를 분별하는 것입니다."

"그대가 말하는 사생과 진위는 무엇을 가리키는가."

"봄에 팔곡八穀[28]을 심어 여름에 자라면 기르고 가을에 익으면 모으고 겨울에 쌓이면 저장합니다. 자연이 생장조건을 갖춘 때에[29] 파종하지 않으면 이는 첫 번째 죽음의 길입니다. 여름에 성장하려는데 모를 심지 않으면 두 번째 죽음의 길입니다. 가을에 익었는데 거두지 않으면 세 번째 죽음의 길입니다. 겨울에 저장해야 하는데 비축이 없으면 네 번째 죽음의 길입니다. 이렇다면 요堯와 순舜의 덕이 있다 한들 어쩔 수 없습니다. 자연이 생장의 시기일 때 노인들은 권면하고 젊은이들은 경작하여 절기의 규율에 응하고 각종 곡물의 생장조건을 잃지 않고 파종한다면 첫 번째 삶의 길입니다. 유념하여 살펴 엄격하게 모의 잡초가 제거되고 모가 성장하는 것이 두 번째 삶의 길입니다. 시절에 앞서 준비하며 곡물이 익으면 곧 거두어 나라에는 세금을 포탈하는 사람이 없고 백성은 이삭을 잃지 않는 것이 세 번째 삶의 길입니다. 창고를 진흙으로 쌓아 올리고, 오래된 곡물은 꺼내고 새 곡식을 창고에 들여 군신이 즐거워하고 남녀가 서로 믿는 것이 네 번째 삶의 길입니다. 음양을 살핀다는 것은 태음太陰이 머무르는 해부터 삼 년간 일을 벌이지 말고 휴식하면 곡물의 가격 변동이 드러납니다. 고허라는 것은 천지의 문호門戶입니다. 나라의 존망은 군주의 도덕에 달려 있습니다."

"어찌 그대는 나이가 어린데도 사물에 대한 이해는 나이 든 사람 같은가."

"우수한 재주가 있는 사인은 나이가 많고 적음에 구애되지 않습니다."

"좋구나! 그대의 치술이여."

머리를 들어 천문을 관찰하고 사람을 모아 5성星 28수宿[30]를 관찰하였으며, 역법曆法을 추산推算하고 천체 운행현상을 관측하여 사계절의 교체 시각을 확정하였으며, 지상의 사물을 천상의 것으로 비교하여 팔방에 넓은 창고를 세워 음陰을 따라 거두어 쌓고 양陽을 보고는 내어 파니, 이러한 가장 좋은 계책을 세워 삼 년 만에 곡식이 다섯 배가 되어 월나라는 날로 번성하였다. 구천이 감개한 어조로 말하였다.

"나는 패자가 되리라. 좋구나! 계예의 모의여."

12년(기원전 485년), 구천이 대부 문종에게 말하였다.

"내가 들으니, 오왕은 음탕하며 여자를 좋아하고 정신이 혼란스러우며 술에 빠져 정사를 돌보지 않는다 하니, 이를 이용해 일을 꾸민다면 괜찮겠는가."

"쳐부술 수 있습니다. 오왕은 음탕하고 여자를 좋아하며, 태재 백비는 아첨으로 오왕의 마음을 잡고 있으니, 미녀를 바치면 반드시 받을 것입니다. 왕께서는 미녀 두 명을 선발하시어 오왕께 바치시기 바랍니다."

"좋도다."

관상쟁이를 전국에 보내 미녀를 찾게 하였다. 저라산苧蘿山[31]에서 땔감 파는 여자를 얻으니 이름이 서시西施, 정단鄭旦이라고 하였다. 명주로 꾸미고 화장법과 걸음걸이를 가르쳐, 토성土城[32]에서 연습시키고 도성 거리에 나가 보게 하여, 삼 년 동안 예법을 배우고 익힌 뒤에 오왕에게 바쳤다.

범려를 시켜 바치게 하며 말하였다.

"신 구천에게는 하늘이 내린[33] 숨겨 놓은 두 여자가 있습니다. 월나라는 지세가 낮고 곤궁한 처지라 감히 월나라에 머무르게 할 수 없습니다. 삼가 신하 범려를 보내 대왕께 바칩니다. 추하고 못생겼다고 여기지 않으신다면 받아들여 처첩妻妾[34]으로 삼아주시기 바랍니다."

오왕이 크게 기뻐하며 말하였다.

"월나라가 두 여자를 바친 것은 구천이 오나라에 충성을 다하는 증거이다."

오자서가 간하였다.

"안 됩니다. 왕께서는 받지 마십시오. 신이 들으니, 오색五色은 사람의 눈을 멀게 하고 오음五音은 사람의 귀를 먹게 한다[35]고 하였습니다. 옛날에 걸은 탕을 쉽게 생각하여 멸망하였고 주紂는 문왕을 쉽게 여겨 망하였습니다. 대왕께서 이 미녀들을 받아들이시면 후에 반드시 재앙이 있을 것입니다. 신이 들으니, 월왕은 낮에는 싫증 나는 줄 모르고 글을 쓰며 저녁에는 밤새 책을 읽으며 또 죽음을 각오한 사인 수만 명을 모았다고 합니다. 이 사람은 죽지 않는다면 반드시 그가 원하는 것을 이룰 것입니다. 월왕은 성실함을 따르고 인정仁政을 실시하며, 간언을 받아들이고 현자를 관직에 등용합니다. 이 사람은 죽지 않는다면 반드시 그 명성을 이룰 것입니다. 신이 들으니, 월왕은 여름에 털가죽 옷을 입고 겨울에는 갈포 옷을 두른다고 합니다. 이 사람은 죽지 않는다면 반드시 우리의 적이 될 것입니다. 신이 들으니, 현사는 나라의 보물이며 미녀는 나라의 재앙이라고 합니다. 하걸夏桀은 말희妹喜 때문에 망하였으며[36], 은주殷紂는 달기妲己 때문에 망하였으며[37], 주유왕周幽王은 포사褒姒 때문에 망하였습니다[38]."

오왕이 듣지 않고 월나라의 미녀들을 받아들였다. 구천이 말하였다.

"좋구나! 세 번째 술책이여."

9-4

13년(기원전 484년)[39], 구천이 대부 문종에게 말하였다.

"내가 그대의 술책에 힘입어 계책을 세웠는데 모두 길하여 아직까지 잘못된 적이 없었다. 이제 다시 오나라를 모의하려는데 어떻게 해야 하는가."

"군왕께서 오왕에게 자진해서 '월나라는 작고 비루한데 올해 곡식이 익지 않아 대왕께 쌀을 사려고 청하오니 제 뜻을 살펴주십시오.' 라고 말하십시오. 만약 하늘이 오나라를 버린다면 반드시 왕을 허락할 것입니다."

구천은 대부 문종을 오나라에 사신으로 보내며 태재 백비를 통해 오왕 뵙기를 구하였다.

"월나라는 지세가 낮은 데다 빗물과 가뭄이 조화롭지 못해 올해 곡식이 익지 않아 백성이 굶주려 배고픈 사람들이 길에 모여 있습니다. 원하옵건대 대왕께 쌀 사기를 청하니 내년에 곧 다시 태창太倉에 돌려놓겠습니다. 대왕께서 우리의 곤궁함을 구해주시기 바랍니다."

이에 오왕이 말하였다.

"월왕은 믿음이 있으며 성실하고 도의를 지켜 나에게 다른 마음을 품지 않는다. 지금 곤궁하여 돌아와 하소연하니, 내 어찌 재물과 보화를 아깝게 여겨 그의 소원을 허사가 되게 하겠는가."

오자서가 간하였다.

"안 됩니다! 오나라가 월나라를 취하지 않으면 월나라가 반드시 오나라를 삼킬 것입니다. 복이 월나라로 가면 불행이 오나라로 올 것입니다. 양식을 파는 것은 도적을 살려 주어 자신의 나라를 파멸시키는 일입니다. 쌀을 주어도 친하게 되지 않으며 주지 않더라도 원망받지는 않을 것입니다. 또 월나라에는 성신聖臣 범려가 있어 용감하고 모의를 잘하니 공격을 위장하기 위해 쌀을 핑계로 우리의 틈을 정찰하는 것입니다. 즉 월왕의 사신이 와서 쌀을 사려는 것은 나라가 빈궁하고 백성이 곤궁하지 않은데도 쌀 사기를 청하여 우리 나라에 들어와 대왕의 틈을 살피는 것입니다."

"과인은 월왕을 머리 숙여 굴복하게 하고 그의 백성을 장악하고 사직을 훼손시켜 구천을 부끄럽게 하였다. 구천은 충심으로 복종하여 나를 위해 거마를 준비하고 말 앞에서 거꾸로 걸으며 길을 열었던 것을 제후들이 소문 들어 모르는 자가 없다. 지금 내가 그를 귀국시켜 종묘를 받들게 하고 사직을 회복시켰는데 어찌 감히 나를 배반하는 마음이 있겠는가."

"신이 들으니, 사인이 궁벽하면 마음을 억눌러 사람에게 낮추는 것을 어렵게 여기지 않다가 후에 사람에게 격분하는 기색이 있다고 합니다. 신이 들으니, 월왕은 굶주리고 백성은 곤궁하다 하니 이런 기회를 틈타 파멸시킬 수 있습니다. 지금 하늘의 도를 행하지 않으며 땅의 이치를 따르지 않고, 도리어 식량을 보내는 것은 진실로 군주의 운명입니다. 여우와 꿩이 서로 노는데 여우가 몸을 낮추면 꿩이 이것을 믿습니다. 그렇기 때문에 여우는 뜻을 얻고 꿩은 반드시 죽습니다. 신중하지 않을 수 있겠습니까."

"월왕의 나라에 걱정이 있어서 과인이 곡식을 주는 것이다. 은혜가 가고 의리가 와서 그 덕이 소소昭昭히 빛난다면 그 또한 무엇을 걱정하겠는가."

"신이 들으니, 이리는 야수의 본성이 있으며, 원수진 사람은 친해질 수 없다고 합니다. 호랑이는 음식을 먹여 길러서는 안 되며, 살무사는 마음대로 돌아다니게 해서는 안 됩니다. 지금 대왕께서는 나라의 복을 덜어내어 자신에게 무익한 원수를 풍요롭게 하고, 충신의 말을 버리고 오히려 적의 욕망에 따르고 계십니다. 신은 반드시 월나라가 오나라를 파괴시켜 뱀과 사슴이 고소대에서 놀고 가시나무와 덤불이 궁궐에서 뻗어가는 것을 볼 것입니다. 왕께서는 무왕이 주紂를 정벌한 일을 살피시기 바랍니다."

태재 백비가 옆에서 말하였다.

"무왕은 주의 신하였소. 제후를 이끌고 자신의 군주를 공격하였으니 비록 은을 이겼으나 어찌 의롭다고 하겠는가."

오자서가 말하였다.

"무왕은 곧 그의 명성을 이루었소."

"스스로 주인을 살육하여 명성을 얻는 것을 나는 인정할 수 없소."

"나라를 도둑질한 사람은 제후로 봉해지고, 금을 도둑질한 자는 징벌을 받는다고 하오. 무왕이 도리道理를 잃었다면 주周나라가 어찌 기자箕子, 비간比干, 상용商容 세 사람을 표창했겠소."[40]

"오자서는 신하가 되어서는 단지 군주가 좋아하는 것을 막으려만 하고, 군주의 마음을 거스르고는 자신의 주장을 원만히 이루었다고 스스로 말합니다. 이러한데도 군주께서는 어찌 잘못을 모르십니까."

"태재 백비는 본래 이번 기회를 통해 월왕과 친해지려 합니다. 지난번에 석실의 죄수를 놓아주고 그가 보낸 보물과 여자를 받고서 밖으로는 적국과 교통하고 안으로는 군주를 미혹되게 하였습니다. 대왕께서는 소인 무리에게 조롱당하지 않도록 잘 살피시기 바랍니다. 지금 대왕께서는 어린아이를 목욕시키듯 하시어 설사 아이가 울부짖는다 하더라도 태재 백비의 말을 듣지 마십시오."[41]

오왕이 말하였다.

"태재 백비가 옳다. 그대는 과인의 말을 듣지 않으니 충신의 도가 아니며 아첨하는 사람과 같다."

태재 백비가 말하였다.

"신이 들으니, 이웃 나라가 위급하면 천 리를 달려가 구한다고 합니다. 이는 곧 왕천하王天下 하는 자가 망국의 후예를 봉하고[42], 오패가 사직이 끊어져 멸망한 후예를 돕는 것입니다."

이에 오왕은 월나라에 곡식 만 석을 주며 명령하였다.

"과인이 신하들의 의논을 거스르고 월나라에 보내는 것이니 풍년이 들면 과인에게 돌려보내라."

대부 문종이 말하였다.

"신은 시키신 바를 받들고 월나라로 돌아가니 풍년이 들면 곧 오나라가 빌려준 양식을 참으로 갚겠습니다."

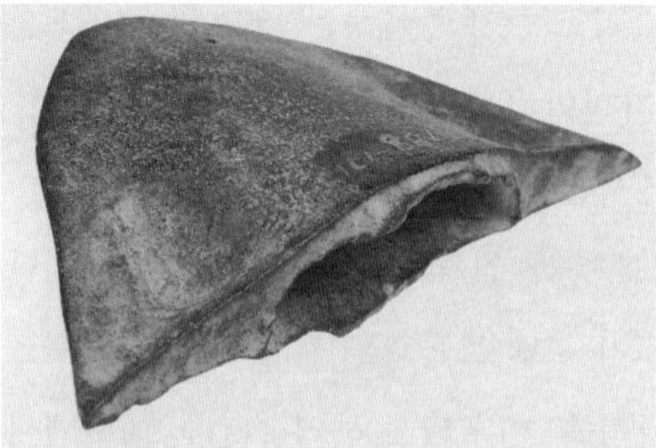

그림 34 청동 쟁기가래(춘추 기원전 8~5세기)

오월 지역에서 발굴된 청동기 가운데 농·공구가 차지하는 비율이 중원 지역에 비해 높을 뿐 아니라 예리한 톱니날이 있는 낫은 다른 지역에서는 보이지 않는 오월 지역의 독자적인 선진적 농구이다. 오월 지역에서 발견되는 청동 농기구는 쟁기, 괭이, 삽, 호미, 낫 등이며 흙을 갈아엎고 김매고 수확하는 청동 농기구가 체계적으로 갖추어졌다. 월나라의 청동 농기구 사용의 보편성은 당지의 풍부한 광산자원과 야주冶鑄의 발달과도 관계가 있다.

그림 35 청동 괭이
(전국 기원전 5~3세기, 절강 임해臨海 출토)

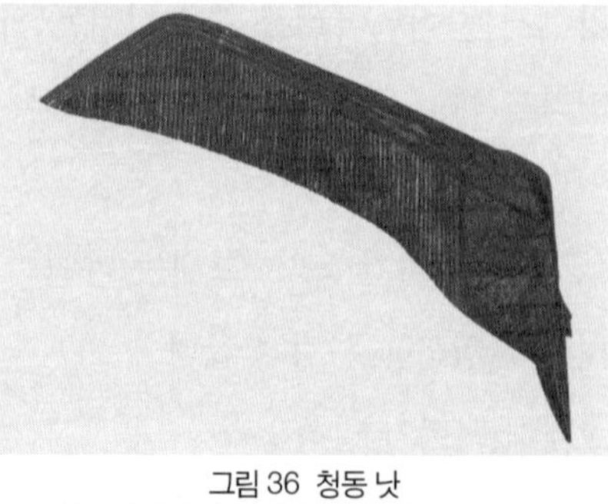

그림 36 청동 낫
(전국 기원전 5~3세기, 절강 항주杭州 출토)

대부 문종이 월나라로 돌아오니 월나라 신하들이 모두 만세를 불렀다. 곧 곡식을 신하들에게 상으로 나누어주고 만백성에게 주었다.

다음 해에 구천은 곡식이 익자 가장 좋은 곡식을 골라서 더운 김에 쪄서 오나라에 갚으면서 역시 대부 문종을 시켜 같은 양의 곡식을 오왕에게 돌려주었다. 오왕이 월나라 곡식을 받고는 크게 감탄하며 태재 백비에게 말하였다.

"월나라 토지가 비옥하여 그 종자가 매우 좋다. 남겨 두었다가 우리 백성에게 심게 하는 것이 좋겠다."

이에 오나라는 월나라 곡식을 심었는데, 곡식 종자가 모두 죽고 싹이 트지 않아서 오나라 사람들이 크게 굶주렸다.

구천이 말하였다.

"저들이 궁벽하게 지내니 공격할 만하다."

대부 문종이 말하였다.

"아직 안 됩니다. 이제 막 빈곤해지기 시작한 데 불과하고 충신이 아직 있으며[43] 천기天氣가 나타나지 않았으니 잠시 때를 기다려야 합니다."

9-5

구천이 다시 범려에게 물었다.

"내가 보복할 책략을 세워보았는데 수전水戰하려면 배를, 행군하려면 수레를 타야 한다. 수레와 배가 유익하지만 무기와 쇠뇌에는 패한다. 지금 그대가 과인을 위해 세운 책략에 잘못된 것은 없는가."

"신이 들으니, 옛 성군聖君은 모두 전쟁에 숙달하고 무기를 잘 다뤘다고 하지만 행군하여 진을 치고 대오를 짜며 북치는 일이라든가 길흉을 점치는 일은 여기에 특기를 가진 인재가 결정합니다. 지금 들으니, 월나라에 처녀가 있는데 남림南林[44] 출신으로 무예가 높아 국인들은 '월녀가 검을 잘 쓴다.' 고 말합니다. 대왕께서는 그를 부르는 것이 좋겠습니다."

구천이 사신을 보내 찾아가서 검과 창을 쓰는 기술을 물었다.

처녀는 북쪽으로 왕을 뵈러 가다 길에서 한 노인을 만났는데, 그는 자신을 원공袁公이라고 칭하며 처녀에게 물었다.

"내가 들으니, 그대는 검을 잘 쓴다고 하는데 한 번 봤으면 한다."

"첩은 감히 감추지 않을 터이니 공께서 시험해보시기 바랍니다."

원공이 곧바로 임어죽箖箊竹[45]을 뽑아들었다. 대나무 가지의 윗부분이 말라서 가지 끝이 부러져 땅에 떨어지자 처녀가 곧바로 끝을 잡아챘다. 원공이 그 나무줄기를 잡고 처녀를 찔렀다. 처녀가 이를 받아들여 원공이 세 차례 찔러 들어오게 하고는, 대나무 가지를 잡아채 원공을 공격하였다. 원공은 바로 나무로 날아 올라가 흰 원숭이로 변하였다. 처녀는 흰 원숭이와 헤어진 후 다시 길을 떠나 구천을 만났다.

구천이 물었다.

"검도劍道란 어떤 것이오."

처녀가 대답하였다.

"첩은 깊은 숲 속에서 태어나 사람이 없는 들에서 자라서 보고 배울 데가 없었으며 제후와도 교류한 적이 없습니다. 단지 검 찌르는 기술을 은밀히 좋아하는 까닭에 쉬지 않고 익혔습니다. 이 검술은 다른 사람에게 전수받은 것이 아니라 돌연히 스스로 얻었습니다."

"그 기술은 어떠한 것이오."

"그 방법은 매우 미묘하나 쉬우며, 그 뜻은 매우 오묘하고 깊습니다.

방법에는 대도大道와 소도小道가 있으며 또한 음양이 있습니다. 정확한 대도를 열고 왜곡된 소도를 닫으면, 음기가 쇠하고 양기가 흥하게 됩니다. 무릇 몸으로 하는 싸움의 원칙은, 안으로는 정신을 모으고 밖으로는 편안한 동작을 보이는 것입니다. 겉으로는 온순한 부녀자같이 드러내지만 빼앗을 때는 놀란 호랑이같이 합니다. 팔다리를 펼 때에는 몸의 기운을 살피고 정신을 모아서 함께 나아갑니다. 태양처럼 아득하며 뛰어오르는 토끼처럼 민첩해야 합니다. 다른 사람을 추격할 때는 그림자를 쫓으며, 검광이 있는 듯 없는 듯 분별하기 어렵습니다. 숨을 내쉬고 들이쉬는 데 법금法禁에 어긋나지 않습니다. 종횡으로 가며 막고 공격하고, 곧바로 나가거나 돌아 공격하는데 모두 들키지 않습니다. 이러한 검술은 한 명이 백 명을 상대하며 백 명이 만 명을 당합니다. 왕께서 시험하신다면 그 효험을 곧 아시게 될 것입니다."

구천은 기뻐하며 곧 처녀에게 월녀越女라는 호號를 내렸다. 오교五校의 대장과 재주가 높은 자에게 검술을 익히도록 명하고, 이후에는 이들이 병사들을 가르치도록 했다. 당시 사람들이 모두 월녀의 검술을 칭찬하였다.

이때 범려는 다시 활을 잘 쏘는 사람, 진음陳音을 추천하였다. 음은 초楚나라 사람이다. 구천이 진음을 불러 물었다.

"내가 들으니, 그대는 활을 잘 쏜다고 하는데 활 쏘는 법은 어디서 배운 것인가."

"신은 초의 비읍鄙邑[46] 사람입니다. 일찍이 활 쏘는 기술에 발을 내딛었지만 아직 그 도를 다 알지 못합니다."

"그렇다 해도 한두 마디 해보시오."

"신이 들으니, 쇠뇌는 활에서 나왔으며 활은 탄알 쏘는 활(彈)에서 나왔으며 탄彈은 옛날 효자孝子가 만들었다고 합니다."

"효자가 만든 탄궁은 어떤 것인가."

"옛날 백성은 질박하여 배가 고프면 새나 짐승을 사냥하고 목이 마르면 안개나 이슬을 먹었습니다. 죽으면 흰 띠풀로 덮어 들판 가운데 던졌습니다. 효자는 부모의 시체가 짐승에게 먹히는 것을 차마 볼 수 없어서 탄궁을 만들어 새와 짐승이 해치는 것을 막아 지켰습니다. 따라서 고대인은 대나무를 잘라 대나무에 이어 흙탄을 날려 짐승을 쫓는다고 노래하였습니다. 이렇게 해서 죽은 시체가 새와 여우에게 훼손되지 않았습니다. 신농神農[47]과 황제黃帝[48]는 나무를 휘어 활을 만들고, 나무를 예리하게 깎아 화살을 만들어[49] 활과 화살을 이용하여 사방을 위협하였습니다. 황제 이후 초나라에는 호부弧父가 났습니다. 그는 초나라 형산荊山에서 태어났는데 부모를 보지 못하였습니다. 이미 어릴 때부터 숙련되게 활과 화살을 쏠 수 있었으며 그가 쏘려는 짐승은 벗어날 수 없었습니다. 그의 활 쏘는 기술을 예羿에게 전했는데, 예는 봉몽逢蒙[50]에게 전했으며, 봉몽은 초나라 금씨琴氏에게 전했습니다. 금씨는 활과 화살이 천하를 위협하기에 부족하다고 여겼습니다. 당시에는 제후끼리 서로 공격할 때에 칼날을 서로 부딪치며 싸웠는데, 활과 화살의 위력만으로는 상대방을 제압하여 복종시킬 수 없었습니다. 금씨는 활을 가로질러 쇠뇌 자루(臂)를 달고 활을 발사시키는 기구(機)를 얹고 곽郭을 달아[51], 조준을 정확하게 하고 발사력을 증가시킨 후에야 제후를 복종시킬 수 있었다. 금씨가 활 쏘는 기술을 대위大魏[52]에게 전하고, 대위는 초나라 세 왕후王侯에게 전하였으니 소위 구단왕句亶王, 악왕鄂王, 장왕章王이며 사람들은 이들을 미후麋侯, 익후翼侯, 위후魏侯라고 불렀습니다.[53] 초나라 세 왕후에서 영왕靈王(기원전 540~529년)에게 전해지기까지 자칭 초나라는 여러 대에 걸쳐 복숭아나무 활과 가시나무 화살을 가지고 주변 국가의 침략에 방어해왔습니다.[54] 초영왕 이후부터는 활 쏘는 법이 나뉘어 전해졌습니다. 여러 파의 달인들이 활과 화살을 사용했으나 이 때문에 누구도 정확한 원칙을 얻을 수 없었습니다. 신의 선조가 초나라에서 배워 전수시켜 신은 5대째가 되었습니다. 신은 비록 쇠뇌의 도를 분명하게 알지는 못하나 대왕께서 시험해보시기 바랍니다."

"쇠뇌 모습은 무엇을 본떴는가."

"쇠뇌의 곽郭은 네모난 성곽과 같아 신하를 지킵니다. 방아쇠(敎)[55]는 군주와 같아 명령이 여기에서 나옵니다. 아牙[56]는 법령을 집행하는 것과 같아 관리와 사병을 관장합니다. 소 힘줄(牛筋)[57]은 중장中將과 같아 안의 포장을 주관합니다. 관關은 제동장치로 화살이 발사하고 머무르는 것을 제어합니다. 기錡[58]는 시종侍從과 같아 군주[59]의 명령을 듣고 따릅니다. 비臂는 도로와 같아 지시받은 화살을 통과하게 합니다. 활(弓)은 장군과 같아 무거운 부담을 맡습니다. 활줄(弦)은 군사軍師와 같아 전사戰士인 화살을 통제합니다. 화살(矢)은 앞으로 날아가는 협객과 같아 명령을 받아 시행합니다. 화살촉(金)[60]은 적을 뚫는 것으로 용감하게 앞으로 나가며 멈추지 않습니다. 화살 꼬리의 깃털(衛)은 부사副使와 같아 화살이 나가는 길을 바로 잡습니다. 화살 꼬리의 갈래(叉)는 명령을 받아 발사할 수 있는지 가부可否를 압니다. 활의 손잡이(弣)는 도위都尉와 같아 활의 좌우 양편을 제어합니다. 화살촉[61]이 백발백중하니 방해할 수 없습니다. 새는 미처 날지 못하고 짐승은 달릴 겨를이 없습니다. 쇠뇌가 향하는 곳은 무엇이든 살아남지 못합니다. 신은 우둔하고 열등하나 제가 아는 도는 모두 이와 같습니다."

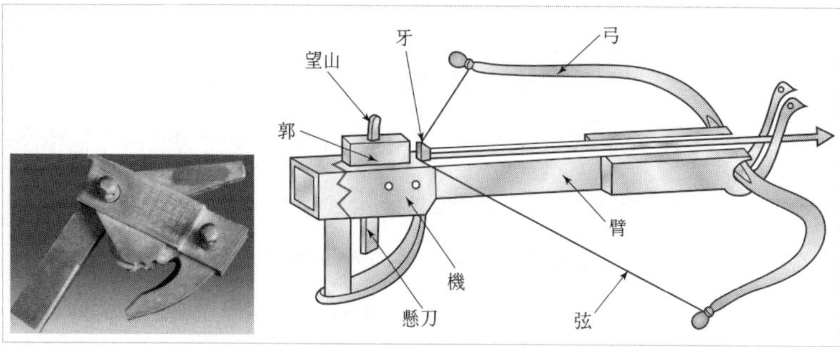

그림 37 쇠뇌(弩)와 각 부분 명칭

"활을 올바르게 쏘는 법을 듣고 싶다."

"신이 들으니, 바르게 활 쏘는 방법은 많고 은미하다고 합니다. 옛 성인은 쇠뇌를 쏘는데 발사하기도 전에 그 맞출 바를 미리 말했다고 합니다. 신은 옛 성인같이 할 수는 없습니다."

"그 요체를 모두 다 말해보시오."

"활 쏘는 방법은, 몸은 마치 판자를 인 것처럼 하며 머리는 격앙[62]된 것처럼 위로 치켜 올립니다. 왼쪽 다리는 세워 앞을 향하며 오른쪽 다리는 옆으로 뉘입니다. 왼손은 가지를 쥐듯 하며 오른손은 어린아이를 품는 듯합니다. 쇠뇌를 들어 적을 조준하는 데 정신을 모으고 숨을 참습니다. 화살은 숨을 내쉬는 동시에 발사하여 화살로 하여금 숨의 편안함을 얻게 합니다. 정신을 안정시키고 집중하여 생각을 멈추면 화살의 나아가고 멈춤이 보입니다. 오른손이 기機를 발사해도 왼손이 알지 못합니다. 한 몸의 각 부위도 다른 역할을 하는데, 하물며 두 사람 이상이야! 이는 정확하게 활을 쏘고 바르게 쇠뇌를 잡는 법입니다."

"적의 동정을 바라보고 자신의 의향[63]에 따라 활 쏘는 방법을 듣고 싶다."

"활 쏘는 방법은 자신의 목적에 따라 적을 정찰하고 세 번 연속해서 발사하는 법[64]입니다. 쇠뇌에는 일 두斗 짜리와 일 석石 짜리가 있으며[65] 화살에는 경중이 있습니다. 당기는 힘이 일 석石인 활은 한 냥兩[66] 무게의 화살을 써야 그 비례가 적당합니다. 쏘려는 목표가 멀고 가까우며 높고 낮음의 구별이 있으며, 이에 따라 다시 몇 수銖 몇 분分[67]의 무게로 조절해야 합니다. 활 쏘는 요령은 여기 모두 다 있으니 더 할 말이 없습니다."

"정말 그대의 지식을 남김 없이 다 소개하였다. 좋구나! 그대는 이 모든 것을 우리 나라 사람에게 가르치기 바란다."

"도는 하늘에서 나오며, 일의 성패는 사람에게 달려 있습니다. 사람의 기술이 신기하지 않은 것이 없습니다."

이에 구천은 진음에게 북교北郊 밖에서 활 쏘는 방법을 가르치게 하여 병사들이 활쏘기를 익히게 했다. 석 달이 지나자 병사들이 모두 궁노弓弩의 기술을 다룰 수 있었다. 진음이 죽자 구천은 그를 애도하여 국도 서쪽 산 위에 장사지내고 그를 장례지낸 곳을 진음산陳音山[68]이라 이름지었다.

原文

9-1

越王勾踐十年二月, 越王深念遠思, 侵辱於吳, 蒙天祉福, 得[1]越國. 群臣教誨, 各畫一策, 辭合意同, 勾踐敬從, 其國已富. 反越五年, 未聞敢死之友. 或謂諸大夫愛其身, 惜其軀者. 乃登漸臺, 望觀其群臣有憂與否. 相國范蠡, 大夫種, 句如之屬, 儼然列坐, 雖懷憂患, 不形顏色.

越王即鳴鍾驚[2]檄, 而召群臣與之盟曰 "寡人獲辱受恥, 上愧周王, 下慚晉, 楚. 幸蒙諸大夫之策, 得返國修政, 富民養士. 而五年未聞敢死之士, 雪仇之臣, 柰何而有功乎." 群臣默然莫對者. 越王仰天歎曰 "孤聞主憂臣辱, 主辱臣死. 今孤親被奴虜之厄, 受囚破之恥, 不能自輔, 須賢任仁, 然後討吳, 重負諸臣, 大夫何易見[3]而難使也."

於是計硯年少官卑, 列坐於後, 乃舉手而趨, 蹈席而前進曰 "謬哉! 君王之言也. 非大夫易見而難使, 君王之不能使也." 越王曰 "何謂." 計硯曰 "夫官位, 財幣, 金賞者, 君之所輕也. 操鋒履刃, 艾命投死者, 士之所重也. 今王易[4]財之所輕, 而責士之所重, 何其殆哉!"

於是越王默然不悅, 面有愧色, 即辭群臣, 進計硯而問曰 "孤之所得士心者何等." 計硯對曰 "夫君人尊其仁義者, 治之門也. 士民者, 君之根也. 開門固根, 莫如正身. 正身之道, 謹左右. 左右者, 君之所以盛衰者也. 願王明選左右, 得賢而已. 昔太公九聲而足, 磻溪之餓人也[5], 西伯任之而王. 管仲, 魯之亡囚, 有貪分之毀, 齊桓得之而霸. 故傳曰 失士者亡, 得士者昌. 願王審於左右, 何患群臣之不使也." 越王曰 "吾使賢任能, 各殊其事. 孤虛心高望, 冀聞報復之謀. 今咸匿聲隱形, 不聞其語, 厥咎安在." 計硯曰 "選賢實士, 各有一等. 遠使以難, 以效其誠. 內告以匿, 以知其信. 與之論事, 以觀其智. 飮之以酒, 以視其亂. 指之以使, 以察其能. 示之以色, 以別其態. 五色以設, 士盡其實, 人竭其智. 知其智盡實[6], 則君臣何憂." 越王曰 "吾以謀士效實, 人盡其智, 而士有未盡進辭有益寡人也." 計硯曰 "范蠡明而知內, 文種遠以見外. 願王請大夫種與深議, 則霸王之術在矣."

9-2

越王乃請大夫種而問曰 "吾昔日受夫子之言, 自免於窮厄之地. 今欲奉不羈之計, 以雪吾之宿讎, 何行而功乎." 大夫種曰 "臣聞高飛之鳥死於美食, 深川[7]之魚死於芳餌. 今欲伐吳, 必前求其所好, 參其所願, 然後能得其實." 越王曰 "人之所好, 雖其願, 何以定而制之死乎." 大夫種曰 "夫欲報怨復讎, 破吳滅敵者, 有九術, 君王察焉." 越王曰 "寡人被辱懷憂, 內慚朝臣, 外愧諸侯, 中心迷惑, 精神空虛, 雖有九術, 安能知之." 大夫種曰 "夫九術者. 湯, 文得之以王, 桓, 穆得之以霸. 其攻城取邑, 易於脫屣. 願大王覽之." 種曰 "一曰尊天事鬼[8]以求其福. 二曰重財幣以遺其君, 多貨賄以喜其臣. 三曰貴糴粟槁以虛其國, 利所欲以疲其民. 四曰遺美女以惑其心, 而亂其謀. 五曰遺之巧工良材, 使之起宮室, 以盡其財. 六曰遺之諛臣, 使之易伐. 七曰彊其諫臣, 使之自殺. 八曰君王國富而備利器. 九曰利甲兵以承其弊. 凡此九術, 君王閉口無傳, 守之以神, 取天下不難, 而況於吳乎." 越王曰 "善."

乃行第一術, 立東郊以祭陽, 名曰東皇公, 立西郊以祭陰, 名曰西王母. 祭陵山於會稽, 祀水澤於江州. 事鬼神一年, 國不被災. 越王曰 "善哉! 大夫之術. 願論其餘." 種曰 "吳王好起宮室, 用工不輟. 王選名山神材, 奉而獻之." 越王乃使木工三千餘人入山伐木, 一年, 師無所幸. 作士思歸, 皆有怨望之心, 而歌《木客之吟》. 一夜, 天生神木一雙, 大二十圍, 長五十尋, 陽爲文梓, 陰爲楩柟. 巧工施校, 制以規繩, 雕治圓轉, 刻削磨礱, 分以丹青, 錯畫文章, 嬰以白璧, 鏤以黃金, 狀類龍蛇, 文彩生光.

乃使大夫種獻之於吳王, 曰 "東海役臣臣孤勾踐使臣種敢因下吏聞於左右, 賴大王之力, 竊爲小殿有餘材, 謹再拜獻之." 吳王大悅. 子胥諫曰 "王勿受也. 昔者桀起靈臺, 紂起鹿臺, 陰陽不和, 寒暑不時, 五穀不熟, 天與其災, 民虛國變, 遂取滅亡. 大王受之, 必爲越王所戮." 吳王不聽, 遂受而起姑蘇之臺. 三年聚材, 五年乃成, 高見二百里. 行路之人, 道死巷哭, 不絕嗟嘻之聲, 民疲士苦, 人不聊生. 越王曰 "善哉! 第二術也."

9-3

十一年, 越王深念永思, 惟欲伐吳, 乃請計硯問曰 "吾欲伐吳, 恐不能破, 早欲興師, 惟問於子." 計硯對曰 "夫興師舉兵, 必且內蓄五穀, 實其金銀, 滿其府庫, 勵其甲兵. 凡此四者, 必察天地之氣, 原於陰陽, 明於孤虛, 審於存亡, 乃可量敵." 越王曰 "天地存亡, 其要柰何." 計硯曰 "天地之氣, 物有死生. 原陰陽者, 物貴賤也. 明孤虛者, 知會際也. 審存亡者, 別真僞也." 越王曰 "何謂死生真僞乎." 計硯曰 "春種八穀, 夏長而養, 秋成而聚, 冬畜而藏. 夫天時有生而不救[9]種, 是一死也. 夏長無苗, 二死也. 秋成無聚, 三死也. 冬藏無畜, 四死也. 雖有堯舜之德, 無如之何. 夫天時有生, 勸者老, 作者少, 反氣應數, 不失厥理, 一生也. 留意省察, 謹除苗穢, 穢除苗盛, 二生也. 前時設備, 物至則收, 國無逋稅, 民無失穗, 三生也. 倉已封塗, 除陳入新, 君樂臣歡, 男女及信, 四生也. 夫陰陽者, 太陰所居之歲, 留息三年, 貴賤見矣. 夫孤虛者, 謂天門地戶也. 存亡者, 君之道德也." 越王曰 "何子之年少於物之長也." 計硯曰 "有美之士, 不拘長少." 越王曰 "善哉! 子之道也." 乃仰觀天文, 集察緯宿, 曆象四時, 以下者上, 虛設八倉, 從陰收著, 望陽出糶, 筴[10]其極計, 三年五倍, 越國熾富. 勾踐歎曰"吾之霸矣. 善! 計硯之謀也."

十二年, 越王謂大夫種曰"孤聞吳王淫而好色, 惑亂沉湎, 不領政事, 因此而謀, 可乎." 種曰"可破. 夫吳王淫而好色, 宰嚭佞以曳心, 往獻美女, 其必受之. 惟王選擇美女二人而進之." 越王曰"善." 乃使相工索[11]國中, 得苧蘿山鬻薪之女, 曰西施, 鄭旦. 飾以羅縠, 教以容步, 習於土城, 臨於都巷. 三年學服而獻於吳.

乃使相國范蠡進曰"越王勾踐竊有二遺女, 越國洿下困迫, 不敢稽留, 謹使臣蠡獻之大王, 不以鄙陋寢容, 願納以供箕帚之用." 吳王大悅, 曰"越貢二女, 乃勾踐之盡忠於吳之證也." 子胥諫曰"不可! 王勿受也. 臣聞五色令人目盲, 五音令人耳聾. 昔桀易湯而滅, 紂易文王而亡. 大王受之, 後必有殃. 臣聞越王朝書不倦, 晦誦竟夜, 且聚敢死之士數萬, 是人不死, 必得其願. 越王服誠行仁, 聽諫進賢, 是人不死, 必成其名. 越王夏被毛裘, 冬御絺綌, 是人不死, 必爲對隙. 臣聞賢士國之寶, 美女國之咎. 夏亡以妹喜, 殷亡以妲己, 周亡以褒姒." 吳王不聽, 遂受其女. 越王曰"善哉, 第三術也."

9-4

十三年, 越王謂大夫種曰"孤蒙子之術, 所圖者吉, 未嘗有不合也. 今欲復謀吳, 柰何." 種曰"君王自陳越國微鄙, 年穀不登. 願王請糴, 以入其意. 天若棄吳, 必許王矣." 越乃使大夫種使吳, 因宰嚭求見吳王. 辭曰"越國洿下, 水旱不調, 年穀不登, 人民飢乏, 道荐飢餒, 願從大王請糴, 來歲即復太倉. 惟大王救其窮窘." 吳王曰"越王信誠守道, 不懷二心, 今窮歸愬, 吾豈愛惜財寶, 奪其所願." 子胥諫曰"不可! 非吳有越, 越必有吳. 吉往則凶來. 是養生寇而破國家者也. 與之不爲親, 不與未成冤. 且越有聖臣范蠡, 勇以善謀, 將有修飾攻戰, 以伺吾間. 觀越王之使使來請糴者, 非國貧民困而請糴也, 以入吾國伺吾王間也."

吳王曰 "寡人卑服越王而有其眾, 懷其社稷以愧勾踐. 勾踐氣服, 爲駕車卻行馬前, 諸侯莫不聞知. 今吾使之歸國, 奉其宗廟, 復其社稷, 豈敢有反吾之心乎." 子胥曰 "臣聞士窮非難, 抑心下人, 其後有激人之色. 臣聞越王飢餓, 民之困窮, 可因而破也, 今不用天之道, 順地之理, 而反輸之食, 固君之命. 狐雉之相戲也, 夫狐卑體而雉信之. 故狐得其志而雉必死. 可不愼哉."

吳王曰 "勾踐國憂, 而寡人給之以粟. 恩往義來, 其德昭昭, 亦何憂乎." 子胥曰 "臣聞狼子有野心, 仇讎之人不可親. 夫虎不可餧以食, 蝮蛇不恣其意. 今大王捐國家之福, 以饒無益之讎, 棄忠臣之言, 而順敵人之欲, 臣必見越之破吳, 豸[12]鹿游於姑胥之臺, 荊榛蔓於宮闕. 願王覽武王伐紂之事也."

太宰嚭從旁對曰 "武王非紂王臣也. 率諸侯以伐其君, 雖勝殷, 謂義乎." 子胥曰 "武王即成其名矣." 太宰嚭曰 "親戮主以餧名, 吾不忍也." 子胥曰 "盜國者封侯, 盜金者誅. 令使武王失其理, 則周何爲三家之表." 太宰嚭曰 "子胥爲人臣, 徒欲干君之好, 咈君之心以自稱滿, 君何不知過乎." 子胥曰 "太宰嚭固欲以求其親, 前縱石室之囚, 受其寶女之遺. 外交敵國, 內惑於君, 大王察之, 無爲群小所侮. 今大王譬若浴嬰兒, 雖啼, 無聽宰嚭之言." 吳王曰 "宰嚭是. 子無乃聞寡人言, 非忠臣之道, 類於佞諛之人." 太宰嚭曰 "臣聞鄰國有急, 千里馳救. 是乃王者封亡國之後, 五霸輔絶滅之末者也."

吳王乃與越粟萬石而令之曰 "寡人逆群臣之議而輸於越, 年豐而歸寡人." 大夫種曰 "臣奉使返越, 歲登誠還吳貸."

大夫種歸越, 越國群臣皆稱萬歲. 即以粟賞賜群臣, 及於萬民. 二年, 越王粟稔, 揀擇精粟而蒸, 還於吳, 復還斗斛之數, 亦使大夫種歸之吳王. 王得越粟, 長太息謂太宰嚭曰 "越地肥沃, 其種甚嘉, 可留使吾民植之." 於是吳種越粟, 粟種殺而無生者, 吳民大飢.

越王曰“彼以窮居, 其可攻也.”大夫種曰“未可. 國始貧耳, 忠臣尚在, 天氣未見, 須俟其時.”

9-5

越王又問相國范蠡曰“孤有報復之謀, 水戰則乘舟, 陸行則乘輿, 輿舟之利, 頓於兵弩. 今子爲寡人謀事, 莫不謬者乎.”范蠡對曰“臣聞古之聖君, 莫不習戰用兵, 然行陣隊伍軍鼓之事, 吉凶決在其工. 今聞越有處女, 出於南林, 國人稱善. 願王請之, 立可見.”越王乃使使聘之, 問以劍戟之術.

處女將北見於王, 道逢一翁, 自稱曰袁公. 問於處女“吾聞子善劍, 願一見之.”女曰“妾不敢有所隱, 惟公試之.”於是袁公卽拔[13]箖箊竹, 竹枝上枯槁[14], 末折[15]墮地, 女卽捷末. 袁公操其本而刺處女. 處女應卽入之, 三入, 因擧杖擊袁公[16]. 袁公卽[17]飛上樹, 變爲白猿. 遂別去, 見越王.

越王問曰“夫劍之道則如之何.”女曰“妾生深林之中, 長於無人之野, 無道不習, 不達諸侯. 竊好擊之道, 誦之不休. 妾非受於人也, 而忽自有之.”越王曰“其道如何.”女曰“其道甚微而易, 其意甚幽而深. 道有門戶, 亦有陰陽. 開門閉戶, 陰衰陽興. 凡手戰之道, 內實精神, 外示安儀, 見之似好婦, 奪之似懼虎. 布形候氣, 與神俱往. 杳之若日, 偏如滕[18]兔. 追形逐影, 光若彿彷. 呼吸往來, 不及法禁. 縱橫逆順, 直復不聞. 斯道者, 一人當百, 百人當萬. 王欲試之, 其驗即見.”越王大悅[19], 即加女號, 號曰“越女.”乃命五校之隊長, 高才習之, 以教[20]軍士. 當此之時皆稱[21]越女之劍.

於是范蠡復進善射者陳音. 音, 楚人也. 越王請音而問曰“孤聞子善射, 道何所生.”音曰“臣, 楚之鄙人, 嘗步於射術, 未能悉知其道.”越王曰“然, 願子一二其辭.”音曰“臣聞弩生於弓, 弓生於彈, 彈起古之孝子.”越王曰“孝子彈者柰何.”音曰“古者, 人民朴質, 飢食鳥獸, 渴飮霧露, 死則裹以白茅, 投於中野. 孝子不忍見父母爲禽獸所食, 故作彈以守之, 絕鳥獸之害. 故古人[22]歌曰'斷竹屬木[23], 飛土逐肉. 遂令死者不犯鳥狐之殘也[24]. 於是神農, 黃[25]帝弦木爲弧, 剡木爲矢, 弧矢之利, 以威四方. 黃帝之後, 楚有弧父. 弧父者, 生於楚之荊山, 生不見父母. 爲兒之時, 習用弓矢, 所射無脫. 以其道傳於羿, 羿傳逢蒙, 逢蒙傳於楚琴氏. 琴氏以爲弓矢不足以威天下. 當是之時, 諸侯相伐, 兵刃交錯, 弓矢之威不能制服. 琴氏乃橫弓著臂, 施機設郭[26], 加之以力, 然後諸侯可服. 琴氏傳大魏, 大魏傳楚三侯[27], 所謂句亶, 鄂, 章, 人號麇侯, 翼侯, 魏侯也. 自楚之三侯傳至靈王, 自稱之楚[28]累世, 蓋以桃弓棘矢而備鄰國也. 自靈王之後, 射道分流, 百家能人用, 莫得其正. 臣前人受之於楚, 五世於臣矣. 臣雖不明其道, 惟王試之."

越王曰"弩之狀何法焉."

陳音曰"郭爲方城, 守臣子也. 敖[29]爲人君, 命所起也. 牙爲執法, 守吏卒也. 牛爲中將, 主內裏也. 關爲守禦, 檢去止也. 錡爲侍從, 聽人主也. 臂爲道路, 通所使也. 弓爲將軍, 主重負也. 弦爲軍師, 禦戰士也. 矢爲飛客, 主教使也. 金爲穿[30]敵, 往不止也. 衛爲副使, 正道里也. 又[31]爲受教, 知可否也. 縹[32]爲都尉, 執左右也. 敵[33]爲百死, 不得駭也. 鳥不及飛, 獸不暇走, 弩之所向, 無不死也. 臣之愚劣, 道悉如此."

越王曰"願聞正射之道." 音曰"臣聞正射之道, 道眾而微. 古之聖人射, 弩未發而前名其所中. 臣未能如古之聖人." "請悉其要." "夫射之道, 身若戴板, 頭若激卵. 左足縱[34], 右足橫, 左手若附枝, 右手若抱兒. 舉弩望敵, 翕心咽烟. 與氣俱發, 得其和平. 神定思去, 去止分離. 右手發機, 左手不知. 一身異教, 豈況雄雌! 此正射持弩之道也."

"願聞望敵儀表, 投分飛矢之道." 音曰"夫射之道, 從分望敵, 合以參連. 弩有斗石, 矢有輕重, 石取一兩, 其數乃平. 遠近高下, 求之銖分. 道要在斯, 無有遺言."

越王曰"善. 盡子之道, 願子悉以教吾國人." 音曰"道出於天, 事在於人, 人之所習, 無有不神." 於是乃使陳音教士習射於北郊之外. 三月, 軍士皆能用弓弩之巧.

陳音死, 越王傷之, 葬於國西山上[35], 號其葬所曰陳音山.

1 「勾踐陰謀外傳」은 顧廣圻, 蔣光煦가 본 宋抄本에는 「越王陰謀外傳」이라고 하지만 徐天祜가 「越王」을 「勾踐」으로 편명을 바꾸었다.

2 본문에서는 勾踐 7년에 월로 돌아왔다고 한다. 따라서 勾踐 10년은 越에서 돌아온 지 5년이 채 되지 못하나 張覺은 5란 숫자는 虛數라고 한다.

3 漸臺 : 水中에 세운 臺이다. 『漢書』 권25 下 「郊祀志」 注에 "師古曰 漸은 浸(잠긴다)이다"라고 한다. 臺가 연못 가운데 있어 물에 잠기므로 漸臺라고 한다.

4 周王 : 敬王, 기원전 519~476년 재위.

5 여기서 월왕과 계예의 말은 『韓詩外傳』 권7에 나오는 宋燕과 陳饒의 대화와 유사하다.

6 원문에 '易財'라고 하는데 徐天祜에 의하면, '易'는 통하지 않으며 吝의 誤字이다. 吝와 吝은 같다.

7 太公 : 太公望, 呂尚이다. 『國語』 韋昭注 "太公, 齊始祖太公望也."

8 西伯 : 周文王이다.

9 徐天祜에 의하면, 管仲이 "내가 예전에 곤궁했을 때 鮑叔과 장사를 한 적이 있는데, 이 일을 나누면서 내가 더 많이 가졌다. 포숙은 내가 탐욕하다고 여기지 않았으니 내가 가난함을 알기 때문이었다"고 말하였다.

10 徐天祜에 의하면, 술은 성품을 어지럽게 할 수 있다. 『論語』 "唯酒無量, 不及亂."

11 徐天祜에 의하면, 『曲禮』에 "耆, 指使"라고 하며, 注에 "指事使人也"라고 한다. 그러나 張覺은 '指'는 指定한다는 것이며, '使'는 '酒', '色'과 상대적으로 명사로 사용되어 '事'로 해석해야 한다(고대에 '事'는 '使'와 통한다).

12 원문에 '君臣'이라고 하나 張覺에 의하면, '君王'이라고 해야 한다.

13 不羈 : 駿馬에는 굴레를 씌울 수 없다는 말로써 뛰어난 인재를 비유한다. 『史記』 권83 「魯仲連鄒陽列傳」에 "使不羈之士"라고 하며, 索隱 "言駿足不可羈絆 以比喻逸才之人."

14 원문에 '實'이라고 하는데, 張覺에 의하면, '實'은 軍이 토벌하여 획득한 것으로 토지, 재산 등을 이른다.

15 「越王勾踐世家」에서는 7術이라고 한다.

16 짚(稾) : 芻와 더불어 稾는 고대에 곡식과 더불어 세금 징수의 수단이었다. 秦漢 律令에 따르면, 芻稾稅는 소유 토지 면적당 냈다.

17 東皇公 : 漢代 『神異經』 가운데 東皇公은 東荒山에 사는 동방의 天帝인데, 西王母가 새 날개에 올라타 東皇公을 만났다고 한다. 兪樾에 의하면, 『竹書紀年』과 『穆天子傳』에는 모두 西王母를 기록하여 그 이름이 오래되었다. 東王公의 이름은 여기에서 처음 나

타난다.

18 西王母 : 神話 가운데 女神이다. 본래 표범 꼬리에 호랑이 이빨을 갖고 있으며 봉두난발에 옥비녀를 꽂았다. 또 崑崙山에 살며 휘파람을 잘 불었으며 전염병과 형벌을 관장하는 괴신이었다. 그러나 점차 西王母는 불사약을 갖고 만민에 대한 생사여탈권을 갖고 있는 자로 변모하기 시작하여 점차 복을 내리는 吉神이 되어 漢代 畵像石에 자주 등장한다(袁珂, 『中國神話通論』, 巴蜀書社, 1991, 236~240쪽).

19 원문에 '陵山'라고 하는데 徐天祜에 의하면, 陵山은 禹陵이 있는 山이라고 하나 先秦 고서에서는 帝王冢은 모두 陵이라 칭하지 않으며 陵의 명칭은 漢代부터 시작되었다.

20 江洲 : 張覺에 의하면, 浙江 가운데 있는 沙洲(모래톱)이다. 徐天祜에 의하면, 지금의 江州이며, 춘추시에는 吳의 서쪽 경계, 楚의 동쪽 경계이므로 越은 이 땅에서 水澤을 제사지낼 수 없었다. 晋 이전에는 역시 江州의 이름이 없었다. 楚의 巴郡에 예전에 江州縣이 있었지만 越에서 아주 멀므로 역시 당시 水澤을 제사한 땅이 아니다. '州' 자는 '洲'라고 해야 한다. 『說文』에 "州, 渚也"라고 한다. 바는 본래 '州'로 쓰여 있으니 물에 居할 수 있는 곳이다. 州는 오늘날은 洲라고 하며 대개 後人이 水를 덧붙여 州縣의 자와 구별하였다.

21 徐天祜에 의하면, 『水經注』(권40 「浙江水」)에 "勾踐이 工人을 시켜 처마와 난간재목을 벌목하여 오나라에 바치고자 하여 오랫동안 돌아가지 못하였으므로 공인들은 걱정스럽게 생각하여 木客之吟을 지었다"라고 한다.

22 圍 : 양팔을 벌려 낀 둘레. 일설에는 다섯 치의 둘레.

23 尋 : 척도의 단위. 8자(尺), 즉 23.1센티미터×8=약 185센티미터(漢代에는 1尺이 약 23.1센티미터였다).

24 徐天祜가 말하기를, 하늘이 神木을 내어 하루도 되지 못해 자란 것이 하루 저녁에 20圍 둘레에 길이가 50尋이라고 하니 이런 것이 있겠는가. 이 일을 믿는다 해도 越이 일찍이 그 나무를 吳에 바치면서 사신이 "東海의 役臣이 궁전을 만들고 남은 재목을 바친다"라고 말하였다. 오나라에 매우 예가 아니며 자신들이 먼저임을 나타낸 것이다. 또 월에 5臺가 있었는데 일찍이 감히 오왕에게 바치지 않은 것은 法度를 두려워하고 권위에 복종했기 때문이다. 하늘이 재목을 내는 것이 이처럼 기이하고 사람이 말을 올리는 것이 이처럼 고상한대 이를 일러 餘材라고 했으니 월의 궁전 짓는 것 역시 너무 교만하고 사치하다. 특히 남은 것을 오나라에 바친다고 했으니 어찌 월나라의 실언으로 오나라가 기뻐하겠는가.

25 張覺에 의하면, 桀이 靈臺를 지었다는 것은 알 수 없으며, 당시에는 이러한 설이 있었을 수 있다. 鹿臺는 오늘날 河南 湯陽縣 朝歌鎭 남쪽에 있다. 『新書』「刺奢」 "紂爲鹿臺, 七年而成, 其大三里, 高千尺, 臨望雲雨."

26 姑蘇臺 : 『太平御覽』 권177 인용문에 "姑胥臺"라고 한다. 徐天祜에 의하면, 臺는 합려 때 시작되어서 부차 때 새로 만들어졌다. 『吳地記』에 의하면, 높이가 300丈이라고 한다. 『越絶書』「外傳吳地傳」(이하 「外傳吳地傳」)에 "가을, 겨울에는 城 안에서 다스렸고 봄, 여름에는 姑胥臺에서 다스렸다"라고 하며, "胥門 밖 九曲路에 闔廬가 姑胥之臺를

만들어 놓고 太湖를 바라보았으며 백성을 엿보았다. 縣에서 30리 거리이다"라고 한다.

27 孤虛 : 옛날에 兵法家가 군대를 행진하는데, 방위와 일시 등을 점치는 법이다. 徐天祜에 의하면, 『史記』「龜策列傳」에 "日辰不全, 故有孤虛"라고 한다.『六甲孤虛法』에 "甲子에서 癸酉에 이르는 10일간에 戌 · 亥를 孤, 辰 · 巳를 虛이다"라고 한다. 이는 날도 방위도 모두 흉하다. 劉歆 『七略』에 『風后孤虛』 20권이 있다.

28 八穀 : 메기장, 차기장, 찹쌀, 수수, 벼, 마, 콩, 보리 혹은 벼, 기장, 보리, 밀, 콩, 팥, 조, 마라고도 하나 모든 곡식을 뜻한다.

29 원문에 '有生'이라고 하는데 徐天祜에 의하면, 四時로 말하자면 '有生'은 '春生'이라고 해야 한다.

30 본문에 '緯宿'라고 하는데 徐天祜에 의하면, 天象에 정지된 것은 經이요, 움직이는 것은 緯이다. 그러므로 水星, 金星, 火星, 木星, 土星의 5星을 5緯라고도 한다. 宿는 하늘에 늘어선 별자리, 28宿를 이른다.

31 苧蘿山 : 徐天祜에 의하면 『會稽志』에 苧蘿山은 諸暨縣 남쪽 5리에 있다. 『輿地志』에 諸暨縣 苧蘿山은 西施, 鄭旦이 거주한 곳이다. 『十道志』에 "구천은 미녀를 찾아 오왕에게 바쳤는데 諸暨 苧蘿山에서 장작 파는 여자를 구하였다"라고 한다. 苧蘿山 아래 浣紗石이 있는데 西施가 빨래하던 곳이라고 전한다. 오늘날 浙江 諸暨縣城 남쪽 1킬로미터이다.

32 土城 : 徐天祜에 의하면, 『越舊經』에 "土城은 會稽縣 동쪽 6리에 있다"라고 한다. 「外傳記地傳」에 "美人宮"이라고 한다. 오늘날 紹興市 동쪽 五雲門 밖에 西施山遺址가 있는데 勾踐이 土城을 만들어 西施를 거처하게 한 곳이라고 전한다.

33 원문에 '遺女'라고 하는데 張覺에 의하면, 『越絶書』 권12 「內經九術」에 "昔者越王勾踐, 竊有天之有西施, 鄭旦"이라고 하여 하늘이 보낸 여자이다.

34 원문에 '箕帚之用'이라고 하는데, 漢代에 妻妾을 지칭하는 語句로 사용되었다.

35 『老子』 제12장에 "五色令人目盲, 五音令人耳聾"이라고 한다.

36 夏桀이 施國을 토벌하니 施國人이 妹喜를 桀에게 바쳐 桀의 총애를 받았다. 후에 桀이 또 岷山을 토벌하니 岷山人이 琬, 琰 두 여자를 바치자 桀이 두 여자를 사랑해 元妃인 妹喜를 洛에 버리자 妹喜는 伊尹을 도와 桀을 멸망시켰다(『國語』「晉語」 1).

37 妲己는 姓이 己이고 이름이 妲이며 有蘇氏의 딸이다. 商紂가 有蘇氏를 토벌하자 有蘇氏가 妲己를 바쳤는데, 총애를 받게 되자 膠鬲의 도움으로 殷을 멸망시켰다(『國語』「晉語」 1).

38 徐天祜에 의하면, 桀이 有施를 토벌하는데 有施氏에게 妹喜라는 딸이 있었는데 寵愛하다 夏를 멸망시켰다. 紂가 有蘇를 토벌하는데 有蘇氏에게 妲己라는 딸이 있었는데 총애하다 殷을 멸망시켰다. 幽王이 有褒를 토벌하는데 有褒에 褒姒라는 딸이 있었는데 총애하다 伯服을 낳아 太子 宜臼를 쫓아냈다. 태자가 申으로 도망가니 申人이 繒, 西戎과 함께 幽王을 공격하여 周가 이에 망하였다. 『國語』「晉語」 1에 의하면, 褒姒는 西周 때 褒國의 여자인데 姓은 姒이다. 幽王이 褒國을 토벌하자 褒人이 褒姒를 바쳤는

데 幽王의 총애를 받았다. 褒姒가 잘 웃지 않아서 幽王은 백방을 다 써보았으나 웃길 수 없자, 봉화를 들어 제후를 소집하였는데 제후들이 급히 당도하였으나 외적의 침입이 없으니 褒姒가 크게 웃었다. 幽王은 몇 차례나 봉화를 들어 제후를 희롱하여 褒姒를 웃길 수 있었다. 후에 褒姒는 伯服을 낳았는데 이에 虢石甫와 결합하여 太子宜臼를 내쫓고 伯服을 세웠다. 太子가 외가인 申國으로 도망가자 申侯는 鄫國, 西戎과 연합하여 周를 토벌하였는데, 幽王이 봉화를 들었으나 제후들이 불신하여 구원 부대가 오지 않았다. 西戎 등이 鎬京을 격파하고 幽王을 죽이고 褒姒를 잡아 돌아가 西周가 끝내 망하였다.

39 「越王勾踐世家」에는 편년이 확실하지 않으나 文種의 계책이 오나라의 艾陵之戰 직후 이루어졌다는 사실에 기초하면 기원전 484년, 勾踐 13년의 편년은 정확하다.

40 徐天祜에 의하면, 箕子를 감옥에서 풀어주고 比干의 墓를 封하였으며 商容의 마을에 표창한 것을 이른다. 箕子는 紂가 無道하여 간하였으나 듣지 않자 거짓으로 미친 척하고 노비가 되었다. 商容은 紂 때 大夫인데 직간을 하다 관직에서 쫓겨났다.

41 『越絶書』 권5 「請糴內傳」에는 내용이 조금 다르다.
지금 내가 충성하여 우리 군왕을 위해 시비를 가리는 것은, 비유컨대 어린아이를 목욕시키는 것 같아서 울더라도 들어주지 말면 그에게 장차 유리함이 있을 것이다.

42 商의 湯王이 夏의 후예를 封하고, 周의 武王이 商의 桀王 아들 祿父를 殷에 封하였다.

43 張覺에 의하면, 忠臣은 伍子胥를 가르치며, 「越語」 下, 『左傳』 哀公 11년에 의하면, 이 때(勾踐 14년)에 오자서는 이미 죽었다. 그러나 본 서 「夫差內傳」에는 伍子胥가 夫差 13년에 죽었다고 하여 이 글과 통한다.

44 南林 : 徐天祜에 의하면, 『越舊經』에 南林은 山陰縣 남쪽에 있다고 한다.

45 篠簬竹 : 徐天祜에 의하면, 篠簬는 대나무 이름이다. 『吳都賦』에 "그 竹은 왕대 篠簬이다"라고 한다.

46 鄙邑 : 춘추시대 諸侯의 '國'은 城郭으로 둘러싸인 도시국가의 형태이며, 郭 밖에 분포하는 群小의 鄙邑을 지배하였다. 鄙邑人들은 농경에만 종사할 뿐 군대에는 편성되지 않았다.

47 神農 : 중국 신화에 의하면, 神農은 쟁기를 만들어 사람들에게 농사를 가르치고, 百草를 맛봐 약재를 발견하여 의술을 가르쳤다고 한다. 神農시대는 이제 막 농경시대로 접어들었으므로 여기 쇠뇌의 창조와는 관련이 없다.

48 黃帝 : 『世本』 권1에는 揮(黃帝의 신하)가 弓을 만들고, 夷牟(혹은 牟夷, 黃帝의 신하)가 화살을 만들었다고 한다.

49 徐天祜에 의하면, 『世本』에 "黃帝의 신하 牟夷가 화살을 만들었다"라고 한다.

50 逢蒙 : 蜂門이라고도 한다. 『漢書』 권30 「藝文志」 兵技巧家에 『逢門射法』 2篇이 있다.

51 徐天祜에 의하면, 『釋名』에 "弩柄曰臂, 鉤弦曰牙, 牙外曰郭, 郭下有懸刀, 合而名之曰機. 言機巧也. 亦言如門戶之樞機, 開闔有節"이라고 한다.

52 大魏 : 누구인지 분명치 않지만 張覺에 의하면, 『韓詩外傳』 권6에 "昔者楚熊渠子夜行,

見寢石以爲伏虎, 彎弓而射之, 沒金飮羽"를 보아 熊渠가 활을 잘 쏘았다.

53 『史記』 권340 「楚世家」에 의하면, 熊渠 시기(周夷王 시) 초는 江漢에서 粤에 이르기까지 세력을 확대하여 스스로 蠻夷라 자처하며 중국의 謚號를 버리고 장자 康은 句亶王, 紅은 鄂王, 작은 아들 執疵는 越章王으로 세웠다. 周厲王이 포학하여 웅거는 그가 초를 정벌할까 두려워 왕호를 버렸다. 三侯라는 것은 아직 왕호를 참칭하지 않았을 때의 칭호이다. 張覺에 의하면, 句亶은 오늘날 湖北 江陵縣, 鄂은 오늘날 湖北 鄂城縣, 章은 越章, 즉 豫章이며 오늘날 漢水 동쪽, 漢口 북쪽 일대이다.

54 徐天祜에 의하면, 楚 右尹 子革은 "唯是桃弧棘矢, 以共禦王事"라고 말하였다.

55 敖 : 螯와 통하며, 방아쇠를 가리킨다.

56 牙 : 활시위를 정지시키는 고리.

57 소 힘줄 : 활의 안쪽에 덧대어 탄성을 증강시킨다.

58 錡 : 弩를 올려놓는 대.

59 군주 : 弩를 비유한 것이다.

60 원문에 '金'이라고 하는데 금속제의 화살촉을 가리킨다.

61 원문에 '敵'이라고 하는데 張覺에 의하면, '鏑'이라고 해야 하며 화살촉이다. 『釋名』 권7 釋兵 "鏑, 「敵也」, 言可以御敵也."

62 원문에 '激卵'이라고 하는데 뜻을 알 수 없으며 張覺에 의하면, '激卬'이라고 해야 할 듯한데 격앙의 의미이다.

63 원문에 '投分'이라고 하는데 張覺에 의하면, '分'은 志向을 의미한다. 『文選』 「金谷集作詩」 "投分寄石友." 注 "阮瑀爲魏武與劉備書曰 披懷解帶, 投分托意."

64 원문에 '參連'이라고 하는데 張覺에 의하면, 고대 활 쏘는 법 가운데 하나이다. 徐天祜에 의하면, 『周禮』 「地官」, 「保氏」 注에 다섯 가지 활 쏘는 법이 있으며 白矢, 參連, 剡注, 襄尺, 井儀이다.

65 본문에 '斗石'의 구체적인 수량은 알 수 없으나 고대에 활, 쇠뇌의 당기는 힘을 재는 단위이다. 斗石은 원래 부피를 재는 단위이며, 무게일 경우 1石은 120斤, 약 30킬로그램이다. 一斗는 12斤, 약 3킬로그램이다.

66 兩 : 15.6그램. 고대에는 16兩이 1斤이다.

67 銖 : 0.65그램, 1/24 兩.
分 : 1.3그램, 1/12 兩.

68 陳音山 : 徐天祜에 의하면, 山蔭縣 서남 4리에 있다. 張覺에 의하면, 「外傳記地傳」에 "陳音山去縣五里"라고 한다.

1 徐天祜에 의하면, '得' 자 아래 '返' 자가 있어야 한다.

2 徐天祜에 의하면, '驚' 은 아마도 '警' 이라고 해야 한다.

3 兪樾에 의하면, '見' 은 '得' 이라고 해야 한다.

4 徐天祜에 의하면, '易' 자는 통하지 않으며 아마 '咎' 자의 잘못일 것이다.

5 뜻이 분명하지 않으나 『越絶書』 권9 「外傳計倪」에 "太公九十而不伐磻溪之餓人也"라고 한다.

6 盡實 : 苗麓校點本, 『四部叢刊』 本에 "盡實"이라고 하나 盧文弨에 의하면, 앞의 문장을 볼 때 '盡其實' 이라고 해야 한다.

7 川 : 苗麓校點本, 『四部叢刊』 本에 "泉" 이라고 하나 『文選』 권25 「贈何劭王濟」 注와 『文選』 권34 「七啓」 注에서 인용한 문장을 근거로 고쳤다. "深川之魚, 死於芳餌."

8 徐天祜에 의하면, '鬼' 자 아래 '神' 자가 있어야 하며, 아래 문장 역시 鬼神을 겸해서 말하였다.

9 救 : 『四庫全書』 本에 "敷" 라고 한다.

10 徐天祜에 의하면, '筴' '策' 이라고 하는 것과 통한다.

11 相工索 : 苗麓校點本, 『四部叢刊』 本에 "相者"라고 하였으나 『太平御覽』 권305 인용문에 근거해 고쳤다. "乃使相工索國中, 得苧羅山賣薪之女, 名西施, 鄭旦, 而獻於吳."

12 徐天祜에 의하면, 발 없는 곤충을 '豸' 라고 하나 '豕' 라고 해야 한다.

13 拔 : 苗麓校點本, 『四部叢刊』 本에 "杖" 이라고 하나 『藝文類聚』 권89, 『太平御覽』 권343, 『事類賦』 권13 注 인용문에 근거해 고쳤다. 『藝文類聚』 권89 "自稱袁公, 跪拔林於竹, 末折墮地." 『北堂書鈔』 권122 인용문에 "杖"이라고 하며, 『藝文類聚』 권95, 『太平廣記』 권444, 『太平御覽』 권962 인용문에 "挽"이라고 한다.

14 枯槁 : 苗麓 校點本, 『四部叢刊』 本에 "頡橋" 라고 하지만 『藝文類聚』 권95, 『太平廣記』 권444 인용문에 근거해 고쳤다. 『藝文類聚』 권95 "公卽挽林內之竹, 似枯槁, 末折墮地. 女接取其末, 袁公操其本, 而刺處女. 處女應, 卽入之, 三入, 因擧杖擊袁公. 袁公則飛上樹, 化爲白猨."

15 末折 : '末' 은 『四部叢刊』 本에 "末"라고만 하지만 『藝文類聚』 권95, 『太平御覽』 권910, 권962, 『太平廣記』 권444 인용문에 근거해 보충하였다.

16 苗麓校點本, 『四部叢刊』 本에 '袁公操其本 … 因擧仗擊袁公' 23자가 없으나 『藝文類聚』 권95 인용문에 의해 보충하였다. 이와 유사한 내용이 『太平廣記』 권444, 『太平御覽』 권343, 910, 963, 『事類賦』 권13 注 인용문에도 포함되어 있다.

17 卽 : 苗麓校點本, 『四部叢刊』 本에 "則"이라고 하나 『太平御覽』 권343 인용문에 근거해 고쳤다. "袁公卽飛上樹, 變爲白猿."

18 滕 : 徐天祜에 의하면, '滕' 자는 '騰' 으로 써야 한다.

19 大悅 : 苗麓校點本, 『四部叢刊』 本에는 없으나 『太平御覽』 권343, 『北堂書鈔』 권122 인용문에 근거해 보충하였다. 『太平御覽』 권 343 "越王大悅, 乃命五校之隊長高才習之, 以教軍人. 當此之時皆稱越女劍."

20 五校之隊長, 高才習之, 以教 : 苗麓校點本, 『四部叢刊』 本에 "五板之墮長高習之教"라고 하나 『太平御覽』 권343 인용문에 의해 고쳤다.

21 當此之時皆稱 : 苗麓校點本, 『四部叢刊』 本에 "當世勝"이라고 하나 徐天祜에 의하면, '勝' 자 위에 '莫能' 이라는 두 자가 있어야 한다. 하지만 『太平御覽』 권343 인용문에 근거해 고쳤다.

22 古人 : 苗麓校點本, 『四部叢刊』 本에는 없으나 『藝文類聚』 권60, 『太平御覽』 권348, 권350, 권755 인용문에 근거해 보충하였다. 『太平御覽』 권350 "故古人歌之曰, 斷竹屬木, 飛土逐肉, 遂令死者不犯鳥狐之殘也."

23 屬木 : 苗麓校點本, 『四部叢刊』 本에 "續竹"이라고 하나 『北堂書鈔』 권21, 『太平御覽』 권350, 권755 인용문에 근거해 고쳤다.

24 逐肉遂令死者不犯鳥狐之殘也 : 苗麓校點本, 『四部叢刊』 本에 "逐害之謂"라고 하나 『太平御覽』 권350 인용문에 근거해 고쳤다.

25 黃 : 苗麓校點本, 『四部叢刊』 本에 "皇"이라고 하나 徐天祜는 '黃' 이라고 해야 한다고 했으며, 『文選』 권34 「七啓」 魏氏發機 注 인용문에 근거해 고쳤다.

26 郭 : 苗麓校點本, 『四部叢刊』 本에 "樞"라고 하나 『太平御覽』 권348 인용문에 근거해 고쳤다. "遂乃橫弓着臂, 施機設郭, 加之以力."

27 琴氏傳大魏, 大魏傳楚三侯 : 苗麓校點本, 『四部叢刊』 本에 "琴氏傳之楚三侯"라고 하나 『文選』 권34 「七啓」 魏氏發機 注 인용문에 근거해 고쳤다. "琴氏傳大魏. 大魏傳楚三侯, 麋侯, 翼侯, 魏侯也."

28 盧文弨에 의하면, '之楚' 는 글자가 뒤바뀌었다.

29 敖 : 苗麓校點本, 『四部叢刊』 本에 "敎"라고 하나 張覺에 의하면, '螯(집게발, 오)' 와 같으며, 방아쇠를 뜻한다. 『太平御覽』 권348 인용문에 근거해 고쳤다. "郭爲方城守臣子也. 敖爲人君命所起也."

30 穿 : 苗麓校點本, 『四部叢刊』 本에 "實"이라고 하나 『太平御覽』 권348 인용문에 근거해 고쳤다. "金爲穿敵往不止也."

31 又 : 張覺에 의하면, '叉' 라고 해야 하는데 형태가 비슷해서 틀렸다.

32 縹 : 張覺에 의하면, '弼' 이라고 해야 하며 음이 비슷하여 잘못된 것이다.

33 敵 : 張覺에 의하면, '鏑' 이라고 해야 한다.

34 縱 : 苗麓校點本, 『四部叢刊』 本에 "蹉"라고 하나 『太平御覽』 권348 인용문에 의해 고

쳤다. "左足縱右足橫."

35 山上 : 苗麓校點本, 『四部叢刊』本에는 원래 없으나 『水經注』 권40 「漸江水」 인용문에 의해 보충하였다. "音死, 葬于國西山上. 今陳音山乃在國南五里."

권10

勾踐伐吳外傳 구천이 오를 토벌하다

「구천벌오외전勾踐伐吳外傳」은 「오어吳語」와 「월어越語」에 근거하여 구천이 오나라를 토벌하기 전에 치밀하게 전쟁을 준비하는 모습을 비장하게 묘사하였으며, 월왕 구천이 오나라를 공격하여 멸망시키고 패자霸者가 되는 성취와 그 이후의 행적을 서술하였다. 그러나 「월왕구천세가」에서 서술한 구천 이후 무강無彊의 사적과 범려范蠡의 행적은 생략하여 『오월춘추』가 춘추시대 오와 월의 쟁패爭霸와 흥망興亡을 주제로 서술했음을 분명히 드러내고 있다.

오왕 부차는 진晉나라와의 회맹에서 패자의 지위를 얻은 패권霸權의 절정에서 곧바로 월나라의 침략을 받아 멸망의 길로 접어든 반면, 월왕 구천은 자신을 굽혀 부차를 섬기며 준비한 전쟁으로 끝내 오나라를 멸망시켜 최후의 패자가 되었다. 이러한 서술의 구조는 "사람에게 성쇠가 있어 현귀함이 극에 달하면 반드시 곤궁하게 된다"는 음양陰陽이 교차하는 『역易』의 순환적 역사관을 구현한 것이다.

문종文種을 장례지낸 후 일 년 후 오자서가 산을 뚫고 문종을 데려가 떠다니는 파도가 되었다는 설화는 곧 문종과 오자서를 같은 부류로 분류하는 것이며, 이는 문종이 구천에게 죽음을 당하는 것은 곧 오자서가 부차에게 죽음을 당한 것과 동일한 역사의 패턴임을 의미하며, 이는 곧 사마천이나 조엽이 역사 속에서 추구하려 했던 역사의 규율성이다. 그리고 공자가 월나라를 방문한 일화는 조작된 것이기는 하나, 이를 통해 조엽은 월나라는 중원의 예제禮制 문화와는 다른 문화 범주에 있음을 표현하는 한편, 스스로 자신들의 정체성에 대한 자부를 드러낸 것이며, 여기에서 월나라 사람 조엽이 『오월춘추』를 저술한 의도를 엿볼 수 있다.

10-1

월왕 구천 15년(기원전 482년), 구천은 오나라 토벌을 모의하면서[1] 대부 문종에게 말하였다.[2]

"나는 그대의 계책을 써서 하늘의 가혹한 형벌을 면하고 귀국하였다. 내가 이미 사실대로 국인들에게 설명하였더니 국인들이 기뻐하였다. 그런데 그대가 지난날 말하기를, 천기天氣가 있으면 곧 와서 아뢰겠다고 하였다. 지금 천기가 응하는 징조가 있는가."

"오나라가 강한 이유는 오자서가 있었기 때문입니다. 지금 오자서는 충직하게 간하다가 죽었으니 이는 천기가 먼저 드러내는 망국의 증거입니다. 군주께서는 마음을 다하고 뜻을 다하시어 국인들에게 말씀하시기 바랍니다."

"내가 국인들에게 할 말을 들어보라. 과인은 역량이 부족함을 알지 못하고 대국大國에 원수를 보복하였다가 백성의 해골을 들판에 내버려둔 채 비바람을 맞게 하였으니 이는 과인의 죄이다. 그리하여 과인은 진정으로 그 술책을 바꾸었다. 전쟁에서 죽은 이를 장례지내고 부상당한 이를 문병하였으며, 우환을 조문하고 기쁜 일을 축하하였으며, 외국으로 가는 자를 환송하고 월나라로 오는 자를 맞이하였으며, 백성에게 해害가 되는 것을 제거하였다. 그런 후에는 자신을 낮추어 부차夫差를 섬기며 오나라로 노복 삼백 명을 보냈다. 오나라는 나에게 수백 리의 땅[3]을 봉해주었으며 이 때문에 오나라 부형들에게 '과인이 들으니, 옛 현군은 백성이 사방에서 귀부하기를 강물이 아래로 흐르듯 한다고 합니다. 과인은 정치할 능력이 없으니 두세 부부를 거느리고 인구나 번식하도록 하겠다.' 고 약속하여 맹세하였다. 그러고는 장정壯丁이 늙은 처에게 장가가지 못하고 늙은이가 젊은 여자에게 장가가지 못하게 하였다. 여자가 열일곱이 되어도 시집가지 않으면 그 부모에게 죄를 물었다. 장부丈夫가 스물이 되어도 장가가지 않으면 그 부모에게 죄를 물었다.[4] 분만하려는 산모가 나에게 고하면 의사에게 지키라고 하였다. 아들 쌍둥이를 낳으면 술 한 병과 개 한 마리를 내리고, 딸 쌍둥이를 낳으면 술 한 병과 돼지 한 마리를 내렸다.[5] 세 쌍둥이를 낳으면 유모를 대주고 쌍둥이를 낳으면 식모를 보냈다. 장자가 죽으면 삼 년 동안 내 통치에서 벗어나게 하였다. 둘째가 죽으면 석 달 동안 내 통치에서 벗어나게 하였다. 반드시 곡哭하고 눈물을 흘리며 매장하기를 내 자식처럼 하였다. 고아, 과부, 병자, 가난하고 병든 자는 그들의 자식을 관官에 들여보냈다. 관리가 되고자 하는 자에게 거처를 재어서 나누어주고 잘 입히고 배불리 먹여 이들을 도의道義로써 연마시켰다. 사방의 사인들이 오면 반드시 접견하여 예로 대우하였다. 밥과 국을 싣고 나라 안을 돌아다니면서 나라 안의 어린아이들이 유랑하다 나를 만나면 먹이고 마시게 하였으며 사랑으로 베풀고 이름을 물었다.[6] 내가 기른 것이 아니면 먹지 않았으며 부인이 짠 것이 아니면 입지 않았다. 칠 년 동안 세금을 거두어들이지 않았더니 백성의 집에는 삼 년간 양식이 비축되었다. 남자는 즐겁게 노래하고 여자는 모여 웃었다. 지금 나라의 부형들이 매일 나에게 '예전에 부차가 우리 군주를 제후들 앞에서 욕보이는 바람에 오랫동안 천하의 사람들에게 수치를 당했습니다. 지금 월나라는 부유해졌으며 군왕은 절검節儉하시니 수치를 보복할 수 있도록 해주십시오.' 라고 청하였는데, 내가 거절하였다. '예전에 내가 굴욕을 받은 것은 여러분의 죄가 아니다. 과인 같은 사람이 어찌 감히 우리 나라 백성을 수고롭게 하여 내 오랜 원수를 보복하도록 하겠는가!' 라고 하자 부형들이 또다시 '월나라 사방 봉지封地 안이 모두 우리 군주의 자식입니다. 자식이 아버지의 원수를 복수하고 신하가 군주의 원한을 복수하는데 어찌 힘을 다하지 않는 자가 있겠습니까. 신들은 다시 전쟁하여 군왕의 오랜 원수를 없애기를 청합니다.'라고 청하여, 기쁜 마음으로 허락하였다."

대부 문종이 말하였다.

"신이 관찰하건대 오왕은 제齊나라와 진晉나라에서 뜻을 달성했으니 이어서 마땅히 우리 월 땅을 밟아야 한다고 여겨 군대를 이끌고 우리 국경으로 올 것입니다. 그러나 지금은 군대를 해산하고 병사를 쉬게 하여 일 년 동안 전쟁을 일으키지 않으니 이미 우리를 잊은 것 같습니다. 그러나 우리는 이걸 믿고 게을러서는 안 됩니다. 신이 하늘에 점쳐 보았습니다. 오나라 백성은 이미 군대에서 피로가 쌓이고 전투에 지쳤으며, 시장에는 묵은쌀조차 없고 나라의 창고는 비었으니 백성은 반드시 떠나려는 마음이 있어 날이 추워지면 곧 동해가에 가서 수초水草나 고동을 따먹을 것입니다. 하늘에 점쳐보니 징조가 나타났으며 지금 세상의 사정 역시 점복(卜筮)[7] 가운데 드러났습니다. 왕께서 만약 군대를 일으키시면 빼앗기에 유리하기 때문에 오나라의 변경 비읍은 침범할 수 있으나 아직 갈 만하지 못합니다. 비록 오왕이 우리를 공격할 마음이 없다 하더라도 역시 군대를 움직여서 오나라를 노怒하게 하는 것은 곤란합니다. 그들이 소홀한 틈을 타 오나라의 의도를 알아내는 것만 못합니다."

"나는 토벌할 생각이 없으나 국인들이 전쟁을 청한 지가 삼 년이나 되니 나는 백성의 바람을 따르지 않을 수 없다. 그런데 지금 그대가 곤란하다고 간하는 것을 듣게 되었다."

월나라 부형들이 또 간하였다.

"오나라를 토벌할 수 있습니다. 이기면 그 나라를 멸망시킬 수 있으며 이기지 못해도 그 군대를 곤란하게 할 것입니다. 오나라가 화해를 청하여 왕께서 그들과 맹약하시면 공업功業과 명망이 제후들에게 알려질 것입니다."

"좋도다."

이에 구천은 신하들을 모이게 하고 명령하였다.

"감히 오나라를 토벌하는 것에 대해 간언하는 사람이 있으면 죄를 용서치 않으리라!"

대부 문종과 범려가 서로 말하였다.

"우리의 간언이 받아들여지지 않았다. 그렇기는 하나 그래도 군왕의 명령을 따를 수밖에 없다."

구천이 군대를 소집하여 병사들을 도열시키고 크게 훈계하고 서약하였다.

"과인이 들으니, 옛 현군은 군대가 부족한 것을 걱정하지 않고, 뜻과 행동에 부끄러움이 적은 것[8]을 걱정하였다. 지금 오왕 부차는 물소 갑옷[9]을 입은 사병이 십삼만 명[10]인데 뜻과 행동에 부끄러움이 적은 것을 걱정하지 않고 군대의 수가 부족한 것만 걱정한다. 지금 과인은 하늘이 오왕을 징벌하는 것을 도우려 한다. 나는 필부의 작은 용맹을 바라지 않는다. 나는 사졸들이 진격하면서는 상 받을 일을 생각하고 후퇴하면서는 형벌 면할 것을 생각하게 하겠다."

이에 월나라 백성은 아버지는 자식에게 권하고 형은 아우에게 권하며 말하였다.

"오나라를 토벌할 수 있다."

구천은 다시 범려를 불러 말하였다.

"오왕은 이미 오자서를 죽였으며 주위에 아첨하는 자들이 많다. 우리 나라 백성이 또 나에게 오나라를 토벌하라고 권하는데, 토벌할 수 있겠는가."

"아직은 안 됩니다. 내년 봄을 기다린 후에야 토벌할 수 있습니다."

"왜 그런가."

"신이 보니 오왕이 북방으로 가서 황지黃池에서 제후와 회맹하는데 정예 부대가 왕을 따라가기 때문에 나라가 비고 노약자만 후방에 남으며 태자가 남아 도성을 지키게 됩니다. 오왕의 군대가 국경을 넘자마자 멀리 가지 않은 채 월나라가 비어 있는 그들 나라를 습격했다는 소식을 들으면 군대가 돌아오는 것은 어렵지 않습니다. 그렇기 때문에 내년 봄만 못합니다."

그해 여름 6월 병자일丙子日[11]에 구천이 또다시 물으니 범려가 말하였다.

"토벌할 수 있습니다."

범죄자를 사면하여 훈련시킨 병사(習流) 이천 명, 재지才智가 출중한 군사(俊士) 사만 명, 군주가 친히 기른 병사(君子) 육천 명, 각종 근무병(諸御) 천 명을 출병시켜[12] 을유일乙酉日[13]에 오나라와 전쟁하였다. 병술일丙戌日[14]에 태자 우友를 포로로 잡아 죽였다. 정해일丁亥日[15]에는 오나라 도성에 들어가 고서대姑胥臺를 불살랐다. 그러자 오왕에게 사람을 보내 위급을 고하였다. 오왕은 막 황지에서 제후들과 회맹하던 차였으므로 천하에 소문이 날까 두려워 곧 비밀에 붙이고 새나가지 못하도록 하였다. 황지에서 맹약을 맺고는 월나라에 사신을 보내 화평을 청하였다. 구천은 오나라를 멸망시킬 수 없다고 스스로 헤아리고 오나라와 강화하였다.

10-2

21년(기원전 476년) 7월, 구천은 다시 사졸을 모두 동원하여 오나라를 공격하였다.[16] 때마침 초나라는 신포서申包胥를 월나라로 보냈다. 구천은 신포서에게 물었다.[17]

"오나라를 토벌할 수 있겠는가."

"신은 책모에 천박하여 점치기에 부족합니다."

"오나라는 부도덕하여 우리 사직을 파괴하고 우리 종묘를 무너뜨려 허허 벌판으로 만들어 우리 조상들이 제사(血食)[18]를 받지 못하게 했다. 나는 이들을 위해 상천上天에 복을 구하고자 거마車馬와 무기, 갑옷, 병사를 이미 갖추었으나 이를 시행할 방법이 없었다. 진정으로 전쟁에 관해 듣고 싶다. 어떻게 하면 전쟁할 수 있겠는가."

"신은 어리석어 알 수 없습니다."

구천이 거듭 물으니 신포서가 말하였다.

"오나라는 선량한 나라입니다. 제후들에게 현명하다는 평판이 있습니다. 감히 묻습니다. 군왕께서는 무엇에 의지하여 그들과 전쟁하려 하십니까."

"나는 술을 마시고 고기를 먹으면서 내 옆에 있는 사람들에게 일찍이 나누어주지 않은 적이 없으며, 음식을 먹으면서 오미五味의 극치를 구하지 않고 음악을 들으면서 오음五音[19]을 모두 갖춘 곡조를 듣지 않았으니 이러한 것을 가지고 오나라에 보복하려고 하며, 이를 의지해 전쟁하려 한다."

"좋다면 좋다고도 할 수 있으나 이런 것만으로는 전쟁할 만하지 못합니다."

"나는 월나라 백성을 자식처럼 넓은 사랑으로 대했으며, 충성과 은혜로운 마음으로 길렀다. 법령을 정비하고 형벌을 관대하게 완화하였으며, 백성이 원하는 바를 베풀고 백성이 싫어하는 것을 제거하였으며, 선행은 칭찬하고 죄악은 덮었으니 이러한 것을 가지고 오나라에 보복하려고 하며, 이를 의지해 전쟁하려 한다."

"좋다면 좋다고도 할 수 있으나 이런 것만으로는 전쟁할 만하지 못합니다."

"나는 월나라에서 부자는 편안히 해주고 가난한 자에게는 베풀었으며, 부족한 것은 돕고 남는 것은 덜어내어 가난한 자와 부자가 모두 잘 살게 하였으니 이러한 것을 가지고 오나라에 보복하려고 하며, 이를 의지해 전쟁하려 한다."

"좋다면 좋다고도 할 수 있으나 이런 것만으로는 전쟁할 만하지 못합니다."

"우리 월나라는 남쪽으로는 초나라와 교류하고 서쪽으로는 진晉나라를 가까이하고 북쪽으로는 제나라를 경외하면서 일 년 사계절이 바뀔 때마다 폐백, 옥백, 자녀를 감히 끊은 적이 없이 받들어 바쳤으니 이러한 것을 가지고 오나라에 보복하려고 하며, 이를 의지해 전쟁하려 한다."

"좋습니다! 여기에 더 보탤 것은 없으나 아직 전쟁할 만하지 못합니다. 전법에는 지략이 으뜸이며, 그 다음으로는 인仁에 의지해야 하고, 이후에는 용기로 결단해야 합니다. 군주와 장수가 지혜롭지 않으면 때에 따라서 병사의 수를 늘리고 줄이는 변하는 전술을 모의할 수 없습니다. 어질지 않으면 삼군三軍과 함께 음식을 긴축하고 옷을 절약할 수 없으며 고락을 같이할 수 없습니다. 용감하지 않으면 진퇴의 망설임을 결단할 수 없으며 가부可否의 논쟁을 결정할 수 없습니다."

이에 구천이 말하였다.

“공경하여 그대의 가르침을 따르겠소.”

겨울 10월, 구천은 여덟 대부[20]를 청하였다.

“과거에 오나라가 부도덕하여 우리 종묘宗廟를 파괴하고 우리 사직을 무너뜨려 허허 벌판으로 만들어 우리 조상들이 제사를 받지 못하게 했다. 나는 상천에 복을 구하고자 하여 무기와 갑옷을 이미 갖추었으나 이를 실행할 방법이 없었다. 이미 신포서에게 물었더니 내게 고해주었다. 감히 여러 대부에게 묻노니, 그대들의 의견은 어떠한가.”

대부 예용曳庸이 말하였다.

“포상을 세밀하게 하면 전쟁할 수 있습니다. 상 줄 자를 공정하게 조사하고 상에 관한 신뢰를 분명하게 쌓아 공로가 없으면 상을 내리지 않고 공로가 있으면 반드시 상을 준다면 사졸들이 게으름을 피우지 않을 것입니다.”

구천이 말하였다.

“사리를 통달하였다!”

대부 고성苦成이 말하였다.

“형벌을 세밀하게 하면 전쟁할 수 있습니다. 형벌을 엄격하게 하면 사졸들은 왕을 보고는 두려워하여 감히 명령을 어기지 못할 것입니다.”

“용감하도다!”

대부 문종이 말하였다.

“사물을 자세히 살피면 전쟁할 수 있습니다. 사물을 자세히 살피면 옳고 그름을 분별할 수 있습니다. 시비가 분명하게 드러난다면 다른 사람이 의심할 수 없습니다.”

"분별 있도다!"

대부 범려가 말하였다.

"방비防備를 철저히 살피면 전쟁할 수 있습니다. 방비를 철저하게 하고 신중히 지키면 예기치 못한 재난에 대비할 수 있습니다. 방어시설이 갖추어지고 수비가 굳건하면 반드시 전쟁의 재난(戰禍)에 대응할 수 있습니다."

"신중하도다!"

대부 고여皐如가 말하였다.

"군왕의 명성을 신중하게 살피면 전쟁할 수 있습니다. 명성을 신중하게 유지하면 고결함과 혼탁함이 가려집니다. 청탁淸濁이 가려진다는 것은 군왕의 고결한 명성이 주 왕실에 전해지는 것을 말하며, 그렇게 되면 제후들이 밖에서 군왕을 원망하지 않게 할 수 있습니다."

"덕[21]이 있도다!"

대부 부동扶同이 말하였다.

"은혜를 널리 베풀고 직분을 알면 전쟁할 수 있습니다. 은혜를 널리 베풀고 자신의 직분을 알면 남의 일을 넘보는 일이 없습니다."

"신묘神妙하도다!"

대부 계예가 말하였다.

"하늘을 관측하고 땅을 살펴 그 변화에 따라 적응하면 전쟁할 수 있습니다. 하늘의 변화, 땅의 대응, 사람의 일이 편리한지를 먼저 예견할 수 있으면 싸울 수 있습니다."

"총명하도다!"

10-3

구천은 조회에서 물러나 재계齋戒하고는 국인들에게 명령하였다.

"내가 뜻밖의 모의를 하려는데, 가까운 데서부터 멀리까지 모두 알아야 한다."

다시 유사有司[22]와 국인들에게 명령하였다.

"명령을 받드는 자는 상을 받을 것이니 모두 성문에 이르라. 기일이 되어도 명령을 따르지 않는 자는 내가 여러 사람 앞에 처형해 보이리라."

구천은 백성이 믿지 않을까 두려워 주 왕실에 사신을 보내 불의를 징벌한다고 알려 제후들이 밖에서 원망하지 않게 하고는, 전국에 명을 내렸다.

"닷새 안에 도착한다면 내 선량한 백성이다. 닷새가 지나면 내 백성이 아니며 벌을 내릴 것이다."

가르침과 명령이 이미 행해지니 궁에 들어와 부인에게 명하였다. 구천은 문 앞의 벽을 등지고 부인은 문 앞의 벽[23]을 향해 섰다.

"오늘 이후부터 후궁后宮의 사정은 밖으로 나가게 하지 말며, 조정의 국사는 후궁에 들이지 못하게 하십시오. 각기 직분을 지켜 믿음을 다합시다. 궁 안에서 욕된 일이 있다면 곧 당신의 책임이지만 국경 밖 천 리에서 욕된 일이 있다면 곧 내 책임입니다. 내 여기에서 그대를 보고 분명히 당부합니다."

구천이 궁을 나가니 부인이 전송하는데 문 앞의 벽을 넘지 않았다. 구천은 궁을 나가자마자 돌아서서 문을 닫고 흙으로 메웠다. 부인은 비녀를 빼고 홀로[24] 자리에 앉아 마음을 편히 하고 화장도 하지 않고 석 달 동안 청소도 하지 않았다.

구천이 나가서는 다시 담을 등지고 서니 대부들은 담을 향해 경배하였다. 구천이 대부들에게 명령하였다.

"병사를 먹이는 데 균등하지 않고 전토田土를 잘 다스리지 않아 내가 나라 안에서 욕되게 하는 것은 곧 그대들의 죄이다. 적과 만나 전투하지 않으며, 병사가 목숨 걸고 싸우지 않으며, 제후들에게 치욕을 당하고 공功이 천하에 무너지는 것은 내 책임이다. 지금 이후로 국내의 정사는 국외로 나가지 못하며 대외 작전은 국내로 들어오지 못하니[25] 과인은 특별히 그대들에게 삼가도록 훈계한다.

대부들이 입을 모아 말하였다.

"삼가 명령을 받들겠습니다."

구천이 나가자 대부들이 전송하는데 담을 넘지 않았으며 구천은 돌아서서 외궁外宮의 문을 닫고 흙으로 메웠다. 대부들은 모두 각자 자리에 앉아 맛있는 여러 음식을 먹지 않았으며 구천의 지시만 듣고 다른 사람의 권고에 대꾸하지 않았다.

구천이 또 부인과 대부들에게 명령하였다.

"나라는 지키는 사람이 있어야 한다."

그러고는 노천露天의 단 위에 앉아 북을 정렬하여 울려 군대가 행렬을 이루자 곧 죄인 세 명을 참수斬首하여 군에 돌리며 명령하였다.

"내 명령에 따르지 않는 자는 바로 이같이 될 것이다."

다음 날에도 군대를 교郊로 이동시키고 죄인 세 명을 참수하여 군대에 돌리며 명하였다.

"내 명령을 따르지 않는 자는 이같이 될 것이다."

구천은 국내에 출정하지 않는 자들을 불러 이별하며 말하였다.

"너희는 편안하게 본토에 남아 맡은 바 임무를 지켜라. 우리는 이제 우리 종묘의 원수를 토벌하러 가니, 이것을 그대들에게 고한다."

국인들에게는 각기 그의 자제를 교郊의 경계에서 환송하도록 하니 군사들은 각기 아버지와 형제와 이별하였다. 국인들은 비통하여 모두 이별하며 서로 떠나는 노래를 불렀다.

치욕을 갚으려고 급히 전진해 창[26]을 뽑아 수레에 실었네.
난리[27]를 당했으나 항복하지 않고 우리 왕의 분노를 풀어드리네.
삼군이 한번 내려가서 가는 곳마다 모두 죽이니.
한 사람이 죽기를 각오하여 백 명을 당할 것이네.
하늘은 덕 있는 사람을 도울 것이니 오나라 군대들은 서로 도륙하여,
우리 왕의 치욕 씻고 위엄을 팔도에 떨칠 것이네.
형세가 마치 표범[28] 같아 월군을 저항하기 어려울 것이니.
항오마다 모두 노력하소. 오호! 오호!

이에 옆에서 바라보는 사람들 치고 슬퍼하지 않는 자가 없었다.

다음 날 다시 군대를 국경으로 이동시키고 죄인 세 명을 참수하여 군에 돌리며 말하였다.

"명령에 복종하지 않는 자는 이같이 될 것이다."

사흘째 다시 취리檇李에 군대를 옮겨 죄인 세 명을 참수하여 군대에 돌리며 말하였다.

"부정한 마음 때문에 간사하게 행동하여 적에 맞서지 않는 자는 이같이 될 것이다."

구천은 유사에게 명령하는데 전 군을 크게 순시하였다.

"부모가 살아계신데 형제가 없는 자는 나에게 와서 고하라. 나에게

중대한 전쟁이 있으니, 자식들이 부모를 봉양하고 노인을 공경하다 위급한 국가를 위해 달려왔다. 자식이 적의 수중에 있는데 병사의 부모[29]가 병을 앓으면 내 부모가 병을 앓는 것처럼 여길 것이다. 만약 병사의 부모가 죽는다면 내 부모가 죽은 것처럼 장례지내고 빈소를 차려 보낼 것이다."

다음 날 또 전 군을 순시하였다.

"병사 가운데 병에 걸려 군대를 따라 전투에 종사할 수 없는 자는 내가 약을 주고 죽을 쑤어 그와 함께 먹으리라."

다음 날 또 전 군을 순시하였다.

"갑옷과 무기의 무게를 감당할 수 없거나 생각과 행동이 왕의 명령을 알아들을 수 없는 자는 내가 그 무게를 가볍게 하고 임무를 완화시키겠다."

다음 날 강남[30]으로 군대를 옮겨 다시 엄한 법을 진술하고 죄인 다섯 명을 또다시 죽여 돌리며 말하였다.

"내가 병사들을 사랑하는 마음은 내 자식이라 할지라도 이보다 더할 수는 없다. 죽을죄를 지은 경우 내 자식이라도 사면될 수 없다."

구천은 병사가 법을 무서워만 하고 마음에서 기꺼이 따르려 하지 않는다고 걱정하면서, 아직 병사들이 죽을힘을 내지 못한다고 스스로 이르는데, 길에서 개구리가 배를 부풀리며 화가 나서 전투의 기개까지 있는 것을 보고는 곧 개구리를 위해 수레 앞턱 가로나무(軾)를 쥔 채 절하였다. 사졸이 구천에게 물었다.

"군께서는 어찌하여 개구리를 공경하여 그를 위해 식軾을 쥐고 절하셨습니까."

구천은 말하였다.

"내가 사졸들이 적에 대해 분노하기를 기다린 지 오래됐으나 내 뜻에 맞는 자가 없다. 개구리는 비록 무지한 동물이기는 하나 적을 보고는 노기를 품으니 이 때문에 식을 쥐고 절하였다."

병사들이 이 일을 듣고 기꺼이 죽을 마음을 품지 않은 자가 없었으며 사람마다 자신의 생명을 바쳤다.

유사와 장군들이 군대 가운데를 크게 순행하며 말하였다.

"각 대隊는 자기에게 속한 부部에 각자 명령하고, 각 부는 자기의 병사들에게 각자 명령한다. 돌아오라는데 돌아오지 않으며, 정지하라는데 정지하지 않으며, 전진하라는데 전진하지 않으며, 후퇴하라는데 후퇴하지 않으며, 왼쪽으로 향하라는데 왼쪽으로 향하지 않으며, 오른쪽으로 향하라는데 오른쪽으로 향하지 않는 등 명령에 따르지 않는 자는 목을 벨 것이다!"

10-4

이때 오군은 강북에 주둔하였으며, 월군은 강남에 주둔하였다.[31] 구천은 군대를 반으로 나누어 좌군과 우군으로 삼고, 모두 외뿔소 갑옷을 입혔다. 또 믿음직한 사람에게는 돌촉 화살을 차고 노盧[32]에서 만든 쇠뇌를 쏘게 하였다. 구천은 병사 육천 명을 중진中陣으로 삼아 몸소 이끌었다.

다음 날 강에서 전쟁하려고 황혼에 좌군에게 명령하여 하무(銜枚)[33]를 물고 강을 거슬러 오 리를 올라가 오군을 기다리게 하였다. 다시 우군에게 명령하여 하무를 물고 강을 건너 십 리를 행군하여 다시 오군을 기다리게 하였다. 한밤중에 좌군과 우군에게 강을 건너 물 가운데서 북을 울려 오군이 출병하기를 기다리게 하였다. 오나라 병사들이 북소리에 크게 놀라 서로 말하였다.

"지금 월군은 군대를 둘로 나뉘어 우리 군을 협공하려 한다."

그러고는 역시 어둔 밤을 틈타 군대를 반으로 나누어 월군을 포위하려고 했다. 구천은 은밀히 좌군과 우군에게 오군과 마주 대해 싸우라고 명령하고 북을 크게 쳐 오군이 들리게 하였다. 그러고는 병사 육천 명을 잠복시켜 하무를 물리고 북을 울리지 않고 오군을 공격하니 오군이 크게 패하였다.[34] 월나라 좌군과 우군도 오군을 공격하여 유囿[35]에서 크게 패배시켰다. 이어서 오나라 교외郊外에서 패배시키고 또 진津에서 패배시켰다. 이와 같이 세 번 교전하여 오군이 세 번 패주하니, 월군은 곧바로 오나라 도성에 이르러 성 서쪽에서 오군을 포위하였다.[36] 오왕은 크게 두려워하며 밤에 도망하였다.

구천은 패배하여 달아나는 군대를 추격하여 오나라 도성을 공격하였다. 병사들이 송강 북안의 송릉松陵[37]에 진입하여 서문胥門으로 들어가려는데, 서문에 육칠 리 못 미쳐서 오나라 도성 남쪽 성장城牆을 바라보니 오자서의 머리는 차바퀴같이 크고 눈은 번쩍번쩍 빛나는 번개 같으며, 수염과 머리털은 사방으로 뻗쳐 십 리 밖까지 빛났다. 월군은 두려움에 떨며 병사들을 머무르게 하였다. 그날 밤중에는 폭풍이 치고 폭우가 쏟아지며, 우뢰가 달리고 번개가 쳤으며, 날리는 돌과 모래가 쇠뇌에서 발사된 화살보다 빨랐다. 월군은 무너져 송릉 밖으로 곧 후퇴하는데, 병사들은 쓰러져 죽고 뿔뿔이 흩어진 무리들은 구하거나 제지할 수 없었다. 그러자 대부 문종과 범려가 이마를 땅에 조아리고 한쪽 어깨를 드러내어 오자서에게 절하여 사죄하고 길을 열어 주기를 간구하였다. 대부 문종과 범려의 꿈에 오자서가 나타나 말하였다.

"나는 월나라가 반드시 오나라에 쳐들어오리라는 것을 알았으므로 내 머리를 남문에 걸어 놓아 너희가 오나라를 파괴하는 것을 보고자 한다.[38] 오왕을 곤궁하게 하려 했을 뿐이나 정말로 너희가 우리 나라에 들어오려 하니 내 마음이 이를 또한 참지 못해 비바람을 일으켜 너희 군을 돌려보냈다. 그러나 월나라가 오나라를 토벌하는 것은 하늘에서 나온 일이니, 내 어찌 저지할 수 있겠는가! 월군이 진입하려 한다면 길을 바꿔 동문東門[39]으로 들어오라. 나는 마땅히 너희가 길을 열어 스스로 성을 통과할 수 있게 하겠다."

이에 월군은 다음 날 다시 송강에서 나와 해양海陽[40]으로 들어가 삼강三江 입구의 적수翟水에 도착해 오나라 도성 남동쪽 귀퉁이를 뚫고 오나라 도성에 도달하여, 마침내 오왕을 포위하였다. 월군이 오나라를 일 년 동안 지키면서[41] 오군을 거듭 패배시켜 끝내 오왕을 고서산姑胥山[42]에 기거하게 하였다.

오왕은 왕손락王孫駱[43]을 시켜 윗옷을 벗고 무릎으로 기어나가 구천에게 화해를 청하였다.

"신 부차는 감히 속마음을 진술하고자 합니다. 종전에 회계에서 죄를 지었으나 감히 명을 거스르지 못하고 군왕과 화약을 맺고 돌아왔습니다. 지금 군왕께서 군대를 일으켜 신을 토벌하시니 신은 명령만 내리시면 절대 복종하겠습니다. 생각건대 오늘 고서姑胥의 일은 지난날 회계의 일과 같습니다. 만약 하늘의 복을 얻어 사형을 사면받을 수만 있다면 오왕인 저는 오래도록 당신의 노복이 되기를 원합니다."

구천은 그 말을 차마 견디지 못해 화해를 허락하려 했으나 범려가 말하였다.

"회계의 일은 하늘이 월을 오나라에 주었으나 오나라는 취하지 않았습니다. 지금 하늘이 오나라를 월에 주는데 어찌 월이 천명을 거스를 수 있겠습니까. 또 군왕께서는 아침부터 밤늦게까지 조회하고 이를 자르고 뼈에 새기며 오왕에 대한 복수를 이십여 년 계획하였는데, 어찌 하루아침에 일어난 일이라고 할 수 있겠습니까. 오늘에야 겨우 얻었는데 이를 버린다면 그 계획이 가하겠습니까. 하늘이 주는데 취하지 않으면 도리어 그 책벌을 받는다고 합니다. 군왕께서는 어찌 회계의 재난을 잊으셨습니까."

"나는 그대의 말을 듣고자 하나 차마 사신에게 대답할 수 없다."

그러자 범려가 북을 울려 병사를 전진하게 했다.

"월왕께서 이미 집사인 나에게 정사를 맡기셨으니 사신은 급히 떠나시오. 때를 어기면 죄를 얻을 것이오."

오나라 사신이 눈물을 흘리며 떠났다. 구천이 불쌍히 여겨 사람을 시켜 오왕에게 말하였다.

"내가 그대를 용강甬江 동쪽에 거주하게 하고 군의 부부에게 삼백여 가家를 주어 왕으로서 일생을 마치도록 하면 괜찮겠는가."

오왕이 거절하였다.

"하늘이 오나라에 화를 내렸으니 이는 먼저 죽는가, 나중에 죽는가 하는 데에 있지 않다. 나 자신은 종묘사직을 잃고 멸망시킨 자이다. 오나라의 토지와 백성과 신하는 월나라가 이미 가졌으며 나는 이미 늙어 군왕의 신하가 될 수 없다."

오왕은 결국 칼에 엎어져 자살하였다.[44]

10-5

구천은 이미 오나라를 멸망시키고는 병사들을 데리고 북쪽으로 양자강, 회수를 건너 제, 진晉의 제후[45]와 서주徐州[46]에서 회맹하고 주 왕실에 조공을 드렸다. 주원왕周元王[47]이 사신을 보내 구천에게 제사지낸 고기를 하사하였다. 이미 백작伯爵[48] 칭호를 받고 떠나 강남으로 돌아와 회수가의 땅을 초나라에 주고, 오나라가 침범한 송나라 땅을 돌려주고, 사수泗水 동방의 백 리를 노나라에 주었다. 이때 월군이 양자강과 회수가에서 종횡으로 말을 달리는데 막힘이 없었으며 제후가 모두 와서 축하하였다.[49]

구천이 오나라로 돌아왔다가 월나라로 귀환할 때 범려에게 물었다.

"어떻게 그대가 말한 것은 모두 하늘의 뜻에 합당한가."

"이는 소녀素女[50]의 도에 근거하여, 한 마디 말도 곧 천도에 합당합니다. 대왕의 일은 바로 『옥문玉門』에 기록된 사실입니다. 『금궤金匱』의 요점은 이해득실을 헤아리는 데 있습니다."

"좋구나! 지금 내가 왕을 칭하고 있는데[51] 그 결과를 상세히 알 수 있겠는가."

"왕을 칭할 수 없습니다. 과거에 오왕이 스스로 왕을 칭해 천자의 호칭을 참람僭濫하니 위로 하늘에서 변이變異를 내어 해가 달그림자에 잠식되었습니다. 지금 군주께서 끝내 참람하는 호칭을 반환하지 않으시면 천변天變이 다시 나타날까 두렵습니다."

구천이 듣지 않고 오나라로 돌아와 문대文臺에 술자리를 차렸다. 신하들이 술자리를 즐기는 사이 악사에게 오나라를 토벌한 노래를 짓게 하였다.

"신이 들으니, 일을 할 때는 가사를 지으며 공업이 이루어지면 노랫가락을 짓는다고 합니다. 군왕께서는 덕을 숭앙하며 가르치고 교화하여 도의가 있는 나라가 되게 하셨으며, 불의한 폭군을 징벌하고 복수하여 수치를 갚으셨으며, 위세가 제후를 능가하여 패왕의 공을 얻으셨습니다. 군왕의 공로는 그림으로 그려 남길 만하며, 덕은 쇠그릇(鐘鼎)과 비석에 새길 만하며, 명성은 악곡에 부쳐 쓸 만하며, 이름은 역사책에 남길 만합니다. 신이 거문고를 끌어당겨 한 곡 타기를 청합니다."

그러고는 〈공적을 표창하네(章暢)〉라는 노래를 지어 불렀다.

어렵구나! 지금이 오나라를 정벌하려는데 괜찮겠는가 아직 아닌가.

대부 문종과 범려가 악사의 노래 도중에 끼어들어 이어나갔다.

오나라는 충신 오자서를 죽였으니 오늘 오나라를 정벌하지 않는다면 또 무엇을 기다리겠는가.

대부 문종이 앞으로 나가 구천에게 술을 올리며 축사하였다.

하늘이 도우셔서 우리 왕 복 받으셨네.
훌륭한 신하 모여 모의함은 우리 왕의 공덕이실세.
종묘 영령들 정치를 보좌하고 인귀와 천신도 나라를 돕네.
군주께서 신하를 잊지 않으시니 신하들 그 힘을 다하네.
하늘 아득해 덮을 수도 가릴 수도 없으리다.
술 두 잔 올리오니 온갖 복이 끝이 없으리다.

이에 구천은 묵묵히 말이 없었다. 대부 문종이 또 축사하였다.

우리 왕께서 어질고 인자하시어 도덕을 품으셨네.

원수 오나라를 쳐부수고 고향으로 돌아가는 것 잊지 않으셨네.

상을 내리는데 아낌이 없으시니 모든 간사한 길 막혔도다.

군신이 화합하니 한없는 복 받으리다.

술 두 잔 올리오니 영원토록 복이 끝이 없으리다.

대臺 위의 신하들이 크게 기뻐하며 웃었으나 정작 구천의 얼굴에는 좋아하는 기색이 없었다. 범려는 구천이 땅에 욕심이 있고 신하들의 죽음은 애석해하지 않으며, 모의가 성취되고 나라가 안정되었으니 아마도 더 큰 공로를 바라 월나라로 돌아가려 하지 않았기 때문에 얼굴에 근심하는 기색이 보이며 기쁘지 않음을 알았다.

범려는 오나라에 있을 때 떠나려 했지만 구천이 아직 돌아가지 않아 신하된 의리를 잃을까 두려워 월나라로 따라 들어갔다. 길을 가며 대부 문종에게 말하였다.

"당신은 떠나야 하오. 월왕은 반드시 당신을 죽일 것이오."

대부 문종은 그렇다고 여기지 않았다. 범려가 다시 대부 문종에게 편지를 써 보냈다.

"내가 들으니, 자연에는 사계절이 있어 봄에는 만물이 자라지만 겨울에는 죽는다. 사람에게는 성쇠가 있어 현귀顯貴함이 극에 달하면 반드시 곤궁하게 된다. 진퇴와 존망의 관계를 알아 바른 원칙을 잃지 않는 것은 오직 현자뿐인가. 나 자신은 비록 재주는 없으나 나설 때와 물러날 때를 분명하게 안다. 높이 나는 새가 이미 흩어지면 좋은 활은 광에 넣어둘 것이며, 날랜 토끼가 이미 다 없어지면 좋은 개는 곧 솥에 넣어 삶는다(狡兎已盡, 良犬就烹).[52] 저 월왕의 사람됨은 긴 목에 새의 부리이며 매의 눈초리에 이리 걸음이다. 그와 함께 환란을 헤아릴 수는 있으나 함께 안락을 누릴 수는 없다. 함께 위기를 겪을 수는 있으나 함께 편안할 수는 없다. 당신이 떠나지 않으면 장차 당신을 해칠 것이 분명하다."

대부 문종은 범려의 말을 믿지 않았다. 구천이 음모를 꾸미자 범려는 구천을 떠나 요행히 화를 면할 것을 제의하였다.

24년 9월 정미丁未[53], 범려가 구천에게 사직을 고하였다.

"신이 들으니, 군주가 걱정하면 신하는 괴로워하며 군주가 치욕을 당하면 신하가 죽는 것은 의로움의 하나입니다. 지금 신이 대왕을 섬기는데 전에는 아직 싹트지 않은 화근을 없애버리지 못하였으며, 그 후에는 이미 기울어진 화를 구하지 못하였습니다. 그럼에도 신은 끝내 군께서 패자霸者를 칭하여 나라를 세우는 대업을 이룰 것을 바라 죽었다 살아나는 위험도 사양하지 않았습니다. 신이 가만히 스스로 생각하니 오나라에 사신으로 갔을 때 왕께서 치욕을 당하시는데도 신이 죽지 않은 이유는 진실로 태재 백비 같은 간신의 헐뜯음으로 오자서와 같은 일을 이룰까 두려워서였습니다. 따라서 감히 먼저 죽지 못하고 곧 다시 살아나게 되었습니다. 부끄럽고 욕된 마음은 오래 끌어서는 안 되며, 노복이 되어 등에 땀을 흘렸던 수치는 참아서는 안 됩니다. 다행히 종묘의 신령과 대왕의 위대한 덕에 의지하여 실패를 성공으로 바꿀 수 있었습니다. 이는 탕과 주무왕이 하걸과 상주를 이겨 왕업을 이룬 것과도 같습니다. 대왕께서 공업을 세우시고 수치를 씻으셨으니 이는 신이 오랫동안 자리를 차지하고 있었던 이유입니다. 신은 이제 사직을 청합니다."

구천이 측은해하며 눈물을 흘려 옷을 적시며 말하였다.

"나라의 사대부들이 그대를 옳다고 하고 백성도 그대가 옳다고 하며, 내가 그대에게 의탁하여 당신 가르침을 기다리라고 한다. 그러나 지금 그대는 떠나겠다며 멀리 가려고 한다. 이는 하늘이 월나라를 버리고 나를 손상시키는 것이며 나 또한 믿고 의지할 바가 없게 되는 것이다. 내가 은밀히 말하건대 그대가 직위에 있겠다고 하면 나라를 나누어 함께 다스릴 것이며, 떠난다고 하면 처자는 죽음을 당하리라."

"신이 들으니, 군자는 때를 기다리며, 여러 번 계책을 도모하지 않으며, 죽을 때는 의심받지 않으며, 마음속으로 자신을 속이지 않는다고 하였습니다. 신이 이미 떠나려 하는데 처자가 무슨 법을 범하겠습니까. 왕께서는 덕행을 힘쓰십시오.[54] 신은 이제 사직을 고합니다."

그러고는 작은 배를 타고 삼강을 빠져나가 태호太湖로 들어갔다.[55] 사람들은 그가 간 곳을 알지 못하였다.[56]

범려가 떠나자 구천은 안색에 수심이 가득하여 대부 문종을 불렀다.

"범려를 좇을 수 있는가."

"따라잡을 수 없습니다."

"왜 그런가."

"범려가 떠날 때 음획 육 횡橫을, 그리고 양획 삼 횡을 그렸습니다.[57] 일유신日游神[58]은 누구도 제지할 수 없습니다. 현무玄武와 천공天空의 신[59]이 위엄 있게 가니 누가 감히 저지하겠습니까. 이 신은 천관天關[60]을 지나고 천량天梁[61]을 건넌 뒤에서부터 천일天一[62]에 들어가 앞에서 신이한 영광靈光을 가립니다. 이를 말하는 자는 죽고, 보는 자는 미치게 됩니다. 신이 원하옵건대 대왕께서는 그를 더는 추격하지 마십시오. 범려는 결국 돌아오지 않을 것입니다."

구천은 그의 처자를 거두어 백 리의 땅을 봉해주고[63] 경고하였다.

"감히 침입하는 자는 상천이 징벌하리라."

이에 구천은 솜씨 좋은 공장工匠에게 범려의 형상을 본떠 동상을 주조하게 하여 자리 옆에 두고 아침저녁으로 정사를 의논하였다.

10 - 6

이후 계예가 미친 척하였다. 대부 예용, 부동, 고여의 무리는 날로 소원해져 조회에 참여하지 않았다. 대부 문종은 마음속으로 걱정하여 조회에 참석하지 않았다. 어떤 사람이 구천에게 그를 헐뜯었다.

"대부 문종은 재상의 지위를 저버리고는 군왕께는 제후들의 패자가 되라고 합니다. 그러나 관직과 작위가 더 봉해지지 않아 원망하는 마음을 품게 되었습니다. 안으로 분한 마음이 생겨 밖으로 안색의 변화가 나타나니, 다른 사람들에게 들킬까 두려워 조회에 참석하지 않는 것입니다."

훗날 대부 문종이 간하였다.

"신이 지난날 일찍 조회하고 늦게 파하며 부지런히 일한 것은 단지 오나라 때문입니다. 이제는 이미 멸망시켰는데 왕께서는 무엇을 걱정하십니까."

구천이 묵묵하였다. 당시에 노애공은 삼환三桓[64]이 강대한 것을 근심하여 제후의 힘을 빌려 이들을 토벌하려 했다. 삼환 역시 노애공의 노여움을 걱정하였다. 이 때문에 군주와 신하가 서로 난을 일으켜 노애공이 형陘[65]으로 도망하였다. 삼환이 노애공을 공격하니 노애공은 위衛나라로 도망했다가 다시 월나라로 달아났다.[66] 노나라에 군주가 없자 국인들이 비통해하며 와서 노애공을 맞아 그와 함께 돌아갔다. 구천은 대부 문종이 계책을 세우지 않을까 걱정되어 노애공을 위해 삼환을 토벌하지 않았다.[67]

25년(기원전 472년)[68] 병오일丙午日 아침, 구천은 상국인 대부 문종을 불러 물었다.

"내가 들으니, 다른 사람을 알기는 쉽지만 자신을 알기는 어렵다고 한다. 네가 생각하기에 너는 어떤 사람인가."

"슬픈 일입니다! 대왕께서는 신이 용감한 것은 알지만 신이 인자한 것은 알지 못하십니다. 신이 충성스러운 것은 알지만 신이 신의가 있는 것은 알지 못하십니다. 사실 신은 음악과 여색을 줄이고, 음란한 음악이나 기담 괴론을 없애고, 하고자 하는 말을 다하고 충성을 다하여 대왕의 뜻을 거슬렀습니다. 대왕의 마음을 거스르고 귀를 자극하였으니 반드시 이 때문에 죄를 얻은 것입니다. 신은 감히 목숨을 애석히 여겨 말 못하지는 않겠지만, 말한 후에는 죽게 될 것입니다. 옛날에 오왕이 죽음을 당하려 할 때 신에게[69] '재빠른 토끼가 모두 죽으면 좋은 개는 삶아 먹는다. 적국이 멸망하면 모의하는 신하는 죽는다.'고 말하였습니다. 범려 역시 이 말을 했습니다. 어찌 대왕께서 이렇게 물으셔서 『옥문玉門』 제8조를 어기려 하십니까. 신은 왕의 뜻을 보았습니다."

구천은 잠잠히 대꾸하지 않았다. 대부 문종 역시 파하였다.

대부 문종은 돌아와 어른의 대변으로 정鼎의 손잡이(耳)[70]를 메웠다. 대부 문종의 처가 말하였다.

"당신은 한 나라의 재상 지위를 천하게 보고 왕께서 주시는 녹봉을 적다고 여기십니까. 조상에게 제사 음식을 바치지 않고, 정의 손잡이를 대변으로 메웠으니 무엇 때문입니까. 처자가 곁에 있고 게다가 필부가 스스로 상국까지 이를 수 있었는데 뭘 더 바라겠습니까. 탐욕스럽지 않습니까. 어찌 당신의 생각이 이처럼 혼란스럽습니까."

"슬프구나! 당신은 알지 못하오. 우리 왕께서 환란을 이미 면하시고 오나라에서 당한 치욕을 씻으셨으니, 내 처지를 죽음의 지경으로 스스로 몰아가게 되었오. 나는 아홉 가지 방법의 모략을 모두 바쳤으니, 이는 오나라 측에서 보면 아첨한다고 하나 우리 군주 측에서 볼 때는 충성이 되었습니다마는, 왕께서는 이를 살피지 못하시고 다른 사람을 아는 것은 쉬우나 스스로 아는 것은 어렵다고 말씀하셨소. 내가 대답하였는데도 다른 말이 없었소. 이는 재앙의 증거요. 내가 다시 들어가게 되면 아마 다시 돌아오지 못하여 당신과 영원히 결별할 것이니 죽은 뒤 저승에서나 만납시다."

"무엇으로 아십니까."

"내가 왕을 뵈었을 때 『옥문玉文』 제8조를 범하였소. 당시 시진時辰의 간지가 일기日期의 간지[71]를 이겼으니, 군주가 신하에게 해침을 받게 될 것이며 이는 난추亂醜[72]이니 반드시 좋은 사람에게 해가 될 것이오. 오늘은 일기상 간지가 시진의 간지를 이기니[73] 군주가 신하를 해칠 것이며, 내 생명은 곧 끝날 것이오."

구천이 다시 대부 문종을 불렀다.

"그대는 병법을 은밀히 모의하여 적을 무너뜨리고 적국을 탈취하였다. 아홉 가지 책략 중 세 가지만 써서 강한 오나라를 부수었다. 그 여섯 가지는 아직 그대에게 있으니 바라건대 나머지 술책을 우리 선왕을 위해 써서 지하에서 오나라 조상들을 도모하시오."

이에 대부 문종은 하늘을 우러러 탄식하였다.

"아아! 듣기에 큰 은혜는 보답할 수 없으며 큰 공은 갚을 수 없다고 하는데 이를 두고 하는 말인가. 나는 범려의 모의를 따르지 않아 월왕에게 죽음을 당하게 된 것을 후회한다. 나는 좋은 말을 받아들이지 않았기 때문에 사람의 대변으로 정이鼎耳를 막은 것이다."

구천은 대부 문종에게 촉루검屬鏤劍을 내려 자살하게 했다. 대부 문종이 검을 들고는 탄식하였다.

"남양南陽[74]의 재상이 월왕에게 잡히게 되었다."

대부 문종은 자신을 비웃었다.

"백 대 후에 충신은 반드시 나 때문에 깨달은 바가 있을 것이다."

그러고는 칼을 받고 죽었다.[75]

구천은 대부 문종을 월나라 서쪽 산[76]에 장사지내는데, 누선樓船[77]의 사졸 삼천 명이 정족鼎足[78]의 묘도墓道[79]를 만들었으며 혹자는 대부 문종을 삼봉三峯 아래 묻었다고 한다. 장례지낸 지 일 년이 지난 어느 날 오자서가 바다에 올라와 산의 가슴을 뚫고 대부 문종을 데리고 떠나 함께 바다에 떠다녔다. 그래서 앞의 조수潮水가 소용돌이치며 먼저와 살피는 것은 오자서이며, 뒤에 층층이 덮치는 파도는 대부 문종이다.

10 -7

구천은 충신을 죽이고 나서 관동關東[80]에서 패자가 되었으며 수도를 낭야瑯邪로 옮기고 망대觀臺를 세웠는데 주위가 칠 리이며 동해를 바라볼 수 있었다. 죽음을 무릅쓰는 사인 팔천 명과 전투선 삼백 척을 보유하였다. 얼마 되지 않아 곧 현사賢士를 구하였다. 공자가 소문을 듣고 제자들을 데리고 선왕의 아악雅樂, 예악禮樂을 가지고 월에 가서 연주하였다. 월왕 구천은 당이唐夷 갑옷[81]을 입고 보광검步光劍을 차고 굴로屈盧창[82]을 짚고 죽음을 감수한 병사 삼백 명을 보내 관關 아래에 진을 쳤다. 공자가 조금 있다가 도착하니 구천이 말하였다.

"네네, 부자께서는 무엇으로 저를 가르치시겠습니까."

"저 공구孔丘는 오제五帝와 삼왕의 도를 설명할 수 있으니 아악을 연주하여 이러한 도를 대왕께 바치려 합니다."[83]

구천이 감동하여 탄식하였다.

"월나라 사람의 성품은 경박하고 우둔하며, 물길로 다니며 산에 거처하여 배를 수레 삼고 노를 말로 삼아서 가는데 회오리같이 빨라 떠나면 쫓아가기 어려우며, 전쟁을 좋아하여 감히 목숨 걸고 싸우는 것이 월나라 사람의 상사常事입니다. 부자께서는 어떤 고견高見으로 가르치려 하십니까."

공자는 대답하지 않고 곧 사양하고 떠났다.

구천은 목객산木客山[84]에 사람을 보내 윤상允常의 관을 꺼내 낭야로 옮겨 장사지내려 하였다. 세 번을 뚫어서야 윤상의 묘실로 통할 수 있었으나 묘실 가운데서 폭풍이 일더니 모래와 돌이 날아와 사람을 맞추는 바람에 사람들이 들어갈 수 없었다.[85] 구천이 말하였다.

"내 선군께서 옮기지 않으시려는가."

그러고는 관을 놔둔 채 떠났다.

구천은 사신을 보내 제, 초, 진秦, 진晉에게 주 왕실을 보좌하라고 명령하고 피를 마시며 맹약을 맺고 떠났다. 구천은 진환공秦桓公[86]이 자신의 명령을 따르지 않자 오월吳越의 장사將士를 뽑아 서쪽으로 황하를 건너 진秦나라를 공격했는데, 병사들이 고통스러워 했다. 진이 두려워하며 먼저 스스로 허물을 승인하니 월이 군대를 철수하였다. 병사들이 기뻐하여 〈황하다리의 노래(河梁之詩)〉를 지었다.

다리를 건너며 다리를 건너며 군대를 일으켜 진왕을 정벌했네.

맹동孟冬 시월에는 눈과 서리 많으니 엄한 추위 길가는 일 감당하기 어렵네.

군대를 배열하고 건너지도 않았는데 진나라 군대 항복하니 제후들 두려워 벌벌 떠네.

이 소문이 해내海內에 전해지자 먼 나라도 복종하니 패왕이라 칭해진 분은 진목공秦穆公, 제환공齊桓公, 초장왕楚莊王이라.

천하가 안정되어 수명이 길 것이니 갔다 돌아올 때 다리 없는 것 근심할 것 무엇 있으랴.

월나라가 오나라를 멸망시키고부터 중원 나라들이 모두 월나라를 두려워하였다.

26년, 구천은 주邾나라[87] 군주가 무도하여 잡아서 데리고 돌아와 태자 하何[88]를 후계자로 내세웠다. 겨울에 노애공魯哀公이 삼환의 핍박 때문에 월나라로 도망왔다.[89] 구천은 삼환을 정벌하려 했는데 대부들이 명령에 따르지 않아 실현하지 못하였다.

27년(기원전 470년) 겨울, 구천이 병으로 자리에서 일어나지 못해 죽으려 할 때[90] 태자 홍이興夷[91]에게 말하였다.

"나는 우禹의 후예로서 윤상의 덕을 계승하고 천의 신령의 도움과 천지 신령의 복을 받아 궁벽한 월나라 땅을 거느리고 초나라 선봉先鋒에 힘입어 오왕의 방패와 창을 꺾고 양자강을 건너고 회수를 건너 진晉나라와 제나라 땅을 마음대로 하였으니 공업과 덕행이 위대하고 높다. 여기에 이르러서부터는 조심하고 삼가지 않을 수 있겠는가. 패자의 후예는 오래 지키기 어렵다 하니 삼가라!"

그러고는 죽었다.

태자 홍이가 즉위하여 일 년 만에 죽자 아들 옹翁이 즉위하였다. 옹이 죽자 아들 불양不揚이 즉위하였다. 불양이 죽자 아들 무강無彊이 즉위하였다. 무강이 죽자 아들 옥玉이 즉위하였다. 옥이 죽자 아들 존尊이 즉위하였다. 존이 죽자 아들 친親이 즉위하였다. 구천에서 친에 이르기까지 여덟 군주를 거치며 모두 패자를 칭하였으니[92] 224년간이다.

친은 백성을 모두 잃고 낭야를 떠나 오나라의 수도로 옮겨갔다.

황제黃帝에서 소강少康에 이르기까지가 10대이다. 우가 선양禪讓을 받아서부터 소강이 즉위하기에 이르기까지가 6대, 144년간이다. 소강은 전욱顓頊이 즉위해서부터 424년간이다.

황제黃帝 — 창의昌意 — 전욱顓頊 — 곤鯀 — 우禹 — 계啓 — 태강太康 — 중로仲盧[93] — 상相 — 소강少康 — 무여無余 — 무옥無玉[94]과 무여에서 10세世 지났다. 이어 무호無皞[95] — 부강夫康[96] — 윤상允常 — 구천勾踐 — 홍이興夷 — 불수不壽[97] — 불양不揚 — 무강無彊 — 노나라 목유穆柳는 유공幽公이라고 하였다. 왕후王侯[98]는 스스로 군왕을 칭하였다.[99] 이어 존尊 — 친親은 낭야를 잃고 초나라에 의해 멸망하였다.[100]

구천에서 왕친王親에 이르기까지 여덟 군주를 거치며 패자를 칭하기를 224년간이다. 무여無余가 월나라에 처음 봉해졌을 때부터 여선餘善에 이르러 월나라로 돌아와 멸망할 때까지 모두 1922년간이다.[101]

原文

10-1

勾踐十五年, 謀伐吳, 謂大夫種曰 "孤用夫子之策, 免於天虐之誅, 還歸於國. 吾誠已說於國人, 國人喜悅. 而子昔日云有天氣即來陳之, 今豈有應乎." 種曰 "吳之所以彊者, 爲有子胥. 今伍子胥忠諫而死, 是天氣前見, 亡國之證也. 願君悉心盡意以說國人."

越王曰 "聽孤說國人之辭. 寡人不知其力之不足, 以大國報讎, 以暴露百姓之骨於中原, 此則寡人之罪也. 寡人誠更其術. 於是乃葬死問傷, 弔有憂, 賀有喜, 送往迎來, 除民所害. 然後卑事夫差, 往宦士三百人於吳. 吳封孤數百里之地, 因約吳國[1]父兄昆弟而誓之曰 寡人聞古之賢君, 四方之民歸之若水[2]. 寡人不能爲政, 將率二三子夫婦以爲藩輔[3]. 令壯者無娶老妻, 老者無娶壯婦. 女子十七未嫁, 其父母有罪. 丈夫二十不娶, 其父母有罪. 將免者以告於孤, 令醫守之. 生男二, 貺之以壺酒, 一犬, 生女二, 賜以壺酒, 一豚. 生子三人, 孤以乳母. 生子二人, 孤與一養. 長子死, 三年釋吾政, 季子死, 三月釋吾政. 必哭泣葬埋之, 如吾子也. 令孤子, 寡婦, 疾疹, 貧病者納官, 其子欲仕, 量[4]其居, 好其衣, 飽其食, 而簡銳之義[5], 四方之士來者, 必朝而禮之. 載飯與羹以游國中, 國中僮子戲[6]而遇孤, 孤餔而啜之, 施以愛, 問其名. 非孤飯不食, 非夫人事不衣. 七[7]年不收國, 民家有三年之畜. 男即歌樂, 女即會笑. 今國之父兄日請於孤曰 '昔夫差辱吾君王於諸侯, 長爲天下所恥. 今越國富饒, 君王節儉, 請可報恥.' 孤辭之曰 昔者我辱也, 非二三子之罪也. 如寡人者, 何敢勞吾國之人, 以塞吾之宿讎. 父兄又復請曰 '越[8]四封之內, 盡吾君子. 子報父仇, 臣復君隙, 豈敢有不盡力者乎. 臣請復戰, 以除君王之宿讎.' 孤悅而許之."

大夫種曰“臣觀吳王得志於齊, 晉, 謂當遂涉吾地, 以兵臨境. 今疲師休卒, 一年而不試, 以忘於我. 我不可以怠. 臣當[9]卜之於天. 吳民既疲於軍, 困於戰鬥, 市無赤米之積, 國廩空虛, 其民必有移徙之心, 寒就蒲贏[10]於東海之濱. 夫[11]占兆, 人事又見於卜筮. 王若起師以可會[12]之利, 犯吳之邊鄙, 未可往也. 吳王雖無伐我之心, 亦難動之以怒. 不如詮其間, 以知其意.” 越王曰“孤不欲有征伐之心, 國人請戰者三年矣, 吾不得不從民人之欲. 今聞大夫種諫難.” 越父兄又諫曰“吳可伐, 勝則滅其國, 不勝則困其兵. 吳國有成, 王與之盟. 功名聞於諸侯.” 王曰“善.” 於是乃大會群臣而令之曰“有敢諫伐吳者, 罪不赦.” 蠡種相謂曰“吾諫已不合矣, 然猶聽君王之令.”

越王會軍列士而大誡眾, 而誓之曰“寡人聞古之賢君, 不患其眾不足, 而患其志行之少恥也. 今夫差衣水犀甲者十有三萬人, 不患其志行之少恥也, 而患其眾之不足. 今寡人將助天威, 吾不欲匹夫之小勇也, 吾欲士卒進則思賞, 退則避刑.” 於是越民父勉其子, 兄勸其弟, 曰“吳可伐也.”

越王復召范蠡謂曰“吳已殺子胥, 道諛者眾. 吾國之民, 又勸孤伐吳, 其可伐乎.” 范蠡曰“未可. 須明年之春, 然後可耳.” 王曰“何也.” 范蠡曰“臣觀吳王北會諸侯於黃池, 精兵從王, 國中空虛, 老弱在後, 太子留守. 兵始出境未遠, 聞越掩其空虛, 兵還不難也. 不如來春.”

其夏六月丙子, 勾踐復問, 范蠡曰“可伐矣.” 乃發習流二千人, 俊士四萬, 君子六千, 諸御千人, 以乙酉與吳戰. 丙戌, 遂虜殺太子, 丁亥, 入吳, 焚姑胥臺. 吳告急於夫差, 夫差方會諸侯於黃池, 恐天下聞之, 即密不令洩. 已盟黃池, 乃使人請成於越. 勾踐自度未能滅, 乃與吳平.

10－2

二十一年七月, 越王復悉國中士卒伐吳, 會楚使申包胥聘於越. 越王乃問包胥曰“吳可伐耶.”申包胥曰“臣鄙於策謀, 未足以卜.”越王曰“吳爲不道, 殘我社稷, 夷吾宗廟以爲平原, 使不得血食. 吾欲與之徼天之中, 惟是輿馬, 兵革, 卒伍旣具, 無以行之. 誠聞於戰, 何以爲可.”申包胥曰“臣愚不能知.”越王固問, 包胥乃曰“夫吳, 良國也, 傳賢於諸侯. 敢問君王之所戰者何.”越王曰“在孤之側者, 飮酒食肉未嘗不分. 孤之飮食不致其味, 聽樂不盡其聲, 求以報吳. 願以此戰.”包胥曰“善則善矣, 未可以戰.”越王曰“越國之中, 吾博愛以子之, 忠惠以養之. 吾修令[13]寬刑, 施[14]民所欲, 去民所惡, 稱其善, 掩其惡, 求以報吳. 願以此戰.”包胥曰“善則善矣, 未可以戰.”王曰“越國之中, 富者吾安之, 貧者吾予之, 救其不足, 損其有餘, 使貧富不失其利, 求以報吳. 願以此戰.”包胥曰“善則善矣, 未可以戰.”王曰“邦國南則距楚, 西則薄晉, 北則望齊, 春秋奉幣, 玉, 帛, 子女以貢獻焉, 未嘗敢絕, 求以報吳. 願以此戰.”包胥曰“善哉! 無以加斯矣, 猶未可戰. 夫戰之道, 知爲之始, 以仁次之, 以勇斷之. 君將不知, 即無權變之謀, 以別衆寡之數. 不仁則不得與三軍同飢寒之節, 齊苦樂之喜. 不勇則不能斷去就之疑, 決可否之議.”於是越王曰“敬從命矣.”

冬, 十月, 越王乃請八大夫曰“昔吳爲不道, 殘我宗廟, 夷我社稷, 以爲平原, 使不血食. 吾欲徼天之中, 兵革既具, 無所以行之. 吾問於申包胥, 即已命孤矣. 敢告諸大夫, 如何.”大夫曳庸曰“審賞則可戰也. 審其賞, 明其信, 無功不及, 有功必加, 則士卒不怠.”王曰“聖哉!”大夫苦成曰“審罰則可戰. 審罰則士卒望而畏之, 不敢違命.”王曰“勇哉!”大夫文種曰“審物則可戰. 審物則別是非, 是非明察, 人莫能惑.”王曰“辨哉!”大夫范蠡曰“審備則可戰. 審備慎守以待不虞, 備設守固, 必可應難.”王曰“慎哉!”大夫皋如曰“審聲則可戰. 審於聲音, 以別清濁. 清濁者, 謂吾國君名聞於周室, 令諸侯不怨於外.”王曰“得哉!”大夫扶同曰“廣恩知分則可戰. 廣恩以博施, 知分而不外.”王曰“神哉!”大夫計硯曰“候天察地, 參應其變則可戰. 天變地應, 人道便利, 三者前見, 則可.”王曰“明哉!”

10-3

於是勾踐乃退齋而命國人曰“吾將有不虞之議, 自近及遠, 無不聞者.”乃復命有司與國人曰“承命有賞, 皆造國門之期, 有不從命者, 吾將有顯戮.”勾踐恐民不信, 使以征不義聞於周室, 令諸侯不怨於外. 令國中曰“五日之內, 則吾良人矣. 過五日之外, 則非吾之民也, 又將加之以誅.”

教令既行, 乃入命於夫人. 王背屏, 夫人向屏而立. 王曰“自今日之後, 內政無出, 外政無入. 各守其職, 以盡其信. 內中辱者, 則是子. 境外千里辱者, 則是子[15]也. 吾見子於是, 已[16]明誡矣.”王出宮, 夫人送王, 不過屏. 王因反闔其門, 填之以土. 夫人去笄, 側席而坐, 安心無容, 三月不掃.

王出, 則復背垣而立, 大夫向垣而敬, 王乃令大夫曰“食士不均, 地壤不修, 使孤有辱於國, 是子之罪. 臨敵不戰, 軍士不死, 有辱於諸侯, 功隳於天下, 是孤之責. 自今以往, 內政無出, 外政無入, 吾固誡子.”大夫曰[17]“敬受命矣.”王乃出, 大夫送, 不[18]出垣, 反闔外宮之門, 填之以土. 大夫側席而坐, 不御五味, 不答所勸.

勾踐有命於夫人, 大夫曰“國有守禦.”

乃坐露壇之上, 列鼓而鳴之. 軍行成[19]陣, 即斬有罪者三人, 以徇於軍, 令曰“不從吾令者, 如斯矣.”

明日徙軍於郊, 斬有罪者三人, 徇之於軍, 令曰“不從吾令者, 如斯矣.”王乃令國中不行者, 與之訣而告之曰“爾安土守職, 吾方往征討我宗廟之讎, 以謝於二三子.”令國人各送其子弟於郊境之上, 軍士各與父兄昆弟取訣. 國人悲哀, 皆作離別相去之詞, 曰

躒躁摧長恧兮 擢戟馭殳,

所離不降兮 以泄我王氣蘇.

三軍一飛降兮 所向皆殂,

一士判死兮 而當百夫.

道祐有德兮 吳卒自屠,

雪我王宿恥兮 威振八都.

軍伍難更兮 勢如貔貙,

行行各努力兮 於乎, 於乎!

於是, 觀者莫不悽惻.

明日, 復徙軍於境上, 斬有罪者三人, 徇之於軍, 曰 "有不從令者, 如此." 後三日, 復徙軍於檇李, 斬有罪者三人, 以徇於軍, 曰 "其搖心匿[20]行, 不當敵者, 如斯矣."

勾踐乃命有司大徇軍, 曰 "其有父母無昆弟者, 來告我. 我有大事, 子離父母之養, 親老之愛, 赴國家之急. 子在軍寇之中, 父母昆弟有在疾病之地, 吾視之如吾父母昆弟之疾病也. 其有死亡者, 吾葬埋殯送之, 如吾父母昆弟之有死亡葬埋之矣."

明日, 又徇於軍, 曰 "士有疾病不能隨軍從兵者, 吾予其醫藥, 給其麋粥, 與之同食." 明日, 又徇於軍, 曰 "筋力不足以勝甲兵, 志行不足以聽王命者, 吾輕其重, 和其任." 明日, 旋軍於江南, 更陳嚴法, 復誅有罪者五人, 徇曰 "吾愛士也, 雖吾子不能過也. 及其犯誅, 自吾子亦不能脫也."

恐軍士畏法不使, 自謂未能得士之死力. 道見蛙張腹而怒, 將有戰爭之氣, 即爲之軾. 其士卒有問於王曰 "君何爲敬蛙蟲而爲之軾." 勾踐曰 "吾思士卒之怒久矣, 而未有稱吾意者. 今蛙蟲無知之物, 見敵而有怒氣, 故爲之軾." 於是軍士聞之, 莫不懷心樂死, 人致其命.

有司, 將軍, 大徇軍中曰“隊各自令其部, 部各自令其士, 歸而不歸, 處而不處, 進而不進, 退而不退, 左而不左, 右而不右, 不如令者, 斬!”

10-4

於是吳悉兵屯於江北, 越軍於江南. 越王中分其師以爲左右軍, 皆被兕甲. 又令安廣之人, 佩石碣之矢, 張盧生之弩, 躬率君子之軍六千人以爲中陣.

明日, 將戰於江, 乃以黃昏令於左軍, 銜枚溯江而上五里, 以須吳兵. 復令於右軍, 銜枚踰江十里, 復須吳兵. 於夜半, 使左軍 右軍[21]涉江, 鳴鼓中水, 以待吳發. 吳師聞之, 中大駭, 相謂曰“今越軍分爲二師, 將以夾[22]攻我衆.”亦即以夜暗中分其師以圍越. 越王陰使左右軍與吳望戰, 以大鼓相聞. 潛伏其私卒六千人, 銜枚不鼓攻吳, 吳師大敗. 越之左右軍乃遂伐之, 大敗之於囿, 又敗之於郊, 又敗之於津. 如是三戰三北, 徑至吳, 圍吳於西城. 吳王大懼, 夜遁.

越王追奔攻吳. 兵入於江陽松陵, 欲入胥門, 未[23]至六七里, 望吳南城, 見伍子胥頭巨若車輪, 目若耀電, 鬚髮四張, 耀於十數里[24]. 越軍大懼, 留兵假道. 即日夜半, 暴風疾雨, 雷奔電激, 飛石揚砂, 疾於弓弩. 越軍壞敗, 松陵卻退, 兵士僵斃, 人衆分解, 莫能救止. 范蠡, 文種乃稽顙肉袒, 拜謝子胥, 願乞假道. 子胥乃與種, 蠡夢曰“吾知越之必入吳矣, 故求置吾頭於南門, 以觀汝之破吳也. 惟欲以窮夫差. 定汝入我之國, 吾心又不忍, 故爲風雨以還汝軍. 然越之伐吳, 自是天也. 吾安能止哉. 越如欲入, 更從東門, 我當爲汝開道貫城, 以通汝路.”於是越軍明日更從江出, 入海陽於三道之翟水, 乃穿東南隅以達, 越軍遂圍吳. 守一年, 吳師累敗. 遂棲吳王於姑胥之山.

吳使王孫駱肉袒膝行而前, 請成於越王, 曰“孤臣夫差, 敢布腹心, 異日得罪於會稽, 夫差不敢逆命, 得與君王結成以歸. 今君王舉兵而誅孤臣, 孤臣惟命是聽. 意者猶以今日之姑胥, 曩日之會稽也. 若徼天之中, 得赦其大辟, 則吳願長爲臣妾.” 勾踐不忍其言, 將許之成. 范蠡曰 “會稽之事, 天以越賜吳, 吳不取. 今天以吳賜越, 越可逆命乎. 且君王早朝晏罷, 切齒銘骨, 謀之二十餘年, 豈不緣一朝之事耶. 今日得而棄之, 其計可乎. 天與不取, 還受其咎. 君何忘會稽之厄乎.” 勾踐曰 “吾欲聽子言, 不忍對其使者.” 范蠡遂鳴鼓而進兵, 曰 “王已屬政於執事, 使者急去, 不時得罪.” 吳使涕泣而去. 勾踐憐之, 使令入謂吳王曰 “吾置君於甬東, 給君夫婦三百餘家, 以沒王世, 可乎.” 吳王辭曰 “天降禍於吳國, 不在前後, 正孤之身, 失滅宗廟社稷者. 吳之土地, 民臣, 越既有之, 孤老矣, 不能臣王.” 遂伏劍自殺.

10－5

勾踐已滅吳, 乃以兵北渡江淮, 與齊, 晉諸侯會于徐州, 致貢於周. 周元王使人賜勾踐. 已受命號, 去還江南, 以淮上地與楚, 歸吳所侵宋地, 與魯泗東方百里. 當是之時, 越兵橫行於江淮之上, 諸侯畢賀[25].

越王還於吳, 當歸而問於范蠡曰 “何子言之其合於天.” 范蠡曰 “此素女之道, 一言即合. 大王之事, 王問[26]爲實,《金匱》之要在於上下.” 越王曰 “善哉! 吾不稱王其可悉乎.” 蠡曰 “不可. 昔吳之稱王, 僭天子之號, 天變於上, 日爲陰蝕. 今君遂僭號不歸, 恐天變復見.”

越王不聽[27], 還於吳, 置酒文臺, 群臣爲樂. 乃命樂[28]作伐吳之曲. 樂師曰 “臣聞即事作操, 功成作樂. 君王崇德, 誨化有道之國, 誅無義之人, 復讎還恥, 威加諸侯, 受霸王之功. 功可象於圖畫, 德可刻於金石, 聲可託於絃管, 名可留於竹帛. 臣請引琴而鼓之.” 遂作『章暢』辭曰 “屯乎! 今欲伐吳可未耶.” 大夫種, 蠡曰 “吳殺忠臣伍子胥, 今不伐吳人[29]何須.”

大夫種進祝酒, 其辭曰

皇天祐助, 我王受福.

良臣集謀, 我王之德.

宗廟輔政, 鬼神承翼.

君不忘臣, 臣盡其力.

上天蒼蒼, 不可掩塞.

觴酒二升, 萬福無極!

於是越王默然無言. 大夫種曰

我王賢仁, 懷道抱德.

滅讎破吳, 不忘返國.

賞無所吝, 群邪杜塞.

君臣同和, 福祐千億.

觴酒二升, 萬歲難極!

臺上群臣大悅而笑, 越王面無喜色. 范蠡知勾踐愛壤土, 不惜群臣之死, 以其謀成國定, 必復不須功而返國也[30], 故面有憂色而不悅也.

范蠡從吳欲去, 恐勾踐未返, 失人臣之義, 乃從入越. 行謂文種曰 "子來去矣! 越王必將誅子." 種不然言. 蠡復爲書遺種曰 "吾聞天有四時, 春生冬伐. 人有盛衰, 泰終必否. 知進退存亡而不失其正, 惟賢人乎! 蠡雖不才, 明知進退. 高鳥已散, 良弓將藏. 狡兔已盡, 良犬就烹. 夫越王爲人, 長頸烏啄[31], 鷹視狼步, 可與共患難, 而不可共處樂. 可與履危, 不可與安. 子若不去, 將害於子, 明矣." 文種不信其言. 越王陰謀. 范蠡議欲去徼倖.

二十四年九月丁未, 范蠡辭於王曰 "臣聞主憂臣勞, 主辱臣死, 義一也. 今臣事大王, 前則無滅未萌之端, 後則無救已傾之禍. 雖然, 臣終欲成君霸國, 故不辭一死一生. 臣竊自惟, 乃使於吳, 王之慚辱, 蠡所以不死者, 誠恐讒於太宰嚭, 成伍子胥之事. 故不敢前死, 且須臾而生. 夫恥辱之心不可以大[32], 流汗之愧不可以忍. 幸賴宗廟之神靈, 大王之威德, 以敗爲成. 斯湯, 武克夏, 商而成王業者. 定功雪恥, 臣所以當席日久, 臣請從斯辭矣." 越王惻然, 泣下霑衣. 言曰"國之士大夫是子, 國之人民是子, 使孤寄身託號以俟命矣. 今子云去, 欲將逝矣. 是天之棄越而喪孤也, 亦無所恃者矣. 孤竊有言, 公位[33]乎, 分國共之. 去乎, 妻子受戮." 范蠡曰"臣聞君子俟時, 計不數謀, 死不被疑, 內不自欺. 臣既逝矣, 妻子何法乎. 王其勉之, 臣從此辭." 乃乘扁舟, 出三江[34], 入五湖[35], 人莫知其所適.

范蠡既去, 越王愀然變色, 召大夫種曰"蠡可追乎." 種曰"不及也." 王曰"柰何." 種曰"蠡去時, 陰畫六, 陽畫三, 日前之神, 莫能制者. 玄武天空威行, 孰敢止者. 度天關, 涉天梁, 後入天一, 前翳神光. 言之者死, 視之者狂. 臣願大王勿復追也. 蠡終不還矣." 越王乃收其妻子, 封百里之地, 有敢侵之者, 上天所殃. 於是越王乃使良工鑄金象范蠡之形, 置之坐側, 朝夕論政.

10-6

自是之後, 計硯佯狂, 大夫, 曳庸, 扶同, 皋如之徒, 日益疏遠, 不親於朝. 大夫種內憂不朝, 人或讒之於王曰"文種棄宰相之位, 而令君王霸於諸侯. 今官不加增, 位不益封, 乃懷怨望之心, 憤發於內, 色變於外, 故不朝耳." 異日種諫曰"臣所以在[36]朝而晏罷, 若身疾作者, 但爲吳耳. 今已滅之, 王何憂乎." 越王默然. 時魯哀公患三桓, 欲因諸侯以伐之. 三桓亦患哀公之怒, 以故君臣作難. 哀公奔陘, 三桓攻哀公. 公奔衛, 又奔越. 魯國空虛, 國人悲之, 來迎哀公, 與之俱歸. 勾踐憂文種之不圖, 故不爲哀公伐三桓也.

二十五年, 丙午平旦, 越王召相國大夫種而問之"吾聞知人易, 自知難. 其知相國何如人也." 種曰"哀哉! 大王知臣勇也, 不知臣仁也. 知臣忠也, 不知臣信也. 臣誠數以損聲色, 滅淫樂, 奇說怪論, 盡言竭忠, 以犯大王, 逆心咈耳, 必以獲罪. 臣非敢愛死不言, 言而後死, 昔子胥於吳矣[37]. 夫差之誅也, 謂臣曰

‘狡兔死, 良犬烹, 敵國滅, 謀臣亡.’ 范蠡亦有斯言. 何大王問犯《玉門》之第八, 臣見王志也.” 越王默然不應, 大夫亦罷.

哺[38]其耳以成人惡. 其妻曰“君賤一國之相, 少王祿乎. 臨食不亨[39], 哺以惡何. 妻子在側, 匹夫之能自致, 相國尙何望哉. 無乃爲貪乎. 何其志忽忽若斯.” 種曰“悲哉! 子不知也. 吾王旣免於患難, 雪恥於吳. 我悉徙宅自投死亡之地, 盡九術之謀, 於彼爲佞, 在君爲忠, 王不察也, 乃曰‘知人易, 自知難.’ 吾答之, 又無他語, 是凶妖之證也. 吾將復入, 恐不再還, 與子長訣, 相求於玄冥之下.” 妻曰“何以知之.” 種曰“吾見王時, 正犯《玉門》之第八也. 辰剋其日, 上賊於下, 是爲亂醜, 必害其良. 今日剋其辰, 上賊下, 止吾命須臾之間耳.”

越王復召相國, 謂曰“子有陰謀兵法, 傾敵取國. 九術之策, 今用三已破彊吳, 其六尙在子, 所願幸以餘術爲孤前王於地下謀吳之前人.” 於是種仰天歎曰“嗟乎! 吾聞大恩不報, 大功不還, 其謂斯乎. 吾悔不隨范蠡之謀, 乃爲越王所戮. 吾不食善言, 故哺以人惡.” 越王遂賜文種屬盧[40]之劍, 種得劍又歎曰“南陽之宰而爲越王之擒.” 自笑曰“後百世之末, 忠臣必以吾爲喩矣.” 遂伏劍而死.

越王葬種於國之西山, 樓船之卒三千餘人, 造鼎足之羨, 或入三峰之下. 葬一年, 伍子胥從海上穿山脅而持種去, 與之俱浮於海. 故前潮水潘候者, 伍子胥也, 後重水者, 大夫種也.

10 -7

越王旣已誅忠臣, 霸於關東, 徙[41]都瑯邪, 起觀臺, 周七里, 以望東海. 死士八千人, 戈船三百艘. 居無幾, 射求賢士. 孔子聞之, 從弟子奉先王[42]雅琴禮樂奏於越. 越王乃被唐夷之甲, 帶步光之劍, 杖屈盧之矛, 出死士以三百人爲陣關下. 孔子有頃到, 越王曰“唯唯, 夫子何以敎之.” 孔子曰“丘能述五帝三王之道, 故奏雅琴以獻之大王." 越王喟然歎曰 "越性脆而愚, 水行山處, 以船爲車, 以楫爲馬, 往若飄然, 去則難從, 悅兵敢死, 越之常也. 夫子何說而欲教之." 孔子不答, 因辭而去.

越王使人如木客山, 取元常之喪, 欲徙葬琅邪. 三穿元常之墓, 墓中生熛風, 飛砂石以射人, 人莫能入. 勾踐曰 "吾前君其不徙乎." 遂置而去.

勾踐乃使使號令齊, 楚, 秦, 晉皆輔周室, 血盟而去. 秦桓公不如越王之命, 勾踐乃選吳越將士, 西渡河以攻秦. 軍士苦之, 會秦怖懼, 逆自引咎, 越乃還軍. 軍人悅樂, 遂作《河梁之詩》曰

渡河梁兮渡河梁, 擧兵所伐攻秦王.

孟冬十月多雪霜, 隆寒道路誠難當.

陣兵未濟秦師降, 諸侯怖懼皆恐惶.

聲傳海內威遠邦, 稱霸穆桓齊楚莊.

天下安寧壽考長, 悲去歸兮河[43]無梁.

自越滅吳, 中國皆畏之.

二十六年, 越王以邾子無道而執以歸, 立其太子何. 冬, 魯哀公以三桓之逼來奔, 越王欲爲伐三桓, 以諸侯[44]大夫不用命, 故不果耳.

二十七年冬, 勾踐寢疾, 將卒, 謂太子興夷曰 "吾自禹之後, 承元常之德, 蒙天靈之祐, 神祇之福, 從窮越之地, 籍楚之前鋒, 以摧吳王之干戈, 跨江涉淮, 從晉齊之地, 功德巍巍. 自致於斯, 其可不誡乎. 夫霸者之後, 難以久立, 其慎之哉!" 遂卒.

興夷即位一年, 卒, 子翁. 翁卒, 子不揚. 不揚卒, 子無彊. 無[45]彊卒, 子玉. 玉卒, 子尊. 尊卒, 子親. 自勾踐至于親, 共[46]歷八主[47]皆稱霸, 積年二百二十四年. 親衆皆失, 而去琅邪, 徙於吳矣.

自黃帝至少康, 十世. 自禹受禪至少康即位, 六世, 爲一百四十四年. 少康去

顓頊即位, 四百二十四年.

黃帝一昌意一顓頊一鯀一禹一啟一太康一仲廬一相一少康一無余一無玉, 去無余十世一無皥一夫康一元常一勾踐一興夷一不壽一不揚一無彊一魯穆柳有幽公爲名, 王侯自稱爲君一尊一親, 失琅邪, 爲楚所滅.

勾踐至王親, 歷八主, 格霸二百二十四年. 從無余越國始封, 至餘善返越國空滅, 凡一千九百二十二年.

大德十年歲在丙午三月音注.

越六月書成刊板十二月畢工.

1 徐天祜에 의하면, 勾踐 7년에 오나라에서 귀국했으니 이미 나라로 돌아온 지 4년이 되었을 때, 범려와 오나라를 토벌할 것을 모의하였다. 이 4년간에도 반드시 모의했지만 범려가 모두 아직 할 수 없다고 했다. 『國語』「越語」(이하 「越語」) 下에 소상히 기록되어 있다. 오나라를 처음 토벌하는 것이 『左傳』 哀公 13년에 나타나니 바로 勾踐 15년이다.

2 「越語」 上, 下에 자세히 기록되어 있다.

3 「越語」 上에 句勾踐의 땅은 남으로 勾無, 북으로 御儿, 동으로 于鄞, 서로 姑蔑에 이른다고 한다.

勾無 : 오늘날 浙江 諸暨縣 남쪽 50리에 句無亭이 있다.

御儿 : 오늘날 江蘇 嘉興縣 남쪽 語溪.

4 「越語」 上 注에 의하면,『禮記』에 남자는 30세에 장가가고, 여자는 20세에 시집간다고 한다.

5 「越語」 上 注에 의하면, 개는 陽畜이며 사람을 가릴 줄 알고, 돼지는 가축이며 陰類이다.

6 「越語」 上 注에 의하면, 후에 임용하기 위해서이다.

7 卜筮 : 고대에 점칠 때 龜甲을 사용하는 것을 卜이라 하고, 蓍草(점대)를 사용하는 것을 筮라고 한다.

8 본문에 '少恥'라고 하는데 徐天祜에 의하면,『國語』注에 "진격하는데 功을 생각하지 않으며, 難에 임하여 구차하게 免하려는 것이다"라고 한다.

9 水犀甲 : 徐天祜에 의하면, 塞外에는 山犀와 水犀가 있다. 물소의 가죽은 구슬 같은 껍질이 있어서 오나라는 물소의 가죽으로 갑옷을 장식하였다. 『周禮』에 의하면, 물소의 가죽은 백 년이 간다고 한다. 춘추 중기에는 작은 가죽 조각을 이어 만든 갑옷이 사용되었으며 혹 가죽에 漆을 하기도 하였다. 가죽 외에 骨札 혹은 청동제 小札도 사용하였으며, 최근 秦始皇 兵馬俑坑에서는 돌갑옷이 발굴되었다(林巳奈夫, 『中國殷周時代の武器』, 朋友書店, 1999, 404~414쪽).

10 춘추시대 병력의 규모에 관해 童書業은 1車당 步兵 30명으로 추정하며, 춘추 중·말기 晉의 병력이 적어도 4천 9백 乘, 약 15만 정도의 보병으로 추정하며, 楚는 萬乘에 수십만의 보병이었으리라 추정하였다(童書業, 『春秋史』, 臺灣開明書店, 1962, 92쪽). 그러나 吉本道雅에 의하면, 晉의 4천 9백 승은 魯昭公 5년(기원전 537년) 당시 世族의 鄙邑에서 동원할 수 있는 병력이며, 그 이전에 확인된 晉의 동원 병력은 千乘 미만이었다(吉本道雅, 「春秋國人考」, 650쪽) 따라서 『吳越春秋』에 오나라의 병력이 13만 명이라는 것은 과장이라고 볼 수 있다. 월나라는 勾踐이 吳를 공격할 때 징발한 放免 罪人,

敎士(보통전사), 君子(왕의 私卒), 諸御(고등군사) 등을 합쳐 약 5만 정도의 병력이었다고 한다.

11 이 문장의 干支는 『左傳』 哀公 13년과 같다. 기원전 482년 6월 11일.

12 徐天祜에 의하면, 「越王句踐世家」에 俊士는 敎士로 되어 있다. 索隱에서 習流는 유배를 보내 추방한 죄인에게 전쟁을 익히게 한 것을 일컫는다. 敎士는 항상 훈련된 병사를 일컫는다. 君子는 군주가 길러 은혜를 입은 자를 이른다. 諸御는 여러 일을 다스리는 관리로 군대에 직무가 있는 자이다. 徐天祜에 의하면, 笠澤의 전쟁에서 월은 삼군으로 몰래 강을 건너 수군(舟師)으로 이겼다. 여기에서 말하는 習流는 곧 水戰을 훈련한 병사이다. 만약 죄인에게 전쟁을 훈련시켰다면 월 같은 작은 나라에서 유배자가 2천 명에 이르겠는가.

13 乙酉日 : 6월 20일.

14 丙戌日 : 6월 21일.

15 丁亥日 : 6월 22일.

16 徐天祜에 의하면, 『左傳』 哀公 17년에 "越伐吳 吳御之笠澤"라고 하였으므로 이는 勾踐 19년의 일이며 21년이 아니다. 월나라는 오나라를 정벌하고 패자가 되기 위해 국제 외교를 이용하였다.

勾踐 21년(기원전 476년), 越나라는 오나라가 오해하여 방비하지 않게 하기 위해 楚나라를 침략하였다(『左傳』 哀公 19년).

23년(기원전 474년), 越나라는 처음으로 魯에 사신을 보내니 中國에 패자가 되기 위해서이다(『左傳』 哀公 21년).

17 이하는 『國語』 권19 「吳語」(이하 「吳語」)의 내용과 같다.

18 血食 : 祭祀를 뜻한다. 고대에는 제사를 지낼 때 희생의 피를 귀신에게 바쳤다.

19 원문에 '其聲'이라고 하는데, 宮商角徵羽의 五音을 뜻한다.

20 徐天祜에 의하면, 「吳語」에 월왕이 오 대부를 불렀다고 한다. 韋昭 注에 "五大夫, 舌庸, 苦成, 大夫種, 范蠡, 皐如之屬"라고 한다. 여기에서 여덟 대부라고 하였으나 아래 문장을 살피면 일곱 명뿐인데, 徐天祜는 楚大夫 申包胥를 합하여 여덟 대부가 아닌가 싶다.

21 원문에 '得'이라고 하는데 張覺에 의하면, '得'은 '德'과 통한다.

22 有司 : 官吏.

23 원문에 '屛'이라고 하는데 '屛'은 문 앞에 시야를 가리기 위해 세운 벽, 照壁이다. 『荀子』 「大略」에 의하면, 天子는 照壁을 문 밖에 설치하며, 제후는 문 안에 설치한다.

24 원문에 '側'이라고 하나 「吳語」 韋昭 注에 "側猶特也"라고 하며, 즉 獨自의 의미이다.

25 內政, 外政 : 「吳語」 注에 의하면, 內는 國政, 外는 軍政이라고 한다.

26 원문에 '殳(수)'라고 하는데 徐天祜에 의하면, 兵器이며 『周禮』에 積竹으로 팔각이며 길이는 1장 2척이며 병거에 세우고 용감한 병사들이 이를 가지고 먼저 달려 나간다.

27 원문에 '離'라고 하는데 張覺에 의하면, '罹'와 통하며 재난을 만난다는 뜻이다.

28 원문에 '貔貙'라고 하는데 徐天祜에 의하면, '貔'는 범 비슷한 맹수이며 '貙'는 살쾡이 비슷한 동물이다.

29 원문에 '父母昆弟'라고 하는데 張覺에 의하면, 부모를 일컫는다. '昆弟'는 따라 붙는 말이다.

30 江南 : 張覺에 의하면, 松江 남안이다.

31 江 : 「吳語」 注에 의하면, 松江이다. 『左傳』 哀公 17년에 의하면, 三月에 笠澤에서 전투가 벌어졌다고 하는데, 笠澤은 松江의 별명이다. "三月, 越子伐吳, 吳子御之笠澤, 夾水而陣." 『吳地記』 "松江, 一名 松陵, 又名笠澤."

32 盧 : 초나라 변방의 국가로 楚武王 43년~50년경(기원전 698~691년) 사이에 楚에 의해 멸망하였다. 오늘날 湖北 襄陽縣 서남 부근(河浩, 11쪽).

33 원문에 '銜枚(함매)'라고 하는데 하무, 즉 군인이 떠들지 못하도록 입에 물리는 나무이다.

34 徐天祜에 의하면, 『左傳』 (哀公 17년) 笠澤의 전쟁에서 하여 강의 끼고 진을 치고 오나라가 월을 막았지만 월이 오를 패배시켰다고 하여 여기와 대개 같다. 그러나 哀公 17년은 勾踐 19년이다.

35 囿 : 徐天祜에 의하면, 『國語』 韋昭 注에 "囿, 笠澤이다"라고 한다. 『史記』 正義와 「吳地記」에 "笠澤, 松江의 별명이다"라고 한다.

36 『吳郡志』 권8에 의하면, 월이 오를 포위할 때, 胥門 밖에 越城을 축조하여 오를 압박했다고 한다. 이 越城의 城址는 오늘날도 남아 있어 蘇州 서남 橫山 아래에 있다. 성의 규모는 남북 450미터, 동서 400미터, 면적 약 18만 제곱미터. 서북쪽에 4.5미터의 夯土城牆이 남아 있다(南京博物院, 「江蘇越城遺址的發掘」, 『考古』 1982~1985). 『左傳』 哀公 20년에 "十一月 越圍吳"라고 하여 이는 勾踐 23년의 일이다.

37 松陵 : 張覺에 의하면, 오늘날 江蘇 吳江縣 松陵鎭으로 오늘날 吳淞江의 남쪽이며, 당시에는 松江의 북쪽이었다. 「吳地記」 "松江, 一名 松陵, 又名笠澤."

38 『韓詩外傳』에 의하면, 오자서가 자신의 눈을 東門에 걸어 달라고 하였다는 일화가 전한다.

39 東門 : 오늘날 蘇州市 東城 南門인 葑門.

40 海陽 : 張覺에 의하면, 후의 '上壇浦'를 이른다. 『史記』 권66 「伍子胥列傳」 正義에서 인용한 「吳地記」에 의하면, 越軍이 蘇州 東南 30里 三江口에서 3里를 내려와서 江北에 壇을 세우고 白馬를 죽여 子胥를 제사 지냈으며 후에 여기에 廟를 세웠다고 하며 오늘날 그 옆 浦를 上壇浦라고 한다. 三江口 以東은 예로부터 '滬海'라고 불렀으며 따라서 '海陽'은 滬海 북쪽을 가리킨다.

41 徐天祜에 의하면, 吳를 토벌해서 멸망시키기까지 3년 걸렸으며, 여기에서 1년이라고 한 것은 잘못이다. 『左傳』에 의하면, 哀公 20년에 월이 오를 포위했으니 勾踐 22년이며, 哀公 22년에 越이 吳를 멸망시켰으니 勾踐 24년으로 모두 3년이 걸렸다. 「越語」

下에 "군대를 주둔한 지 3년 만에 오군대가 스스로 궤멸하였다"라고 하며, 「越王勾踐世家」에 역시 "3년간 머무르며 포위하니 오군이 패하였다"라고 한다.

42 姑胥山 : 「越王勾踐世家」에 "姑蘇之山"이라고 한다.

43 王孫駱 : 徐天祜에 의하면, 「越王勾踐世家」와 『國語』에 "公孫雄"이라 한다. 韋昭 注에 "王孫, 姓이다"라고 한다.

44 오왕의 죽음에 대한 기록은 조금씩 다르다. 徐天祜에 의하면, 上卷의 「夫差傳」에 역시 "칼을 당겨 엎어져 죽었다"라고 하며, 「吳太伯世家」에 "스스로 목을 매어 죽었다"라고 하며, 「越王勾踐世家」에 "자살하였다"라고 한다. 『左傳』 哀公 22년에 "(오왕이) 말하기를 나는 늙었으니 어찌 군을 섬길 수 있겠는가. 하고는 목을 매었다"라고 한다. (『左傳』의 작자) 丘明은 春秋 시대인이니 소문이 틀리지 않을 것이다. 그런데 『越絶書』에는 "월왕이 검을 주어 스스로 도모하게 했다. 오왕은 10일이 지나서 자살했다"라고 하니 그렇다면 구천이 그에게 칼을 주었는데도 부차가 스스로 목을 매 죽었다는 뜻인가.

45 齊, 晉諸侯 : 齊平公(기원전 480~456년), 晉出公(기원전 474~452년).

46 徐州 : 徐天祜에 의하면, (『史記』 권46 「田敬仲完世家」) 索隱에 "徐州는 齊邑 薛縣이다"라고 하며, 『大事記』 解題에 "徐州는 舒州이다"라고 한다.

47 周元王 : 기원전 475~469년 재위.

48 「越王勾踐世家」에 "命爲伯"이라고 한다.

49 「越王勾踐世家」에 "諸侯가 모두 축하하고 霸王이라고 칭하였다"라고 한다.

50 素女 : 전설 중의 黃帝시대 神女 이름. 『隋書』 「經籍志」에 의하면, 『素女秘道經』, 『素女方』 등이 있다.

51 원문에 '吾不稱王'이라고 하는데 張覺에 의하면, '不'은 語氣 助詞이다.

52 『韓非子』 권10 「內儲說」 下에 의하면, 태재 백비가 문종에게 한 말이다.

53 기원전 473년. 『左傳』 哀公 22년에 "冬十一月丁卯, 越滅吳"라고 하여 이는 勾踐 24년이다. 여기에서 勾踐 24년 9월에 오나라 멸망 후의 일을 적은 것은 잘못된 것이다.

54 王其勉之 : 「越語」 下에 "君王免之"라고 하며, 注에 "免王以德"라고 한다.

55 范蠡가 五湖로 들어갈 때 蠡口를 지나갔다고 하다. 『吳郡志』 권8에 의하면, 蠡口는 齊門 북쪽에 있으며, 蠡塘은 婁門 동쪽에 있다. 鴟夷子가 편주를 타고 五湖로 내려갈 때 여기를 지나면서 大夫鍾을 불렀으므로 이 때문에 이름을 지었다고 전한다. 오늘날 蘇州市 동북 9킬로미터에 蠡口鎭이 있다.

56 『史記』 권129 「貨食列傳」에 의하면, 范蠡는 이름을 바꾸고 齊로 가서 鴟夷子皮라고 하였으며, 陶로 가서는 朱公이라고 하였다. 주공은 陶에서 교역으로 부를 쌓아 19년 동안 세 차례 천금을 모았으나 다시 재물을 나누어 주었다. 자손이 가업을 다스려 불려 巨萬에 이르렀으므로 부자를 일컬어 陶朱公이라고 한다.

57 陰畫六 : 張覺에 의하면, 범려가 陰陽의 획을 그린 것은 天地의 도움을 구한 것이다. 八

卦 가운데 坤卦(☷).

陽畵三 : 八卦 가운데 乾卦(☰). 『周易』에 "乾, 元亨利貞"라고 하며, 疏에 "乾卦本以象天, 天乃積諸陽氣而成天, 故此卦六爻, 皆陽畵成卦也"라고 한다. 坤은 陰에 속하며, 地를 상징하며, 乾은 陽에 속해 天을 상징한다(이하 占辭의 해석은 張覺에 의한다).

58 원문에 '日前之神'이라고 하는데 후세에 소위 '日游神'으로 일종의 흉신으로 사람들이 마땅히 기피한다. 『元曲選』 桃花女에 "오늘 문을 나설 때, 바로 日游神과 부딪치면 설령 죽지 않더라도 다치게 된다"라고 한다. 범려가 떠나갔으므로 文種은 游神의 도움을 받는 것으로 갖다댔다.

59 玄武 : 북방 太陰의 神으로 물을 관장한다. 『文選』 注云에 "龜與蛇交曰玄武"라고 한다. 범려가 배를 타고 호수로 들어갔으므로 문종은 水神이 보호하는 것으로 둘러댔다.

天空 : 신 이름. 『黃帝金匱玉衡經』에 "天空下賤 主侍帝庭"라고 하여 天空神이 비록 비천하기는 하나 帝庭에서 侍奉하므로 그의 行路는 누구도 저지할 수 없다는 것이다.

60 天關 : 天關은 角宿를 가리키며, 范蠡가 지난 관문을 비유한 것이다. 『晋書』 권11 「天文志」(이하 「天文志」) 上 "東方 角二星爲天關, 其間天門也. 其內天庭也."

61 天梁 : 斗宿의 5, 6星을 가리키며, 范蠡가 지난 다리를 비유한 것이다. 「天文志」 上 "北方 南斗六星, 天廟也. 丞相太宰之位., … 南二星魁, 天梁也."

62 天一 : 北極座의 3, 4, 5星을 가리키며, 점술에서는 神名으로 사용되며 전투를 주관한다. 范蠡가 돌아간 곳을 비유한 것이다. 「天文志」 上 "天一星在紫宮門右星南, 天帝之神也, 主戰鬪, 知人吉凶者也."

63 「外傳記地傳」에 "苦竹城은 勾踐이 오나라를 토벌하고 돌아와서 范蠡 아들에게 봉해주었다"라고 한다.

64 三桓 : 춘추 후기 노나라 대부를 말한다. 孟孫氏, 叔孫氏, 季孫氏. 魯文公 사후에 三桓의 세력이 날로 강해져 三軍을 나누어 이끌었으며, 실질적으로 노나라 정권을 장악하였다.

65 陘 : 초나라 땅이다. 오늘날 河南 郾城縣 동쪽.

66 徐天祜에 의하면, 『史記』 (권33 「魯周公世家」)에 "(哀公 27년 季康子가 죽자, 哀公이 三桓을 두려워하여 公이 월나라의 도움으로 三桓을 토벌하려 했다.) 애공이 陘氏에게 가니 三桓이 公을 공격해 公이 衛로 달아났다가 (鄒로 갔다가는) 越로 갔다"라고 한다. 陘은 초나라 땅이다. 杜預에 의하면, 有陘氏는 有山氏이다.

67 이 일은 『左傳』과 『史記』에 의하면, 哀公 27년(기원전 468년)의 일이며, 文種은 勾踐 25년(기원전 472년)에 죽었다.

68 『左傳』 哀公 23년에 의하면, 이해에 노魯 숙청叔靑이 처음 사신으로 월나라에 갔다. 제앙諸鞅이 그 답례로 노에 빙문 왔다.

69 원문에 '子胥於吳矣'라고 하여 오자서가 부차에게 죽음을 당하면서 한 말이라고 하나 『吳越春秋』 제5장에 의하면, 吳王이 范蠡, 文種에게 한 말이다.

70 원문에 '其耳'라고 하는데 '鼎耳'를 가리킨다. 鼎은 종묘 제례에 쓰이는 重器인데 張

覺에 의하면, 여기에서는 文種의 재상의 지위를 비유한다.

71 원문에 '辰剋其日' 이라고 하는데 '辰' 은 '時辰' 으로 신하를 상징하며, '日' 은 '日期' 로 군주를 상징한다.

72 亂醜 : 占術의 술어이며 혼란과 추악의 의미이다.

73 文種이 勾踐을 만난 날은 丙午 平旦이다. 이 글의 '日' 은 '丙午' 를 가리키며, '時' 는 平旦, 즉 卯時이다. '丙午' 는 五行上 '火' 에 해당하며 '卯' 는 '木' 에 해당한다. '火克木' 이므로 '日克其辰' 이라고 하였다.

74 南陽 : 張覺에 의하면, '南郢' 이라고 해야 한다. 『文選』 권46 「豪士賦序」 注 인용 『吳越春秋』 "文種者 本楚南郢人也. 姓文, 字少禽."

75 徐天祜에 의하면, 勾踐은 포로로 노예가 되는 치욕에서 벗어나 몸과 마음을 수고롭게 하여 20여 년간 군신이 서로 오나라에 복수할 것을 모의해서는 끝내 월이 霸者가 되었다. 여러 신하가 힘을 보탰다고 해도 문종과 범려의 공이 많다. 범려는 기미를 알고 행동했으니 明哲하다고 할 수 있다. 문종의 죽음은 무죄인데 월왕이 죽였다. 정당한 이유 없이 "남은 술책으로 우리 선왕을 위해 지하에서 吳의 선조들에 대해 모의한다면 다행이겠다" 고 말하였다. 이는 무슨 말인가. 지금 죽은 이가 앎이 없다면 지하의 모의를 한들 무슨 이익이겠는가. 앎이 없다면 어찌 모의를 하겠는가. 큰 공을 상주지 않고 淫刑으로 보답하는 것이니, 이는 문종이 하늘을 우러르며 탄식하고 스스로 비웃은 이유이다.

76 西山 : 徐天祜에 의하면, 臥龍山이며 種山, 重山이라고도 하며 『太平御覽』에 種山의 이름은 大夫 鍾으로 인한 것인데 말이 와전되어 重이 되었다고 한다. 오늘날 紹興市에 있다.

77 樓船 : 망루가 있는 배.

78 鼎足 : 三公, 宰輔의 지위를 비유한다.

79 원문에 '羨(연)' 이라고 하는데 徐天祜에 의하면, 『周禮』 「冢人」에 "丘隧" 라고 하며, 注에 "羨道也" 라고 한다. 疏曰 "天子는 隧이고, 諸侯 이하는 羨道이다."

80 關東 : 函谷關(河南 寶靈縣 남쪽) 以東 지역을 뜻한다.

81 徐天祜에 의하면, 「王僚傳」에 "被棠銕之甲" 이라고 한다.

82 徐天祜에 의하면, 『典略』에 "周에 屈盧矛가 있다" 라고 한다. 『說文解字』에 "矛, 酋矛이다. 兵車에 세우는데, 길이가 2丈이다" 라고 한다.

83 徐天祜에 의하면, 공자가 越에 들어갔다는 것은 사실이 아니다. 越이 오나라를 멸망시킨 다음 해 대부 文種이 검을 받아 죽었다. 이는 勾踐 25년 즉, 魯哀公 23년(기원전 472년)이다. 여기서 공자가 越에서 연주했다는 것은 이해의 일이다. 그러나 『春秋』에 의하면, 공자는 哀公 16년(기원전 479년) 夏 4월에 죽었다고 한다. 문종이 죽은 것은 공자가 죽은 지 7년 후이다.

84 木客山 : 徐天祜에 의하면, 木客山은 會稽縣에서 15리이다. 「記地傳」에 "木客大冢은 勾踐의 아버지 允常의 무덤이다. 처음에 瑯琊로 옮기려 樓船卒二千八百人으로 하여금

松柏을 베어 뗏목을 만들게 하였다. 때문에 木客이라고 한다"라고 한다.

85 『水經注』 권40 「浙江水」에 "무덤 가운데서 分風이 불어 모래가 날아 사람을 맞추니 접근할 수 없었다"라고 한다.

86 秦桓公 : 徐天祜에 의하면, 勾踐 25년은 秦厲公 5년이다. 따라서 桓公은 厲公(기원전 476~443년)이라고 해야 한다.

87 邾 : 춘추시대 제후국. 曹姓. 오늘날 山東 鄒縣에 위치하였다.

邾子 : 邾隱公. 魯哀公 8년(기원전 487년) 邾隱公이 無道하여 오나라가 태재 백비를 보내 토죄하여 잡아들이고, 대부들이 太子 革을 세워 정치를 하게 하였다. 魯哀公 10년(기원전 485년) 邾隱公이 오나라에서 도망하여 魯나라로 왔다가는 다시 齊나라로 도망하였다. 魯哀公 22년(기원전 473년) 夏 4월, 邾隱公이 제나라에서 월나라로 도망하여 월왕에게 "오나라가 무도하여 아버지를 잡아들이고 아들을 세웠다"고 말하며 월왕에게 도움을 청하였다. 이에 월나라가 邾隱公을 귀국시키자, 太子 革이 도리어 월나라로 도망하였다. 魯哀公 24년(기원전 471년, 구천 26년) 邾隱公이 또 무도하였으므로 월왕이 그를 잡아 돌아왔다(『左傳』 哀公 8년, 10년, 22년, 24년).

88 太子 何 : 太子 何가 아니고 公子 何이다. '何'는 邾隱公의 작은 아들이다. 『左傳』 哀公 24년 "立公子何." 杜預 注 "何, 太子革弟."

89 魯公이 越에 가서 태자 適郢을 만났더니, 公을 사위 삼으려고 많은 땅을 주었는데, 公孫有山이 季孫한테 고하자 季孫이 두려워하여 태재 백비를 통해 뇌물을 주니 그만두었다(『左傳』 哀公 23년).

90 徐天祜에 의하면, 『通鑒外紀』에 "勾踐三十三年薨"라고 한다. 그런데 『竹書紀年』 下 「貞定王」에 "四年十一月, 於越子勾踐卒"라고 하여 貞定王 4년은 구천 32년이다.

91 太子 興夷 : 典籍의 기록과 다르다. 『左傳』 哀公 24년에 의하면, 越 太子의 이름은 '適郢'이다. 「越王勾踐世家」에 의하면, '鼫與'이며 『竹書紀年』 下에 의하면, '鹿郢'이고 「外傳記地傳」에 의하면, '與夷'이다.

92 『竹書紀年』과 『史記』에 기록된 越國 世系와 조금 다르며 여기에서는 『越絶書』의 기록과 같다.

93 仲盧 : 「夏本紀」에 "中康"이라고 한다.

94 無玉 : 「越王無余外傳」에 "無壬"이라고 한다.

95 無皞 : 「越王無余外傳」에 "無譯"이라고 한다.

96 夫康 : 「越王無余外傳」에 "夫譚"이라고 한다.

97 不壽 : 위 문장에서는 興夷의 아들이 '翁'이라고 했는데, 여기에서는 '不壽'라고 한다. 「越王勾踐世家」에 의하면, 不壽는 鼫與의 아들이며 翁의 아버지이다.

98 王侯 : 「越王句踐世家」에서는 '之侯(王侯)'는 '無强'의 아버지라고 하나 『外傳越絶書』에서는 『吳越春秋』와 마찬가지로 '無强'의 아들이라고 한다.

99 勾踐에서 王之侯까지의 계승이 「越王勾踐世家」에는 조금 다르다(勾踐 — 鼫與 — 不壽 — 翁 — 翳 — 之侯 — 無彊).

100 楚가 越을 멸망시킨 연대에 관해 楊寬은 『史記』「楚世家」를 근거로 楚懷王 23년(기원전 309년) 조금 전이라고 추정한다(『戰國史』, 上海人民出版社, 1980, 330쪽). 일설에는 楚威王 7년(기원전 333년) 이전으로 추정하기도 한다.

101 「越王勾踐世家」에 의하면, 無彊 때 楚威王이 군대를 일으켜 越을 크게 패배시키고 無彊을 죽이고 越 땅을 모두 취해 越은 이때 흩어졌으며, 王親 때에 백성을 잃고 나라가 멸망한 것이 아니다.

1 吳國 : 苗麓校點本, 『四部叢刊』 本에 "吳國"이라고 하나 『國語』 권20 「越語」(이하 「越語」) 上에 "其"라고 한다.

2 歸之若水 : 「越語」 上에 "若水之歸下也"라고 해서 뜻이 더 분명하다.

3 爲藩輔 : 「越語」 上에 "蕃"이라고 한다.

4 量 : 「越語」 上에 "絜"이라고 한다.

5 義 : 苗麓校點本, 『四部叢刊』 本에 "凡"이라고 하나 顧廣圻이 베낀 宋抄本, 蔣光煦가 본 宋本에 "義"라고 하여 고쳤다. 「越語」 上에 '食' 자 뒤, '四' 자 앞에 "而摩厲之於義" 句節이 있다.

6 國中童子戲 : 『太平御覽』 권850 인용문에 "行子戲之"라고 하며, 「越語」 上에 "國之孺子之游者 无不歡也"라고 한다.

7 七 : 「越語」 上에 "十"이라고 한다. 張覺에 의하면, 古文에 '七'은 '七', '十'은 '十'이라고 했으므로 잘못되기 쉽다.

8 越 : 苗麓校點本, 『四部叢刊』 本에 "誠"이라고 하나 「越語」 上에 근거해 고쳤다. "越四封之內, 親吾君也, 猶父母也."

9 當 : 張覺에 의하면, '嘗'이라고 해야 한다. 「吳語」에 "日臣嘗卜於天"이라고 한다.

10 贏 : 苗麓校點本, 『四部叢刊』 本에 "贏"라고 하나 徐天祜에 의하면, '嬴'라고 해야 하며, 고둥類이다. 「吳語」에 "其民必移就蒲嬴於東海之濱"이라고 하는데, 이에 근거해 고쳤다.

11 夫 : 張覺에 의하면, '天'이라고 해야 뜻이 더 통한다. 「吳語」 "天占旣兆."

12 張覺에 의하면, '會'아래 '奪'자가 있어야 한다. 「吳語」 "王若今起師以會, 奪之利."

13 修令 : 苗麓校點本, 『四部叢刊』 本에 "令修"라고 하나 「吳語」에 근거해 고쳤으며, 뜻이 더 합당하다. "吾修令寬刑, 施民所欲, 去民所惡, 稱其善, 掩其惡, 求以報吳."

14 施 : 苗麓校點本, 『四部叢刊』 本에 "欲"이라고 하나 「吳語」에 근거해 고쳤다.

15 予 : 苗麓校點本, 『四部叢刊』 本에 "子"라고 하나 徐天祜에 의하면 '子'는 '我'라고 해야 한다. 『太平御覽』 권185 인용문에 근거해 고쳤다. "境外千里辱者, 則是予也. 吾見子於是, 已明試矣."

16 已 : 苗麓校點本, 『四部叢刊』 本에 "以爲"라고 하나 『太平御覽』 권185 인용문에 근거해 고쳤다.

17 曰 : 苗麓校點本, 『四部叢刊』 本에 "曰"자가 빠져 있으나 顧廣圻이 베낀 宋抄本, 蔣光煦가 본 宋本에 "大夫曰"이라고 하여 보충하였다.

18 不 : 苗麓校點本, 『四部叢刊』 本에 “不”자가 없으나 「吳語」 “大夫送王不出檐” 에 근거해 보충하였다.

19 行成 : 顧廣圻가 베낀 宋鈔本, 蔣光煦가 본 宋本에 “成行”이라고 한다.

20 匿 : 徐天祜에 의하면, ‘慝’ 이라고 해야 한다.

21 右軍 : 苗麓校點本, 『四部叢刊』 本에 “右軍”이 없으나 「吳語」를 근거로 보충하였다. “夜中, 乃命左軍右軍涉江.”

22 夾 : 苗麓校點本, 『四部叢刊』 本에 “使”라고 하나 『四庫全書』 本에 근거해 고쳤다.

23 未 : 苗麓校點本, 『四部叢刊』 本에 “來”라고 하나 『太平御覽』 권329 인용문에 근거해 고쳤다. “越王追攻吳兵, 欲入胥門, 未至六里, 望吳南城, 見伍子頭眉若車輪, 目垂光烈, 髮鬢四張, 耀於十數里.”

24 耀於十數里 : 苗麓校點本, 『四部叢刊』 本에 “射於十里”라고 하나 『太平御覽』 권329 인용문에 근거해 고쳤다.

25 徐天祜에 의하면, 『初學記』 인용문에 “越王平吳後, 立賀臺於越” 이라고 하는데 여기에는 빠졌다고 한다.

26 王問 : 孫詒讓에 의하면, 뜻으로 미루어볼 때 마땅히 ‘玉門’ 이라고 해야 한다.

27 不聽 : 苗麓校點本, 『四部叢刊』 本에 ‘不聽’ 자가 빠져 있으나 顧廣圻이 베낀 宋抄本, 蔣光煦가 본 宋本에 “越王不聽” 이라고 하여 보충하였다.

28 樂 : 張覺에 의하면, ‘樂師’ 라고 해야 한다.

29 人 : 徐天祜에 의하면, ‘人’ 은 ‘又’ 로 써야 한다.

30 必復不須功而返國也 : 張覺에 의하면, ‘必復須功而不返國也’ 라고 해야 한다.

31 啄 : 『四庫全書』 本에 “喙”라고 한다.

32 大 : 徐天祜에 의하면, ‘大’ 는 ‘久’ 라고 해야 한다.

33 位 : 徐天祜에 의하면, ‘住’ 라고 해야 한다.

34 『水經注』 권29 인용문에 ‘三江’ 은 “三江之口”라고 한다.

35 『水經注』 권29 인용문에 ‘五湖’ 는 “五湖之中”이라고 한다.

36 在 : 徐天祜에 의하면, ‘在’ 는 ‘蚤’ 라고 써야 한다.

37 子胥於吳矣 : 張覺에 의하면, ‘衍文’ 이라고 한다.

38 盧文弨는 여기에 빠진 글이 있다고 하는데 張覺에 의하면, ‘哺’ 앞에 ‘歸而’ 두 자가 있어야 한다.

39 徐天祜에 의하면, ‘亨’ 은 ‘享’ 이라고 해야 한다. 張覺에 의하면, ‘亨’ 은 古 ‘享’ 字이다.

40 盧 : ‘盧’ 는 ‘鏤’ 라고 해야 한다.

41 徙 : 苗麓校點本, 『四部叢刊』 本에 “從”이라고 하나 『太平御覽』 권160 인용문에 근거해 고쳤다. “越王勾踐二十五年, 徙都瑯琊, 立觀臺, 周旋七里, 以望東海.”

42 王 : 苗麓校點本, 『四部叢刊』 本에 "生"이라고 하나 『北堂書鈔』 권121 인용문에 근거해 고쳤다. "孔子聞之, 從弟子奉先王雅琴禮樂奏于越."

43 河 : 苗麓校點本, 『四部叢刊』 本에 "何"라고 하나 『四庫全書』 本에 근거해 고쳤다.

44 侯 : 張覺에 의하면, '侯' 자는 불필요하게 끼어든 것이다.

45 無 : 苗麓校點本, 『四部叢刊』 本에 '無' 자가 없으나 『四庫全書』 本에 근거해 보충하였다.

46 共 : 苗麓校點本, 『四部叢刊』 本에 "其"라고 하나 『四庫全書』 本에 근거해 고쳤다.

47 主 : 蔣光煦가 본 宋本에 "王"이라고 한다.

역주자 후기

역주자가 처음 『오월춘추吳越春秋』를 접한 것은 고대 오월 지역의 문화를 주제로 박사학위 논문을 쓸 때였다. 그러나 소설가류로 평가되는 『오월춘추』는 오월의 역사와 문화를 읽어내는 데 사료로서 활용되지 못하였다. 그 후 새천년을 여는 2000년에 『오월춘추』 역주를 시작하였다. 정확히는 단순 번역이었다. 당시에는 아직 국내에 『오월춘추』 번역서가 출판되지 않았으나 10년이 지난 지금은 여러 번역서가 출간되었다. 춘추시대의 오월사 연구에도 그다지 도움이 되지 않았을 뿐 아니라 오늘날에는 이미 번역서가 나왔음에도 역주자는 여전히 『오월춘추』 역주에 매달렸다.

처음 『오월춘추』 번역을 시작하였을 때 역주자는 요양 중이었으며, 오랜 시간 집중할 수 없는 시간들을 보낼 때 번역 작업은 항심恒心을 주었다. 그 후의 『오월춘추』 역주는 자료의 유용성보다는 순전히 역주자 개인의 호기심에서 이어졌다. 어려서 한학을 하신 집안 어른께서 중국사를 공부한다는 역주자에게 『사기史記』의 하夏, 은殷, 주본기周本紀는 어디부터가 역사적 사실인가 하고 물으신 적이 있다. 그때 전공자가 아닌 이들도 역사서와 역사적 사실과의 관계를 이해하고 싶어 한다는 사실을 새삼 생각하게 되었다. 『오월춘추』는 얼마나 역사적 사실을 담고 있는 것일까? 『오월춘추』는 점술과 황당한 설화를 포함하여 역사서로서는 잡사류雜史類에 속한다는 평가를 받아왔다. 그런데도 여러 사람의 축약과 편집과 보주補注를 거치며 오늘날까지 이어진 이유는 무엇일까? 말단 속리직을 떨쳐버리고 일생을 학문에 정진하다가 말년에 고향으로 돌아와 '유도有道'에 천거되었으나 관직에 나가지 않았던 조엽趙曄이 과연 소설가류의 역사를 썼을까?

조엽의 역사관에 관한 이해는 『오월춘추』를 역주하는 과정보다는 여러 해 학생들과 『사기』를 읽고 강의하는 가운데 그 실마리를 얻을 수 있었다. 사마천司馬遷은 과거의 역사 속에서 천天과 인간의 관계를 구명究明하고 고금의 변화를 관통하는 원리를 밝히고자 『사기』를 저술하였는데, 이는 곧 『역易』에 바탕을 둔 역사의식이다. 조엽은 오월의 흥망이라는 역사주제를 중심으로 과거의 역사를 통해 현재를 이해하고 미래를 예측하려는 한대인의 역사의식을 구현하고 있음을 발견하였다. 조엽이 평생을 공부한 『한시외전韓詩外傳』에는 "무릇 지난 옛일이란 오늘을 있게 해주는 것이다"라고 하며, 옛 고사를 인용하기를 "앞의 수레가 엎어졌는데 뒤따르는 수레가 경계하지 않으니, 뒤따르는 수레도 엎어지고 말지니"라고 하였다. 즉 흥망성쇠와 인간의 길흉이 담긴 과거의 경험은 현재를 판단하는 기준이 되며, 미래를 예언하는 근거가 된다는 것이다. 그런데 조엽은 『오월춘추』에서 충신과 간신, 패자霸者와 패주敗主, 자객들의 인물과 성격을 생동감 있게 그려내면서 이후 회자되는 '와신상담臥薪嘗膽', '동병상련同病相憐', '토사구팽兎死狗烹' 등의 고사와 범려, 오자서, 전제, 서시 등 인물전의 모티브를 제공하며 흥미로운 소설가류의 역사서로 평가되었다.

그러나 춘추시대 오월의 역사가 우리에게 오월상쟁吳越相爭으로 각인된 것은 바로 조엽이 오나라 합려와 부차의 혁혁한 전승과 패권에 뒤이어 오왕의 노복이었던 구천이 오나라를 멸망시키는 흥미로운 구성을 한 결과이다. 조엽은 오월의 흥망과 한 인간의 성취와 패배를 통해 일음일양一陰一陽, 달이 차오르면 이지러지는 성쇠, 변화 발전의 『역』의 역사를 구현하려고 하였다.

고전古典이 고전古典인 이유는 오늘날에도 여전히 공감하고 유용한 시대를 초월한 삶에 관한 이해를 담고 있다는 것이다. 『오월춘추』와 함께한 역주자 개인의 지난 10년을 돌아보더라도 음이 돌아 양이 되고, 때로는 양이 돌아 음이 된 작은 부침의 삶이 그곳에 있었다. 그러나 "길함은 흉함으로 들어가는 문이며, 복은 화의 뿌리이다"라고 하는 『역』의 인생관 경귀는 심정적으로 부침하는 가운데 일관된 삶을 살고자 하는 버팀이 되어주었다. 하지만 『오월춘추』의 역주 작업이 역주자의 삶에 버팀이 되어주었다는 것은 사실 이런 경귀 때문만이 아니었을 것이다. 부족한 재주에 게으른 걸음으로 이어온 학문의 길은 역주자 본인의 삶이 학문의 길 가운데 있었다고 할 수 없지만, 그럼에도 막연한 삶 가운데 자신의 부족함을 돌아보고 갈고 닦을 수 있어 행복하였다.

역주자의 박사학위 논문은 1970년대 이후 고고발굴 성과를 바탕으로 전통시대 문헌에서 소외되었던 오월 지역의 역사와 문화의 면모를 구체적으로 이해하려는 연구였다. 따라서 역주자가 『오월춘추』 주석을 시작하면서 오월 지역에 관한 현재적 연구 성과를 담아내고자 하는 욕심이 컸는데, 사실 이러한 구성을 제안한 것은 짧은 기간 학위 논문을 지도해주신 이성규 선생님의 조언이었다. 그리고 대학 1학년 겨울 방학에 한문 공부를 위해 처음 찾아뵌 은산 정태현 선생님께서는 공자의 삶의 태도와 철학에 깊은 애정을 갖고 『논어論語』를 강講해주셨으며, 최근에는 역주자의 『오월춘추』 역주에 관심을 가져주시며 함께 몇 장을 읽어주셨다. 엄정한 학문의 길을 가르쳐주신 이성규 선생님과 고전의 세계로 이끌어주신 정태현 선생님의 가르침에 작은 보답이 되었으면 한다.

『오월춘추』 역주가 이러한 모습을 갖추게 된 데에는 여러 분의 도움이 있어 가능하였다. 박은화 교수는 초고를 읽고 도판을 다는 데 도움을 주었다. 최진묵 교수는 역주자가 문외한인 수술數術 분야의 번역을 읽고 충고해주었으며, 강지언 박사는 마지막 자료 정리를 도와주었다. 5, 6년 전쯤 『오월춘추』의 초고를 처음 출판사에 건네고 재교와 삼교를 거치면서 편집자의 뜻과 달리 자꾸 늘어만 가는 주석의 분량과 역주자의 욕심이 관철될 수 있도록 지원해준 일조각 김시연 사장님과 수정과 보충을 거듭한 글을 꼼꼼히 정리해준 김유정 편집자와 편집부 식구들에게 감사드린다.

2009년 7월 역주자

참고문헌

四庫全書本『吳越春秋』

徐天祜音注 苗麓校點,『吳越春秋』, 江蘇古籍出版社, 1999

張覺譯注,『吳越春秋全譯(修訂版)』, 貴州人民出版社, 2008

周生春,『吳越春秋輯校匯考』, 上海古籍出版社, 1997

張覺校注,『吳越春秋校注』, 岳麓書社, 2006

『國語』,『春秋』,『左傳』,『史記』,『戰國策』,『越絶書』

『漢書』,『後漢書』,『隋書』,『宋書』

『詩經』,『論語』,『孟子』,『尙書』,『尙書緯』,『禮記』

『公羊傳』,『說文解字』,『淮南子』,『白虎通』,『韓詩外傳』,『春秋繁露』,『列女傳』

『太平御覽』,『藝文類聚』,『文選』,『初學記』

『帝王世紀』,『世本』,『逸周書』

『吳地記』,『吳郡志』,『山海經』,『水經注』,『太平寰宇記』,『讀史方輿紀要』

『三國遺事』

兪樾,『諸子平議補錄吳越春秋』

孫詒讓,『札迻』

高士奇,『春秋地名考略』

鄭太鉉 譯註,『譯註春秋左氏傳』3, 傳統文化研究會, 2005

연구서 및 논문

拙著,『춘추시대 吳文化의 기원과 형성』, 이화여자대학교 대학원 사학과 박사학위 논문, 1997

박봉주,『전국시대 楚國 통치체제 연구-'縣邑' 지배체제의 전개와 초문화』, 서울대학교 대학원 동양사학과 박사학위 논문, 2000

江應梁,『中國民族史』, 民族出版社, 1990

曲英杰,『先秦都城復原研究』, 黑龍江人民出版社, 1991

工藤元男,『睡虎地秦簡よりみた秦代の國家と社會』, 創文社, 1998

郭德維,『楚都紀南城復原研究』, 文物出版社, 1998
國家文物局主編,『中國文物精華大辭典』 青銅卷, 上海辭書出版社, 1995
童書業,『春秋史』, 臺灣開明書店, 1962
童書業,『春秋左傳研究』, 上海人民出版社, 1980
董楚平,『吳越文化新探』, 浙江人民出版社, 1988
董楚平,『吳越徐舒金文集釋』, 浙江古籍出版社, 1992
馬承源編,『吳越地區青銅器研究論文集』, 兩木出版社, 1997
方杰主編,『越國文化』, 上海社會科學院出版社, 1997
白壽彝主編,『中國通史』 3, 上海人民出版社, 1994
社會科學院考古文物研究所編,『新中國的考古發現和研究』, 文物出版社, 1984
石泉 主編,『楚國歷史文化辭典』, 武漢大學出版社, 1996
蘇州博物館,『眞山東周墓地-吳楚貴族墓地的發掘與研究』, 文物出版社, 1999
睡虎地秦墓竹簡整理小組編,『睡虎地秦墓竹簡』, 文物出版社, 1990
宿白主編,『中華人民共和國重大考古發現』, 文物出版社, 1999
安徽省文物管理委員會, 安徽省博物館,『壽縣蔡侯墓出土遺物』, 科學出版社, 1956
楊寬,『戰國史』, 上海人民出版社, 1980
梁白泉主編,『吳越文化-中國的靈秀與江南水鄉』, 上海遠東出版社, 1998
梁平波主編,『浙江七千年-浙江省博物館藏品集』, 1999
楊向奎,『宗周社會與禮樂文明』, 人民出版社, 1997
嚴耕望,『中國地方行政制度史』 上編 卷上, 中央研究院歷史言語研究所, 1974
嚴耕望,『中國地方行政制度史』, 中央研究院歷史語言研究所, 1974
連運港市博物館,『尹滿漢墓簡牘』, 中華書局, 1997
翁獨健主編,『中國民族關係史綱要』, 中國社會科學出版社, 2001
王毓銓,『中國古代貨幣的起源和發展』, 中國社會科學出版社, 1990
王仁波,『秦漢文化』, 學林出版社, 2001
袁珂,『中國神話通論』, 巴蜀書社, 1993
劉慶柱主編,『二十世紀中國百項考古大發現』, 中國社會科學出版社, 2002
游修齡,『稻作史論集』, 中國農業科技出版社, 1993
劉振淸主編,『齊魯文化』, 上海遠東出版社, 1998
李學勤,『東周與秦代文明』, 文物出版社, 1984
林巳奈夫,『中國古代の生活史』, 吉川弘文館, 1992
林巳奈夫,『中國殷周時代の武器』, 朋友書店, 1999
錢宗武, 杜純梓,『尙書新箋與上古文明』, 北京大學出版社, 2004
浙江省考古文物研究所編,『浙江考古精華』, 文物出版社, 1999
浙江省文物考古研究所,『良渚文化玉器』, 文物出版社, 1990
中國畵像石全集編輯委員會編,『中國畵像石全集』 7, 河南美術出版社, 山東美術出版社, 2000

『中華文明史』卷1, 河北教育出版社, 1992
陳夢家,『殷墟卜辭綜述』, 科學出版社, 1956, 中華書局重印本, 1981
『秦漢文化』, 學林出版社, 2001
何光岳,『周源流史』, 江西教育出版社, 1997
河姆渡遺址博物館,『河姆渡文化精華』, 文物出版社, 2002
何浩,『楚滅國研究』, 武漢出版社, 1989

拙稿,「춘추시대 吳國의 霸權에 관한 분석」,『東洋史學研究』73, 2001
拙稿,「趙曄과『吳越春秋』-漢代 知識人의 歷史認識」,『中國古代史研究』제21집, 2004
金翰奎,「中國 개념을 통해서 본 고대 중국인의 세계관」,『全海宗博士華甲論叢』, 일조각, 1979
李成九,「중국 고대의 市의 개념과 기능」,『東洋史學研究』36, 1991
李成珪,「前漢末 郡屬吏의 숙소와 여행-尹灣漢簡〈元延二年日記〉분석」,『慶北史學』제21집, 慶北史學會, 1998
江村治樹,「古代都市社會」,『殷周秦漢時代史の基本問題』, 汲古書院, 2001
工藤元男,「禹の傳承おめぐる中華世界と周緣」, 岩波講座世界歷史 3,『中國の形成と東方世界』, 1998
吉本道雅,「楚史研究序說」, 立命館文學 541, 1995
吉本道雅,「春秋國人考」,『史林』69-5, 1986
唐蘭,「宜侯夨簋考釋」,『考古學報』, 1956-2
方杰, 鍾越寶,「紹興越國史迹調查資料簡輯」,『東南文化』, 1990-4
史念海,「春秋時代的交通道路」,『河山集』, 生活・讀書・新知三聯書店, 1963
商志覃,「吳國都城的變遷及闔閭建都蘇州的研究」,『吳文化研究論文輯』, 中山大學出版社, 1988
呂春華,「寧鎮地區大型土墩墓的等級問題」,『東南文化』, 2000-3
衛聚賢,「太白之封在西吳」,『浙江學刊』, 1985-3
游修齡,「論黍和稷」,『農業考古』, 1984-2
李家浩,「江陵鳳凰山八號漢墓"龜盾"漆畫試探」,『文物』, 1974-6
林華東,「越國都城探研」,『紹興師專學報』제1기
齋藤道子,「楚王の權力構造に關する一試論」,『文明研究所紀要』10, 1990
增淵龍夫,「春秋戰國時代の社會と國家」,『岩波講座 世界歷史』4, 岩波書店, 1970
陳橋驛,「"越爲禹后說"溯源」,『吳越文化論叢』, 中華書局, 1999
何炳棣,「中國農業的本土起源」,『農業考古』, 1985-2

발굴보고서

黃石市博物館,『銅綠山古礦冶遺址』, 文物出版社, 1999

盧茂村, 「安徽貴池發現東周青銅器」, 『文物』, 1980-8
吳山菁, 「江蘇六合縣和仁東周墓」, 『考古』, 1977-5
李鑒昭, 「江蘇無錫縣古闔閭城的調查」, 『考古通訊』, 1957-3, 1958-1
劉平生, 「安徽南陵大工山古代銅礦遺址發現和研究」, 『東南文化』, 1988-6
劉興, 「鎭江地區近年出土的青銅器」, 『文物資料叢刊』 5, 文物出版社, 1981
張國茂, 「安徽銅陵地區古礦冶遺址調查報告」, 『東南文化』, 1988-6
「1982年江蘇武進寺墩遺址的發掘」, 『考古』, 1984-2
「江蘇越城遺址的發掘」, 『考古』, 1982-5
「江蘇鎭江諫壁王家山東周墓」, 『文物』, 1987-12
「陝西岐山鳳雛西周建築基址發掘刊報」, 『文物』, 1979-10
「淹城發現戰國時代的獨木船」, 『文物參考資料』, 1958-11
「淹城出土青銅器」, 『文物』, 1959-4
「浙江紹興印山大墓發掘簡報」, 『文物』, 1999-11

문물소장처와 그림출처

그림 1. 中國歷史博物館 소장

『吳越文化 - 中國的靈秀與江南水鄕』, 上海遠東出版社, 1998, fig. 74

『中國文物精華大辭典 - 靑銅卷』, 上海辭書出版社, 1995, fig. 353

그림 2. 馬承源, 『吳越地區靑銅器硏究論文集』, 兩木出版社, 1997, 207쪽

그림 3. 역주자 소장

그림 4. 「江蘇鎭江諫壁王家山東周墓」, 『文物』, 1987-12

그림 5. 『吳越文化 - 中國的靈秀與江南水鄕』, fig. 44

그림 6. 中國歷史博物館 소장, 『中國文物精華大辭典』 靑銅卷, fig. 744

그림 7. 『中國畵像石全集』 7, 河南美術出版社, 山東美術出版社, 2000, fig. 88

그림 8. Wu Hung, *The Wu Liang Shrine - The Ideology of Early Chinese Art*, Fig. 147

그림 9. 역주자 소장

그림 10. 湖北省博物館 소장, 『中國文物精華大辭典』 靑銅卷, fig. 791

그림 11. 山西省博物館 소장, 『中國文物精華大辭典』 靑銅卷, fig. 792

그림 12. 湖北省博物館 소장, 『中國文物精華大辭典』 靑銅卷, fig. 796

그림 13. 安徽省博物館 소장, 『中國文物精華大辭典』 靑銅卷, fig. 755

그림 14. 紹興市文物管理委員會 소장, 『吳越文化 - 中國的靈秀與江南水鄕』, fig. 109, 110

그림 15. 역주자 소장

그림 16. 역주자 소장

그림 17. 湖北省博物館 소장, 『中國文物精華大辭典』 靑銅卷, fig. 791

그림 18. 浙江省博物館 소장, 『中國文物精華大辭典』 靑銅卷, fig. 805

그림 19. 鎭江博物館 소장, 『中國文物精華大辭典』 靑銅卷, fig. 693

그림 20. 蘇州博物館 소장, 蘇州博物館, 『眞山東周墓地』, 文物出版社, 1999, 16쪽

그림 21. 河姆渡遺址博物館 소장, 『河姆渡文化精華』, 文物出版社, 2002, fig. 151

그림 22. 浙江省博物館 소장, 『吳越文化 - 中國的靈秀與江南水鄕』, fig. 11

그림 23. 南京博物院 소장, 『吳越文化 - 中國的靈秀與江南水鄕』, fig. 32

그림 24. 浙江省文物考古硏究所 소장, 『良渚文化玉器』, fig. 237, 238

그림 25. 嘉興市博物館 소장, 『浙江七千年 - 浙江省博物館藏品集』, 浙江人民美術出版社,

1994, fig. 34

그림 26. 浙江省文物考古研究 소장, 『浙江七千年 - 浙江省博物館藏品集』, 浙江人民美術出版社, fig. 35

그림 27. 金秉駿 교수 소장

그림 28. 역주자 소장

그림 29. 印紋陶罐(西周 기원전 10~8세기)

그림 30. 浙江省博物館 소장, 『浙江七千年 - 浙江省博物館藏品集』, fig. 103

그림 31. 浙江省文物考古研究所 소장, 『吳越文化 - 中國的靈秀與江南水鄉』, fig. 6

그림 32. 浙江省博物館 소장, 『浙江考古精華』, 177쪽

그림 33. 역주자 소장

그림 34. 浙江省博物館 소장, 『浙江七千年 - 浙江省博物館藏品集』, fig. 89

그림 35. 浙江省博物館 소장, 『浙江七千年 - 浙江省博物館藏品集』, fig. 91

그림 36. 浙江省博物館 소장, 『浙江七千年 - 浙江省博物館藏品集』, fig. 93

그림 37. 張覺校注, 『吳越春秋』, 岳麓書社, 2006, 246쪽

謝宇 唐文立 編著, 『中國古代兵器鑑賞』, 華齡出版社, 2008, 120쪽

관련연표

오월춘추 대사 연표吳越春秋 大事 年表

시기	내용
기원전 586년	오吳나라 군주 거제去齊가 죽고 수몽壽夢이 왕을 칭하였다.
수몽壽夢 원년, 기원전 585년	수몽이 즉위하였다.
2년, 기원전 584년	오나라가 담郯을 토벌하였다. 진晉나라에 망명온 초楚 신공무신申公巫臣이 오나라에 와서 병법을 전하고 초나라를 치게 했다. 오가 초楚, 소巢, 서徐를 공격하고 주래州來를 점령하였다.
4년, 기원전 582년	진이 포蒲의 회맹에 오 수몽壽夢을 오게 했으나 오지 않았다.
10년, 기원전 576년	진晉·제齊·송宋·위衛·정鄭이 오와 종리鍾離에서 회합하여 오가 처음으로 중원 제후의 회맹會盟에 참가하였다.
16년, 기원전 570년	초楚 영윤令尹 자중子重이 오를 토벌하여 구자鳩茲를 점령하고 형산衡山까지 쳐들어갔다. 다시 대부大夫 등료鄧廖를 시켜 군대를 이끌고 공격하게 하였다가 오에 패하고, 오는 가駕를 점령하였다. 계택鷄澤에서 열린 회맹會盟에서 진은 순회荀會를 시켜 오왕 수몽을 회수淮水가에 마중가게 하였으나 수몽은 오지 않았다.
18년, 기원전 568년	오는 대부 수월壽越을 진에 보내 계택의 회맹에 가지 않은 이유를 해명하고 제후와의 회합을 청하였다. 진은 송宋·노魯·진陳·위衛·정鄭·조曹·거莒·주邾·등滕·설薛의 군주와 제齊 세자世子 광光을 이끌고 척戚에서 수몽과 회합하였다.
23년, 기원전 563년	진도공晉悼公은 노·송·위·조·거·주·등·설·기杞·예郳의 군주와 제 세자 광과 함께 수몽을 사柤에서 회합하였다.
25년, 기원전 561년	수몽이 죽고 저번諸樊이 왕위를 계승하였다.
저번諸樊 원년, 기원전 560년	오가 초의 상사喪事를 틈타 침략하였다. 초군楚軍이 오군吳軍을 용포庸蒲에서 패배시키고 오 공자公子 당黨을 포로로 붙잡았다.

	2년, 기원전 559년	초강왕楚康王이 용포의 전투 때문에 영윤令尹 자낭子囊에게 오를 토벌하라고 시켰는데 오군이 나오지 않자 초군이 돌아갔다. 자낭이 죽으면서 영郢에 성을 쌓아 오를 대비하라고 유언하였다.
	12년, 기원전 549년	초강왕이 수군水軍으로 오를 토벌하였으나 상벌을 내리지 않아 공이 없이 돌아갔다.
	13년, 기원전 548년	서구舒鳩가 초에 반란을 일으키자 자목子木이 서구를 토벌했는데 오군이 구원하다 대패하였다. 서구는 결국 초에 의해 멸망하였다. 제번이 초를 토벌하며 소巢를 공격하다 화살에 맞아 죽자 동생 여채餘祭가 즉위하였다.
여채餘祭	원년, 기원전 547년	초군楚軍과 진군秦軍이 오를 침략하여 우루雩婁까지 쳐들어갔으나 오가 방비하고 있다는 소문을 듣고 돌아왔다.
	3년, 기원전 545년	제 경봉慶封이 노로 갔다 오로 도망하니 주방朱方에 봉封하였다.
	4년, 기원전 544년	계찰季札이 중원 제후들에게 빙문聘問을 갔다. 계찰은 제·노·정·위·진 등 제국을 차례로 방문하였다.
	10년, 기원전 538년	초는 서나라 군주가 오에 친하자 그를 붙잡았다. 초는 제후의 군대와 함께 오를 토벌하고 주방을 포위하여 경봉을 살해하고 그 일족을 주멸誅滅하였다. 오는 주방의 일을 보복하기 위해 군대를 일으켜 초를 토벌하여 극棘, 역櫟, 마麻에 쳐들어갔다. 초는 종리鍾離, 소巢, 주래州來에 성을 쌓아 오에 대비하였다.
	11년, 기원전 537년	초영왕楚靈王은 채蔡·진陳·허許·돈頓·심沈·서徐·월越의 군대를 모아 오를 토벌하여 극棘, 낙櫟, 마麻 3읍을 공격했는데, 오군이 작안鵲岸에서 패배시켰다.
	8년, 기원전 536년 (여채 12년)	서군이 초에 빙문聘問갔는데 초는 그가 오에 친하다는 이유로 붙잡아두었는데 도망하여 귀국하였다. 초는 대부 원설薳洩을 시켜 서를 토벌했는데 오가 서를 구원하였다. 초 영윤令尹 자탕子蕩이 군대를 이끌고 오를 토벌하여 예장豫章에 주둔하여 건계乾谿에까지 이르렀는데, 오가 방종房鍾에서 초군을 패배시켰다.
	17년, 기원전 531년	여채가 죽고, 여말餘昧이 즉위하였다. 오가 월을 토벌할 때 포로로 잡은 문지기로 하여금 배를 지키게 하였는데, 오왕 여채가 배를 살필 때, 문지기가 칼로 그를 죽였다.
여말餘昧	원년, 기원전 530년	초영왕이 주래에 수렵을 가서 탕후蕩侯, 반자潘子, 사마독司馬督, 효윤오囂尹午, 능윤희陵尹喜를 시켜 군대를 이끌고 서를 포위하여 오를 위협하게 했다. 초영왕은 건계에 주둔하여 이를 지원하였다.
	15년, 기원전 529년 (여말 2년)	오는 초영왕의 상喪과 초평왕楚平王이 즉위하는 틈을 타 군대를 일으켜 주래를 점령하였다.
	17년, 기원전 527년	오왕 여말이 죽자 계찰季札이 즉위해야 하나 계찰이 양보하여

	(여말 4년)	여말의 아들 료僚가 왕이 되었다.
료僚	2년, 기원전 525년	오 공자 광光이 수군을 이끌고 초를 토벌하였다. 장안長岸에서 전쟁하여 대패하고 오왕의 배를 빼앗겼는데 밤에 습격해서 다시 배를 탈취하였다.
	5년, 기원전 522년	송宋이 화씨華氏와 향씨向氏를 쫓아내자 화정華定, 화해華亥, 향녕向寧은 진陳으로 달아나고 화등華登은 오나라로 달아났다.
	6년, 기원전 521년	화등은 오군을 이끌고 화씨를 원조하였다. 제, 송의 군대가 오군을 홍구鴻口에서 패배시켰다.
	8년, 기원전 519년	오왕이 주래를 토벌하였다. 초 영윤令尹 자하子瑕, 사마司馬 원월薳越이 초, 채蔡, 진陳, 허許, 돈頓, 호胡, 심沈의 군대를 이끌고 구원하였다. 공자 광이 계보鷄父에서 전쟁하여 차례로 궤멸시켰다. 오군이 채에 들어가 초 태자太子 건建의 어머니를 데리고 돌아왔다. 초가 낭와囊瓦(자상子常)를 영윤令尹에 임명하니, 자상은 그의 조부 자낭子囊의 유언을 쫓아 영郢에 성을 쌓아 오에 대비하였다.
	9년, 기원전 518년	초평왕이 수군을 이끌고 오 국경을 엿보는데 월 공자 창倉과 대부大夫 수몽壽夢이 월군越軍을 이끌고 초평왕을 따랐다. 오군이 초군을 뒤쫓자 초평왕은 어양圉陽까지 쳐들어갔다. 초의 변방을 지키는 군대가 방비를 하지 않자 오는 소를 격파하고 종리까지 쳐들어갔다.
	12년, 기원전 515년	료僚가 초평왕의 상喪을 틈타 동생 엄여掩餘, 촉용燭庸을 시켜 군대를 이끌고 초의 육六, 잠潛을 치게 했다. 계찰을 진晉에 보내 제후의 동태를 관찰하게 했다. 초 심윤술沈尹戌이 군대를 이끌고 오군을 궁窮에서 막고, 좌윤左尹 극완郤宛, 공윤술工尹戌이 군대를 이끌고 오군을 잠에서 막아 오군은 진퇴양난이 되었다. 공자 광이 전제專諸와 모의하여 료를 죽이고 왕위를 이었으니, 곧 오왕 합려闔閭이다. 공자 엄여掩餘는 서로 달아나고, 공자 촉용燭庸은 종오鍾吾로 달아났다.
합려闔閭	원년, 기원전 514년	오자서伍子胥를 행인行人으로 삼고 백비伯嚭를 대부大夫로 삼아 함께 국사를 의논하였다.
	3년, 기원전 512년	합려가 서, 종오로 하여금 료의 동생 공자 엄여, 공자 촉용을 붙잡도록 하니 공자들은 초로 달아났다. 합려가 노하여 종오의 군주를 붙잡고, 서를 멸망시키니 서군은 초로 달아났다. 초는 오의 두 공자에게 성보城父, 호胡의 전田을 주었다. 제의 손무孫武가 오나라로 난을 피해 도망오니 오자서가 그를 합려에게 추천하였다.
	4년, 기원전 511년	오가 오자서의 계책을 써서 이夷, 잠潛, 육六을 토벌하였다. 초 심윤술沈尹戌이 군대를 이끌고 잠을 구하니 오군이 돌아갔다. 오가 또 현弦을 포위하니 초 좌사마左司馬 술戌, 우사마右司馬

	계稽가 군대를 이끌고 구하여 예장까지 가니 오군이 돌아갔다.
5년, 기원전 510년	오왕이 군대를 이끌고 월을 토벌하니 월왕 윤상尹常이 맞서 싸워 오와 월이 처음 교전하였다.
7년, 기원전 508년	여름에 동桐이 초에 반란을 하니 오는 이를 틈타 초군이 예장에서 나오도록 유인하였다. 겨울에 초군이 예장에서 동과 오를 토벌하려고 하였다. 오는 소에 군대를 잠복시켰다가 패배시키고 소를 지키던 대부, 공자 번繁을 포로로 잡았다.
9년, 기원전 506년	합려 군대를 이끌고 채蔡, 당唐의 군대와 만나 초를 토벌하였다. 오군은 배를 타고 채에 도착해 육지로 예장을 거쳐 서진西進하였다. 오, 월의 군대가 백거柏擧에서 진을 치고 있는데, 부개夫概가 군대 5천을 데리고 낭와囊瓦를 공격하여 초군을 대란시켰다. 오군 옹서雍澨에서 초를 패배시키고 다섯 번 맞붙어 수도 영에 들어갔다.
10년, 기원전 505년	월왕 윤상은 오군이 영에 있는 틈을 타 군대를 이끌고 오나라에 쳐들어갔다. 진은 자포子蒲, 자호子虎에게 승車 500승乘을 이끌고 초를 구원케 하여, 부개夫概를 기沂에서 대패시켰다. 초 공자 신申은 오군을 군상軍祥에서 패배시켰다. 오왕 앞으로는 진군秦軍과 초군, 뒤로는 월왕을 맞게 되자, 闔閭의 동생 부개夫概는 이를 틈타 몰래 돌아와 스스로 왕이 되었다. 합려가 듣고 돌아와 공격하니 부개의 군대는 패하여 초로 도망갔다. 합려와 초, 진秦의 군대가 다시 싸워 균麇, 공서公壻의 계곡에서 크게 패하였다. 오왕이 돌아가니 초소왕楚昭王이 영으로 돌아왔다.
11년, 기원전 504년	합려는 태자太子 종루終累(『史記』「吳太伯世家」에는 夫差라고 함)를 시켜 군대를 이끌고 초를 토벌하여, 초의 수군을 패배시키고 반자신潘子臣, 소회자小惟子와 대부大夫 7명을 붙잡았다. 오가 또 초 대부 자기子期가 이끄는 군대를 번양繁揚에서 패배시키니 초는 크게 놀라 수도를 약鄀으로 옮겼다.
19년, 기원전 498년	합려는 월왕 윤상이 죽었다는 소문을 듣고 군대를 일으켜 월을 토벌하였다(구천 원년). 오, 월이 취리檇李에서 전쟁하였는데 오군이 패배하고 월 대부 영고부靈姑浮가 합려를 칼로 찔러 엄지발가락을 잘랐다. 합려는 돌아오다 형陘에서 죽었다. 아들 부차가 왕위를 계승하였다.
부차夫差 원년, 기원전 495년	오군이 영에 쳐들어가니, 호나라 군주가 호胡에 가까운 초읍楚邑을 노략질하였다. 초나라는 안정된 후 호를 멸망시켰다.
2년, 기원전 494년	초는 채를 포위하여 백거柏擧의 일을 보복하였다. 채군이 항복하니 초가 채를 양자강, 여수汝水 사이로 옮기려 하니 채군은 거짓 허락하고는 초군이 돌아간 뒤 오에게 채를 옮겨줄 것을 청하였다. 부차夫差는 월을 부초夫椒에서 패배시켜 취리의 일을 보

	복하고 월에 들어가 월왕을 회계會稽에 머물게 했다. 월은 대부 문종文鍾을 시켜 백비에게 뇌물을 주고 강화를 청하였는데, 오자서가 허락하지 말라고 간하였으나, 부차는 끝내 월과 강화하였다. 오가 초에 들어갔을 때 진회공陳懷公을 불렀으나 진은 초나라를 따랐으므로 진을 침략하였다.
3년, 기원전 493년	오는 채소공蔡昭公의 청에 응해, 설용洩庸을 시켜 군대를 채에 들여보내 채를 주래로 천사시키는데, 채후蔡侯가 공자 사駟를 죽여 설득하니 채인蔡人들이 곡을 하며 묘를 옮겼다.
7년, 기원전 489년	오가 진陳을 토벌하여 초에 복속한 원한을 갚으려 하니, 초가 진을 구원하고 성보城父에 군대를 주둔시켰다.
8년, 기원전 488년	부차 노애공魯哀公을 증鄫에서 회합하여 노에게 백뇌百牢 연회를 베풀라고 했다. 주제周制에 주왕이 제후를 회합할 때, 12뇌 연례를 연다. 부차의 요구는 예제를 넘는 것이었으나 노나라 군주는 감히 명을 어기지 못하였다. 노 계강자季康子가 주邾를 토벌한데, 주 대부 모이홍茅夷鴻이 스스로 오에 구원을 청하니 부차가 주를 구원하도록 허락하였다.
9년, 기원전 487년	부차가 노를 토벌하는데, 오군이 사수泗水가에 이르렀을 때 노대부 미호微虎가 공자 제자 유약有若과 죽기로 싸울 사인 300명을 선발하여 밤에 오왕 숙소를 습격하려 하였다. 부차가 소문을 듣고 하룻밤에 3번 옮겨 다니며, 노는 멸망시킬 수 없음을 알고 맹약을 맺고 돌아왔다. 제후齊侯가 오나라에 사신을 보내 군대를 청해 노를 토벌하려 하였다. 오왕은 태재 백비를 시켜 주은공邾隱公을 토벌하여 가두고 주 대부들로 하여금 태자太子 혁革을 받들어 집정케 했다.
10년, 기원전 486년	제후가 공맹작公孟綽을 오나라에 사신을 보내 군대를 사절하니, 부차는 제를 토벌하려 하였다. 가을, 오는 한邗에 성을 쌓고 양자강과 회수淮水를 잇는 운하를 뚫었다.
11년, 기원전 485년	부차가 북방에 칭패하기 위해 군대를 이끌고 북상하여 노, 주, 염郯의 군주와 회합하여 제 남비南鄙를 쳤다. 제 대부 진걸陳乞이 제도공齊悼公을 죽이고 오군에 사과하였다. 오 대부 서승徐承이 수군을 이끌고 해상으로부터 제로 들어갔는데 제군에 패하였다. 오왕이 군대를 이끌고 돌아갔다. 초 자기子期가 진陳을 토벌하니 오는 계자季子(계찰季札의 자손)를 시켜 진을 구하였다.
12년, 기원전 484년	부차는 제군齊軍이 노를 토벌한다고 듣고 오군을 이끌고 노군과 만나 齊를 토벌하였다. 오왕은 중군中軍을 지휘하고, 서문소埧門巢, 왕자고조王子姑曹, 전여展如에게 상군上軍, 하군下軍, 우군右軍을 각각 나누어 지휘하게 하였다. 부차는 중군을 이끌고

	애릉艾陵에서 제군을 대패시켰다. 오가 제를 토벌한다는 소문을 듣고 월왕이 백성을 이끌고 오왕에게 조회하러 와 왕과 사인士人들에게 뇌물을 주니 오인들이 모두 좋아한데 오자서가 이를 두려워하여 간하였다. 오자서를 제에 사신으로 보냈는데, 아들을 포씨鮑氏에게 맡기고 왔다. 오가 제를 이기자 부차는 이 소문을 듣고, 검을 내려 오자서를 자결하게 했다.
13년, 기원전 483년	부차는 노, 위衛의 군주와 송 경대부卿大夫 황원皇瑗을 운鄖에서 회합하였다. 위는 일찍이 오의 행인行人 차요且姚를 살해한 적이 있어서 책망을 두려워해 군주가 회합에 참여해야 하는지 말아야 하는지 논란하다가 위후衛侯가 회합에 늦었다. 오왕이 위후衛侯를 잡아두려 했는데 자공子貢이 설득해 풀어주었다. 위후는 돌아가 이언夷言(오 방언)을 배웠다.
14년, 기원전 482년	부차가 군대를 이끌고 북상하여 북방 제후들과 회합하고 태자 우友, 왕자지王子地 등은 수도를 지키게 했다. 부차가 멀리 나가 국내가 비게 되자 월 구천勾踐은 4만 군대를 일으켜 친위병 6천을 친히 이끌고 오를 토벌하였다. 월 대부 주무여疇無餘, 구양謳陽이 군대를 이끌고 먼저 오의 도성 교외에 이르렀는데 오군에게 패하여 두 대부는 포로가 되었다. 구천이 군대를 이끌고 다시 이르러 오군을 대패시키고 태자 우, 왕손미용王孫彌庸, 수우요壽于姚를 포로로 잡고 오도吳都를 파괴하였다. 오인이 부차에게 패배를 고하니, 부차는 소문이 날까 두려워 막사에서 7명을 목 베어 죽였다. 부차가 진정공晉定公과 황지黃池에서 회맹을 하였는데, 회맹에 참여한 자는 주周 경사卿士 단평공單平公과 노애공魯哀公이었다. 오, 진이 먼저 삽혈歃血하는 것을 다투었는데 (『左傳』 哀公 13년에 의하면) 진이 먼저 하게 하고 오군이 돌아왔다. 부차는 사신을 보내 후례厚禮로써 월과 강화를 청하였다. 월 구천은 오를 멸망시킬 수 없다고 판단하여 허락하였다.
16년, 기원전 480년	초 영윤令尹 자서子西, 사마司馬 자기子期는 오가 월에게 패한 것을 틈타 오를 토벌하여 동예桐汭까지 쳐들어갔다.
17년, 기원전 479년	오군이 신愼을 토벌하자 초의 소를 지키는 대부 백공승白公勝이 패배시켰다.
18년, 기원전 478년	구천이 오를 토벌한데 부차가 입택笠澤에서 이를 막았다. 양군이 강을 끼고 진을 쳤다. 월이 먼저 좌우 양익으로 오군을 교란시켰다. 오는 군대를 나누어 막았으나 월이 삼군三軍으로 몰래 강을 건너 오의 중군을 공격하여 오군이 패배하였다.
20년, 기원전 476년	월인이 초를 침략하니 오나라가 오해하여 방비하지 않게 하기

(구천 21년)	위해서이다.
21년, 기원전 475년 (구천 22년)	오 공자 경기慶忌가 월이 오나라를 토벌하려 한다는 소문을 듣고, 귀국하여 불충한 자들을 제거하여 월을 기쁘게 하려하니 오인들이 그를 죽였다. 11월, 월이 오를 포위하다.
22년, 기원전 474년	월이 처음으로 노에 사신을 보내니 중국中國에 패자가 되기 위해서이다.
23년, 기원전 473년	겨울 11월 정묘丁卯, 월이 오를 멸망시키고 오왕에게 용동甬東에 거처하도록 하니 오왕(勾踐 24년)이 사양하고 목매 죽었다. 노魯 숙청叔青이 처음 사신으로 월나라에 갔다. 제앙諸鞅이 그 답례로 노를 빙문하였다.
구천勾踐 25년, 기원전 472년	주자邾子가 무도無道하여 월인이 그를 잡아 돌아와 공자 하何를 세웠으나 하 역시 무도하였다. 노공이 월에 가서 태자 적영適郢을 만났더니, 공公을 사위 삼으려고 많은 땅을 주었는데, 공손유산公孫有山이 계손季孫한테 고하자 계손이 두려워하여 태재 백비를 통해 뇌물을 주니 그만두었다.

춘추 말 제후 세계世系

연도(기원전) \ 나라	오吳	월越	초楚	제齊	노魯	진晉
610년						
600년						
590년			공왕公王(590~560)		성공成公(590~573)	
	수몽壽夢(585~561)			영공靈公(581~554)		
580년						여공厲公(580~5
					양공襄公(572~542)	도공悼公(573~5
570년						
560년	저번諸樊(560~548)		강왕康王(559~545)			평공平公(557~5
				장공莊公(553~548)		
550년	여채餘祭(547~544)			경공景公(547~490)		
	여말餘昧(543~527)		겹오郟敖(544~541)		소공昭公(541~510)	
540년			영왕靈王(540~529)			
						소공昭公(531~5
530년	료僚(526~515)		평왕平王(528~516)			
						경공頃公(525~5
520년						
	합려闔閭(514~496)		소왕昭王(515~489)			정공定公(511~4
510년					정공定公(509~495)	
500년		구천勾踐(496~465)				
	부차夫差(495~473)				애공哀公(494~476)	
490년			혜왕惠王(488~432)	안유자安孺子(489) 도공悼公(488~485)		
				간공簡公(484~481)		
480년				평공平公(479~456)		

〈춘추 말 제후 세계〉는 『좌전左傳』의 연대기에 의하며 『오월춘추吳越春秋』, 『사기史記』 「오태백세가吳太伯世家」의 연대기와 차이가 있다.

송宋	정鄭	진陳	채蔡	위衛	진秦	주周
					환공桓公(604~577)	
		성공成公(598~569)				
			경공景公(591~543)			
				정공定公(588~577)		
	성공成公(584~571)					간왕簡王(585~572)
				헌공獻公(576~559)	경공景公(576~537)	
공平公(575~532)						영왕靈王(571~545)
	희공僖公(570~566)	애공哀公(568~534)				
	간공簡公(565~530)					
				상공殤公(558~547)		
				헌공獻公(547~544)		
			영후靈侯(542~531)	양공襄公(543~535)		경왕景王(544~520)
					애공哀公(536~501)	
공元公(531~517)				영공靈公(534~493)		
	정공定公(529~514)	혜공惠公(529~506)	평후平侯(529~522)			
			도후悼侯(521~519)			
공景公(516~476)	헌공獻公(513~501)		소공昭公(518~491)			경왕敬王(519~476)
		회공懷公(505~502)				
		민공閔公(501~478)				
	성공聲公(500~476)				혜공惠公(500~492)	
				출공出公(492~480)	도공悼公(491~477)	
			성공成公(490~476)			
				장공莊公(479~478)		

오월춘추

역주와 함께 읽는 오월상쟁의 역사

1판 1쇄 펴낸날 2009년 8월 24일

지은이 | 조 엽
역주자 | 이명화
펴낸이 | 김시연

펴낸곳 | (주)일조각
등록 | 1953년 9월 3일 제300-1953-1호(구 : 제1-298호)
주소 | 110-062 서울시 종로구 신문로 2가 1-335
전화 | 734-3545 / 733-8811(편집부)
733-5430 / 733-5431(영업부)
팩스 | 735-9994(편집부) / 738-5857(영업부)
이메일 | ilchokak@hanmail.net
홈페이지 | www.ilchokak.co.kr

ISBN 978-89-337-0568-1 03820
값 28,000원

* 이 도서의 국립중앙도서관 출판시도서목록(CIP)은 e-CIP 홈페이지
(http://www.nl.go.kr/ecip)에서 이용하실 수 있습니다.
(CIP제어번호 : CIP2009002393)